20세기 문명연구총서

하이데거

그의 생애와 사상

•소광희 감수•

이수정 · 박찬국

서울대학교출판문화원

본연구는 교육부 인문·사회과학 분야 중점영역연구
지원연구비에 의하여 수행되었음.

간 행 사

긴밀한 상호협력과 유기적 작업을 요구하는 공동연구의 성패는 학문의 일반적 발전을 위해 매우 중요하다. 특히 인문학과 사회과학 분야의 공동연구에 있어서 연계성과 협동성을 유지하려는 시도는 그 의의가 크다고 아니할 수 없다.

1993년부터 인문학과 사회과학 분야에 대한 교육부의 집중적인 지원 아래 추진된 연구소 중심의 영역별 多年度 공동연구와 20세기 문명사에 대한 單年度 공동연구는 우리나라의 인문학과 사회과학에 관련된 대학 부설 연구소의 기초학문의 활성화를 촉진시키며 인문학과 사회과학의 차원 높은 발전을 바라는 시대적 요청에 부응하는 계기가 되었다.

이제 그 성과는 서울대학교출판부와의 약정에 의거하여 통일된 체제를 갖춘 인문·사회과학 총서로 출판되기에 이르렀다. 『인문·사회과학공동연구 총서』, 『20세기문명연구 총서』로 출판되는 이 총서는 다같이 연구서의 성격을 띤 것으로 전문가들에게는 유용한 참고가 될 것이며 동시에 일반 독자층에게도 계몽적인 독서를 제공할 것으로 기대된다.

광복 이후 처음으로 시도되는 이러한 기획이 우리 학문의 위상을 정확히 알리고 공동연구를 위한 새로운 학문적 풍토를 조성하며 궁극적으로는 인문학과 사회과학의 발전에 실질적인 기여를 하기를 바라는 바이다.

1996. 5.

교육부 인문·사회과학분야 중점영역 연구
심사·평가위원회 위원장

머리글

이 책에서 우리는 '마르틴 하이데거'라고 하는 한 인간의 생애와 그의 철학사상을 소개한다. 그가 우리에게 본격적으로 알려지기 시작한 것이 1930년대이니 그로부터 수십 년이 지난 1990년대의 마지막 해에 이런 책을 낸다는 것은 어쩌면 시기적으로 어울리지 않을 수도 있다. 하지만 그에 대한 수많은 관심과 적지 않은 성과에도 불구하고 '하이데거'를 주제로 한 종합적인 소개는 결코 만족스러운 수준에 이르지 못했다. 그런 점에서 이 책은 오히려 때늦은 시작이라는 감이 없지 않다. 우리 철학계의 전체적인 연구수준을 생각해 보면 적어도 열 권 이상의 하이데거 연구서가 있어야 마땅했다. 여러 가지 이유 때문에 그것은 현실이 되지 못했고 하이데거에 관심을 가진 사람들에게는 언제나 아쉬움이 남아야 했다. 하지만 이제는 때가 무르익었다고 우리는 본다. 전국적인 규모의 한국하이데거학회가 창립된 지 벌써 7년 세월이 흘렀고 세 권에 이르는 학회지도 발간되었다. 국내와 해외에서 하이데거를 전문으로 연구한 탄탄한 연구진이 형성되어 그것을 뒷받침했다. 그밖에도 수많은 논문들이 축적되었다.

하이데거에 대한 이런 지속적인 관심은 결코 우연이 아니다. 그것은 단순한 호기심에 의한 것이 아니며 또 그가 보여 준 매력 때문만도 아니다. 무엇보다도 그것은 그가 평생에 걸쳐 추구했던 존재라고 하는 주제 자체가 지닌 중요성에서 유래하는 것이다. 이 주제가 2500여 년 전 철학의 탄생을 장식했다는 것은 결코 한갓된 교과서적 지식으로 끝나는 것이 아니다. 모든 언어가 아직은 생생하게 살아 현상을 지시했던 그 시대에 다름아닌 이 존재가 저들의 언어를 지배할 수 있었던 것은 이것이 그만큼 압도적인 분위기 속에서 철학자들의 철학적 정신을 뒤흔들어 놓았기 때문이다. 그것은 진정한 경이의 진정한 대상이었다. 그러한 것이 이천 수백 년의 세월을 넘어 아직도 우리 인간들의 가슴을 칠 수 있는 것은, 하이데거가 말하고 있듯이, 그리고 그 이전에 이미 파르메니데스가 말하였듯이, 그것이 항상적으로 '머무르는 것'(Das Bleibende)이기 때문이다. 우리는 이 점을 특히 주목하고 있다. 존재가 항상적이라는 것을 우리는 그것의 항상적 현상성으로 해석한다. 다시 말해 존재는 파르메니데스의 정신 앞에 전개되었던 그 모습 그대로 하이데거의 정신 앞에 전개되었으며, 또한 그 모습 그대로 우리 자신들의 정신 앞에도 전개되고 있다는 것이다. 따라서 우리는 그들과 똑같은 현장에 서서 그들과 똑같은 자격으로 존재를 논할 수 있으며 또 그래야 한다. 무엇보다도 하이데거 자신이 그것을 간절하게 원하고 있다. 그가 원하는 '또다른 시원'(Der andere Anfang)을 이제 우리가 떠안아야 한다. 우리 자신이 바로 그가 기대했던 '드문자들'(Die Wenigen, Die Seltenen)이 되어야 한다. 지금처럼 온 세상이 근원적 현상에서 눈을 돌리고 모든 것이 오로지 경제적 척도로만 재단되는 상황일 수록 이러한 과제는 더욱더 절실하다.

오늘날 한국에서 철학은 이중적이다. 그것은 있는 것이기도 하고 없는 것이기도 하다. 유럽에서 발생하여 성장해 온 철학이 역사의 과정 속에서 한국에 소개되고 뿌리내려 도처에서 철학이라는 말이 낯설지 않게 들려오고 있다는 점에서 그것은 분명히 '있다'. 많은 사람들이 철학에 대해 큰 기대를 걸고 있다는 점에서 그것은 이제 불교나 유교나 도교에 못지 않은 우리들의 또 하나의 정신적 전통으로 정착한 측면도 무시할 수 없다. 그러나 그 숱한 기대에도 불구하고 철학이 아직도 '연구'의 범주에서 벗어나지 못한 채 우리들의 삶을 좌우하지 못하고 있다는 점에서 그것은 아직도 '없다'. 감히 말하지만 연구는 엄밀한 의미에서 진정한 철학이 아니다. 그것은 부차적이다. 연구의 언어와 논문의 언어는 철학적 생동감을 결여하고 있다. 진정한 철학은 철학적 현상이 전개되는 현장에서 철학자 자신에 의해 직접 생산되어야 한다. 진정한 철학성을 소유한 전사들만이 철학자라는 이 이름에 합당하며, 그들만이 현상 그 자체와 대화하여 그 소리를 듣고 그로부터 어렵게 어렵게 개념을 얻어낼 수 있다. 그렇게 얻어낸 개념은 바닷속 진주처럼 빛나 우리들의 정신을 아름답게 장식할 수 있다. 그것을 이루어 줄 큰바위 얼굴을 우리는 애타는 심정으로 기대한다.

이 책은 1996년도 교육부의 연구비 지원으로 수행된 20세기 문명연구의 일환으로 성립된 것이다. 이수정과 박찬국이 이것을 주로 기초하였고 소광희 교수께서 이것을 수정 가필하여 완성시켰다. 따라서 이것은 3인의 공동작업임을 밝혀 둔다. 특히 기획에서 완성에 이르기까지 소광희 교수님이 기울인 노력은 결정적인 것이었다. 이를 독자들께 알려 길이 기억하게 하고 싶다. 수많은 미비점이 아직도 남아 있지만 조금씩 보완해 나갈 것을 약속하며 독자 여러분들의 따가운 질책을 기대한다.

1999년 봄

이 수 정

일러두기

1) 이 책은 1996년도 교육부의 연구비 지원으로 수행된 소광희, 이수정, 박찬국 3인의 공동연구를 토대로 이루어진 것이다. 이수정, 박찬국이 이를 기초하였고, 소광희가 이를 완성하였다.

2) 본문에서 사용된 부호는 다음과 같다.

『 』 : 동양서적

「 」 : 동양논문, 강의, 강연, 시 등

Italic : 서양서적

" " : 서양논문, 인용

' ' : 간단한 강조, 간단한 인용 등

진하게 : 강조

[ ] : 필자의 보충

… : 생략

3) 본문에서 사용된 略號는 다음과 같다. (알파벳 순)

GA: *Gesamtausgabe*, Vittorio Klostermann, Frankfurt a.M., 1975~

- 전집 표시의 바로 옆 숫자는 권수를, 권수 옆 숫자는 쪽수를 나타낸다.
- 전집에서 인용할 경우, 권수와 쪽수를 구별하기 위해 콤마를 넣었다.
- 전집의 각 권에 해당하는 원제목은 권말의 부록을 참조 바란다.

BP: Beiträge zur Philosophie, [1936-38] 1989. (GA65)

BZ: Der Begriff der Zeit, 1924.

Ei: Einblick in das, was ist, 1949. in: (GA79)

ED: Erfahrung des Denkens, 1983. (GA13)

EH: Hölderlins Erde und Himmel, 1959. in: (GA4)

FT: Die Frage nach der Technik, 1953.

Gb: Grundbegriffe, 1981. (GA51)

Gl: Gelassenheit, 1955.

GP: Die Grundprobleme der Phänomenologie, 1927. (GA24)

HF: Ontologie: Hermeneutik der Faktizität, 1923. (GA63)

HH: Hebel-Der Hausfreund, 1957. in: (GA13)

ID: Identität und Differenz, 1957.

Hw: Holzwege, 1950. (GA5)

Ni: Nietzsche, 1961.

Pr: Prolegomena zur Geschichte des Zeitbegriffs, 1925. (GA20)

SD: Zur Sache des Denkens, 1969.

SI: Der Satz der Identität, 1957.

SZ: Sein und Zeit, 1927. (GA2)

TK: Die Technik und die Kehre, 1962.

UH: Über den Humanismus 1946. in: (GA9)

US: Unterwegs zur Sprache, 1959. (GA12)

VA: Vorträge und Aufsätze, 1954.

WD: Was heißt Denken?, 1954.

WM: Was ist Metaphysik?, 1929. in: (GA9)

WS: Der Weg zur Sprache, 1959. in: (GA12)

WW: Vom Wesen der Wahrheit, 1933. in: (GA9)

ZS: Zeit und Sein, 1962.

차 례

논의를 펼치며

오묘하기 이를 데 없는 거대한 '존재'가 우리 앞에 전개되고 있다. 그것은 엄청난 신비로 우리에게 다가와 우리의 철학적 정신을 두드린다. 도대체 이 세계는 왜 존재하며 어떻게 존재하고 있는가? 그리고 이 세계내에 존재하는 것들은 어떠한 방식으로 존재하고 있는가? 특히 우리 인간들의 존재양태는 어떠한가? 존재란 애당초 무엇인가?

철학의 주제는 궁극적으로는 이 '존재'이다. 존재론은 모든 철학적 관심의 기초이자 지표이다. 하이데거는 이 주제를 탁월하게 소화해 낸 20세기 최대의 철학자이다. 그는 이 주제를 근본적으로 꿰뚫어 보아 자기 것으로 삼고 있으며, 관련된 철학사적 논의들을 완벽하게 장악하여 자유자재로 이를 재단하고 있다. 그의 사유는 근원적이면서도 궁극적이며, 깊으면서도 넓으며, 강력하면서도 지속적이다. 그의 중요성은 백 번 강조해도 지나침이 없다. 그럼에도 불구하고 존재론 내지 하이데거의 철학은 결코 제대로 이해되어 왔다고 말할 수 없다. 존재는 어디에서든 자신의 모습을 드러내고 하이데거는 줄기차게 그것을 지시해 보여 주고 있건만, 사람들은 그것을 못 본듯 못 들은 듯 그저 세상사에만 몰두하고 있다. 우리는 이러한 사정을 개선하기 위해, 즉 그 중요성에도 불구하고 너무나도 쉽게 망각 속에 묻혀 버리는 존재론 및 하이데거 철학의 이해를 돕기 위해 붓을 들었다.

그러나 이 글은 이른바 전문가들만을 위한 전문적 연구를 지향하지 않는다. 오히려 하이데거의 철학을 적대시하거나 백안시하는 사람들, 어렵다는 인상으로 하이데거의 철학을 경이원지하는 사람들, 또는 하이데거의 철학에 생소한 일반인들에게, 하이데거 철학의 진면목을 제대로 알릴 수 있도록 우리는 노력할 것이다.

그리고 이 글은 이와는 다른 차원에서 또 하나의 의도를 갖는다. 그것은 20세기 철학 가운데서 최대의 영향력을 행사했던 것 중의 하나인 하이데거의 철학을, 20세기를 마무리하는 이 시점에서 근본적으로 되돌아보고 그 기저와 전모를 '정리'해 보자는 것이다. 하이데거에 대한 수많은 관심과 적지 않은 업적에도 불구하고 이러한 종류의 정리된 논고는 우리 국내에서 그리 많지 않은 실정이다. 따라서 이 글이 소기의 목적을 달성하고 있다면 이것은 하이데거의 거대한 철학세계를 안내하는 이정표 내지 지도의 역할을 수행할 수 있을 것이다. 그것은 우리 나름으로 그의 사상을 이해·소화했다는 것을 전제로 한다.

이 글은 하이데거 철학의 기저와 전모를 다루고자 한다. 따라서 당연히 하이데거 철학의 주요 쟁점들이 광범위하게 포함되게 된다. 그것은 다음과 같은 내용과 순서로 전개된다.

Ⅰ. 「하이데거의 삶과 철학의 전개」에서는 그의 인물과 생애가

비교적 소상히 소개된다. 이 때, 그의 철학적 사유의 형성 발전과 관련된 사건들에 초점이 맞추어진다. 철학의 전개에서는 그의 이른바 준비적 초기, 『존재와 시간』을 중심으로 한 전기, 그리고 이른바 '전회'를 경계로 한 후기의 주요사항들이 묘사된다. 특히 그의 생애에서 최대의 사건이었던 나치스와의 관계가 상세히 검토된다.

Ⅱ. 「하이데거 철학의 문제의식과 주제」에서는 존재를 중심으로 하는 그의 철학적 주제들이 개괄적으로 윤곽지어지며, 고향상실의 극복이라고 하는 그의 가장 기본적인 문제의식과 그 성격이 전통 형이상학과의 대비하에서 해명된다.

Ⅲ. 「하이데거 철학의 방법론」에서는 하이데거가 그의 주제들을 다루어 나가는 특유의 여러 방법들이 기본적으로 어떠한 것인지 그 본질을 밝힌다. 이는 하이데거의 경우 방법 자체가 하나의 주제로서 중요한 의미를 지니고 있기 때문이다.

Ⅲ-1 "전기의 방법론"에서는 『존재와 시간』을 중심으로 제시된 하이데거 특유의 존재론적 '현상학' 및 '해석학'을 해명한다. 여기서 후설 현상학과의 본질적인 차이 그리고 딜타이 해석학 및 가다머 해석학과의 관계가 드러날 수 있다. 또한 『존재와 시간』에서 실제로 구체적으로 수행된 존재이해를 위한 예비적 통로로서의 '현존재 분석' 및 '존재론의 역사의 해체'를 설명한다.

Ⅲ-2 "후기의 방법론"에서는 『휴머니즘에 관하여』 등에서 본격적으로 펼쳐지는 후기의 독특한 방법인 '존재사유'의 특징과 구조를 해명한다. 여기서 존재와 인간의 관계가 분명히 드러난다. 또한 후기 하이데거가 존재에 대한 또 하나의 관련방식으로 강조했던 '시작의 해명'도 살펴본다. 특히 그 실례로서 하이데거가

주목했던 횔덜린, 릴케, 트라클, 게오르게 등에도 언급한다.

Ⅳ. 「하이데거의 전기사상」에서는 『존재와 시간』을 중심으로 전개된 그의 전기철학의 핵심적인 내용을 '존재'와 '시간'이라는 양대 기본과제에 초점을 맞추어 정리하여 서술한다.

우선 하이데거 철학의 알파요 오메가인 존재개념의 기본윤곽을 그린다. 이 때 존재와 존재자를 근본적으로 구별하는 이른바 '존재론적 차이'가 밝혀진다.

그리고 이른바 존재이해의 지평으로서 존재와 함께 거론되는 시간의 의미를 밝힌다. 이 때 현존재의 시간성을 세계시간 및 지금-시간과의 대비하에서 자세히 살피고 전기와 후기 사이에 감지되는 시간개념의 차이를 명백히 한다.

또한 전기의 형이상학개념과 관련해서 등장하는 이른바 '존재의 장막'으로서의 무의 의의를 포착한다. 이와 관련하여 불안의 개념에도 언급한다.

그리고 그가 존재해명을 위해 채택한 이른바 '범례적 존재자'로서의 인간의 의의와 그 존재구조의 대강을 기술한다. 이 때 인간이 특히 '현존재'로 명명된 까닭이 부각된다.

독특한 하이데거의 세계개념도 『존재와 시간』에서 행한 그 자신의 구별에 준하여 해명한다.

전기부터 중요한 한 모티브로 주제화되었던 하이데거의 독특한 진리개념도 살펴본다. 특히 전통적 진리관과의 대비를 통해 그 특이성을 부각시키며, 드러내고 있음, 드러나 있음, 개시성이라는 진리의 다중성에도 각별히 유념한다.

일반적으로 이해되는 역사개념과 명백히 구별되는 이른바 '생기'라는 존재양식으로서의 그의 독특한 역사성 개념도 해명한다.

이와 관련하여 '있다'는 뜻의 'Es gibt'를 깊이 해부하는 이유도 함께 밝힌다.

Ⅴ.「하이데거의 후기사상」 및 Ⅵ.「후기 하이데거 철학의 제문제」에서는 이른바 '전회'의 의의와 그 이후 전개된 후기철학의 핵심적인 내용을 언어/ 기술/ 예술/ 시간/ 발현 등의 주제를 중심으로 정리하여 서술한다.

우선 그가 이른바 '존재의 집'으로서 각별히 주목했던 언어의 본질을 규명한다. 이 때 전기와 후기의 언어론을 함께 소개하여 혼란을 피하게 한다.

기술만능의 이 시대에 원천적으로 오해되고 있는 기술의 진정한 본질을 규명한다. 이와 관련하여 그가 발현의 선행개념이라고 규정한 '작위'(作爲, Ge-stell)의 의미에도 언급한다.

또한 작품을 통한 존재의 개시라고 하는 하이데거의 독특한 예술론의 윤곽을 포착한다.

그리고 하이데거의 철학에서 독특한 위치를 차지하고 있는 시간개념의 새로운 정리를 살펴보고 그 의미를 천착해 본다.

마지막으로 후기 하이데거의 근본주제이며 그가 오랜 존재사유 끝에 도달한 궁극적 경지이기도 한 '발현'(Ereignis)의 의미를 규명한다. 특히 존재개념과의 관계, 발현에 속해 있다는 '탈현'(Enteignis)의 성격 등도 함께 논한다.

하이데거가 여러 곳에서 강조하듯이 존재에 대한 철학적 관심은 결코 임의적인 것이 아니다. 그것은 존재 자체가 가지고 있는 진정한 문제성(Fragwürdigkeit)으로부터 발원한다. 그 문제성은 우리의 관심이 일상성에 머물고 있는 한 보이지 않지만, 우리가 일단 철학의 세계에 들어갈 경우에는 어디에서든 자신의 찬란한 빛을 던져 준다. 그 빛은 파르메니데스와 하이데거 앞에서 빛나던 그 모습 그대로 지금 이곳에 있는 우리들 앞에서도 빛나고 있다. 그것은 존재가 시간과 공간을 초월한 그야말로 보편적인 것이기 때문이다. 이 글을 통해 우리는 한국의 독자들이 존재의 신비, 그 의미에 눈뜨기를 기대한다.

Ⅰ. 하이데거의 삶과 철학의 전개

1. 출생 · 성장 · 수업(1889~1915)

마르틴 하이데거(Martin Heidegger)는 1889년 9월 26일 독일 서남부의 바덴주(州)(지금의 바덴-뷔르템베르크주)에 있는 인구 4천 명 정도의[1] 조그만 마을 메스키르히(Meßkirch)에서 태어났다.[2] 오래된 교회와 옛성 그리고 교외로 뻗는 들길을 지닌 이 조용한 마을의 풍광은 하이데거의 사색이 성숙되는 과정에서 중요한 요소로 작용했다. 그의 가계는 농업이었고 종교는 가톨릭이었다. 살림은 부유하지도 가난하지도 않았지만 넉넉한 편은 아니었다. 아버지 프리드리히 하이데거(Friedrich Heidegger, 1851~1924)는 메스키르히의 성 마르틴 교회 성당지기(Mesner)로 있으면서 통 만드는 일에도 종사하였고(Küfer-meister), 과묵한 성격으로 사람들과의 교제는 적은 편이었다. 어머니 요한나(Johanna Heidegger geb. Kempf, 1858~1927)는 근처 괴깅엔(Göggingen)의 농가 출신으로 종교는 역시 가톨릭이었으며 밝은 성격에 자상한 주부였다.

1) 1998년 현재 약 1만 명이라고 전해진다.

2) 그의 생가는 성 마르틴 교회 한쪽 켠에 지금도 남아 있다.

하이데거는 메스키르히에서 초등학교를 다녔다. 퓌르스텐베르크(Fürstenberg) 영주의 장학금을 받았으며 공부를 잘해 자기반에서 최우수학생이 되었다. 이 때 수영, 철봉, 축구, 스키 등 스포츠를 즐겼다. 어릴 적부터 동생 프리츠(Fritz Heidegger, 1894~1980)[3]와 함께 교회의 일을 돕기도 했고, 커서는 아버지의 작업장에서 통 만드는 일을 돕기도 했다.

1903년, 그가 평생에 걸쳐 강한 애착을 보인 고향 메스키르히를 떠나 보덴 호반에 있는 콘스탄츠의 하인리히 주조(Heinrich Suso) 김나지움(1936년부터 슐라게터(Schlageter) 김나지움으로 개칭)에 입학했다. 바이스(Weiss) 재단의 장학금을 받았는데, 거기에는 졸업 후 교회직으로 진출한다는 조건이 붙어 있었다. 이 무렵 하이데거는 리햐르트 요나스(Richard Jonas)가 쓴 『철학입문』이라는 교재를 통해 처음으로 철학을 접했으며, 또한 엄격한 그리스어 교육을 받았는데 이는 훗날 그리스철학 연구의 튼튼한 기초가 되었다. 이 때도 그의 성적은 대단히 좋았다.

1906년에는 프라이부르크의 베르톨트(Berthold) 김나지움으로 전학하게 되었다. 자신을 후원하던 기숙사의 사감이 바뀌는 등 상황의 변화와 개인적인 갈등이 전학의 원인이었던 듯하다.

1907년 여름, 아버지의 친구이며 동향 출신인 당시 콘스탄츠시의 사제 콘라트 그뢰버(Conrad Gröber)[4]로부터 프란츠 폰 브렌타

---

3) 그는 후에 은행원으로 일하면서 형인 마르틴의 원고정리 작업 등을 돕기도 하였다.

4) 그는 하이데거가 콘스탄츠에 있을 무렵 종교과목의 교사였으며 하이데거가 살았던 장크트 콘라트 기숙사의 사감도 지냈다. 나중에 그는 프라이부르크의 대주교가 되었다. 프라이부르크와 콘스탄츠에 그의

노(Franz von Brentano, 1838~1917)의 학위논문 『아리스토텔레스에 따른 존재자의 다양한 의미에 관하여』(*Von der mannigfachen Bedeutung des Seinden nach Aristoteles*, 1862)를 선물받고 비로소 존재문제에 접하게 된다. 이는 그의 학문적 생애에서 중대한 의미를 갖는다. 이것을 계기로 그는 철학에 뛰어들기 위한 서투른 시도를 하게 되는 것이다. "존재자가 다양한 의미로 말해진다면 주도적인 근본의미는 무엇인가? 존재란 무엇인가?" 하는 숙고가 그에게 싹트게 되었던 것이다.

1908년, 그는 기숙사 도서관에서 아리스토텔레스의 저작들을 빌려 보았고, 또 레클람문고 판으로 횔덜린(Friedrich Hölderlin, 1770~1843)의 시도 접하게 된다. 그리고 역시 이 무렵 프라이부르크대학 신학부의 카를 브라이크(Carl Braig) 교수가 쓴 『존재에 관하여—존재론 개요』(1896)도 읽게 된다.

1909년, 김나지움을 마친 후 하이데거는 진학시의 조건에 따라 예수회에 가입하게 된다. 9월 30일 오스트리아의 펠트키르히 근처 티지스에서 수련을 받기 위해 기숙사 신입생 명단에 서명까지 하였으나, 11월 13일 병약을 이유로 명단에서 제외되었다.

이렇게 해서 하이데거는 1909년 겨울학기부터 프라이부르크대학 신학부에 진학하게 된다. 처음 4학기 동안은 주로 신학수업을 듣는 한편 철학수업도 청강한다. 신학부 기숙사에 들어간 첫날부터 후설의 『논리학 연구』(1900~1901)를 도서관에서 빌려 읽었다. 이 책에 대해 하이데거는 "나는 후설의 작품에 완전히 압도당해 몇 해 동안이나 거듭 무엇이 나를 붙잡아 놓고 있는지도 모르면

이름을 딴 거리가 있다.

서 그것을 읽었다. 이 작품에서 흘러나오는 마력은 인쇄된 글씨체와 표지의 외양에까지 뻗어 나갔다"고 술회한다. 이 책 제2권의 부제에는 이미 '현상학'이라는 개념이 등장하고 있지만 아직은 그에게 낯선 이름이었고 그것에 대한 그의 이해는 희미하며 종잡을 수 없는 채로였다고 한다. 이 신학부 시절에는 호베르크 교수의 강의를 통해 성서해석과 관련한 해석학에 접하기도 하였고, 튀빙엔 사변신학의 전통을 이어받은 교리학의 브라이크 교수로부터 헤겔(Hegel)과 셸링(Schelling)의 사변신학에 대한 의의도 배웠으며, 예술사가인 푀게(Wilhelm Vöge)로부터 감명을 받기도 하였다. 그 밖에도 그는 소유권에 관한 가톨릭의 견해를 주제로 한 율리우스 마이어(Julius Meyer)의 연습, 역사가 하인리히 핑케(Heinrich Finke)의 강의『르네상스의 시대』, 게오르크 폰 베로우의 강의『16세기에서 현대까지의 독일헌법사』등을 수강했다.

1910년에는 첫 기고문인「아브라함 아 장크타 클라라—1910년 8월 15일 크렌하인슈테텐에서의 기념비 제막에 부쳐」를『알게마이네 룬트샤우』(*Allgemeine Rundschau*)지에 발표했다.

그러나 하이데거는 **1911년** 2월 중순 심장병으로 학업을 중단하고 고향 메스키르히에서 요양하게 된다. 프라이부르크로 돌아온 후 그는 신학공부를 포기하고, 10대 후반 이후 조금씩 끌리고 있던 철학 쪽으로 방향을 전환한다. 이 결심은 1911년 여름학기의 어느날 메스키르히에서 이루어졌으며, 부모에게 있어서는 큰 충격이었던 것으로 전해진다. 하이데거는 1911년 겨울학기부터 정식으로 철학부에 등록했다. 신칸트학파의 거장 리케르트(Heinrich Rickert, 1863~1936)가 그의 지도교수가 되었다. 하이데거는 그의 수업에 출석하여 학적인 철학 즉 신칸트주의의 훈련을 받았으며, 리케르트의 제자였던 에밀 라스크(Emil Lask, 1875~1915)의 저작도 접하게 되었다. 브라이크 교수의 수업에는 전과 후에도 계속 출석했다.

이듬해인 **1912년**에는 처음으로 「현대철학에서의 실재성 문제」(Das Realitätsproblem in der modernen Philosophie), 「논리학에 관한 최근의 연구」(Neuere Forschungen über Logik)를 잡지에 발표한다. 이것이 그의 왕성한 집필인생의 시발점이다.

1913년에는 『심리주의에서의 판단론』(*Die Lehre vom Urteil im Psychologismus. Ein kritisch-positiver Beitrag zur Logik*)을 학위논문(Dissertation)으로 제출하여 통과, 철학박사가 되었다. 주심은 중세 철학사가인 슈나이더였으며, 부심은 리케르트였다. 이 학위논문에서 그는 논리의 원천이 심리 안에 있다고 보는 이른바 심리주의를 신칸트주의의 입장에서 비판한다.

1914년 7월, 제1차 세계대전이 발발했다. 8월 초 하이데거도 지원병으로 등록되었으나, 심장발작으로 인해 뮐하임의 위생병원에 입원한 뒤 10월 9일 등록이 면제되었다.

이듬해 **1915년** 초, 『둔스 스코투스의 범주론과 의미론』(*Die Kategorien- und Bedeutungslehre des Duns Scotus*)을 완성하여 여름학기에 이를 교수자격논문(Habilitationsschrift)으로 제출했다. 주심은 리케르트였다. '앎의 목표는 존재의 인식'이라는 스코투스의 견해가 그의 관심을 끌었는지도 모른다. 7월 25일에는 『역사과학에서의 시간 개념』(*Der Zeitbegriff in der Geschichtswissenschaft*)을 시험강의(Probevorlesung)로 행하였다.[5] 이렇게 해서 하이데거는 7월 31일

5) 이상의 글들은 그의 전집 1권 『초기 저작집』에 모두 수록되어 있다.

철학교수자격을 취득하게 된다.

하이데거의 수업시대는 이로써 마무리된다. 그 기간 동안 그는 아리스토텔레스철학, 스콜라철학, 신칸트주의, 현상학 등을 중점적으로 익혔으며, 또한 횔덜린, 릴케, 트라클의 시, 그리고 키에르케고르, 니체, 도스토예프스키, 딜타이 등에도 접하였고, 브라이크 교수로부터 전수받은 헤겔과 셸링 철학에 대한 관심도 적지 않았다. 한편 그는 수학, 자연과학, 역사 등도 수강하였다.

2. 프라이부르크대학 사강사 시절(1915~1923)

1915년 겨울학기부터 하이데거는 사강사(Privatdozent)로서 강의를 시작한다. 이것이 그의 기나긴 강단생활의 출발점이 된다. 그의 첫 강의는『소크라테스 이전 철학자에 관하여: 파르메니데스』였고, 연습은『칸트에 관하여: 프롤레고메나』였다. 이것은 희랍적 사유와 독일적 사유에 관한 그의 평생에 걸친 관심을 상징적으로 보여 주는 것일 수도 있다. 이 학기에 리케르트는 빈델반트(Wilhelm Windelband, 1848~1915)의 후임으로 하이델베르크대학으로 옮겨갔다. 한편 전쟁이 진행됨에 따라 이 해 초부터 1918년까지 하이데거도 민방위군에 동원된다. 그러나 그는 대학 관계자였기 때문에 대학 소재지에서 전시업무를 수행하게 되어 주간에는 우편감찰 업무(고향의 기근소식이 일선의 병사들에게 전달되지 못하도록 편지를 검열하는 일)에 종사하였고, 저녁에는 강의를 할 수가 있었다. 이 때 그는 수강생 중의 한 사람이었던 엘프리데 페트리(Elfride Petri: 중부 독일의 육군장교 딸, 프로테스탄트)와 사랑에 빠져 결혼을 약속하게 된다.

이듬해 **1916년** 여름, 하이데거는 약혼한 엘프리데, 그리고 그녀의 친구와 함께 보덴 호반의 라이헤나우 섬으로 놀러갔으며 연말에 그 때의 느낌을 읊은 시 「라이헤나우의 저녁산책」을 발표한다.[6] 여름학기부터 하이델베르크로 옮겨간 리케르트의 후임으로 괴팅엔에 있던 에드문트 후설(Edmund Husserl, 1859~1938)이 부임해 온다. 이를 계기로 프라이부르크대학 철학과의 분위기는 신칸트주의에서 현상학으로 탈바꿈하게 된다. 그 사이 하이데거는 교수자격논문에 「결론」을 추가하여, 본문에서 취급한 논리학과 그 문제들이 "그로부터 해석되는 바의 연관이 초논리학적인 연관으로 되지 않는다면, 사람들은 애당초 논리학과 그 문제들을 진정한 빛 안에서 볼 수가 없다. 철학은 그 본래적인 광학 즉 형이상학을 오랫동안 결여한 채로 있을 수는 없다"면서, '살아있는 정신', '역사적 정신'의 형이상학을 주장하게 된다. 이 '살아있는 정신의, 작용에 가득찬 사랑의, 경외하면서 신과 맞닿는 철학'은 헤겔의 역사적인 세계관의 체계와 근본적으로 대결한다고 하는 커다란 과제 앞에 서 있다고 선언하며 전체를 마무리한다. 9월에는 여기에 「서문」을 덧붙여서 출판하게 된다. 이 여름학기에 그는 크렙스(Engelbert Krebs)와 함께 아리스토텔레스에 관한 연습을 진행했으며, 겨울학기에는 『논리학의 기본문제』를 강의했다.

이듬해 **1917년**, 하이데거는 프라이부르크 대성당에서 크렙스의 사회로 엘프리데 페트리와 결혼하였다. 그녀는 그후 59년간 하이데거가 죽을 때까지 충실한 아내로서 그를 돌보아 주었다. 남편의 일과를 짜임새있게 만들어 귀찮은 방문객을 차단함으로써 연

---

6) 이 시는 그의 전집 13권에 수록되어 있다.

구에만 몰두할 수 있게 해 주었고, 건강에도 신경을 써 기름기 적은 고기에 충분한 과일을 섭취하도록 했다. 식수도 집 근처의 우물에서 그녀가 직접 길어 왔다. 이들은 1919년과 20년, 두 아들(외르크 Jörg, 헤르만 Hermann)을 얻게 된다. 이들 가족은 1923년 마르부르크로 이사할 때까지 프라이부르크의 레르헨슈트라세(Lerchenstraße) 8에서 살았다.

1917년 여름학기부터 1918년 겨울학기까지는 전쟁 확대로 말미암아 수업계획만 제출된 채 강의는 이루어지지 못하였다. 이 해 그는 신학부 교수취임을 기대했으나 좌절하였다.

1918년 초부터는 베를린 교외의 보병 제11연대 보충병대대에서 단기간의 훈련을 받고, 한 해 전 피비린내 나는 살육이 연출되었던 프랑스의 베르덩(verdun)전선에 배속되어 제414전선 기상관측대에 근무하게 된다. 다행히 11월에 대전이 종결되고 하이데거는 12월에 무사히 프라이부르크로 귀환할 수 있었다. 직접적인 전투는 아니었지만 이 전쟁 체험이 불안과 무를 논하는 그의 초창기 철학 전개에 어떤 영향을 주었을지도 모른다. 1918년 겨울학기, 프라이부르크 현상학회가 창립되었다. 하이데거는 이미 학생시절부터 후설의 저작을 읽고 있었지만, 후설의 부임을 계기로 직접 '현상학적으로 보는 법'을 훈련받게 된다. 이 때 자신의 '존재물음'과 관련하여 『논리학연구』의 제6장이 특히 그의 관심을 끌었다. 이 학기에는 「중세 신비주의의 철학적 기초」(Die philosophischen Grundlagen der mittelalterlichen Mystik)를 준비했으나 강의는 이루어지지 못했다.

이듬해 **1919년** 1월, 하이데거는 후설 밑에서 조교로 일하게 된다. 이로써 후설과의 개인적인 인연이 맺어지게 된다. 이 1919년 여름학기 이후, 하이데거는 자신의 강의에 직접 「현상학」이라는 명칭을 내걸고 자기 나름의 현상학을 모색해 나가기 시작한다.7) 1919년 겨울학기, 1920년 여름학기, 1921년 여름학기, 1921년 겨울학기 등의 강의에 따르면, 철학의 출발점이자 목표로서 '현사실적인 생의 경험'이 제시된다. 하이데거가 생각하는 현상학은 바로 이 '현사실적인 생의 자기해석' 쪽으로 방향을 잡아간다. 1919년 전시 임시학기에는 『철학의 이념과 세계관의 문제』라는 제목으로 강의했다.

1920년, 후설을 방문한 야스퍼스(Karl Jaspers, 1883~1969)와 알게 되며, 또 하이델베르크로 야스퍼스를 방문하기도 한다. 두 사람은 당시의 강단철학에 대한 거부라는 점에서 서로 의기투합하게 된다. 그들의 우정은 나치스집권 시절 한때 시련을 겪으면서도 야스퍼스가 죽을 때까지 이어져 간다. 주로 선배인 야스퍼스가 후배인 하이데거에게 물심양면으로 많은 도움을 주었다. 이 해 마르부르크대학 철학부에 결원이 생겨 후설과 나토르프 등이 하이데거를 천거, 제3후보로 물망에 오르지만 결국 니콜라이 하르트만(Nicolai Hartmann, 1882~1950)으로 결정된다.

1921년에는 「야스퍼스의 『세계관의 심리학』에 대한 비평」(Anmerkungen zu Karl Jaspers »*Psychologie der Weltanschauungen*«)을 써

---

7) 1919년 여름학기 『**현상학**과 초월론적 가치철학』, 1919년 겨울학기 『**현상학**의 근본문제들』, 1920년 여름학기 『직관과 표현의 **현상학**. 철학적 개념형성의 이론』, 1920년 겨울학기 『종교**현상학** 입문』, 1921년 겨울학기 『아리스토텔레스에 대한 **현상학**적 해석. **현상학**적 연구 입문』, 1922년 여름학기 『존재론과 논리학에 대한 아리스토텔레스의 선택된 논문들의 **현상학**적 해석』.

야스퍼스, 리케르트, 후설에게 보내기도 하였다. 여름학기에는 『아우구스티누스와 신플라톤주의』를 강의했다.

한편 하이데거는 **1922년**, 일본인 유학생들에게 후설의 『논리학 연구』를 강독하였으며, 그 사례금을 기초로 토트나우베르크(Todtnauberg)에 산장을 세우게 된다. 이는 스키의 편의와 사색의 환경을 배려한 부인의 착상이었다. 이 산장이 후에 『존재와 시간』을 비롯한 그의 수많은 사유의 산실이 된다. 단 『존재와 시간』의 실질적인 집필은 어린 두 아들의 놀이에 방해받지 않기 위해 산장 아래의 한 농가(친하게 지냈던 브렌더 씨의 옛채에 딸린 방)를 빌려 진행되었다.

1913년에 이미 후설의 『이덴 I』이 발표되었으나 하이데거는 이것보다도 『논리학 연구』에 더 흥미를 느껴 연구하였으며, 한편으로는 아리스토텔레스의 중요성을 새삼 인식하여 그 연구에도 열중하게 된다. 그는 3부로 예정된 「아리스토텔레스 연구」의 서론 부분을 **1922년** 마르부르크의 나토르프(Paul Natorp, 1854~1924)에게 보냈으며, 나토르프는 이것을 자신의 학생이었던 가다머(Hans-Georg Gadamer, 1900~)에게 읽게 하였다. 가다머는 이것을 계기로 1923년 프라이부르크에서의 연구를 개시하게 된다. 그의 회상에 의하면, 하이데거에게는 이 때 이미 거부하기 힘든 매력이 풍겨 나왔고, 그것은 많은 학생들에게 마치 '환각제'와 같이 작용했다고 한다. 대개 이른 아침에 개설된 그의 강의를 통해 어떤 사람은 눈이 열렸으며, 어떤 사람은 온 아리스토텔레스가 몸에 착 달라붙다시피 하였고, "칠흑 같은 문장의 구름들이 함께 몰려와서 그 구름 사이로 번개가 번뜩이면 이 번개는 우리를 반 혼수상태로 만들어 버렸다"고 할 정도였다.[8] 이 무렵, 가다머 이외에도 베커(Becker), 실라지(Szilasi), 뢰비트(Löwith), 란트그레베(Landgrebe), 타나베(田辺) 등이 그의 강의를 들었다.

프라이부르크대학 사강사시절의 사색이 알찬 결실을 맺게 된 것은 **1923년** 여름학기의 강의 『존재론: 현사실성의 해석학』(*Ontologie: Hermeneutik der Faktizität*)[9]이라고 평가된다. 이것은 현존재 즉 인간의 '현사실성의 해석학'을 내용으로 하고 있으며, 4년 후에 나오게 되는 그의 주저 『존재와 시간』(*Sein und Zeit*)의 발판이 된다. 하이데거 자신도 『존재와 시간』을 최초로 기초한 것이 이 여름이었다고 술회하고 있다(US 95쪽). 한편 이 해 쾰른과 에센에서 「현존재와 진리 존재」(Dasein und Wahrsein)를 강연했다.

3. 마르부르크대학 조교수 및 정교수 시절(1923~1928)

1923년 겨울학기부터 하이데거는 퇴임한 나토르프의 후임으로 마르부르크대학의 조교수직(조건은 정교수 대우 조교수 das Extraordinariat mit Stellung und Rechten eines Ordinarius)에 취임하게 된다. 이후 그는 슈반알레(Schwanallee) 21에서 거주했다. 이 때부터 동료인 하르트만과도 깊이 교류하게 된다. 첫 학기의 강의는 『현상학적 연구 입문』(*Einführung in die phänomenologische Forschung*)이었다. 하이델베르크대학과 더불어 신칸트주의의 또 하나의 아성이었던 이 마르부르크대학에 하이데거는 현존재의 현상학을 전파하였다. 강의와 연습 때에 보여 준 특유의 집중력과 긴장으로

8) Gadamer, *Philosophische Lehrjahre: Eine Rückschau,* Vittorio Klostermann, Frankfurt a.M., 1977 참조.

9) 전집 63권.

하여 그는 '사상의 왕국의 숨은 제왕' 또는 '메스키르히에서 온 작은 마법사'로 평가받았고 각지로부터 학생들이 몰려들기 시작했다. 학생들이 그의 말투와 몸짓을 흉내낼 정도로 그의 인기는 높았고 동료들은 이를 부러워했다. 이 때의 학생 중에는 한스 요나스(Hans Jonas, 1903~1993)도 있었다.

1924년 6월 17일 일본의 '유럽문화연구소'로부터 파격적인 조건으로 초빙을 받고 야스퍼스와도 상의하였으나 이루어지지 않았다. 7월에는 마르부르크 신학자협회에서 『시간의 개념』(*Der Begriff der Zeit*)을 강연했다. 이에 따르면, 시간이란 현존재이며, 현존재는 시간(시간성)이다. 이 사태는 현존재의 가장 극단적인 존재가능성인 죽음을 향한 선구에 있어서 드러난다. 시간의 근본현상은 도래이다. 이와 관련해서 각자성, 세계-내-존재, 세인, 본래성 등도 언급된다. 『존재와 시간』의 기본사상이 이미 여기에서 윤곽지어져 있음을 알 수가 있다. 1924년 여름학기에는 『아리스토텔레스철학의 근본개념』(*Grundbegriffe der aristotelischen Philosophie*)을 강의했고, 겨울학기에는 『플라톤: 소피스테스』(*Platon: Sophistes*)를 강의했다. 이 학기에 한나 아렌트(Hannah Arendt, 1906~1975, 당시 18세)가 그의 강의를 듣게 되며, 두 사람은 서로에게 호감을 갖게 된다. 이 만남은 이윽고 연인관계로 발전한다. 그러나 이루어질 수 없는 사랑임을 깨달은 아렌트는 이듬해 하이델베르크의 야스퍼스에게로 옮겨 가 그에게서 박사학위를 하게 된다.

1925년의 강의 『시간개념의 역사를 위한 서설』(*Prolegomena zur Geschichte des Zeitbegriffs*)에서는 '현상학의 원리', '존재물음의 개진', '물음의 구조', '세계-내-존재', '현존재의 존재로서의 마음씀', '시간 자체의 해명' 등등 『존재와 시간』의 기본 골격이 이미 거의 완성되어 있음을 볼 수가 있다. 하이데거 자신도 이 마르부르크 시절 열심히 공부했었다고 훗날 회상하고 있다. 겨울학기에는 『논리학. 진리에 대한 물음』(*Logik. Die Frage nach der Wahrheit*)을 강의했다. 이 해 1925년 하르트만이 쾰른대학으로 옮겨가고 그 후임 자리에 하이데거가 단독후보로 오르게 된다(8월 5일). 그러나 베를린의 교육부 당국은 그에게 과거 10년 동안 저작이 없었다는 이유로 이를 거부한다. 학부장은 하이데거에게 시급히 저서를 출판하도록 권유하게 된다.

이에 따라 하이데거는 이듬해 **1926년**, 『철학 및 현상학적 연구 연보』(*Jahrbuch für Philosophie und phänomenologische Forschung*)에 게재할 예정이었던 『존재와 시간』의 첫 240쪽 분을 막스 니마이어 출판사에서 인쇄하여 그 견본 2부를 교육부에 제출했다. 하이데거는 여기에 "존경과 우정으로 에드문트 후설에게 바친다"는 헌사를 첨부하여 1926년 4월 8일, 후설의 생일선물로 헌정한다. 그러나 이 책은 한참이 지난 후 '불충분'하다는 이유로 반려되었다. 교육부는 하이데거 대신 만케(Dietrich Mahnke, 1884~1939) 교수를 염두에 두고 있었다. 한편 1926년 여름학기에는 『고대철학의 근본개념』(*Grundbegriffe der antiken Philosophie*)을 강의했고, 겨울학기에는 『토마스 아퀴나스에서 칸트까지의 철학사』(*Geschichte der Philosophie von Thomas von Aquin bis Kant*)를 강의했다. 12월에는 「현상학적 탐구의 개념과 발전」(Begriff und Entwicklung der phänomenologischen Forschung)을 마르그부르크에서 강연하였다.

이듬해 **1927년** 2월, 하이데거의 주저가 될 『존재와 시간』(*Sein und Zeit*)이 「전반부」라는 꼬리를 단 채 『연보』 제8권에 게재되었고 동시에 별쇄로 출판되었다. 하이데거는 이것을 후설, 셸러, 야스퍼스에게 보냈다. 교육부 당국은 셸러(Max Scheler, 1874~1928)의 조언을 참고로 하여 8월, 하이데거를 마침내 정교수(ordendlicher Professor)에 임명하게 된다. (셸러는 교육부장관에게 달려가 "만일 당신이 영원토록 당신 자신을 망신시키고 싶다면 하이데거의 코앞에 만케를 세워 놓아도 좋을 겁니다"라고 말한 것으로 전해진다.) 아무튼 이 『존재와 시간』은 출판되자마자 '전광석화와 같이', '이상할 만큼의 철학적 흥분을 불러 일으켰다'고 전해진다. 여기에서 하이데거는 '존재란 무엇인가?' 하는 물음을 본격적으로 제기하여, 그것을 위해 평균적이고 막연한 존재이해를 지니고 있는 '현존재' 즉 인간을 분석하는 '현존재의 실존론적 분석론'을 '기초적 존재론'으로서 수행해 나간다. 단 하이데거는 현존재분석 내지 시간의 해명을 경유하여 존재일반의 의미해명으로 돌아오고자 했던 애당초의 계획을 완수하지 못한 채 미완으로 이 책을 끝맺고 있다. 한편 그 자신이 '『존재와 시간』 제1부 제3편의 새로운 완성'이라 규정하고 있는 1927년 여름학기의 강의 『현상학의 근본문제들』(*Die Grundprobleme der Phänomenologie*)에서도 『존재와 시간』의 근본사상이 거의 반복되고 있으나 이 또한 미완이라는 점에서는 마찬가지이다. 단 '현상학적 해체'를 좀 더 구체적으로 수행하고 '존재론적 차이'를 명시하는 등 몇 가지 보완들이 눈에 띈다. 겨울학기에는 『칸트 순수이성비판의 현상학적 해석』(*Phänomenologische Interpretation von Kants Kritik der reinen Vernunft*)을 강의했다. 이는 1년 후 출간되는 『칸트와 형이상학의 문제』의 기초가 된다. 한편 이 해 여름부터 연말에 걸쳐 브리태니커사의 요청을 받은 후설의 제안으로 이 사전에 실릴 '현상학' 항목을 위해 공동집필을 시도하나, 후설과의 시각차만을 확인한 채 하이데거의 집필부분은 삭제되고 만다. 한편 이 해 3월 하이데거는 튀빙엔에서 「현상학과 신학」(Phänomenologie und Theologie)을 강연했다.

1928년 여름학기의 강의 『논리학의 형이상학적 기초』(*Metaphysische Anfangsgründe der Logik im Ausgang von Leibniz*)에서 하이데거는, '기초적 존재론'으로부터 전체로서의 존재자를 다루는 '형이상학적 존재자론'으로의 '전회'가 필요함을 인식한다. 다시 말해 철저화와 보편화를 통한 존재론의 변동, '메타 존재론'에로의 변동을 말하는 것이다(GA26, 199 및 201쪽). 이것이 마르부르크에서의 마지막 강의가 된다.

4. 프라이부르크대학 정교수 및 총장 시절(1928~1945)

하이데거는 1년간 정교수로서 마르부르크대학에 근무한 뒤, **1928년** 겨울학기부터, 정년퇴임한 후설의 후임으로 프라이부르크에 돌아오게 된다. 첫학기의 강의는 『철학입문』(*Einleitung in die Philosophie*)이었다. 이후 그는 프라이부르크 체링엔(Zähringen)에 있는 뢰테부크(Rötebuck) 47에 거주하게 된다.

1929년 3월에는 스위스의 다보스대학에서 「칸트의 순수이성비판과 형이상학의 과제」를 강연하고, 현존재의 유한성에 기초하는 철학을 주장, 문화철학의 기반으로서 언어를 설파하는 카시러(Ernst Cassirer, 1874~1945)와 토론을 벌이기도 한다. 4월에는 연보의 『보완편』을 후설의 70회 생일기념논문집으로 바친다. 이것은 『근거의 본질』(*Vom Wesen des Grundes*)을 포함하는 것으로서, 후설이 말하는 의식의 지향성을 현존재의 본질인 초월에 의해 근거지우고자 시도하고 있다. 5월, 1927년 겨울학기의 강의에 기초하는 『칸트와 형이상학의 문제』(*Kant und das Problem der Metaphysik*)를 출판한다. 그는 이것을 셸러에게 바치지만, 셸러가 말하는 철학적 인간학보다도 '인간 현존재의 형이상학' 또는 '존재론적인 현존재 분석론'이 더 근원적이라고 피력한다. 7월, 『형이상학이란 무엇인가?』(*Was ist Metaphysik?*)를 프라이부르크대학 취임강의(Antrittsvorlesung)로 행하였다. 여기서 그는 인간이 불안이라는 근본기분에서 무를 경험할 수 있으며, 그때 동시에 전체로서의 존재자를 뛰어넘는 초월의 현상이 일어난다는 것을 지적하고 이 현상이 다름아닌 형이상학의 본질이라고 가르친다. (이 해 12월, 후설은 인가르덴(Roman Ingarden)에게 보낸 편지에서 처음으로 『존재와 시간』을 비판한다.) 한편 이 해 여름학기에는 『독일 관념론(피히테, 셸링, 헤겔)과 현대의 철학적 문제상황』(*Der Deutsche Idealismus*[*Fichte Schelling, Hegel*] *und die philosophische Problemlage der Gegenwart*)을 강의했고, 겨울학기에는 『형이상학의 근본개념들: 세계-유한성-고독』(*Die Grundbegriffe der Metaphysik: Welt-Endlichkeit-Einsamkeit*)[10]을 강의했다.

이듬해 **1930년** 3월 베를린대학이 하이데거에게 초빙의사를 밝혔다. 사망한 트뢸취(Ernst Troeltsch, 1865~1923)의 후임이었다. 교육부의 고위관리가 직접 하이데거를 찾아와 두 배의 봉급과 상수시(sans souci) 공원의 오랑제리에 있는 사택 그리고 기사가 딸린 승용차를 주겠다고 제안했다. 그러나 하이데거는 이를 거절했다. 한편 6월, 후설은 하이데거의 사변적 경향에 대해 또다시 실

10) 전집 29/30권. 여기서 그는 '근본기분'(Grundstimmung)에 관한 상세한 논의를 전개한다.

망을 내비친다. 이 해의 『연보』 제1권의 「후기」는 하이데거와 셸러에 대한 후설 측 비판의 단초가 된다. 후설은 1931년 6월, 베를린에서의 강연에서도 공공연히 셸러와 하이데거를 비판한다. 이렇게 해서 후설의 초월론적 현상학과 하이데거의 존재론적 현상학이 서로의 차이점을 의식하게 된다. 이 해 1930년 7월 하이데거는 칼스루에에서(10월에는 브레멘에서) 「진리의 본질」(Vom Wesen der Wahrheit)을 강연하고, 이듬해 1931년 겨울학기 및 1933년 겨울학기에는 같은 제목으로 강의를 진행한다. 이 강연 및 강의를 기점으로 하이데거의 사유는 새로운 경지를 향해 전개되어 나가기 시작한다. 이른바 '전회'(Kehre)가 구체화되기 시작하는 것이다. 한편 1930년 여름학기에는 『인간의 자유의 본질. 철학입문』(*Vom Wesen der menschlichen Freiheit. Einleitung in die Philosophie*)을 강의했고, 겨울학기에는 『헤겔의 정신현상학』(*Hegels Phänomenologie des Geistes*)을 강의했다.

1931년 여름학기에는 『아리스토텔레스 형이상학 Θ1-3. 힘의 본질과 현실성에 관하여』(*Aristoteles, Metaphysik Θ1-3. Von Wesen und Wirklichkeit der Kraft*), 겨울학기에는 『진리의 본질에 관하여』를 강의했다. 이 해에 그는 부인의 권유로 히틀러가 쓴 『나의 투쟁』(*Mein Kampf*)을 읽었다.

1932년 여름학기에는 『서양철학의 시원(아낙시만드로스와 파르메니데스)』(*Der Anfang der abendländischen Philosophie*[*Anaximander und Parmenides*])를, 1933년 여름학기에는 『철학의 근본물음』(*Die Grundfrage der Philosophie*)을 강의했다.

1933년 5월 1일, 하이데거는 나치스정권하에서 프라이부르크대학의 총장에 취임하였다. 이는 하이데거의 생애에서 최대의 스캔들이 되며 두고두고 그를 괴롭히는 장애가 된다. 그 경위는 대략 이렇다. 1932년 2월, 동료인 해부학자 폰 묄렌도르프(Wilhelm von Möllendorf)가 총장에 선출되었다. 22개의 정당이 난립하는 정치적 혼란 속에서 이 해 7월 나치스가 제1당이 되었고 정국은 계속 불안했다. 1933년 2월 국회가 해산되고 3월 5일 총선거가 실시되어 나치스가 288석을 얻게 된다. 4월 5일 폰 묄렌도르프가 총장에 취임하나, 반유태인 현수막의 게양을 금지했기 때문에 당국으로부터 파면을 당하기에 이른다. 발령 후 2주 만의 면직이었다. 파면이 알려진 날, 폰 묄렌도르프와 부총장 자우어(Sauer, 가톨릭 신학자)는 하이데거에게 차기총장을 맡아 주도록 권유한다. 그렇지 않으면 당의 간부가 총장에 임명될 위험이 있다는 것이었다. 젊은 동료들도 받아들일 것을 권했다. 4월 21일 대학 평의회에서의 투표일 아침 하이데거는 후보를 사퇴할 수 없겠는가고 폰 묄렌도르프와 자우어에게 부탁하지만 평의회는 기권 2표를 제외한 전원일치로 하이데거를 총장에 선출하였다. 선출 후 첫 번째 주, 나치스의 지구당 간부인 프라이부르크 시장 케르버(Franz Kerber) 박사가 당원들을 대동하고 총장실을 찾아와 바덴주 교육장관인 바커(Otto Wacker)의 의향이라면서 입당을 촉구했다. 하이데거는 상당히 숙고한 끝에, 총장 재임중이나 그 이후나 어떠한 당직에도 취임하지 않고 또 당을 위한 활동도 하지 않는다는 조건부로, 입당을 약속했다. 대학의 이익을 위한 결정이었다. 이렇게 해서 그는 총장 취임과 동시에 5월 1일, 나치스당에 입당하게 된다. 취임 후 이틀째, 학생회 간부인 퀸첼(Künzel)이 학생 둘을 데리고 찾아와 반유태인 현수막의 게양을 요청했으나 하이데거는 이를 거부했다. 그후 돌격대 최고사령부로부터 압력이 있었으나 하이데거는 게양 금지를 철회하지 않았다.

5월 27일 하이데거는 『독일대학의 자기주장』(*Die Selbstbehauptungen der deutschen Universität*)이라는 제목으로 총장취임연설을 행하였다. 프라이부르크 대주교 그뢰버도 여기에 참석했다. 이 연설에서 그는 이른바 3대 봉사(노동 · 국방 · 지식의 봉사)를 호소하여 훗날 시빗거리가 되었으나, 정작 바커 장관은 이것이 당 강령의 시각을 회피하는 일종의 '사적 국가사회주의'이고 '종족사상'에 기초하고 있지도 않으며 '정치적 학문'의 이념이 없다는 식의 비판적인 견해를 피력했다. 아닌게 아니라 하이데거 자신도 이 연설을 '학문의 정치화에 대한 반대' 입장이라고 규정짓는다.

6월 30일 하이델베르크대학 학생회의 초청으로 「새 국가에 있어서의 대학」을 강연하였다. 야스퍼스도 이것을 들었다. 단시간 야스퍼스 댁을 방문했는데 이것이 마지막 방문이 되었다. 7월, 같은 제목으로 킬대학에서도 강연했다.

이 해 가을 베를린대학으로부터 두 번째 초빙이 있었으나 하이데거는 또다시 거절한다. 그 이유를 그는 「창조적 풍경: 왜 우리는 시골에 머무르는가?」(Schöpferische Landschaft: Warum bleiben wir in der Provinz?)라는 제목으로 베를린 방송국을 통해 발표한다.[11] 가을 '토트나우베르크 합숙'에서 하이델베르크, 프라이부르크, 튀빙엔의 학생 대표자들과 강사들에게 대학과 학문에 대해 연설한다. 1933년 여름학기에는 『철학의 근본문제』(*Grundprobleme der Philosophie*)를 강의했고, 겨울학기에는 『진리의 본질』(*Vom Wesen der Wahrheit*)을 강의했다.

---

11) 전집 13권에 수록되어 있다.

1934년 2월, 하이데거는 대학 인사에 개입하려는 당의 압력에 불복하며 총장직 사임을 표명하였고, 이것은 즉시 수리되었다. 후임 총장은 나치스 당원인 법학자 케른(Eduard Kern)이었는데 하이데거는 이취임식에 참석하지 않았다. 퇴임 후 그는 한 여학생의 질문을 받고 총장직과 그에 관계된 정치적 행위는 내 생애 최대의 실수였다고 대답하였다. 이 해 여름부터 나치스 교육학자인 프랑크푸르트대학 총장 크리크(Ernst Krieck)가 주관하는 잡지 『생성하는 민족』에서 주로 크리크에 의한 하이데거 비판이 시작된다. 『독일대학의 자기주장』은 당의 의향에 따라 서점에서 수거된다. 1934년 여름학기의 강의는 『언어에 대한 물음으로서의 논리학』(*Über Logik als Frage nach der Sprache*)이었다. 내용은 로고스의 성찰에 의해 언어의 본질을 추구하는 것이었다. 겨울학기의 강의는 『횔덜린의 찬가 '게르마니엔'과 '라인 강'』(*Hölderlins Hymnen »Germanien« und »Der Rhein«*)이었다. 여기에서 횔덜린에 대한 그의 관심이 본격적으로 전면에 등장하게 된다(이것을 필두로 일련의 횔덜린 강의가 뒤를 잇는다; 1941년 겨울학기 『횔덜린의 찬가 '회상'』/1942년 여름학기 『횔덜린의 찬가 '이스터 강'』). 그의 사유는 이 강의로 시의 해명을 통한 존재의 탐구라는 새로운 특징을 엿보이게 한다.

이듬해 **1935년** 여름학기에는 『형이상학 입문』(*Einführung in die Metaphysik*)을 강의했고, 겨울학기에는 『사물에 대한 물음』(*Die Frage nach dem Ding. Zu Kants Lehre von den transzendentalen Grundsätzen*)을 강의했다. 그러나 그의 강의들은 언제나 당의 감시하에 있었다. 1935년 11월, 「예술작품의 근원」(Der Ursprung des Kunstwerkes)을 프라이부르크 예술협회에서 강연하였다. 여기에서 그는 처음

으로 '예술'과 '자연'을 사유의 주제로서 숙고한다.

이듬해 **1936년** 1월 취리히에서, 그리고 11월 프랑크푸르트에서도 같은 제목으로 강연했다. 4월에는 로마에서 「횔덜린과 시의 본질」(Hölderlin und das Wesen der Dichtung)을 강연하였고, 이것이 잡지 『내면세계』(*Das Innere Reich*) 제3권에 게재되는데, 히틀러 유겐트(HJ)의 기관지 『의지와 힘』에서 공격을 받는다. 이 1936년부터 38년에 걸쳐 방대한 수기 『철학에의 기여』(*Beiträge zur Philosophie*[*Vom Ereignis*])를 적어 나간다.[12] '발현'(Ereignis)을 주도어로 하는 이 수기는 40년대 전반부터 하이데거가 공표하는 사유, 그리고 40년대 후반부터 본격화되는 이른바 후기사유 전체의 원천을 이루는 것으로 그의 또 하나의 주저로 평가될 수 있는 것이다. 그는 또 이 1936년부터 10년간에 걸쳐 『형이상학의 극복』(*Die Überwindung der Metaphysik*)을 위한 수기를 적어 나간다. 한편 1936년 여름학기에는 『셸링: 인간의 자유의 본질(1809)』을 강의했고, 겨울학기부터는 일련의 「니체」 강의가 개시된다(1936년 겨울학기 『니체: 예술로서의 권력의지』/ 1937년 여름학기 『서양적 사유에서 니체가 갖는 형이상학적 근본위치: 동일자의 영겁회귀』/ 1938년 겨울학기 『니체Ⅱ. 반시대적 고찰』/ 1939년 여름학기 『인식으로서의 권력의지에 관한 니체의 가르침』/ 1940년 2/3학기 『니체: 유럽의 니힐리즘』/ 1941년 겨울학기 『니체의 형이상학』—예고만 된 채 강의는 이루어지지 않음).

1937년, 『프랑스철학회 회지』 제37권에 장 발(Jean Wahl)에게 보낸 편지를 공개한다. 여기서 그는 자신의 문제가 인간의 실존이 아니라 '전체로서의 존재 그 자체'라고 하여 이른바 실존철학과

12) 1986년, 전집 65권으로 출판되었다.

의 차이를 명백히 한다. 겨울학기에 『철학의 근본물음들. 정선된 '논리학'의 '문제들'』(*Grundfragen der Philosophie. Ausgewählte »Probleme« der »Logik«*)을 강의했다.

1938년 4월 27일 후설이 세상을 떠났다.[13] 그 때 하이데거는 병상에 있었으며 장례식에 참석하지 못하였다. 6월에는 프라이부르크에서 「세계상의 시대」(Die Zeit des Weltbildes)[14]를 강연하여 근대 학문의 본질을 비판적으로 검토한다. 1938~39년에 걸쳐 수기 『성찰』(*Besinnung*)[15]을, 그리고 『형이상학의 극복』, 『부정성』(*Negativität*), 『존재의 역사』(*Die Geschichte des Seyns,* 38/40)를 써나간다.

1939년 9월, 제2차 세계대전이 발발한다. 이 해에 「횔덜린의 시: '마치 축제일에…'」(Holderlins Hymne 'Wie wenn am Feiertage…')를 강연했다(1941년 출판). 또 『코이논. 존재의 역사로부터』(*Koinon. Aus der Geschichte des Seyns*) 및 「퓌시스의 본질과 개념」(Vom Wesen und Begriff der Φύσις Aristoteles, Physik B, 1)을 썼다.

1940년에는 31년, 33년 겨울학기의 강의를 토대로 『플라톤의 진리론』(*Platons Lehre von der Wahrheit*)을 집필하나, 이에 대해 평가하고 소개하는 일이 금지된다. 한편 강연 「진리의 본질」을 이 해에 최종적으로 정식화한다.

1941년에는 수기 『시원에 관하여』(*Über den Anfang*), 그리고 이듬해에 걸쳐 『발현』(*Das Ereignis*)을 썼으며, 『니체』(*Nietzsche*) 제2권인 「존재(Seyn)의 역사로서의 형이상학」, 「존재의 역사에 대한 구상

---

13) 서거하기 얼마 전에 이사와 살고 있던 그의 거처가 프라이부르크 쉔에크슈트라세(Schöneckstr.) 6에 남아 있다.

14) 전집 5권에 수록되어 있다.

15) 1997년, 전집 66권으로 출판되었다.

들」, 「형이상학 안으로의 회상」 등도 모두 이 해에 썼다. 또한 자가본인 『눈짓』(*Winke*)도 이 때에 내놓는다. 여기서 존재의 현성적 성격을 강조하기 위해 '입실론'(y)으로 표기하는 '존재(Seyn)의 사유'가 처음으로 공표된다. (그러나 이 사유의 흔적은 이미 36~38년에 쓴 『철학에의 기여』에 나타나 있다.) 그리고 이 해, 『존재와 시간』 제5판에서, 발매금지를 우려한 출판사의 의향에 따라 후설에게 바치는 헌사가 삭제된다. 그러나 본문 제7절의 각주에 있던 감사의 말은 하이데거의 요청에 의해 그대로 유지된다. 한편 이 해 여름학기에는 『근본개념들』(*Grundbegriffe*)을, 겨울학기에는 『횔덜린의 찬가: '회상'』(*Hölderlins Hymne »Andenken«*)을 강의했다.

이듬해 **1942년** 여름학기에는 『횔덜린의 찬가 '이스터 강'』(*Hölderlins Hymne »Der Ister«*)을 강의했고, 겨울학기에는 『파르메니데스』(*Parmenides*)와 『헤겔 "정신현상학" '서론'의 해명』을 강의했다.

1943년에는 30년의 강연 『진리의 본질』을 대폭 수정하여 출판하고, 『형이상학이란 무엇인가?』 제4판에 세간의 논란에 대한 해명을 담은 「후기」(Nachwort)를 덧붙인다. 이것들은 둘 다 제목 없는 표지로 몰래 판매되었다고 전해진다. 여름학기에는 『서양 사유의 시원』(*Der Anfang des abendländischen Denkens*)을 강의했다.

1944년에는 「마치 축제일에…」(1939)와 「회상」(1941)에다 횔덜린에 관한 두 강연 「횔덜린과 시의 본질」(1936)과 「귀향/친지들에게」(1943)를 모아 『횔덜린 시의 해명』(*Erläuterungen zu Hölderlins Dichtung*)으로 출판한다. 그러나 하이데거에 대한 당의 감시는 여전히 계속되었다. 이 해에 『시원의 오솔길』(*Die Stege des Anfangs*)이라는 수기를 썼으며, 1944~45년에는 『들길의 대화』(*Feldweg-Gespräch*)를 썼다. 여름학기에는 『논리학. 헤라클레이토스의 로고스론』

(*Logik. Heraklits Lehre vom Logos*)을 강의했다. 한편 1944년 대전 말기에 500명의 학자 예술가가 모든 군무를 면제받았으나 하이데거는 거기에 끼지 못하였다. 하이데거는 이 해 여름 라인 강 서안의 참호공사를 명령받았다. 프라이부르크대학 총장은 당과의 협의하에 전체 교수들을 '전혀 쓸모없는 교수', '대체로 쓸모없는 교수', '꼭 필요한 교수' 등으로 분류했는데, 하이데거는 첫 번째 부류의 필두에 올려졌다. 참호공사 후, 겨울학기의 강의 『사유와 시작』(*Denken und Dichten*)을 개시했다. 이 강의에서 그는 형이상학의 역사에서 볼 때 코뮤니즘, 아메리카니즘, 나치즘은 동일하다고 말한 것으로 전해진다. 그러나 11월 8일의 제3강의에서 강의는 중단되고 국민돌격대(Volkssturm)에 소집된다. 소집된 대학교수단 중 하이데거가 최연장자였다. 12월에는 양녀 에리카(부인의 조카딸)와 여조교를 데리고 프라이부르크에서 메스키르히로 대피한다. 이 해 1944년 11월 9일부터 6년간 하이데거는 교단에 서지 못했다. 전후 그의 교수직은 프랑스 점령군에 의해 박탈되었고 이는 1951년에야 해제되었다. 그러나 복직과 동시에 퇴임교수가 되었으므로 현역의 교수활동은 1944년 11월 8일로 마감한 셈이다. 1945년 5월 독일의 패전으로 전쟁은 끝났다.

5. 종전 후의 시련(1945~1951)

1945년, 전쟁이 끝난 직후 하이데거는 「총장직 1933/34년」(Das Rektorat 1933/34)이라는 제목으로 당시의 회고록을 집필했다. 7월 9일, 프라이부르크 시장은 하이데거의 가옥 접수를 통고했다. 나치스에 입당했었다는 것이 이유였다. 하이데거는 16일 시장에게

이의를 제기했다. 프라이부르크는 프랑스 점령군의 군정하에 들어갔으며 군정당국은 9월 하이데거의 대학내 지위에 대해 '불필요'하다는 판정을 내렸다. 10월 8일, 하이데거는 총장에게 강의인가를 자발적으로 단념하겠다는 뜻을 전달했다. 이에 총장은 10월 30일부로 하이데거에게 총장시절의 나치스 입당 이유와 조건, 총장직 퇴임 후의 당과의 관계에 대해 조회하였고 하이데거는 11월 23일 이에 답변한다. 11월부터 12월에 걸쳐 프라이부르크대학에서는 정화위원회의 활동이 활발해진다. 하이데거는 야스퍼스로부터 자신에 관한 소견을 들어보도록 제안하였고 이를 허가받았다.

이 해 12월 대학에서의 조사에서 준비도 없는 채로 23가지 질문에 답변하느라 하이데거는 지쳐 쓰러졌다. 의학부장 베링거(Kurt Beringer)가 하이데거를 데리고 나와 눈덮인 겨울 숲을 함께 걸었다. 3주일 후 하이데거는 기운을 회복하고 프라이부르크에 돌아올 수가 있었다.

하이데거에 관해 정화위원회는 다음과 같이 결론을 내렸다. "하이데거는 1933년 이전에는 나치스와 아무런 관계가 없었을 뿐 아니라 1934년 4월 이후는 이미 나치스라고 확실히 간주될 수 없다. 이에 우리는 만일 하이데거가 1933년의 단기간의 정치적 과오로 해서 대학을 떠나야만 한다면 극히 중대한 손실이라고 고려하는 바이다."

하이데거 자신은 총장과 정화위원회에 보낸 11월 4일자 편지에서 고백하기를, 1933년 5월의 히틀러 평화연설 시점에서는 "나의 정신적 근본태도와 대학의 과제들에 대한 나의 파악은 정부의 정치적 의욕과 일치할 수 있다"고 확신하고 있었으나, 그 해

겨울에는 이미 나치스의 세계관 특히 로젠베르크(Alfred Rosenberg)와 크리크에 대해 첨예하게 대립하고 있었으며, 예전의 확신이 오류라고 인정한 것은 1934년 6월 30일의 사건이었다고 한다. 그 사건이란 돌격대 지도자 숙청사건을 가리킨다. 한편 총장취임 연설의 기조가 되었던 '본질의지', '운명', '위탁'에 대해서는 1938/39년의 『형이상학의 극복』 23절에서 자기비판이 이루어지며, 전쟁중의 하이데거가 자신이 속한 민족과 국가의 현실을 어떻게 파악하고 있었는지는 『형이상학의 극복』 26절에서 읽을 수가 있다. 그러나 정화위원회의 결론은 프랑스 군정당국에게 받아들여지지 않았다.

이듬해 **1946년** 여름 및 겨울 군정당국은 일방적으로 하이데거의 무기한 교직금지를 단행한다. 다만 이 금지는 대학으로부터의 완전 추방이 아니라 연구교수직에 머무르게 하는 것이었다. 여름에는 중국인 유학생과 함께 『노자』의 독역을 시도하기도 했다. 한편 이 해 장 보프레(Jean Beaufret)가 편지로 질문을 보내 왔고 가을에 그 답변을 쓴다. 이것이 이듬해 1947년 『휴머니즘에 관한 편지』(*Brief über den Humanismus*)라는 제목으로 발표되었다. 이것은 그의 후기사유의 정수들을 포함한 매우 중요한 것으로 평가될 수 있다. 11월 릴케 사후 20주기 기념회에서 「무엇을 위한 시인인가?」(Wozu Dichter?)를 강연한다. 또 이 해 「아낙시만드로스의 잠언」(Der Spruch des Anaximander)을 써서 4년 후 공표하게 된다. 그리고 1946~48년에 걸쳐 『니힐리즘의 본질』(*Das Wesen des Nihilismus*)이라는 수기를 작성한다.

1947년, 스위스의 베른에서 『플라톤의 진리론, 부록 휴머니즘에 관하여』가 출판된다. 야스퍼스도 하이데거의 복직을 위해 노력하지만 성과는 없었다. 이 해 『사유의 경험에서』(*Aus der Erfahrung des Denkens*)를 집필하여 자가본으로 출판한다.

1948년에는 산장에 칩거하는 일이 많았다. 자택의 1층은 프랑스의 관리에게 접수되어 있었다. 이 무렵 메다르트 보스(Medard Boss)의 주선으로 하이데거 부부는 이탈리아의 아시지(Assisi)로 여행을 떠나기도 했다.

1949년 7월, 프랑스 군정당국은 하이데거와 나치스와의 관계를 '복종 없는 동행자'라고 최종적으로 결론짓는다. 늦여름 브레멘으로부터 강연 의뢰가 왔다. 이로써 세간에 복귀하게 되는 계기가 마련된다. 9월 군정당국은 교직금지가 무기한이었던 것을 한정한다. 9월 26일 60세를 맞아 두 가지 기념논문집이 준비된다. 12월 2일부터 4일까지 「브레멘 클럽」의 초청에 따라 『존재하는 것으로 밝아들어감』(*Einblick in das was ist*)[16]을 강연한다. 여기서 「사물」 「작위」 「위험」 「전향」을 주제화시킨다. 이 해 역시 자가본으로 『들길』(*Der Feldweg*)이 발표된다. 여기서 그는 '자체적인 것을 향한 체념'이라는 경지를 내비친다.[17] 그리고 『진리의 본질』 제2판에서 주석의 전반부를 증보하고 『근거의 본질』 제3판에 「서문」을, 『형이상학이란 무엇인가?』 제5판에 「서문」을 첨가하여 심화된 후기사유의 면모를 보여 준다. 또한 『휴머니즘에 관하여』의 단행본이 출판된다. 60세 기념논문집 『여러 학문에 대한 마르틴 하이데거의 영향』(*Martin Heidegger-Einfluß auf die Wissenschaften*)이 실라지(Szilasi), 빈스방거(Binswanger), 샤데발트(Schadewaldt), 슈타이거(Staiger), 바이츠제커(Weizsäcker) 등 11명의 기고로 베른에서 출판

16) 1994년, 전집 79권으로 출간되었다.
17) 이 사상의 싹은 이미 『철학에의 기여』에도 나타나 있다.

되었다. 하이데거의 오랜 침묵과 전후의 도사림도 이 1949년을 기점으로 다시금 활발한 활동에 들어가게 된다. 이렇게 해서 하이데거는 새롭게 세상의 주목을 받게 된다.

이듬해 **1950년** 3월 스위스의 뷜러회에에서 또다시 『존재하는 것으로 밝아들어감』을 강연하고, 6월 뮌헨의 바이에른 예술원에서 그 중 일부인 「사물」(Das Ding)을 확대된 형태로 강연한다. 10월에는 뷜러회에에서 「언어」(Die Sprache)를 강연한다. 이 해 역시 60세 기념논문집으로 가다머, 브뢰커(Bröcker), 뢰비트(Löwith), 크뤼거(Krüger), 융어(Jünger) 등 10명에 의한 『관여』(*Anteile*)가 출판된다. 1936년에서 46년까지의 논고 여섯 편을 모은 『숲길』(*Holzwege*)도 이 때 출판된다.

6. 복권 후의 활약과 만년(1951~1976)

1951년 2월 14일 슈투트가르트의 뷔르템베르크 도서관협회에서 「언어」를 다시 강연하고, 5월 4일에는 브레멘 클럽에서 「로고스」(Logos)를 강연한다. 이 강연은 1944년 여름학기의 강의 「논리학」에서 유래하는 것이었다. 8월 5일에는 「인간과 공간」을 주제로 하는 「제2회 다름슈타트 대화」에서 「건설 거주 사유」(Bauen Wohnen Denken)를 강연했다. 9월, 바덴주 당국에 의해 마침내 공식적인 복직이 허가된다. 이로써 그는 세간뿐만이 아니라 정식으로 대학에 되돌아오게 된 것이다. 단 이것은 퇴임교수로서의 복직이었다. 이 여름학기부터 1955/56년까지 하이데거는 이따금씩 강의와 연습을 행한다. 겨울학기의 강의는 『무엇이 사유를 명하는가?』(*Was heißt Denken?*)였다. 이렇게 해서 하이데거는 50년대와

60년대에 걸쳐 강의 강연 및 저작활동을 활발하게 펼쳐나간다. 10월 6일에는 빌러회에에서 「시인같이 인간은 산다」(...dichterisch wohnet der Mensch...)를 강연했다. 한편 이 해 1951년 뢰비트가 『새로운 전망』(*Die Neue Rundschau*)지에 「하이데거의 전환」(Heideggers Kehre)을 발표하여 이른바 '전회'(Kehre) 논쟁의 불을 당긴다.

1953년 사르트르(Jean-Paul Sartre, 1905~1980)의 방문이 있었다. 5월 8일에는 브레멘 클럽에서 「니체의 차라투스트라는 누구인가?」(Wer ist Nietzsches Zarathustra?)를 강연했고, 5월 15일에는 샤우인스란트에서 「과학과 성찰」(Wissenschaft und Besinnung)을 강연했으며, 11월 18일에는 뮌헨에서 「기술에 대한 물음」(Die Frage nach der Technik)을 강연했다. 한편 『존재와 시간』 제7판에서 '전반부'라는 표현을 삭제하며 그 배경을 설명하였다. 즉 "4분의 1세기가 지난 오늘날 전반부가 새로 씌어지지 않고는 후반부가 그대로 이어지지 않는다"는 것이다. 그러나 "존재에 대한 물음이 우리의 현존재를 움직여야 한다면 후반부의 길은 여전히 불가피한 길"이라고 하여 당초의 계획이 그대로 유효함을 시사하고 있다.

1954년에는 자택이 있는 프라이부르크의 체링엔에서 「요한 페터 헤벨」(Jahann Peter Hebel)을 강연했다. 3월 말에는 동경대 독문학 교수 테즈카 토미오(手塚富雄)의 방문을 받고 환담했다. 이 대화를 기초로 그는 「어느 일본인과 어느 질문자의, 언어에 관한 대화에서」(Aus einem Gespräch von der Sprache, Zwischen einem Japaner und einem Fragenden)를 썼다.

1955년 겨울학기 하이데거는 『근거율』(*Der Satz vom Grund*)이라는 제목으로 프라이부르크대학에서의 마지막 강의를 한다. 그러나 이후에도 사적인 세미나와 강연활동은 계속해 나간다. 예컨대 「존재물음에 부쳐」(Zur Seinsfrage)를 이 해 발표하였고, 『내맡김』(*Gelassenheit*)도 이 때 강연하였다.

1956년 7월 27일 토트나우베르크의 산장에서 서울대 박종홍 교수 일행의 방문을 받고 환담을 나누었다.

1957년에는 『지인-헤벨』(*Hebel-Der Hausfreund*) 및 「언어의 본질」(Das Wesen der Sprache), 「사유의 근본명제」(Grundsätze des Denkens)를 강연했다.

1958년 3월에는 「헤겔과 그리스인」(Hegel und die Griechen)을 강연했으며, 5월에는 「낱말」(Das Wort)을 강연했다.

1959년 1월에는 「언어에 이르는 길」(Der Weg zur Sprache)을 강연했고, 5월에는 「현대에서의 예술의 규정」(Über die Bestimmung der Künste im gegenwärtigen Zeitalter)을 강연했으며, 6월에는 「횔덜린의 대지와 하늘」(Hölderlins Erde und Himmel)을, 그리고 7월에는 「고향 메스키르히에 대한 감사」(Dank an die Meßkircher Heimat)를 강연했다.

1960년 7월에는 「언어와 고향」(Sprache und Heimat)을 강연했다.

1961년 3월 1일자 편지를 리처드슨(William J. Richardson, S. J.)으로부터 받고 4월 초 이에 대한 답신을 보낸다. 이 편지는 1963년 리처드슨의 『현상학에서 사유로』(*From Phenomenology to Thought*)에 「서문」(Vorwort)으로 발표되는데, 하이데거의 후기사유를 엿볼 수 있는 중요한 자료가 된다. 5월에는 킬에서 「존재에 관한 칸트의 테제」(Kants These über das Sein)를 강연했다.

1962년 1월 31일, 하이데거는 오랜 후기사유의 결정체를 오이겐 핑크(Eugen Fink)가 주관하는 프라이부르크대학의 '일반강

좌'(Studium Generale)[18]에서 「시간과 존재」(Zeit und Sein)라는 제목으로 강연한다. 여기서 그는 1936년 이래로 그의 사유를 이끌었던 '발현'을 주제화시켜 '존재'조차도 "발현 안에서 사라진다"고 피력한다. 여기서 그는 그의 사유의 궁극적 경지를 엿볼 수 있게 한다. 9월에는 토트나우베르크에서 이것을 둘러싸고 세미나를 개최했다. 알프레도 구쪼니(Alfredo Guzzoni)와 폰 헤르만(Friedrich-Wilhelm von Herrmann)도 여기에 참석했다. 자신의 글을 세미나에서 다룬 것은 이것이 처음이었다. 한편 2월에는 「막스 코머렐」(Max Kommerell)을 강연했고, 6월에는 「전승된 언어와 기술의 언어」(Überlieferte Sprache und technische Sprache)를 강연했다. 한편 4월에는 처음으로 그리스를 여행했다.

1964년 10월에는 「예술-조형-공간에 대한 주의」(Bemerkungen zur Kunst-Plastik-Raum)를 장크트 갈렌에서 강연했다.

1965년에는 보스, 케스트너 등과 함께 에게해, 트로이, 페르가몬, 이스탄불, 아테네 등지를 여행했다.

1966년 9월 23일, 하이데거는 독일의 대표적 주간지인 『슈피겔』(*Der Spiegel*)지와 대담을 갖는다. 「아직도 신만이 우리를 구원할 수 있다」(Nur noch ein Gott kann uns retten)는 제목의 이 대담에서 그는 1933년의 사건 경위 및 후설과의 관계에 대해 상세히 해명한다. 철학 내지 사유의 의의에 대해서도 견해를 피력한다. 그러나 그 내용은 하이데거 자신의 요청에 따라 그가 죽은 뒤 1976년 5월 30일자 제23호에 비로소 발표된다.

1967년 4월에는 아테네에서 「예술의 기원과 사유의 규정」(Die

18) 이것은 1999년 현재까지도 이어지고 있다.

Herkunft der Kunst und die Bestimmung des Denkens)을 강연했고, 6월에는 킬에서 「사유의 사태의 규정」(Die Bestimmung der Sache des Denkens)을 강연했다.

1968년에는 「횔덜린: 시」(Hölderlin: Das Gedicht)를 강연했고 「헤겔: 피히테와 셸링체계의 차이」를 주제로 세미나를 가졌다. 이 해 2월 20일 일본의 대표적 하이데거 연구자인 하라 타스쿠(原佑)와 와타나베 지로(渡辺二郎)의 방문을 받고 환담했다

1969년 9월 24일 하이데거는 독일 제2TV(ZDF)가 그의 80세 생일 기념으로 마련한 빗서(Richart Wisser)와의 TV 대담에 응한다. 또한 80회 생일기념행사가 성대하게 치러졌다. 그 후 하이데거의 노쇠가 두드러지게 된다. 「시간과 존재」, 그에 관한 세미나 기록, 「현상학적으로 향한 나의 길」, 「철학의 종말과 사유의 과제」 등을 담은 『사유의 사태에로』(*Zur Sache des Denkens*)가 이 해 출판되었다.

1971년에는 부인의 뜻에 따라 집 바로 뒤(Fillibachstr. 25번지)에 은거를 새로 지어 이사했다. 1971년, 1972년, 비멜(Walter Biemel)과 함께 수기류, 타이프 원고 등에 대해 분류 정리작업을 행한다.

1973년 10월 전집출판을 결심하게 되고, 폰 헤르만을 책임편집자로 지명한다.

1975년 제24권 『현상학의 근본문제들』을 시작으로 『마르틴 하이데거 전집』(*Martin Heidegger: Gesamtausgabe*)의 출판이 개시된다. 「기출간 저작들」, 「강의록」, 「미출간 논문 강연-사색」, 「지시와 문서」 등 4부문으로 구성된 이 전집은 100권 이상이 예고되어 있다. "작품이 아니라 길들!"이라고 그 스스로 규정한 이 전집은, "나의 아내 엘프리데에게 바친다. 긴 여정에 언제나 옆에 있어 준 것은 내가 필요로 했던 도움이었다"는 말로써 그의 부인에게

바쳐졌다.

1976년 5월 26일 하이데거는 프라이부르크의 자택에서 부인이 아침상을 준비하는 동안에 심장마비로 세상을 떠났다. 속삭이듯 내뱉은 '감사한다'는 말이 그의 마지막 언어가 되었다. 그의 시신은 고향 메스키르히의 묘지에 안장되었다. 그의 묘비에는 이름과 생존연대 그리고 존재탐구라는 그의 외길을 상징이라도 하듯 별 하나가 외로이 새겨져 있다(1992년 부인의 사망과 더불어 그녀의 이름과 생존연대가 추가되었다). 그의 사후 독일의 대표적 신문인 『프랑크푸르터 알게마이네 차이퉁』(*Frankfurter Allgemeine Zeitung*)은 그를 이렇게 평가했다. "이 사람 안에 세계철학사의 모든 지혜가 집결되어 있으며… 그가 남겨놓고 간 어마어마한 작품은 지금까지 그 모든 철학적 문헌이 할 수 있었던 것보다도 더 깊이 그의 독자들을 물음의 심연으로 휘몰아 넣을 것이다." 제1차 대전, 나치스의 폭거와 제2차 대전을 현장에서 체험하면서 '존재의 사유'로 일관했던 한 위대한 철학자의 87년에 걸친 일생이 끝난 것이다.

Ⅱ. 하이데거 철학의 문제의식과 주제

1. 하이데거 철학의 문제의식: 고향상실의 극복

1) 인간의 초월적 본성과 형이상학

인간은 동물과 여러 가지 방식으로 구별되어 왔다. 예를 들어서 인간은 도구를 사용할 줄 아는 동물로서 규정되어 왔다. 그러나 도구를 사용할 수 있는 지능을 갖고 있다는 점에서, 인간은 동물과 정도면에서 구별될 뿐 질적으로 구별되는 것은 아니다. 동물 역시 그러한 지능을 어느 정도는 가지고 있다. 원숭이가 천장에 매달린 바나나를 따기 위해서 나무상자를 포개 놓고 그 위에 올라설 경우에, 원숭이는 나무상자를 하나의 사다리로 이용하고 있는 것이다.

인간과 동물이 어떤 구체적인 문제상황을 해결하기 위해서 고안해 내는 방안과 도구의 정교성에서는 차이가 있을지 모른다. 그러나 양자가 그러한 문제상황을 해결하기 위해서 방안과 도구를 고안해 낼 수 있는 지능을 갖고 있다는 점에서는 본질적인 차이가 없는 것이다. 따라서 인간이 갖는 고도의 기술적 지능은 동물이 갖는 초보적인 지능의 연장이라고 할 수 있다.

그러나 인간은 동물과는 달리 지금 당장 무엇을 입고 무엇을 먹을까를 걱정하는 것을 넘어서, 인간을 비롯한 모든 존재자들이 왜 사멸하지 않으면 안 되는가를 물을 수 있다. 인간은 살기 위한 모든 노고에도 불구하고 결국 모든 존재자들이 맞게 되는 죽음 앞에서, 자신을 포함한 모든 존재자들이 존재하는 의미와 이유를 물을 수 있는 것이다. 이러한 물음에서는 어떤 구체적인 상황이 문제되는 것이 아니라, 그러한 모든 구체적인 상황들이 전개되는 전체적인 상황인 세계 자체의 구조가 문제되고 있다. 왜 세계는 하필이면 생성소멸하는 구조를 갖는가, 그러한 생성소멸의 근거와 이유는 무엇인가가 문제되는 것이다. 인간은 자신이 일상적으로 직면하는 구체적인 상황을 낯설게 여기면서, 그것을 자신이 안심하고 살 수 있는 상황으로 변화시키기 위한 '지능'만을 가진 것이 아니다. 인간은 세계 전체를 낯설게 여기면서, 그러한 세계 전체를 자신이 극복해야 할 문제상황으로 여길 수 있는 능력을 갖는다. 그러한 능력은 인간에게만 전적으로 고유한 것이다.

인간이 세계 전체 내지 자연 전체를 낯설게 여길 수 있다는 사실은 인간은 다른 동물과 마찬가지로 자연 안에서 태어나서 죽는 자연적인 존재이면서도 어떤 의미에서는 자연을 초월하고 있다는 것을 의미한다. 동물은 자신이 살고 있는 자연 전체를 문제로서 의식하지 않는다. 동물은 자연의 법칙에 이의 없이 순종할 따름이다. 동물은 흡사 자연이 고향인 것처럼 자연에 안주하며 그것에 매몰되어 있다. 동물은 자연의 일부분일 뿐이다. 이에 대해서 인간은 자연의 일부이면서도 전체로서의 자연 전체를 낯설게 여길 수 있다는 점에서 어떤 의미에서는 그것으로부터 추방되어 있다. 인간에게 자연은 더 이상 고향이 아니다. 인간은 자신을 지배하는 자연법칙 자체를 문제로 여긴다.

이러한 자연법칙은 모든 존재자가 맞는 죽음에서 극히 냉혹하고 무자비한 형태로 자신을 드러낸다. 인간은 자신이 죽음에 내던져져 있다는 사실을 의식하면서, 자신의 무력함과 자신의 궁극적인 한계를 실감할 수 있다. 이렇게 인간이 동물과 달리 죽음을 문제로 여기면서 그것을 당연한 자연법칙으로 받아들일 수 없다는 것이 인간에게만 고유한 근본상황을 형성한다. 인간이 처해 있는 이러한 근본적 상황으로부터 인간에게만 근본물음이 비롯된다. 즉 인간은 인간뿐 아니라 모든 존재자가 왜 사멸하지 않으면 안 되는가, 이러한 사멸 앞에서 모든 존재자들이 존재하는 의미는 무엇인가라는 물음을 던지게 되는 것이다.

인간은 자연 전체의 근본구조를 문제삼는 것을 통하여 동물과는 달리 자연의 수수께끼에 보다 깊이 천착해 들어간다. 그 결과 인간은 자연에 대해서 보다 많은 것을 알게 되었다. 이 점에서 자연 전체를 문제삼는 초월의 능력은 축복인 것처럼 보인다. 그러나 그것은 한편으로는 저주이기도 하다. 우리 인간은 그러한 능력을 갖기에 자신이 아무런 이유 없이 세계에 내던져져 있으며 고향으로부터 추방되어 있다고 느끼게 되는 것이다.

이러한 상황에서 인간은 그러한 능력을 부담으로 여기면서 그것을 포기하려고 할지도 모른다. 그러나 인간이 인간으로 존재하는 한 이는 불가능하다. 자연 전체를 낯설게 여길 수 있다는 초월적 성격은 인간이 임의로 택한 것이 아니다. 그의 초월적 성격은 그의 본질에 해당하는 것이며 그가 인간이라는 형상과 성격을 갖는 것을 가능케 한다. 사르트르식으로 말하자면 인간은 어떻게든 초월하지 않을 수 없도록 단죄되어 있다. 결국 인간이 갈

수 있는 유일한 길은 동물적인 상태로 되돌아가는 것이 아니라 자신이 처한 상황을 단호하게 받아들이는 것이다. 인간은 자연과 자기 자신이 새로운 조화를 이루게 될 때까지 초월적 성격을 발전시키지 않으면 안 된다.[19] 인간이 선택할 수 있는 길은 세계를 자신이 납득할 수 있는 세계로 변화시키는 것을 통하여 새로운 고향을 건립하는 길이 있을 뿐이다. 이렇게 자신이 처한 낯선 세계 전체를 자신이 안주할 수 있는 고향으로 만들려는 모든 시도가 바로 문화이다.

문화는 인간에게 자신이 어디에 있는가, 무엇을 해야 하는가 하는 질문에 대한 해답을 제공하는 지향체계라고 볼 수 있다. 이러한 지향체계의 건립을 통해서 인간은 세계와의 새로운 화합과 균형을 회복하려고 한다. 인간은 자신의 유한성을 의식하되 자신의 삶이 생성과 소멸의 영향을 받지 않는 절대적인 의미를 갖기를 원한다. 다시 말해서 인간은 자신의 삶에 절대적인 의미를 부여하면서 죽음 앞에서마저 의연한 태도를 취할 수 있게 하는 지향체계를 갖기를 원한다. 인간이 가장 두려워하는 것은 어떠한 현실적인 고통이 아니라 그러한 지향체계가 결여된 상태이다. 인간은 어떤 절대적인 의미의 실현을 위해서라면 어떠한 고통도 감수할 수 있는 것이다. 고통 자체가 아니라 고통을 감내할 이유가 없다는 것이 인간에게는 가장 견딜 수 없는 상태이다.

하이데거는 인간의 본질적 성격을 '실존'(Existenz)이라고 규정하고 있다. 그 경우 실존이란 말은 인간이 자신의 존재를 문제삼는다는 말이다. 그런데 인간은 세계-내-존재이다. 즉 그는 다른 존

19) 에리히 프롬(김병익 역), 『건전한 사회』, 범우사, 33쪽 참조.

재자들로부터 고립되어 존재할 수 있는 것이 아니라 항상 다른 존재자들과의 관계 속에서 존재한다. 이에 인간이 자신의 존재를 문제삼는다는 것은 인간이 얽혀 사는 모든 존재자의 존재의미를 아울러 문제삼는다는 것을 의미한다. 하이데거는 인간이 갖는 이러한 실존적 성격을 인간의 가장 본질적인 성격으로 간주하며 이러한 성격으로부터 역사와 문화를 해석하고자 한다. 이는 다시 말하면 우리는 인간과 역사와 문화를 인간에게만 고유한 근본상황과 인간에게만 특유한 열망으로부터 해석해야 한다는 것을 의미한다. 그러한 인간적인 상황이란 인간이 자연의 일부이면서도 자연 전체를 낯설게 여길 수 있다는 상황이다. 그리고 인간에게만 고유한 인간적 열망이란 자연 전체의 존재의미와 존재근거에 대한 이해를 통해서 자연과의 새로운 조화를 이룩하려는 열망이다.

그러한 열망은 본래 종교적인 형태로 나타났었다. 이에 대해서 인간이 전통적인 신앙이나 신화를 맹목적으로 신봉하는 것을 통해서가 아니라 이성을 통해서 자연과의 새로운 조화를 성취하고자 할 때, 그것은 형이상학이란 형태를 취한다.[20] 이러한 형이상

20) 후기의 하이데거는 형이상학이란 용어를 전통적인 철학에 대해서만 사용하고, 자신의 사상에 대해서는 형이상학이란 명칭을 사용하지 않고 있다. 그러나 하이데거의 사상도 개별과학처럼 존재자의 특정한 영역만을 다루지 않고 존재자 전체를 문제삼는다는 점에서는 넓은 의미에서의 형이상학이라고 할 수 있다. 물리학이 물리적인 영역만을, 생물학이 생의 영역만을 다루는 반면에, 형이상학은 존재자 전체를 문제삼는다. 그 점에서는 하이데거의 사상과 전통적인 철학 사이에 차이가 없다. 다만 존재자 전체를 이해하는 방식에 하이데거의 사상과 전통적인 철학의 차이가 존재한다. 이 글에서는 형이상학이란 말이 하이데거의 사상과 전통적인 철학을 포괄하는 넓은 의미로 쓰일 경우에는 단순히 '형이상학'이란 표현이 쓰일 것이다. 이에

학은 인간이 신도 동물도 아닌 존재자로서 불가피하게 추구할 수밖에 없는 것이다. 신은 존재자 전체의 진리를 이미 확보하고 있기에 구태여 존재자 전체의 근거를 물을 필요가 없다. 이에 대해서 동물은 자신의 본능적 욕구의 충족에만 관심을 가질 뿐 진리에 대해서는 무관심하기에 존재자들이 왜 존재하고 사멸해야 하는지에 대해서 묻지 않는다. 신은 존재자 전체의 진리를 묻지 않고 향유하는 반면에, 동물은 자신의 본능적 욕구를 실현하는 장인 환경세계에 매몰되어 있을 뿐이다. 오직 인간만이 그러한 환경세계를 넘어서 존재자 전체, 즉 세계를 수수께끼로 여기며 그것의 진리와 의미를 추구한다. 형이상학이란 이런 의미에서 실증주의자들이 주장하는 것처럼 길을 잘못 든 소수의 인간들의 망상에서 비롯된 것이 아니라, 인간이 인간인 한 추구할 수밖에 없도록 규정되어 있는 운명적인 것이다. 형이상학을 배척하는 실증주의 그 자체도 이미 존재자 전체에 대한 하나의 형이상학적인 해석이다. 실증주의란 존재자 전체는 생성소멸하는 감각적인 존재자들로 구성되어 있을 뿐 그 어디에도 영원하고 절대적인 것은 없다고 주장하는 것이며, 그것은 그런 의미에서 니힐리즘을 설파하는 형이상학이다.

2) 형이상학의 새로운 정초로서의 하이데거의 철학

하이데거는 그의 전집 29/30권 『형이상학의 근본 개념들』에서 "철학은 본래 향수이다. 그것은 모든 곳에서 [고향에서처럼] 안주하려는 충동이다"라는 노발리스의 말을 빌어 철학 내지 형이

대해서 하이데거의 사상과 구별되는 전통적인 철학을 가리키기 위해서는 '전통 형이상학'이란 표현이 쓰일 것이다.

상학의 본래 의미를 논하고 있다(GA29/30, 7쪽 참조). 철학은 모든 곳을 고향의 집처럼 느끼고 그 안에 안주하려는 충동이라는 의미에서 본래 향수라는 것이다. 그것은 철학이 전체와의 합일을 지향한다는 의미라고 생각된다. 전체를 우리가 세계라고도 말할 수 있다면, 철학은 세계를 고향으로서 느끼고 그것과 합일하려는 근본 충동이다.

우리가 일상적으로 경험하는 세계란 얼핏 보기에 우연과 무상한 변화가 지배하는 것 같으면서도 거기에 하나의 조화와 통일이 존재한다. 그리고 개체는 소멸변화해도 그러한 개체의 소멸변화를 통해 전체는 자신을 유지하고 지속하고 있다. 이러한 사실에 대해 경이로워하면서 소크라테스 이전의 탈레스나 아낙시만드로스, 파르메니데스 그리고 헤라클레이토스는 만물의 근원을 물었다. 즉 그들은 무상한 생성변화의 근저에 있으면서 그것을 가능케 하고 또한 모든 존재자들의 통일과 조화를 가능케 하는 근원적인 것을 물었던 것이다. 그러한 물음에는 근원과의 합일을 통해서, 얼핏 보기에 무의미하기 그지없는 생성변화의 세계와 새로운 합일에 도달하려는 충동이 작용하고 있었다고 볼 수 있다.

이러한 전체에 대한 물음은 생성과 소멸을 감각에 의한 가상으로 간주하고 그것의 실재성을 부정하는 파르메니데스적인 형태로 나타날 수 있다. 아니면 그것은 생성과 소멸을 근원적인 것이 갖는 창조적인 생명력의 발현으로 보고, 이러한 근원과의 합일을 통해 생성과 소멸의 운동을 승화된 형태로 이해하고자 하는 헤라클레이토스적인 형태를 통해서 나타날 수도 있다. 그 어느 경우이든 거기에는 전체에 대한 이해를 통해 전체를 인간이 거주할 수 있는 삶의 공간으로서 재해석하려는 시도, 즉 전체를 고향으로서 해석하려는 시도가 행해지고 있다. 전통 형이상학에서 신이 끊임없이 문제되었던 것도 인간이 절대적인 존재자에 귀의하는 것을 통하여 자신의 궁극적 안전을 확보하고자 했기 때문이다. 인간은 세계를 신이라는 신뢰할 만한 존재자가 지배하는 고향으로 생각하고자 했던 것이다.

소위 과학기술시대라고 일컫는 현대에도 세계 전체를 인간이 안심하고 살 수 있는 공간으로 만들려는 형이상학적인 충동이 작용하고 있다는 것을 부정할 수는 없을 것이다. 현대인은 과학과 기술을 통하여 세계의 객관적인 작용법칙을 파악하고 그것을 응용함으로써 세계에 있어서 우연적이고 숙명적인 것이라고 여겨지던 것들, 예컨대 죽음과 질병, 천재지변 등을 제거하고자 한다. 과학기술이란 전체와의 합일을 통해서가 아니라 전체에 대한 지배와 통제를 통해서 세계를 인간이 아무런 공포 없이 살 수 있는 세계로 만들려는 시도이다. 과학과 기술은 인간이 그 안에 '안주(安住)하고 그 안에서 아늑함을 느낄 수 있는' 고향이 아니라 인간이 지배할 수 있는 세계를 의도한다. 인간은 세계에 대해서 주체로서 우뚝 서기를 바라는 것이다. 그러나 현대의 과학기술에서도 궁극적으로 전체가 문제되고 있다는 점에서 그것은 우리 시대의 형이상학이라고 할 수 있다. 어쨌든 인간의 모든 행위와 생각 그리고 특히 철학은 고향에서처럼 세계에 안주하고자 하는 충동을 기저에 갖는다. 문제는 과연 어떠한 철학이 진정한 고향의 건립에 기여할 수 있는가 하는 것이다.

하이데거는 과학기술시대로서의 현대를 '고향상실(Heimatlosigkeit)의 시대'라고 규정하고 있다(GA9, 341쪽 참조). 하이데거의 철학은 이런 의미에서 상실된 고향의 회복을 의도하고 있다. 그런데 하이데거는 현대의 과학기술문명은 서구의 전통 형이상학의 전제를 극단에까지 밀고 나간 것으로서 보고 있다. 현대의 과학기술문명은 서구의 전통 형이상학의 완성이라는 것이다. 이에 하이데거는 전통 형이상학과의 대결을 통해서 현대의 고향상실을 극복하고자 한다. 이는 하이데거가 전통 형이상학이 진정한 고향을 건립하는 데 실패했다고 생각하고 있다는 사실을 반증한다. 아니 전통 형이상학이란 진정한 고향을 건립하는 데 실패했을 뿐 아니라 그것을 건립하는 것을 방해하고 있다고 생각하기에 그에게는 '전통 형이상학의 극복'이 문제가 된다. 그러나 이러한 전통 형이상학의 극복은 현대를 지배하는 실증주의적인 사조에서처럼 형이상학의 폐기를 의미하지는 않는다. 하이데거가 목표하는 전통 형이상학의 극복은 어떤 의미에서는 진정한 형이상학의 건립이라고 할 수 있다. 이런 의미에서 초기의 하이데거는 '형이상학의 새로운 정초'나 '형이상학의 근거에로의 진입'에 대해서 말했던 것이다.[21)]

3) 전통 형이상학의 극복

그런데 하이데거는 왜 전통 형이상학이 본래적인 고향을 건립하는 데 실패했다고 보는가? 이를 파악하기 위해서는 무엇보다도 전통 형이상학의 본질에 대한 하이데거의 생각을 살펴보지

---

21) 물론 하이데거는 '형이상학의 정초'나 '형이상학의 근거에로의 진입'과 같은 표현을 후기의 존재사적 사유에서는 버리고 있다. 그럼에도 그는 전기든 후기든 항상 동일한 사태를 문제삼고 있다고 생각된다. 전회란 전기의 사상을 폐기하는 것이 아니라 전기의 사상을 보다 철저히 사태에 맞게 사유하는 것을 의미한다.

않으면 안 된다.

전통 형이상학에서 인간은 무엇보다도 이성적 동물로서 이해되고 있다. 이러한 인간관에 따르면 인간은 동물과는 달리 이성을 갖고 있기 때문에, 존재자의 진리를 물을 수도 파악할 수도 있다. 이에 인간의 과제는 이성의 도야와 개발에 존재한다고 생각되었다. 이러한 사고방식은 전통적인 형이상학뿐 아니라 현대의 과학기술문명의 바탕이 되고 있다. 현대의 과학기술문명은 전통적인 형이상학이 갖는 인간관을 극단에까지 밀고 나간 것이다.

전통적인 형이상학이 인간의 본질로서 파악하고 있는 이성의 특성은 무엇인가? 그것은 존재자의 근거를 캐물어 들어간다. 그것은 '왜 존재자는 이렇게 있는가'라고 묻는다. 그것은 어떠한 존재자도 자신의 근거를 갖는다는 존재론적인 확신, 즉 근거율에 입각해 있다. 이는 전통적인 형이상학에 대해서도 현대의 과학에 대해서도 타당하다. 현대의 과학이 전통적인 형이상학을 배척하는 것은 전통적인 형이상학이 존재자의 근거를 제대로 파악하지 못한다고 생각하기 때문이며, 그런 점에서 그것은 전통적인 형이상학 못지않게 존재자의 근거를 파악하는 것을 목표한다.

전통 형이상학은 모든 존재자들의 근거를 예컨대 창조주로서의 신이나 절대정신 등의 지각불가능하지만 이론적으로 파악가능한 '배후세계'(Hinterwelt)에서 찾는다. 그것은 그러한 궁극적 근거로부터 세계를 설명하고자 한다. 이를 통해서 존재자들은 신의 피조물로서 또는 절대정신의 구체화로서 파악된다. 이에 대해서 현대의 과학에서 존재자들의 근거는 계산가능한 자연법칙으로서 파악된다. 이에 따라서 현대의 과학에서 모든 것들은 '계산가능한 에너지의 집합'으로서 드러난다. 우리가 지각하는 모든 존재자들은 계산가능한 에너지로 환원되어 고찰된다. 현대의 과학에서도 모든 존재자들은 이론적으로 파악가능한 배후의 근거로부터 파악되고 있는 것이다.

그런데 전통적인 형이상학이나 현대의 과학은 왜 존재자의 근거를 파헤치고자 하는가? 이는 존재자 전체는 일차적으로 어떠한 질서도 원리도 없이 주어지는 것처럼 보이기 때문이다. 그럼에도 불구하고 전통적인 형이상학이나 현대의 과학은 이러한 혼돈의 근저에 질서와 원리가 존재한다고 믿으며, 이러한 질서와 원리의 파악을 통하여 혼돈스런 현실에서 갈피를 잡을 수 있다고 생각한다. 혼돈 속에서 인간은 어떻게 행동할지를 모르는 것이며 그 혼돈을 지배하는 질서와 원리에 대한 인식을 통해서 비로소 인간은 이 세계에서 갈피를 잡을 수 있다는 것이다. 과거에 인간들이 전통 형이상학을 통해서 세계에서 자신이 어떻게 살고 행동해야 할지에 대한 지침을 얻었다면, 현대인들은 과학에서 그러한 지침을 얻는다. 근거를 추구하는 전통 형이상학과 현대과학의 근저에는 그러한 근거에 의거하여 인간의 안전을 추구하려는 의지가 존재한다.

전통 형이상학에서 인간은 자신의 이성을 통해서 언제라도 파악가능한 궁극적인 근거에 의거함으로써 존재자들이 갖는 낯설음을 제거하려 한다. 이를 통해서 인간은 존재자 전체 안에서 자신의 안전을 도모하는 것이다. 전통 형이상학에서 존재자의 근거는 인간이 자신의 안전을 확보하기 위해서 이용하는 도구로서의 성격을 갖는다. 전통 형이상학이 갖는 이러한 성향은 현대의 과학기술문명에서는 극단적으로 나타난다. 전통 형이상학에서 인간은 신이나 절대정신 등의 '초월적인' 근거에 의거하여 자신의 안전을 도모하고자 했다. 그러한 근거들은 인간의 이성에 의해서 파악되더라도 인간이 자신의 의도에 따라서 이용할 수 있는 것이 아니고 인간이 어디까지나 의존하고 복종해야 하는 것이었다. 이에 대해서 현대의 과학기술문명에서는 존재자들의 근거는 계산가능하고 인간이 얼마든지 자신의 목적에 따라서 이용할 수 있는 자연법칙으로서 나타난다. 근거는 초월적인 성격을 상실하고 인간이 존재자들을 지배하기 위해서 사용할 수 있는 수단으로서 나타나는 것이다. 이제 존재자들의 근거는 인간들이 그것을 이용하여 존재자들을 자신의 뜻대로 조작하는 것을 가능케 하는 원리들이 된다.

존재자들의 근거인 존재가 이렇게 존재자를 지배하는 수단으로 전락하는 과정과 존재자가 인간의 지배대상으로 전락하는 과정은 동일하다. 현대의 과학기술문명에서 존재자들은 인간의 의지가 자신의 지배영역을 확대시키기 위해서 이용하는 부품이 되고 만다. 모든 존재자는 인간의 지배의지의 관점에서 고찰되며, 그것들이 갖는 고유한 본질은 무시되고 만다. 이러한 와중에서 인간은 자신들이 존재자 전체를 지배하는 주체라고 자부하나 현대의 기술사회에서는 개개의 인간도 계산가능한 에너지의 집합체로 간주될 뿐이다. 인간을 비롯한 모든 존재자들은 자신들이 갖는 고유한 무게와 의미 그리고 가치를 상실한 것이다. 따라서 현대는 외면적으로는 극히 번창하고 있는 것 같으나 사실은 공허가 그 이면에서 지배하고 있다. 이러한 의미에서 하이데거는 현대에는 니힐리즘, 즉 공허가 지배하고 있다고 말하고 있는 것이다. 현대의 과학기술문명은 '고향'을 건립한 것이 아니라, 인간들을 황폐한 공허에 내던져 놓았을 뿐이다.

전통 형이상학과 현대의 과학기술문명에서는 존재자 전체를 자신의 지배하에 두려는 권력에의 의지가 작용하고 있다. 서구의 역사란 이러한 지배에의 의지가 노골화되어 가고, 인간이 존재자 전체를 지배하는 주체로서의 성격을 갈수록 강화해 가는 과정이다. 현대의 과학기술문명은 서구의 전통 형이상학이 갖는 이러한 근본경향을 극단적으로 밀고 나갔으며, 그 결과 니힐리즘의 지배를 낳았다. 그것은 형이상학이 본래 목표하는 고향의 건립에 실패한 것이다. 그러면 하이데거는 이러한 니힐리즘의 지배를 어떻게 극복할 수 있다고 생각하는가? 그는 이를 플라톤이나 칸트 등의 철학으로 되돌아가는 것을 통하여서는 극복할 수 없다고 본다. 그러한 철학들이 궁극적으로는 현대의 과학기술문명을 낳았으며, 결과적으로 니힐리즘을 낳았다고 보기 때문이다. 니힐리즘의 극복을 위해서는 전통 형이상학과 현대의 과학기술문명과는 전혀 다른 사유가 요구된다. 그러한 사유는 전통 형이상학과 현대의 과학기술문명에 의해서 자명한 것으로 간주되면서도 그것들을 근저에서부터 규정하는 전제들을 철저하게 의문시하는 사유이다.

2. 하이데거 철학의 근본주제: 존재

하이데거 철학의 근본물음은 '존재물음'(Seinsfrage)이다. 존재물음이란 존재의 의미에 대한 물음이다. 우리는 하이데거 철학의 근본관심은 현대인이 상실한 고향의 재건이라는 사실을 보았다. 그런데 이러한 고향의 재건이라는 과제와 존재물음과는 어떤 관련에 있는가? 얼핏 보기에 존재의 의미에 대한 물음이란 극히 추상적으로만 들린다. 이에 대해서 고향의 재건이라는 과제는 극히 구체적이다. 왜 하이데거는 한없이 추상적으로만 나타나는 존재물음이 고향의 재건이라는 구체적인 과제의 해결을 위해서 가장 절실하게 요구되는 것이라고 생각하게 되었을까?

하이데거에 의하면 모든 역사적 시대는 존재의 의미에 대한 특정한 이해를 전제하고 있다. 예컨대 중세에서 존재자가 '존재한다'는 것은 '신의 피조물로서 존재한다'는 것을 의미하고, 현대의 과학기술시대에서 존재자가 '존재한다'는 것은 '인간이 그것의 작용법칙을 냉철히 파악하는 것을 통해서 지배할 수 있는 에너지들의 집합체로서 존재한다'는 것을 의미한다. 이러한 존재이해는 한 시대의 정치, 경제, 문화 등 삶 전체를 궁극적으로 규정한다. 따라서 한 시대를 극복하고자 할 경우에는 그 시대를 지배하는 존재이해와의 대결이 필수적이다.

하이데거가 보기에 오늘날은 현대를 규정하는 존재이해가 자신의 한계를 여실히 드러내고 있다. 인간은 자연을 자신이 마음대로 처분할 수 있는 에너지 저장원으로 보는 한편, 자신을 자연을 지배하는 주체로 보고 있다. 그러나 사실은 인간 개개인 역시 자연의 에너지를 최대한 발굴해 내도록 사회적인 기능연관 체계에 의해서 도발당하는 에너지의 집합체에 지나지 않는다. 현대사회에서 진정한 의미의 주체는 구체적인 인간 개개인이 아니다. 그것은 구체적인 인간들 하나하나를 계산가능한 노동력으로 이용하면서 존재자 전체에 대한 지배를 확보해 가는 맹목적이고 추상적인 사회적인 기능연관의 체계이다. 자칭 자유롭다는 인간도 모든 자연물과 마찬가지로 기술의 자기확장 과정을 위한 원료에 불과하며 이를 통해 현대의 과학기술시대에서는 인간과 물질 사이의 차이는 소멸되고 만다. 이렇게 인간과 자연이 에너지 집합체로서 간주되고 더 많은 에너지를 배출하도록 도발당함으로써 인간과 자연이 황폐화되어 가는 상황을 근본적으로 극복하기 위해서는, 현대를 떠받치고 있는 존재이해가 바뀌지 않으면 안 된다. 이러한 존재이해가 바뀌지 않는 한, 그 어떠한 정치경제적 변혁도 하나의 미봉책에 불과하다. 이에 현대의 극복은 현대의 존재이해를 극복하는 새로운 존재이해에 의해서만 가능하다. 바로 여기에 하이데거가 존재의 의미에 대한 자신의 물음이 어떠한 시대적인 연관성도 갖지 않는 추상적인 물음이 아니라 최대의 시대적 절박성을 갖는 문제라고 주장하는 이유가 있다.

그런데 현대의 존재이해를 극복하기 위해서는 서양의 전통 형이상학 전체와의 대결이 요청된다. 왜냐하면 현대는 전통의 배경 없이 무로부터 솟아 나온 것이 아니며, 전통적인 서구의 존재이해를 극단적으로 밀고 나간 것이기 때문이다. 그리고 이러한 전통적인 서구의 존재이해를 개념적으로 명확히 규정한 것이 서구의 전통 형이상학인 한, 서구의 전통과의 대결은 서구의 전통 형이상학과의 대결이란 형태로 수행되지 않으면 안 된다.

플라톤에서 니체에 이르는 전통적인 형이상학은 존재자 전체에 공통된 본질과 존재자 전체의 궁극적 근거를 묻는 것을 자신의 과제로 하고 있다. 그것은 개별 과학에서처럼 존재자의 한 영역이 아니고 존재자 전체를 문제삼는다. 즉 그것은 정치적인 것, 혹은 경제적인 것 혹은 생물학적인 것 혹은 물리적인 것 등등의 존재자의 어떤 특정한 영역이 아니라, 존재자로서의 존재자의 본질에 대해서 다시 말해 존재자 전체의 본질에 대해서 물었으며, 이와 더불어 존재자 전체의 궁극적 근거를 물어 왔다. 예컨대 전통 형이상학에서 존재자 전체의 공통된 본질은 이데아라든가, 단자라든가 등등으로 사유되어 왔으며, 존재자 전체의 궁극적 근거는 존재자 전체를 창조하는 존재자로서의 신이나 절대정신 등으로 사유되어 왔다.

이렇게 존재자 전체의 공통된 본질과 궁극적 근거를 물음에 있어서 전통 형이상학은 하나의 특정한 존재 의미를 전제하고 있다. 즉 전통 형이상학에서는 존재자가 '존재한다'는 것은 그것이 '이론적 고찰의 대상으로서 눈앞에 사물적으로 존재한다'(das Vorhandensein)는 것을 의미한다. 이러한 존재이해를 극단적으로 밀고 나간 것이 존재자를 계산가능한 에너지 집합체로 보는 현대의 과학기술적인 존재이해라고 하이데거는 보고 있다. 따라서 자연과 인간을 황폐화하는 현대를 극복하기 위해서는 궁극적으로 존재자의 존재 의미를 존재자가 '이론적 고찰의 대상으로서 눈앞에 사물적으로 존재한다'는 의미로 보는 전통 형이상학의 존재이해를 극복하지 않으면 안 된다.

이에 따라서 하이데거는 존재자 전체의 공통된 본질과 존재자 전체의 궁극적 근거에 대한 새로운 견해를 제시하는 것을 자신의 철학적 과제로 보지 않는다. 그에게는 또 하나의 체계적인 형이상학의 제시가 아니라 형이상학 내지 존재론의 새로운 정초가 문제가 된다. 즉 그는 그 이전의 모든 전통적 형이상학이 자명하게 전제하고 있는 존재의 의미를 문제삼는 것이다. 그는 과연 존재가 '인간이 언제라도 이론적으로 고찰할 수 있는 것으로서 지속적으로 현전한다'는 것을 의미하는지를 묻는 것이다. 만약 그러한 존재의 의미가 존재의 근원적이고 본래적인 의미를 망각한 것이며 그것을 은폐하는 것이라면 지금까지의 형이상학은 그릇된 토대 위에 세워져 있는 것이 된다. 따라서 하이데거에게는 지금까지 전혀 물어지지 않은 채 자명하게 전제된 존재의 의미를 문제삼으면서, 근원적이고 본래적인 존재 의미라는 토대 위에서 존재자들의 본질을 새롭게 탐구하는 것이 철학적 과제가 된다.

그러면 이러한 존재의 근원적인 의미를 우리는 어떻게 발견할 수 있는가? 하이데거는 존재의 근원적인 의미가 드러나는 경험의 차원이 존재한다고 본다. 하이데거는 이 경우 존재자가 '존재한다'는 사실이 단적으로 우리에게 개시되는 경험을 염두에 두고 있다. 우리는 보통 존재자들을 볼 때 그러한 것들이 무엇이며 어떠한 성질을 가지고 있는지에 관심을 갖는다. 그러나 어느 순간 우리는 존재자가 단적으로 '존재한다'는 사태 자체에 대해서 경이를 느낄 때가 있다. 하이데거가 염두에 두고 있는 사태를 우리는 영국의 시인인 코울리지(Coleridge)가 다음과 같이 서술하고 있는 경험과 유사한 것으로 볼 수 있을 것이다.

> 당신은 일찍이 사물이 존재하고 있다는 단순한 사실 그 자체에 마음을 빼앗긴 적이 있는가? 당신은 당신 자신에게 당신 앞의 한 인간이든 아니면 하나의 꽃이든 아니면 한 알의 모래알이든 '그것이 거기에 존재한다!'(It is!)고 말해 본 적이 있는가? 그것들이 어떤 방식으로 있는지 그리고 그것들이 어떤 형태를 갖는지에는 전혀 관심을 갖지 않은 채 말이다. … 당신이 그러한 경험을 가진 적이 있었다면 당신은 당신의 정신을 경외와 경탄으로 사로잡는 어떤 신비의 현존을 느꼈을 것이다.22)

---

22) "The Friend", in S.T. Coleridge: *The Complete Works*, Harper, New York, 1868, vol. ii, p.463. Mary Warnock, *Existentialism*, p.52에서 재인용.

이 경우 존재자가 존재한다는 것은 단순히 그것이 내 눈앞에 현전한다는 것을 의미하지 않는다. 그때 존재자가 존재한다는 것은 존재자가 나의 모든 이론적 장악시도를 거부하는 신비와 깊이를 간직하는 것으로서 자신을 드러내고 있다는 것을 의미한다. 존재자는 그 어느 때보다 자신의 진리를 드러내고 있으나 그러한 진리는 내가 그것을 토대로 존재자를 이용하고 지배할 수 있는 진리가 아니다. 그것은 나의 계산적인 지성이 침투할 수 없는 신비와 깊이를 갖는 진리이다. 그 경우 존재자가 존재한다는 것은 '그것이 나의 이론적 고찰의 대상으로서 내 눈앞에 있다'는 것이 아니라, '자신을 은닉하면서도 자신을 그 어느 때보다 그 자신의 본래의 모습에서 드러내고 있다'는 것을 의미한다. 하이데거는 이를 단적으로 존재자가 '비은닉되어 있다'(Unverborgen-sein)고 말하고 있다. 이러한 '비은닉되어 있음'이야말로 '눈앞에 현전함'이란 전통적인 존재의 의미에 대해서 존재의 근원적인 의미에 해당하는 것이다.

존재자가 비은닉되어질 때, 내가 존재자를 이론적으로 탐구해야 할 대상으로서 내 앞에 세우는(vor-stellen) 것이 아니라 오히려 내가 존재자의 찬연(燦然)한 신비에 의해서 그 앞에 세워진다(vor-gestellt). 이 경우 존재자의 진리는 나의 지적인 노력에 의해서 비로소 파악되는 것이 아니라, 오히려 그 자체가 자신을 드러낸다. 이 때 나에게 요구되는 태도는 존재자의 수수께끼를 파헤치려는 공격적인 자세가 아니라 존재자의 진리가 그대로 드러나도록 나 자신의 모든 공격의지를 버리는 것이다. 하이데거는 이러한 태도를 '내맡김'(Gelassenheit)이라고 부른다.

존재자가 '존재한다'는 단적인 사실에 대한 경이의 경험을 하이데거는 『형이상학이란 무엇인가?』에서 불안이란 근본기분을 분석하는 것을 통해서 해명하고 있다. 우리가 불안이란 근본기분에 의해서 엄습될 경우, 존재자 전체는 자신들에게 씌워진 일상적인 의미를 상실한다. 존재자 전체로부터 이러한 일상적인 의미가 벗겨져 나감으로써, 존재자는 단적으로 '존재하는' 것으로서 자신을 개시한다. 존재자는 우리가 존재자를 지배하려는 일상적인 관심에 의해서 그것에 뒤집어씌운 의미에서 벗어나면서 전적으로 낯설게 자신을 드러내는 것이다. 이 경우 존재자는 우리의 일상적인 규정을 전적으로 거부하는 것이기에, 우리는 그것에 대해서 '그것이 단적으로 존재한다'고 말하는 것 이외에 달리 말할 것이 없다. 이 경우 존재자가 존재한다는 것은 존재자들이 모든 차이를 상실하고 한갓 눈앞에 존재하는 것으로서 공허하게 존재한다는 것이 아니다. 오히려 이 경우 존재자들은 그 각각이 우리가 헤아릴 수 없는 신비와 충만을 간직한 것으로서 자신을 드러내는 것이다. 존재자들은 이렇게 각자의 고유한 깊이를 드러내면서도 서로 갈등하고 모순되는 것으로서가 아니라 하나의 긴밀한 조화를 이루고 있는 것으로서 드러낸다.

그런데 인간은 불안이라는 기분을 임의로 조성할 수는 없다. 그는 단적으로 불안이란 기분에 엄습되는 것이다. 우리는 불안이라는 기분에 엄습되면서 그 전과는 전혀 다르게 자신을 드러내는 존재자 앞에 세워지는 것이다. 이 경우 인간을 불안 속에 빠뜨리면서 존재자 전체에 씌워진 일상적인 의미를 앗아가는 한편, 다시 '존재자 전체가 존재한다'는 단적인 사실 앞에 인간을 직면시키는 근본적인 힘을 하이데거는 '무'라고 말하고 있다. 그것은 우리가 지각할 수도 이론적으로 파악할 수도 있는 존재자가 아니라는 점에서 철저하게 무이다. 그러나 그것은 공허한 무가 아니다. 그것은 오히려 그 어느 존재자보다도 강력하게 인간에게 엄습함으로써 인간의 눈을 새롭게 뜨게 하고, 이를 통해서 '존재자가 단적으로 존재한다'(daß Seiendes ist)는 사실 앞에 직면케 하는 것이다. 아울러 하이데거는 그것은 '존재자가 그 자체로서 자신을 개시하는 것'을 가능케 하는 것이라는 의미에서 존재라고 부르고 있다. 물론 이 경우 존재는 전통 형이상학이 말하는 존재와는 다르다. 전통 형이상학이 말하는 존재는 존재자 전체의 공통된 본질과 궁극적 근거로서 우리가 눈앞의 존재자를 파악하듯이 파악해 들어갈 수 있는 것이었다. 그러한 존재는 눈앞의 존재자와 전적으로 다른 것으로서가 아니라 존재자처럼 파악되고 있다. 그리고 그러한 존재는 우리가 위에서 보았듯이 인간들이 존재자 전체 안에서 자신의 안전을 확보하기 위해서 이용하는 수단이었으며, 이를 통해서 존재자가 자신의 본래의 깊이와 무게를 드러내는 것을 방해하는 것이었다. 이에 하이데거는 자신이 말하는 존재를 전통 형이상학이 말하는 존재와 구별하기 위해서 'Seyn'이란 표현을 쓰고 있는 반면에, 전통 형이상학이 말하는 존재를 '존재자성'(Seiendheit)이라고 지칭하고 있다.

이 경우 존재는 우리가 지각하고 이론적으로 파악할 수 있는 존재자가 전혀 아니라는 점에서 무이다. 그것은 전통 형이상학의 존재처럼 우리가 눈앞에 있는 존재자를 파악하듯이 파악하려고 하면 빠져 달아나고 자신을 은닉한다. 그러나 다른 한편으로 그것은 존재자가 존재자로서 개시되는 것을 가능케 하는 것이라는 점에서 존재이다. 하이데거에서 존재는 존재자를 존재자로서 개시되는 것을 가능케 하는 근거이되, 무의 성격을 갖는 심연적인 근거(Ab-grund)인 것이다. 그것은 근거율에 입각하여 존재자들의 근거를 파들어가면서 그 근거를 이용하여 존재자 전체 안에서 자신의 안전을 확보하거나 존재자 전체를 지배하려는 인간들의 기도를 단적으로 거부하는 근거이다. 하이데거에서 존재와 무는 서로 대립되는 개념이 아니라 존재자가 그 자체로서 자신을 개시하는 것을 가능케 하는 근본적인 힘이 갖는 두 가지 성격을 의미한다.

그런데 이러한 존재는 존재자와 분리되어서 존재하는 것이 아니다. 그것이 존재자와 분리되어서 따로 존재하는 것이라면 그것은 또 하나의 존재자에 불과할 것이기 때문이다. 따라서 그것은 항상 존재자를 통해서 존재한다. 존재자가 존재를 통해서 자신을 개시하는 것처럼 존재는 항상 존재자를 통해서 자신을 개현한다. 이렇게 존재자가 존재의 개현이 일어나는 장인 한, 존재자는 인간이 이용하고 지배해야 할 대상이 아니라 존재를 모아들이는 사물(Ding)이 된다. 그러한 사물로서 존재자는 존재와 마찬가지로 무의 성격을 갖게 된다. 그것은 인간의 모든 이론적 · 실천적 장악시도를 거부하는 비밀의 차원을 갖게 되는 것이다. 이에 우리는 그러한 사물에 대해서는 '그것이 단적으로 존재한다'고 말할 수밖에 없는 것이다.

새로운 존재이해에서는 이렇게 존재와 존재자의 의미가 근본적으로 변화되는 것과 아울러 인간의 의미도 근본적으로 변화한다. 우리가 위에서 보았듯이 전통 형이상학과 현대의 과학기술문명에서는 존재는 존재자의 이론적 근거로서 이해되었다. 존재는 존재자의 이론적 근거로서 우리 인간은 그것을 파악하는 것을 통해서 자신의 안전과 존재자에 대한 지배를 확보할 수 있었다.

서구의 전통 형이상학과 현대의 과학기술문명에서는 존재자의 근거인 존재는 갈수록 인간이 존재자를 지배하기 위해서 의거하는 도구가 된다. 이렇게 존재가 존재자 전체를 확실하게 확보하는 수단으로 전락하는 것과 존재자 전체가 처리가능한 대상으로 전락하는 것은 동일한 과정이다. 존재자는 그것에 고유한 근원성에 있어서 인간의 관심대상이 되는 게 아니라, 오직 인간의 안전확보나 지배의 확장이라는 관점에서만 인간의 관심대상이 된다. 이에 사물은 자체로부터 현존하는 그대로 자신을 드러내지 못하게 되며, 인간은 사물에 대한 근원적인 가까움(Nähe)을 잃어버리게 된다. 이것이 인간을 이성적 동물로 파악하는 서구 형이상학의 귀결이다. 이성적 동물로서의 인간은 현대에 이르러 존재자 전체를 지배하기 위해서 노동하는 동물로 전화하는 것이다.

하이데거는 이에 대해서 새로운 인간으로서 현-존재(Da-sein)를 내세운다. 현-존재는 근본기분에서 우리를 엄습하는 존재의 근본힘(die Grundmacht des Seins)을 인수하면서 이를 통해서 존재자가 그 자체로서 자신을 개시하도록 돕는 자이다. 지배에의 의지가 아니라 존재와 존재자가 그 자체로서 현존하도록 하려는(Sein-lassen) 자세가 현-존재로서의 인간을 특징지우는 것이다.

우리는 이상에서 하이데거 철학의 문제의식과 주제를 살펴보았다. 그의 철학은 전통 형이상학과 현대의 과학기술문명에 의해서 은폐된 존재의 근원적인 의미를 탐색하면서 존재와 존재자 그리고 인간에 대한 새로운 이해를 도모하려는 시도이다. 이를 통하여 그는 상실된 고향을 회복하고자 한다. 물론 하이데거의 철학은 이상에서 일괄적으로 말한 것과는 달리 그의 사유도정의 각 시기마다 뉘앙스의 차이를 보인다. 이 장에서는 이러한 차이

보다는 그의 사유도정 전체를 관통하는 문제의식과 주제를 드러내고자 하였다.

Ⅲ. 하이데거 철학의 방법론

앞의 논의를 통해 하이데거의 근본적이고도 궁극적인 주제가 '존재'라는 것과 그것이 철학적 전통 및 시대와의 진지한 대결의 성격을 갖는다는 것이 확인되었다. 그것을 통해 그는 진정한 형이상학의 수립, 인간 자신에 내재하는 형이상학적 경향의 완수를 꾀하고자 했으며 그렇게 함으로써 '고향상실'이라는 문제적 상황을 극복하고자 했다. 여기서 우리는 그가 이 주제에 '어떻게' 접근하고 있으며 '어떻게' 그 해명을 수행하고 있는가 하는 그 '어떻게'에 초점을 맞추어 보고자 한다. 이러한 작업은 하이데거의 철학 전체를 입체적으로 이해하고자 할 때 중요한 주제가 된다. 그런데 이 '어떻게'는 그의 이른바 전기와 후기에 있어서 명백한 차이를 드러낸다. 따라서 우리는 이를 일단 구별하여 그 각각의 모습을 살펴보기로 한다. 이를 통해 우리는 하이데거 철학의 입체적인 모습 내지 성격을 이해할 수 있게 될 것이다.

1. 전기의 방법론: 현상학/해석학/현존재 분석/존재론의 역사의 해체

『존재와 시간』을 대표로 하는 전기철학에서 하이데거가 택하고 있는 방법론으로 우리가 주목해야 할 것은 '현상학', '해석학', '현존재 분석(현존재의 실존론적 분석론)' 및 '존재론의 역사의 해체'이다. 물론 이것들은 각각 독립된 별개의 것이 결코 아니다. 이것들은 내적으로 서로 긴밀하게 연관되어 있다. 그러나 그가 이러한 용어들을 채용하고 있다는 사실은 그의 방법론이 이러한 '측면'들을 필요로 하고 있다는 것을 증명한다. 이 중 무엇보다도 하이데거 자신이 명시적으로 언급하고 있는 방법이 현상학이다.

1) 현상학

현상학(Phänomenologie)이야말로 하이데거 철학 자체의 근본적인 성격을 가장 특징적으로 알려 준다. 그 스스로도 전기의 대표작 『존재와 시간』(1927)에서 자신의 철학적 방법을 '현상학'으로 규정하며, 후기의 주요작 『사유의 사태에로』(1969)에서도 자신의 입장이 여전히 '현상학적'이라고 밝힌다. 현상학이 애당초 연구의 '대상'이나 '사상내용'을 성격짓기보다 '이 학에 있어서 논해질 그것을 어떻게 제시하고 취급할 것인가 하는 것에 관해 해명하는 것'이라는 그의 천명도 이 점을 뒷받침한다. 따라서 하이데거가 그의 말대로 평생토록 '한줄기 긴 외길'을 걸어 왔다고 한다면, 그 외길은 다름아닌 '현상학의 길'이라 불러도 좋을 것이다.

〈하이데거 현상학의 형성과정〉

주지하는 대로 현상학은 하이데거의 스승인 후설에 의해 제창된 '후설의 철학'이다. 그것이 어떻게 해서 그리고 왜 하이데거의 것이 될 수 있었는지 그 사정을 미리 살펴봄으로써 하이데거 현상학의 특징을 이해할 수 있다. 「현상학으로 들어간 나의 길」

(Mein Weg in die Phänomenologie)에서 하이데거는 그 사정을 자세히 밝히고 있다.

하이데거와 현상학의 인연은 1909년 그가 프라이부르크대학 신학부에 입학하면서부터 시작된다. 첫학기부터 그는 후설이 쓴 두 권짜리 『논리학연구』(*Logische Untersuchungen*)를 대학도서관에서 빌려다 읽었다. 이 책은 다른 학생들의 청구가 거의 없었기 때문에 언제나 손쉽게 그 대출기간을 연장할 수 있었다. 그렇다면 도대체 어떤 연유에서 그는 이 책에 접하게 되었는가? 사정은 이렇다. 널리 알려진 일이지만 하이데거는 1907년 고등학교 시절에 아버지의 친구인 당시 콘스탄츠의 사제 콘라트 그뢰버로부터 프란츠 브렌타노의 학위논문 『아리스토텔레스에 따른 존재자의 다양한 의미에 관하여』(*Von der mannigfachen Bedeutung des Seienden nach Aristoteles*, 1862)를 선물받고 그것을 통해 그의 평생의 과제가 된 존재문제에 눈뜨게 되었다. 그후 그는 많은 철학잡지들을 통해서 후설의 사유방식이 바로 그 브렌타노를 통해서 규정되고 있다는 것을 알게 되었고, 따라서 브렌타노의 학위논문을 통해 야기된 존재물음에로의 어떤 결정적인 추진을 후설의 『논리학연구』로부터 기대하게 되었다는 것이다. 그러나 그 노력은 헛된 것이었다고 그는 고백한다. 왜냐하면 올바른 방식으로 그것을 추구하지 않았기 때문이라는 것이다. 그러나 그럼에도 불구하고 그는 이 작품에 계속 사로잡혀 있었고 그후 몇 년 동안 무엇이 그를 매혹하고 있는지 확실히 알지 못한 채로 거듭 그것을 읽게 된다. 그가 당시 얼마나 이 책에 매료되어 있었는지는 "이 작품으로부터 발산되어 나오는 마력이 인쇄된 면과 표지의 외양에까지 미쳤다"고 하는 말에서 충분히 짐작될 수 있다. 아무튼 하이데거는 이 『논리학연구』의 제2권 부제에서 '현상학'이라는 명칭을 처음으로 만나게 된다. 물론 그에 대한 이해는 아직 빈약하고 불확실한 것이었다.

4학기가 지난 후 하이데거는 철학부로 전과하여 리케르트의 지도를 받게 된다. 리케르트는 세미나에서 자신의 제자였던 라스크의 작품들[23]을 다루었는데, 그것들이 후설의 『논리학연구』의 영향 아래에서 이루어진 것이었던 관계로 하이데거는 새삼스레 그것을 철저히 연구해 보지 않을 수 없게 되었다. 그러나 이 거듭된 시도도 역시 불만족스러운 것이었다고 그는 말한다. 그 이유는 '현상학이라고 일컬어지는 그 사유의 수행방식을 어떻게 따라 수행해야 할 것인가' 하는 하나의 주된 어려움을 넘어서지 못했기 때문이었다. 그 어려움은 후설의 『논리학연구』에서 보여지는 외견상의 이중성, 즉 제1권은 ('사고와 인식에 관한 이론이 심리학에 기초할 수는 없다'는 것을 증명함으로써) 논리학에서의 심리주의를 비판하는 것인 데 비해, 제2권은 ('인식의 구성에 본질적인 의식작용의 기술', '의식현상의 현상학적 기술'을 포함하고 있는 이상) 또다시 심리주의로 되돌아가는 것이 아닌가 하는 인상에서 말미암는 것이었다. 이 어려움은, '만일 후설이 그런 중대한 과오를 범할 리 없다고 한다면 의식작용의 현상학적 기술이란 무엇인가? 현상학이 논리학도 심리학도 아니라고 한다면 그것의 고유한 점은 어디에 있는가? 여기에 완전히 새로운 종류의 철학 분과가, 더욱이 고유한 지위와 우위를 지닌 그런 철학 분과가 나타난 것인가?' 하는 의문을 자아내게 했다. 그러나 당

---

23) 『철학의 논리학과 범주론—논리적 형식의 지배영역에 관한 연구』(1911) 및 『판단의 학설』(1912)을 말한다.

시의 하이데거로서는 이 물음들을 명확히 파악할 수도 올바로 해결할 수도 없었다. 요컨대 현상학이라는 것이 도대체 무엇인지를 그는 제대로 이해할 수가 없었던 것이다.

그 해답은 1913년에 나온 후설의 이른바 『이덴』(*Ideen zu einer reinen Phänomenologie und phänomenologischen Philosophie*)에 의해 주어졌다. 즉 '순수 현상학'이란 '철학의 근본학'이며, '순수' 현상학이란 '초월론적' 현상학이란 뜻이며, '초월론적'이란 '인식하고 행동하고 가치정립하는 주체의 주관성'을 지향하는 것이다. 다시 말해 현상학은 '의식체험들'을 '주제적 영역'으로 삼고 있으며, '작용들 속에서 체험되는 대상들을 그 대상성의 측면에서 탐구하는 것' 그것과 더불어 '체험작용의 구조에 대한 체계적으로 기획되고 보증된 탐구'라는 것이다. 바로 이것이 그의 눈에 비친 현상학의 본질이었다. 바로 이런 점에서 그는 현상학이 의식적으로 그리고 결정적으로 근세철학의 전통 속으로 선회해 들어갔으며 현상학에 의해 '초월론적 주관성'이 보다 근원적이고 보편적인 규정가능성에 이르렀다고 평가하는 것이다. 또한 그는 이 『이덴』을 『논리학연구』 및 『엄밀한 학으로서의 철학』(*Philosophie als strenge Wissenschaft*)에 체계적인 자리와 충분한 기초를 부여하는 '보편적인' 것으로 받아들였다.

당시 사람들은 현상학을 '유럽철학 내부에 대두된 하나의 새로운 경향'이라고 받아들였지만 하이데거는 그런 식의 역사적 평가는 현상학에 의해 즉 이미 『논리학연구』에 의해 발생했던 바를 올바로 적중시키지 못했을 뿐 아니라, 현상학이 그 이전의 모든 사유를 부인하는 그런 철학의 시작을 요구하는 것인 양 오해했다고 단정한다.

그런데 하이데거는 『이덴』이 나온 후에도 『논리학연구』에서 나왔던 마력에 계속 사로잡혀 있었다. 그 마력은 근거를 알 수 없는 새로운 동요를 일으켰다. 그러나 그 동요가, '그저 책을 읽는 것만으로는 현상학이라는 이 사유방식을 수행할 수 없다'고 하는 무능력에 기인하는 것임을 그는 짐작하고 있었다.

그러나 현상학에 대한 하이데거의 혼란은 1916년 후설이 프라이부르크대학에 부임하여 직접 지도를 받을 수 있게 되면서 서서히 그리고 힘겹게 해소되어 갔다. 후설의 가르침은 '현상학적으로 보는 것을 한 걸음씩 훈련한다'고 하는 형태로 이루어졌으며, 그것은 '철학적 지식들의 음미되지 않은 사용을 배제한다'는 것과 '위대한 사상가들의 권위를 대화 속에 끌어들이는 것을 포기한다'는 두 가지 성격을 지닌 것이었다. 1919년 이래 하이데거는 그러한 '현상학적 보기'(phänomenologisches Sehen)를 연습했다. 그러면서 그는 새롭게 『논리학연구』에, 특히 그 중 '제6장'에, 관심을 기울이게 되었다. 왜냐하면 거기서 부각된 '감각적 직관과 범주적 직관의 구별'이 그 자신의 고유한 관심사였던 '존재자의 다양한 의미'를 규정하는 데에 중요한 시사를 주었기 때문이었다. 이러한 사정에서 하이데거는 『논리학연구』를 자신의 강의나 연습 등과는 별도로 나이든 학생들과의 특별 연구회에서 매주 철저히 공부해 나갔다. 이 공부를 위한 준비는 하이데거에게 있어 성과있는 것이 되었다. 그러나 후설은 너그럽게 이것을 지켜봐 주기는 했지만, (이미 『이덴』 쪽으로 관심이 옮아가 있었던 관계로) 근본에 있어서는 거부적이었다.

그러나 하이데거는 이미 이 무렵 자기 나름의 현상학적 시선을 가다듬어 가고 있었다. 그것은 대체로 이런 것이었다. 즉 "의식작용의 현상학에 있어 현상들의 자기-고지로서 수행되고 있는 것은, 보다 근원적으로는 또한 아리스토텔레스에 의해서 그리고 전 그리스적 사유와 현존재에 있어서 '알레테이아'로서 사유되고 있다는 것, 다시 말해 현존자의 비은닉성, 그 드러냄, 그 자기-현시로서 사유되고 있다"는 것이다. 그리고 "현상학적 연구가 사유의 주된 태도로서 새롭게 발견한 것은, 철학 그 자체의 근본특징은 아닐지라도, 그리스적 사유의 근본 특징으로서 입증된다"는 것이다. 물론 그가 당시 경험한 이러한 내용은 근거있는 통찰에 의한 것이라기보다는 어떤 짐작에 의한 것이었다. 이러한 통찰이 결정적으로 밝혀져 옴에 따라 하이데거는 이런 절박한 물음을 지니게 된다. 즉 "현상학의 원리에 따라 '사태 그 자체'로서 경험되어져야 하는 것은 어디서부터 그리고 어떻게 규정되는가? 그것은 의식 그리고 의식의 대상성인가, 혹은 비은닉성 및 은닉에 있어서의 존재자의 존재인가?" 하는 것이다. 이렇게 해서 그는 '존재물음의 길'로 들어서게 되었다. 하이데거는 이미 후설의 '초월론적 현상학'과는 구별되는 '존재론적 현상학'으로 자신의 방향을 잡아 가게 되는 것이다. (1919년 여름학기 이후 하이데거는 자신의 강의에 직접 '현상학'이라는 명칭을 내걸고 자기 나름의 현상학을 모색해 나가기 시작한다. 이를테면, 1919년 여름학기 『현상학과 초월론적 가치철학』, 1919년 겨울학기 『현상학의 근본문제들』, 1920년 여름학기 『직관과 표현의 현상학』, 1921년 겨울학기 『아리스토텔레스에 대한 현상학적 해석. 현상학적 연구 입문』 등이 그것이다. 한편, 1919년 겨울학기, 1920년 여름학기, 1921년 여름학기, 1921년 겨울학기 등의 강의에 따르면, 철학의 출발점이자 목표로서 '현사실적인 생의 경험'이 제시된다. 하이데거가 생각하는 현상학은 내용면에서 바로 이 '현사실적인 생의 자기해석' 쪽으로 방향을 잡아간다.)

이러한 차이점은 이른바 '브리태니커 논문'을 둘러싼 후설과 하이데거의 교류과정[24]에서 단적으로 드러나게 된다. 널리 알려진 대로 영국의 『대영백과사전』은 이 사전에 '현상학'이라는 항목을 새로 추가하기로 결정하고 그 집필을 창시자인 후설에게 직접 의뢰하게 된다. 후설은 이것을 자신의 현상학이 세간에 알려질 수 있는 좋은 기회로 생각하고 의욕을 보이며, 1927년 기대했던 하이데거에게 그 공동집필을 제안하였다. 하이데거는 하이데거대로 이 제안에 적극 호응하였다. 작업은 1927년 여름부터 연말에 걸쳐 이루어졌다. 우선 여름방학 기간 동안 하이데거는 프라이부르크의 후설 곁에서[25] 오랜 기간 머물면서 이 일에 몰두했다. 작업의 진행은 우선 두 사람이 협력해서 제1초안을 마련하고, 그런 다음 각자가 수정보완한 것을 서로 교환해 충분한 협의를 거치고, 그후 제2초안을 집필하는 형태로 이루어졌다. 제2초안의 집필은 제1초안을 기초로 해서 하이데거가 전반을 그리고 후설이 후반을 나누어 맡았다. 그런데 하이데거는 이 제2초안을 쓰는 과정에서 제1초안에 없었던 '현상학의 이념과 의식에의 회귀'라는 제목의 짤막한 서론을 덧붙였다. 그 뒤 이 제2초안에 관해서도 제1초안 때와 동일한 절차를 거치게 되었다. 두 사람은 이 제2초안의 교정작업을 여름방학중에 마무리하고 나머지 일은

---

24) 이에 관해서는, 일차적으로 *Husserliana* Ⅸ S.237~301을, 그리고 Walter Biemel, *Husserls Encyclopaedia-Britannica-Artikel und Heideggers Anmerkungen dazu* 및 木田元, 『現象學』, 岩波書店, 1970, 동경, 76-85쪽을 참조 바람.

25) 당시 하이데거는 마르부르크대학에 근무하고 있었다.

편지를 통해 처리해 나간다. 그런데 후설은 이 초고들에서 하이데거가 집필한 부분을 대부분 삭제한 형태로 제3초안을 만들었고 그것을 정리하여 연말까지 결정고를 완성해 브리태니커사로 송부했다. 여기서 양자의 차이를 본격적으로 논의할 여유는 없지만 적어도 삭제된 하이데거의 초안에서 하이데거적 현상학의 특징을 확실히 해둘 필요는 있다. 그 핵심적 내용은 무엇보다도 그가 이미 거기에서 '존재론적 시각'을 명백히 드러내고 있다는 것이다. 즉 그는 거기에서 "그리스철학은 그 결정적인 시초부터 존재자를 물음의 대상으로 삼았던 것이 아니었던가'고 묻고 '사실 그렇다"고 단정한다. 그것은 이런저런 존재자를 규정하고자 해서가 아니라, 존재자를 존재자로서 즉 그 존재의 점에서 이해하고자 해서였다. 또한 그는 "그 문제설정과 그 대답도 오랫동안 어둠의 영역을 벗어나지 못했다"는 사실에도 언급한다. 이것이 『존재와 시간』의 서두에서 펼쳐지는 내용과 거의 일치하는 시각임은 두말 할 필요도 없다. 물론 그는 여기서 '의식에로의 회기'를 언급하고 있기는 하다. 즉 "존재자로부터 의식에로 시선을 전향한다는 것은 과연 우연히 일어나고 있는 것일까. 이러한 의식에의 회귀의 필요성을 원리적으로 해명하는 일, 이 회귀의 길과 그 수행방식을 근본적이고도 명확히 규정하는 일, 그리고 이 회귀에 있어서 개시되는 순수주관성의 영역을 원리적으로 한정해 체계적으로 답사하는 일, 이것이 곧 현상학"이라고 설명한다(이상 『후설전집』(*Husserliana*)[이하 Hua로 표기함] IX, 256쪽). 그러나 이것은 그가 그후 결코 의식과 주관성을 그 자신의 주제로 부각시키고 있지 않다는 점에서 볼 때 어디까지나 인간 현존재가 가진 존재이해의 특출함을 염두에 둔 것이라고 해석하는 것이 타당할 것이다. 참고로 말하자면, 후설은 제1초안의 서두에서 현상학을 '학적인 철학의 철저한 새 기초부여와 그것을 통해 모든 학문들의 철저한 새 기초부여를 목표삼는 것' 그리고 '이러한 목적들에 이바지하는 근본적인 학의 새로운 존재방식을 지시하는 것'으로 규정하고 있다(이상 Hua Ⅸ, 237쪽). 그런가 하면 최종고에서는 현상학을 '새로운 기술적 방법', '이러한 방법으로부터 생겨나온 아프리오리한 학', '엄밀한 학적인 철학에 대한 원리적인 오르가논을 부여하고 모든 학문들의 방법적인 혁신을 가능케 하도록 규정되고 있는 학'으로 규정하고 있으며, 그러한 '철학적 현상학'에의 예비적 전단계로서 '현상학적 심리학' 내지 '심리학적 현상학'의 중요성을 말하고 있다(이상 Hua Ⅸ, 277f쪽). 깊은 숙고를 거치지 않더라도 두 사람의 시각이 서로 상이함을 여기에서 쉽게 알 수 있다.

그러나 하이데거의 그러한 존재론적 방향설정이 어디까지나 현상학적 태도에 의해 깨우쳐진 것이며, 예전에 브렌타노의 학위논문으로부터 생겨났던 물음들에 의한 것과는 다른 방식으로 새롭게 동요된 것이었음을 간과해서는 안 된다. 하이데거의 현상학이 어쨌거나 현상학인 한, 그것이 후설의 현상학에서 유래하는 것임은 말할 것도 없는 것이다. 아무튼 이렇게 해서 형성된 존재물음의 길을 하이데거는 '수많은 체류지와 우회로와 옆길' 등을 거치면서 걸어 나가게 된다. 그 길은 그 자신이 생각했던 것보다 훨씬 긴 것이 되었다.

후설의 현상학에 대해 하이데거는 "금새 시대의 정신을 더할 나위 없이 다양한 영역에 걸쳐 규정했다" 평가한다. 그러나 1963년의 시점에서 하이데거는 "현상학적 철학의 시대가 이미 지나간 듯이 보인다"고 피력한다. 현상학은 이미 철학의 다른 경향들과 나란히 오직 역사적으로만 기록되는 지나간 어떤 것으로서만 유효하다는 것이다. 그러나 그것은 어디까지나 일반적인 이해일 뿐, "현상학은 그 가장 고유한 점에 있어서 어떠한 경향도 아니다"라는 것이 하이데거의 근본적인 생각이다.[26] 그에게 있어서의 현상학은 어디까지나 '때에 따라 변천하고 그리고 오직 변천함으로써만 머무르는 사유의 가능성, 즉 사유해야 할 것의 말걸음에 응답하는 그런 사유의 가능성'인 것이다. 그래서 하이데거는 "현상학은 사유의 사태를 위해서 표제로서는 사라질 수 있다"고 말하는 것이다.

〈**하이데거 현상학의 기본적 의미**〉

그러면 하이데거에게 있어 현상학이란 도대체 무엇인가? 그 불변하는 근본의미는 무엇인가? 『존재와 시간』 제7절과 『현상학의 근본문제들』 제4절 그리고 『시간개념의 역사에 대한 서론』 제8절 및 제9절에서 확립된 내용을 들여다보자.

그에 따르면 '현상학'(Phänomenologie)은 우선 '현상'(Phänomen)과 '학'(-logie)이라는 두 구성요소의 결합으로서 이해된다. 그는 이 두 요소의 그리스어 어원에까지 거슬러 올라가 각각의 특별한 의미를 찾는다.

먼저 '현상'이란 희랍어 φαινόμενον에서 유래하는 것으로, '자기를 나타내는 것', '자기 현시하는 것', '드러나 있는 것'이라 설

26) GP 1쪽에도 이런 생각이 보인다. "우리는 현상학이라고 불리는 철학의 현대적 경향이 어떠한 사정에 있는지를 역사학적으로 알려고 하는 것이 아니다"고 그는 말한다.

명되며, '자신을 자기 자신에 있어서 나타내는 것', '백일하에 드러나 있는 것'이라는 의미를 갖는다. 따라서 그리스어 φαινόμενα는 '백일하에 있는 것 내지는 밝은 곳에 드러내 놓을 수 있는 것의 총체'로서, 그리스인들이 τά ὄντα (존재자)와 동일시했던 것이라고 그는 말한다.

따라서 현상은 '은폐성'(Verdecktheit)과 반대되며, '가상'(Schein), '나타남'(Erscheinung), '단순한 나타남'(bloße Erscheinung)과 구별된다. 따라서 그저 나타나 있는 것이라고 모두 현상인 것은 결코 아니다. 그러나 모든 나타난 것은 확실히 자기현시라는 의미에서의 현상에 의거한다. 현상이란 '어떤 것과 만나는 두드러진 방식'을 의미하는 것이다.

그런데 하이데거는 이 현상이란 개념을 세 가지로 구별한다.

첫째, 어떠한 존재자가 현상으로 간주되는지 규정되지 않은 경우, 또 자신을 나타내는 것이 그때마다 존재자인지 아니면 존재자의 한 존재성격인지가 애당초 미해결인 경우, 그것은 다만 '형식적인 현상 개념'이다.

둘째, 자신을 나타내는 것이, 예컨대 칸트적 의미에서의 '경험적 직관을 통하여 접근할 수 있는 존재자'를 말하는 경우, 그것은 다만 '통속적인 현상개념'이다.

셋째, 자신을 나타내는 것이 '존재자의 존재'일 때, 그것이 명백한 의미에 있어서의 '현상'이며, 바로 '현상학적인 현상개념'이 된다.

이러한 현상학적인 현상으로서의 존재는, 나타나지 않는 그 어떤 것(예컨대 사물 자체 같은 것)이 그 배후에 아직도 버티고 있는 그러한 것은 아니다. 그러나 이 존재라는 현상에는 '은폐'

(Verdecktheit)가 있을 수 있다. 이 은폐에는 일반적으로 세 가지 양식이 있는데 '은닉'(Verborgenheit)과 '매몰'(Verschüttung)과 '위장'(Verstellung)이 그것이다. 전적인 미발견의 형태로 감추어져 있는 것이 '은닉'이고, 이전에는 알려져 있었으나 감추어져 버린 것이 '매몰'이고, 전면적으로 은폐되지 않고 일부가 가상의 형태로 나타나 있는 경우가 '위장'이다. 이 경우가 특히 속기 쉽고 위험하다. 그리고 은폐가 이 셋 중 어떤 것으로 해석되든, 은폐 자체에는 이중의 가능성이 있다고 그는 말한다. 즉 '우연적 은폐'와 '필연적 은폐'가 그것인데, 특히 필연적 은폐는 드러난 것의 존립양식 안에 그렇게 될 필연적 경향이 있다고 그는 지적한다.

현상학의 '학'이란 어떤 것인가? '학'은 하이데거에게 있어 어떤 의미를 부여받고 있는가? 그에 따르면 '학'(-logie)이란 그리스어 λόϒος에서 유래하는 것으로, 이것은 λέϒειν 즉 '말함'이라는 근본의미를 갖는다. 말함이란 δηλοῦν, 즉 "말함에서 '언급되고 있는 것'을 드러나게 한다"는 것이며, ἀποφαiνεσθαι, 즉 '어떤 것을 보게 하는 것', '언급되고 있는 것을, [그것을] 말하는 자로 하여금, 또는 서로 대화하고 있는 자들로 하여금 보게 하는 것'이다. 따라서 이 경우의 '말함'은 물론 자신의 내용을 만들어 내는 것이 아니라, 다만 '말해지고 있는 것 자체 쪽으로부터'(ἀπο), '보게 한다'(φαiνεσθαι)는 것이다. 이 말은, 즉 그 말이 진정한 말인 한, 말의 내용이 언급되고 있는 사태로부터 연원해야 한다는 것이다. 이러한 것으로서 '말함'은 또 '전달'이라는 성격을 갖는다. 말하면서 전달할 때의 이 전달이란 '이 전달이 그것에 관해 말하고 있는 그 화제를 말해진 전달 내용 안에서 드러나게 하고, 이렇게 해서 타인에게 접근 가능하게 하는 것'으로 설명된다. 이것이

'아포판시스로서의 로고스의 구조'라고 하이데거는 말한다.

그리고 이러한 것으로서 로고스는 또 ἀληθεύειν, 즉 '진리를 말하는 것'이라는 성격을 갖기도 한다. 이는 로고스의 '진리'적 성격이, '말해지고 있는 존재자를 아포파이네스타이로서의 레게인 즉 말함에 있어서', '은닉되지 않는 것'(ἀληθές)으로 '보게 하는 것, 즉 드러내는 것'이라는 의미를 갖고 있다는 뜻이다.

이상과 같은 것으로서 현상학의 '학'은 또한 '어떤 것을 제시하면서 보게 하는 것', '어떤 것을 그것이 어떤 것과 일체가 되어 있는 그대로 보게 하는, 어떤 것을 어떤 것으로서 보게 하는 것', '솔직하게 바라보면서 인지하는 것', '어떤 것을 솔직하게 보게 하는 것', '존재자를 인지시키는 것'이라는 의미도 부여받고 있다.

이상과 같은 기본적인 생각에 의해 현상학은 결국, λέγειν τὰ φαινόμενα 내지 ἀποφαίνεσθαι τά φαινόμενα 즉 '자기를 나타내는 것을, 그것이 자신을 자기쪽에서부터 나타내는 그대로, 그 자신으로부터 보이게 하는 것'이라는 의미를 갖게 된다.

이와 같이 하이데거의 현상학이란 '스스로를 나타내는 것'으로서의 '존재'라는 '현상'을, '말하는 것', 말함에 있어서 '그것을 밝히는 것', '그것을 드러내는 것', '그것을 보게 하는 것', '그것을 전달하는 것'을 그 가장 기본적인 의미로 삼는다. 하이데거 자신의 철학이 바로 이러한 성격을 갖는 것이다.

여기서 한 가지 주의할 것은 현상학이, 하이데거 자신이 말하는 대로, 두 개의 '구성요소'를 갖는다는 것이다. 즉 '현상'과 '학', 다시 말해 '존재'와 '말함', 다시 말해 '가리워져 있지 않고 스스로를 나타내는 것'과 '(그것을) 밝히고 보게 하고 전달하는 것'이 그것인데, 전자는 현상학의 '무엇'(Was)을, 후자는 현상학의 '어떻게'(Wie)를 각각 해명하는 것이라고 할 수 있다.

그런데 주의해서 보면, 이상의 해명은 현상학이 또 하나의 요소를 자체 안에 지니고 있음을 암시하고 있다. 즉 현상학은 그것이 '말함'인 한, 말을 들을 자가 있다는 것이며, '보게 하는 것'인 한, 보게 될 자가 있다는 것이며, '전달하는 것'인 한, 전달받을 자가 있다는 말이 될 것이다. 사실 하이데거는 위의 해명 중 '타인에게'(dem anderen...)라는 말로써 이를 살짝 비치고 있는데, 우리는 이 타인이란 것에 현상학을 필요로 하는 근본사정이 포함될 수 있다고 본다. 이 사정이란 단적으로 말해, 존재의 의미에 대한 물음에 올바른 대답이 주어져 있지 않을 뿐 아니라 물음 자체도 제대로 제기되어 있지 않다고 하는 것, 더욱이 이 물음의 제기를 불필요한 것으로서 간주하고 그것을 방해하는 여러 상황들이 있다는 것이다. 이것은 나름대로 중요한 의미를 가지는 문제이기 때문에 이를 현상학의 또 한 요소로, 현상학의 '왜'(Warum)와 관련된 제3의 요소로 간주할 수 있다고 보는 것이다.

결국 하이데거의 현상학은 세 가지 성립요소의 결합에서 그 의미를 찾을 수가 있다. 즉 이 세 가지 요소가, ① 말해질 내용으로서의 '현상', ② 말함 그 자체로서의 '학-로고스', ③ 말로써 내용을 전달받을 자로서의 '타인'(그 제반 사정: 존재망각)이라고 할 때, 현상학 그 자체의 근본의미는 결국 ①을 ③에게 전달하는 ②에 있다고 단정할 수 있을 것이다. (그러나 궁극적으로 중요한 것이 ① 자체의 제반 모습이라는 것은 말할 필요도 없다.)

<하이데거 현상학의 포괄적 의미>

이상으로써 하이데거 현상학의 기본적인 의미는 확보되었다. 이제 그와 아울러 다음 몇 가지 측면이 동시에 언급되어야 하이데거의 현상학이 갖는 포괄적인 의미가 보다 완전히 드러날 수 있다.

① 첫째, 이상과 같은 현상학의 규정이 갖는 뜻은 실은 '사태 자체에로!'(Zu den Sachen selbst!)라고 정식화된 준칙이 갖는 뜻과 다른 것이 아니다. 이 말은 무슨 뜻인가. 이것은 다음과 같은 뜻이다. 즉 이 말은 현상학이 '모든 허공에 뜬 구성, 우연한 발견', '외견상 증시된 듯이 보이는 데 불과한 개념의 답습', '종종 몇 세대를 통하여 문제로서 과시되는 거짓 물음' 등에 반대하여, 오직 '사태 그 자체'를 근거로 한다는 뜻이며, 즉 '사태 자체와의 대결 안에 …근원적으로 뿌리박고 있다'는 뜻이며, '역사적으로 전승된 이런저런 존재론이라든가, 이런 류의 갖가지 시도에 조언을 구하는' 그런 '최고도로 의심스러운 것'이 아닌, '특정의 물음을 발하지 않을 수 없는 사태의 필연성과 사태 자체로부터 요구되고 있는' 것임을 뜻하며, '우연적, 직접적, 무사려하게 보는 소박함'이 아니라, '현상들을 본원적·직관적으로 포착하고 설명'하는 것임을 의미한다.

따라서 현상학은 단순한 우연성, 임의성을 배격하고, 현상의 자기현시에 따른 그 어떤 문제성 내지 사태의 필연성에 의해 촉발되는 것이고, 오직 그것에만 관계하는 것이다. 단 이러한 태도는 사실은 너무나도 자명한 것으로 '모든 학적 인식의 원리'를 언표한 것에 불과하다고 하이데거는 말한다.

현상학은 위와 같은 고유한 의미를 부여받고 있기 때문에, 전승된 역사에 의존하지도 않고 또 의존할 수도 없다. 따라서 볼프 학파에 있어서 성립되었다고 생각되는 현상학이라는 이 말 자체의 역사도 물론 중요하지 않은 것이다.

이상과 같은 태도는 그가 후설에게서 받았다는 가르침, 즉 '현상학적으로 보는 것'(Phänomenologisches Sehen), 그러니까 '철학적 지식의 음미되지 않은 사용을 배제한다'는 것과, '위대한 사상가들의 권위를 이야기 안에 끌어들이는 것을 포기한다'는 것과도 맥을 같이하고 있으며, 그가 '현상학적 해체'라고 부르는 것, 즉 "우선 필연적으로 사용해야 할 전승된 개념들을 그것들이 처음 발원한 그 원천에로 비판적으로 해체하는 것"(GP 31쪽)과도 연관되어 있다. (Bacon의 이른바 '극장의 우상'을 타파하는 것도 이 태도에 포함될 수 있다.)

② 그리고 둘째는, 역시 위에서 말한 준칙의 기본 뜻에 포함되는 것이지만, 현상학이 우선 무엇보다도 사태 자체(Sache selbst)가 갖는 두 가지 성격에 그 근거를 두고 있다는 것이다.

첫째는, 그 사태가 '가장 고유한 사태 내실 쪽에서부터 현상이 될 것을 요구하고 있는 것'이기에, 즉 그것이 '특정한 물음을 발하지 않을 수 없는 사태적인 필연성'을 가진 것이기에, 자신을 묻도록끔 '요구'한다는 것이다. 다시 말하자면, '사태'라는 것이 결국 '문제적인 것'(das Strittige)이기에 자신을 묻도록끔 한다는 것이다. 사태[27]란 즉 '사유[28]에 관련하는 바의, 전적으로 사유에

27) '사태', '사유의 사태'라는 이 표현은 하이데거의 후기사유에서 어떤 주제적인 의미를 띠고서 종종 등장한다. 예컨대 그는 이것에 관해 다음과 같이 말한다. "강연에서 여러 차례 나타난 그 표현은, (사태[또는 사안]=법률사건, 소송) 옛 어의에서 비롯되면서, 쟁점, 논란되

있어서 문제되는 논점, 혹은 논쟁점'이다. 더구나 '결코 사유에 의해 처음으로, 말하자면 시비 붙여지는 것이 아닌', '어떤 싸움의, 그 자체에 있어서의 문제적인 것'이다. 이것이 '사유를 곤란케 해서, 그 사태가 사유를 사유의 사태에까지 가져와, 이 사태로부터 사유 그 자체에 나아가도록 하는'(ID 31쪽) 것이다. 그런 것이기에 사태에 대한 물음이 필연적으로 요구되는 것이다.

결국 사태라는 것 자체가 '드러나 있는 것'이고 또 '문제적인 것'이기 때문에 그것을 문제삼지 않을 수 없도록 한다는 것이다. 이것이 첫번째 근거이다.

그리고 둘째는, 그것이 동시에 우선 대개 자신을 진정으로 드러내지 않는 것, 즉 …자기를 드러내는 것에 대해 숨겨져 있다는

는 것, 문제가 되는 것을 의미한다. 사태란 그와 같이, 아직 규정되지 않은 사유에게 있어, 사유해야 할 것(das zu Denkende) 즉, 그것으로부터 사유가 그 규정을 받아들이게 되는, 그런 사유해야 할 것이 되는 것이다"(SD 41쪽).

또, 『동일성과 차이』에도 관련된 언급이 있다.

"'사태'란, 주어진 규정에 따르자면, 쟁점, 사유에게 있어 각별하게 문제가 되는, 즉, 사유에 관계하는 문제가 되는 바의 논란점을 의미한다. 그러나 이 논란되는 것의 다툼은 결코 사유에 의해서 비로소 말하자면 멋대로 시비걸어지는 것은 아니다. 사유의 사태는 어떤 한 다툼의 자체 논란적인 것이다. 다툼(고대 고지 독어로는 strit)이라는 독일말은 우선 무엇보다 불일치를 의미하는 것이 아니라 곤란을 의미한다. 사유의 사태는 다음과 같은 방식으로 사유를 곤란케 한다. 즉, 사태 그것이 비로소 사유를 사유의 사태에로 데려오고, 그리고 사태로부터 사유 자체에로 데려다 준다는 그런 방식으로, 사유를 곤란케 하는 것이다"(ID 31쪽).

28) 이는 그의 후기사유를 특징짓는 또 하나의 주제이지만, 실은 현상학의 변화 발전된 형태로 간주해야 한다고 우리는 본다.

것, 각별한 의미에 있어서 은닉된 채로인 것, 혹은 은폐 속으로 또 다시 떨어지는 것, 혹은 변장해서만 자신을 드러내는 것이기에, 자신을 묻도록 한다는 것이다. 그러니까 현상이 될 그것이 은닉되어 있다는 것, 현상이 우선 대개 주어져 있지 않다고 하는 것, 결국 앞서 지적한 현상의 은폐적 경향(Verdecktheit), 바로 이것이 현상학이 필요해지는 두 번째 근거이다.

이상의 두 가지 사정을 근거로 해서 현상학은 비로소 '사태 자체로!' 향하게 된다. 따라서 현상학은 결코 우리들의 어떤 의욕적인 학적 조작에 의해서만 성립될 수 있는 성질의 것이 아닌 것이다.

③ 그러면 이 '사태 자체'란 무엇인가? 하이데거가 생각하는 두드러진 의미에서 현상이라 불려야 할 것, 현상학적인 현상은 무엇인가? 그것은 이미 보았듯이 '존재'(Sein), 즉 '존재자의 존재' 내지 '이 존재의 의미, …변양들 및 파생태들'이며, 이런저런 존재자' 자체는 아니다. 그는 이렇게 '존재자'와 '존재'를 구별하며 [존재론적 차이(ontologische Differenz)], '존재자'로부터 '존재'에로 시선을 전환하는 것을 특히 강조한다. 이런 '…존재자의 한정된 파악으로부터 이 존재자의 존재의 이해[그 비은폐성의 방식에로 기투하는 것]에로 현상학적 시선을 전향시키는 것'을 그는 '현상학적 환원'(phänomenologische Reduktion)이라고 규정한다(GP 29쪽). 단 현상 내지 사태를 '존재자'로 규정하는 '통속적 현상 개념'도 현상학적으로 중요하다고 하이데거는 말한다. 왜냐하면 존재를 제대로 밝히기 위해서도 존재자를 올바르게 설정하는 것이 필요하기 때문이다.

바로 이 점으로 해서, 즉 현상학이 향해야 할 사태 자체가 '존재'라는 점으로 해서, 현상학은 내용상 '존재자의 존재에 관한 학 즉 존재론(Ontologie)'이 된다고 하이데거는 생각한다. 따라서 현상학과 존재론은 철학의 두 전문 분야가 아니라, 동일한 것의 양면이다. 즉 철학 자체를 대상면에서 말하면 '존재론'이고, 방법면에서 말하면 '현상학'이다.

그의 현상학은 이렇게 해서 존재론이라는 모습으로 나타난다. (단 이것은 우선 『존재와 시간』에서 천명된 기본적 입장이며, 실질적으로는 '현존재의 존재', '실존'이 그 내실을 이룬다. 이 내실은 그후 현존재의 차원을 넘어 존재 자체에로 진입하면서, 갖가지 다양한 형태로 논의되고 [예컨대 진리, 사물, 퓌시스, 언어, 사방, 자체적인 것(Wahrheit, Ding, Physis, Sprache, Geviert, das Selbe...) 등], 또 갖가지 다양한 측면으로부터 논의되어 [예컨대 운명, 에스 깁트(Geschick, Es gibt...) 등], 결국 발현(Ereignis)이라는 것에 도달하게 된다.)

④ 그리고 현상학은 무엇보다 '주제가 될 것으로 접근하는 통로의 양식'으로서, 논해져야 할 그것을 어떻게 제시하고 취급할 것인가 하는 것에 관해 해명한다. 그 구체적인 모습은 이미 현상을 '말하는 것', '드러내는 것', '보게 하는 것', '전달하는 것' 등으로 밝혀졌다. 그러한 것으로서 현상학은 특히 '진리론'적인 성격을 갖는다는 것이 주목되어야 한다(이하 『존재와 시간』 제7절 및 제44절 참조).

현상학이 '진리론'적이라는 말은 그것이 진리를 논한다는 것이 아니라, 그것이, 특히 그 '로고스'가, ἀληθεύειν 즉 '진리를 말하는 것'이라는 성격을 갖는다는 뜻이다. 이는 말해지는 바의 존재자를, [아포파이네스타이로서의 레게인에 있어서]그 존재자의 은닉성으로부터 끄집어 내어, 은닉되어 있지 않은 것(ἀληθές)으로서 보게 하는 것, 즉 드러내는 것이라는 것을 말한다. 즉 그는 '드러내는 것', 따라서 결코 은폐할 수 없는 '순수한 노에인(사유)', 즉 '존재자 그 자체의 가장 단순한 제 존재규정을 솔직하게 바라보면서 인지하는 것' 그 자체가 '진'(wahr)이라고 생각하는 것이며, 현상학은 바로 이러한 '진'의 성격을 근본적으로 갖는다고 생각하는 것이다. 이에는 그의 독특한 진리관이 게재되어 있으므로, 적어도 핵심적인 내용 두 가지는 밝혀둘 필요가 있다. 즉 '진리'(Wahrheit)란 '존재'와 제휴하고 있는 것으로서, '사태' 즉 '자신을 나타내는 것'과 같은 것을 의미하며, 따라서 '현존자(Anwesendes)의 비은닉태', '현존자의 나타남', '현존자의 자기현시', '존재자가 자신을 나타내는 것 일체', '존재자'가 '자신을 나타내 비은닉태'로 되어 '나타나고 있는 사태'로서, '본래적으로 사유되어야 할 것',[29] '현상학에 있어 제 현상의 자기고지로서 수행되고 있는 것'인데[30] 이것을 그는 '제2차적 의미'에서의 진리, 즉 '드러나 있는 존재'(Entdeckt-sein)라 부른다. (단 『존재와 시간』에서 이렇게 규정할 때는 세계내부적 존재자의 존재에 초점이 맞추어져 있다. 후에는 이것이 확대 변모해 간다.) 이것이 그 하나이며, 또 하나는 '진리'라는 것이 '현존재의 하나의 존재양식'으로서, '드러내는-존재'(Entdeckend-sein), 즉 '존재자를 그 존재자 자신에 즉해서 드러내는 것', '존재자를 그 드러나 있음에 있어서 진술하고, 제시하고, 보게 하는 것'을 의미한다는 것이다.

---

29) W.J. Richardson, *Heidegger. Through Phenomenology to Thought,* Vorwort, S.398.

30) 이 사실을 그는 1922년경 후설의 『논리학연구』를 연구하는 과정에서 하나의 예감으로 알아차린 듯하다(SD 87쪽 참조).

이것을 그는 '제1차적인 의미'의 진리라 부른다. 단 이 두 가지 진리는 '가장 근원적인 의미에서 이해된 진리'인 '실존범주' 즉 '현존재의 개시성'(Erschlossenheit)에 근거를 두는 것으로서, 근본적으로 분리할 수 없는 것임을 간과해서는 안 된다. (이 점은 아마도 사유와 존재의 동일성을 강조한 파르메니데스의 영향인 듯하다.) 이러한 '드러냄', 은폐를 '벗겨냄'으로서의 진리라는 성격을 현상학은 갖는 것이다.

⑤ 그리고 현상학은 또한 다음과 같은 점에서도 특징지어질 수 있다. 즉 그것은 이 학의 대상들에 관해 논구되는 모든 것이 직접적 제시와 직접적 증시에 있어서 논해져야 하도록, 그런 식으로 그 대상들을 포착한다는 성격을 갖는데, 이는 달리 말해 현상학이 애당초 '기술적'(deskriptiv)이라는 것을 의미한다(이 점에서 그는 '기술적 현상학'이라는 것이 동어반복이라고까지 말한다). 즉 그것은 증시하는 바가 없는 모든 규정을 멀리한다고 하는 방식으로 수행된다. 현상학의 대상은 그것의 사태성에 기초해서만 학적 규정성에 이르게 된다.

이는 결국 현상학적 수행 자체가 현상 자체의 자기증시에 대해 수동적으로 이루어지는 것이라고 해석할 수 있다.[31] 그러니까 현상학은 주제를 오직 증시하면서 규정할 뿐이며, '제시나 설명할 뿐이며, 결코 그 스스로 임의적으로 그려 내어서는 안 되는 것이다. (이 점은 그의 현상학이 세계를 설명하기보다 그것을 변화시켜야 한다는 마르크스류의 현실개조 철학과 단적으로 구별

31) 이 점에 관해서는, 이수정, 「ハイデガー哲學におけるアプリオリズムについて」(東京大學 文學部 哲學研究室, 『論集』 II, 1983)를 참조 바람.

되는 점이라고 할 수 있다.)

⑥ 그런데 이러한 의미에서의 '기술(記述)'의 방법적 의미가 '해석'(Auslegung)이라는 점을 하이데거는 또한 부언한다. 그러니까 현상학의 학(logos)은 헤르메네우에인, 즉 해석한다고 하는 성격을 갖는다는 것이다.

단 이러한 측면은 현상학이 현상-사태-존재를 드러내기 위해서, 우선 존재적 존재론적으로 특별한 한 범례적 존재자 즉 현존재(인간)에 정위하는 한에서 그러한 것이다. 현존재는 '평균적인 막연한 존재이해'를 하나의 '현사실'로서 갖고 있을 뿐 아니라, 그 자신의 존재에 있어서 이 존재에로 태도를 취하는 '실존'이기도 하다. 이러한 '현존재 자신에 속해 있는 본질적 존재경향', '선존재론적인 존재이해'[32]를 '철저화'한다는 방식으로 현상학은 우선 수행되어야 한다. 이러한 선-이해의 철저화, 즉 이해의 완성이 다름아닌 '해석'이다. 이러한 해석의 결과로서 '존재의 본래적 의미와 현존재에 고유한 존재의 근본구조들'이 현존재 자신에 속해 있는 존재이해에(그러니까 인간에게) 고지된다.

그런데 이 '해석'은 현존재의 평균적인 존재이해가 이른바 퇴락으로 말미암아 자신의 존재를 '사물적 존재성'으로 이해 파악하려는 경향을 강하게 가지기 때문에, 이러한 통속적인 존재이해를 파괴하면서 '폭력적으로' 수행될 수밖에 없다. 즉 우리 인간의 근본적인 태도변경을 통해서 사태 자체에 접근해야 한다. 이 점이 그가 말하는 해석학의 특징적인 점이다.

이상과 같은 '해석'이 현상학에 포함된 또 하나의 의미이고, 이

32) 이에는 豫持, 豫視, 豫把가 포함될 수 있는데 상세한 논의는 다음 절 '해석학' 부분을 참조 바란다.

렇게 해서 그의 현상학은 '해석학'(Hermeneutik)이라는 모습을 갖기도 하는 것이다.[33]

단 이것은 『존재와 시간』의 입장으로서, 이것이 동일한 형태로 일관되게 지속하는가 어떤가 하는 데는 문제가 남는다. 왜냐하면 해석학은 어디까지나 '현존재의 해석학'으로서, 현존재에 정위해서 존재를 밝혀 보는 '실존의 분석론'인 한에서만 유효한 것이기 때문이다. 즉 '기초적 존재론', '실존론적 분석론', '현존재 분석론'의 입장을 지양하고 존재 자체의 말걸음에 직접 귀기울이고자 하는 『존재와 시간』 이후에는 해석학이 더이상 거론되지 않는다.

바로 이 해석학적 입장의 포기에서부터 후기의 현상학은 '사유'(Denken)라는 형태로 변모해 간다고 우리는 보는데, 이로 해서 (그리고 특히 그 사태내용의 미묘한 차이도 있고 해서) 전기의 현상학과 후기의 현상학이 갖는 내적 차이가 지적될 수도 있다. 단 우리는 그 미묘한 차이에도 불구하고, 사태 자체에 의거해서 그것을 밝히고자 하는 현상학의 본질적 정신은 변함이 없다고 하는, 즉 현상학적으로 보는 것의 본질적 원리를 견지하고, '현상학의 원리를 사태에 더한층 적절한 형태로 고지'(Vw 399쪽)하고, '본래의 현상학을 보존한다'(SD 48쪽)고 하는, 그래서 그 자신의 방식은 후기에서도 여전히 현상학적이라고 하는 하이데거의 말을 이의 없이 수긍한다.

⑦ 현상학이 어떤 '입장'이나 '경향'이 결코 아니라는 것을 그

33) '해석학'이라는 용어 자체는 1923년 여름경부터 사용되고 있다. 이 해의 강의 『존재론』의 부재가 '현사실성의 해석학'(Hermenenutik der Faktizität)으로 되어 있다.

는 강조한다. 그리고 그 본질적인 점은 철학적인 방향으로서 현실화된다는 데 있지도 않다. 즉 현상학이 여러 철학적 경향 또는 방향 중의 하나로서 현실적인 세력을 획득하는 일 같은 것은 그로서는 중요하지 않다는 것이다. 그러한 것으로서의 현상학은 가변적이고, 또 실제로 그 자신 후년에 그러한 경향으로서의 현상학의 시대는 '지나갔다'(SD 90쪽)고 선언한다. 중요한 것은 현상학을 현실성보다도 '고차의 가능성'(Möglichkeit))으로서, 특히 현존재(인간) 자신의 실존에 속한 '가능성'(Pr 104쪽)으로서 이해하여야 한다는 것이다.

⑧ 이 가능성의 구체적 내용은 현상학이 결국 하나의 '방법'(Methode)이라는 것이다. 이는 그것이 철학적 탐구의 대상들이 내용상 '무엇'인지를 성격지우는 것이 아니라, 철학적 탐구의 '어떻게'(Wie)를 성격지우는 것이며, 따라서 이것은 이론적인 전문분야들 안에 다수 있는 '기술적 조작'과도 거리가 먼 것이다.

따라서 현상학은 우선은 예컨대 신학, 생물학, 생리학, 사회학 등과 마찬가지로 '현상에 관한 학문'(Wissenschaft von den Phänomenen)을 의미하지만, 그러나 사실은 신학이나 기타의 표시법과는 다른 것으로서, 그 연구의 대상을 명기하고 있는 것도 아니며, 또 그 연구의 사태내용을 명기하고 있는 것도 아니며,[34] 오직 그리고 어디까지나, 이 학에 있어서 논해질 그것을 '어떻게' 제시하고 취급할 것인가 하는 그 '어떻게', 그 '방식'에 다름아닌 것이다.

---

34) 이렇게 그는 말하지만, 이미 보았듯이 이에 관한 논의도 실제로는 행해지고 있다. 이 말은 명칭 자체가 그것을 명기하지는 않는다는 말일 것이다.

〈하이데거 현상학의 의의〉

하이데거의 현상학이란 이상에서 살펴본 그런 특별한 의미를 지닌 것이며, 그러한 것으로서의 현상학을 하이데거 자신 철저하게 그리고 끈질기게 (구체적으로는 저 100여 권의 전집이라는 방대한 형태로) 실천했던 것이다. 즉 그는 드러나는 사태 자체를, 있는 그대로의 모습에 있어서, 보고, 밝히고, 말함으로써, 다들 더불어 함께 그것에로 향하고자 하였던 것이었고, 그리고 오직 그것뿐이었던 것이다. 그것이 현상학의 핵심이요 전부인 것이다.

그런 의미에서 하이데거는 지금도 현상학의 깃발을 높이 쳐들고 이렇게 우리에게 호소하고 있다: “친애하는 벗이여, 우리가 무언가를 매일같이 보고 있으면서도 그것이 무엇을 의미하는지 결코 묻지 않는다는 것, 그것은 칭찬할 일이 아니다”(HH 21쪽).

2) 해석학

하이데거 철학의 방법론으로서 간과할 수 없는 또 하나의 측면이 ‘해석학’이다. 이 해석학도, 현상학의 경우와 마찬가지로, 하이데거에 의해 창시된 것은 물론 아니다. 그는 이 명칭을 전통으로부터 도입한다. 그는 학창시절의 신학공부를 통해 이미 이 명칭과 그 내용을 알고 있었다.

> ‘해석학’이라는 이 명칭을 나는 신학의 연구 이래 숙지하고 있었습니다. …후에 나는 ‘해석학’이라는 명칭을 빌헬름 딜타이의 역사적 정신과학의 이론 속에서 발견했습니다만, 딜타이도 또한 해석학을 같은 원천에서 숙지하고 있었습니다. 즉 그의 신학연구, 특히 슐라이어마허 연구에서입니다(US 96쪽).

라고 그는 말한다. 그러나 하이데거는, 역시 현상학의 경우와 마찬가지로, 이 해석학 또한 자신의 용광로에서 완전히 녹여 새로운 모습으로 주조해 낸다. 그 최초의 흔적이 1922년의 아리스토텔레스 연구계획서에 나타나며, 1923년 여름학기의 강의 『존재론: 현사실성의 해석학』에서 구체적으로 전개되었고, 『존재와 시간』을 통해 확고한 것이 되었다. 『존재와 시간』 이후에는 이러한 생각이 명시적으로 내세워지는 일은 없어지지만,[35] 해석학 그 자체의 흐름 속에서는 확고한 한 부분으로 자리잡아 가다머로 대표되는 그 이후의 발전에 결정적인 영향을 끼쳐 가게 된다.

〈『존재와 시간』 서론에 나타난 해석학〉

그러면 그 내용은 어떤 것인가. 하이데거는 자신의 '현상학'을 낱말의 근원적 의미에서 '해석학'이라고 분명히 규정하고 있다. 그는 이 해석학을 모든 철학의 출발점이자 귀착점이라는 결정적인 위치에 자리매김한다. 즉 "철학은 현존재의 해석학에서 출발하는 보편적인 현상학적 존재론"이며, "현존재의 해석학은 실존의 분석론으로서, 모든 철학적 물음의 실마리의 끝을, 물음이 거기서 발단하고 거기로 되돌아가는 그곳에다 붙잡아 맨다"고 규

35) 이 때문에 일반적으로 그의 해석학을 소위 '전기'에 국한된 방법으로 보는 시각이 있다. 그 주된 이유는 그의 해석학이 어디까지나 '현존재의 해석학'으로서 현존재 분석을 주로 하는 전기의 수행에 적합한 것이었으며, 현존재 분석이라는 통로를 포기한 후기 사유에서는 더 이상 이것이 적절하지 않았기 때문이다. 그러나 현존재 분석은 포기될지라도 후기의 존재사유에서도 인간이 존재진리의 파수꾼으로서 그 기본적인 의의를 인정받고 있는 이상 해석학의 근본취지가 완전히 무효화되었다고 보아서는 안 된다.

정하고 있는 것이다.

하이데거가 해석학을 이와 같이 중시하는 까닭은 그가 이것을 '해석의 작업'으로 이해하고 있으며, 해석을 현상학적 기술의 방법적 의미로 보고,[36] 바로 이 '해석'을 통해서 그 자신의 고유한 의도인 '존재이해'가 가능해진다고 보기 때문이다. 즉 "이 해석을 통해 현존재 자신에 속하는 존재이해에 존재의 본래적 의미와 현존재에 고유한 존재의 근본구조들이 고지된다"는 것이다. 뿐만 아니라 더 나아가서는 비현존재적 존재자에 대한 모든 존재론적 연구를 위한 지평이 분명해지며, 이렇게 해서 해석학이 모든 존재론적 탐구의 가능성의 조건들을 검토한다는 의미에서의 '해석학'이 된다는 것이다.

여기서 한 가지 특기해야 할 것은 하이데거가 생각하는 '해석학'이 어디까지나 '현존재의 해석', '실존의 실존성의 분석론'이라는 근본적인 성격을 갖는다는 점이다. 하이데거의 해석학은 철저하게 현존재에 관계하는 '현존재의 해석학'이며, 이 점에 현상학에 대한 해석학의 고유성이 있다. 또한 이 점에서 그것은 근본적이라고 할 수 있다. 바로 이러한 근본적 성격으로 말미암아 그는 딜타이식의 이른바 '역사학적 정신과학의 방법론'으로서의 해석학을 단지 파생적인 것으로 규정하여 그것을 그가 생각하는 '제일차적인 의미'의 '해석학'에 편입시켜 버리는 것이다.

『존재와 시간』의 서론에서 보여지는 이상과 같은 기본적인 생각은 그러나 그가 내세우는 해석학의 중요성에 비해 결코 충분

36) 현상학적 기술의 방법적 의미가 곧 해석이라는 그의 생각은 "현상학의 로고스가 헤르메네우에인(해석하다)의 성격을 가진다"는 그의 언급에서 잘 드러난다.

한 설명이라고 할 수는 없다. 우리는 이러한 생각의 바탕에 깔려 있는 보다 상세한 내용들을 1923년 여름학기의 강의 『존재론: 현사실성의 해석학』(GA63)을 통해서 살펴볼 수 있다.

〈『존재론: 현사실성의 해석학』에 나타난 해석학〉

이 강의에서 하이데거는 해석학이 '현사실성'이라는 주제에 대한 '취급방식'이라고 분명히 밝힌다. 구체적으로 말하면, 해석학이라는 표현은 '현사실성을 제기하는 것, 시도하는 것, 접근하는 것, 묻는 것, 설명하는 것의 통일적인 방식'을 나타낸다. 그리고 그는 해석학(헤르메네우티케)의 구체적인 의미를 그리스어 헤르메네우에인, 헤르메네이아, 헤르메네우스의 형성물로서 생각하고 있음을 알려 준다. 하이데거는 이 말들의 어원이 불분명하다는 점을 인정하면서도, 그것이 신들의 '사자(使者)'인 헤르메스신의 이름과 관련되어 있다는 것을 언급함으로써 그가 생각하는 근원적인 의미의 방향을 암시한다. 이러한 기본방향은 플라톤에서 딜타이에 이르는 해석 내지 해석학 개념의 전개에 대한 그의 간략한 정리를 통해서 조금씩 구체적으로 드러난다. 이 정리 자체가 이미 그의 고유한 관심을 반영하는 것이므로, 그것을 개관할 필요가 있다.

먼저 그는 플라톤의 경우, '헤르메네우스(해석자: 대변자)'는 어떤 타자가 '의미하는' 바를 어떤 누군가에게 전달하고 알려 주는 자 내지는 그러한 전달, 고지를 그들 쪽에서 중계하고 추수행하는 자"라는 점을 지적한다. 그리고 이 때의 '알려줌'이란 코이논(일반적인 것)과 다른 것의 차이를 명백히 해 줌이라고 설명한다. 그것은 이론적 파악이 아니라 의지, 바람과 같은 것, 존재, 실존이다. 따라서 해석학이란 존재자의 존재가 나에게 있어 무엇인지를 알려 주는 것이다.

둘째로 그는 아리스토텔레스의 경우, '헤르메네이아(해석)'가, 단순히 디알렉토스 즉 사교적인 비평을 대표하며, 이것은 단지 델룬(δηλοῦν)을 배려하는 로고스의 사실적인 수행방식이라는 점을 언급한다. 또한 그의 『해석론』에 관하여, 그것이 '로고스에 관해 다루고 있다는 것, 즉 존재자를 드러내고 존재자에 친숙하게 해 주는 근본역량이라는 점에서 로고스를 다루고 있다고 정리한다. 하이데거는 '말한다는 것'(Rede)의 능력을, 무언가를 열려진 채 거기 있는 것으로서, 현실적으로 존재하고 있는 것으로서, 접근가능하게 만드는 것이라고 단정한다. 그리고 그러한 것으로서 로고스는 알레테우에인(은폐된 것, 은닉된 것을 은폐되어 있지 않은 것, 열려져 거기 있는 것으로서 다룰 수 있게 하는 것)이라고 하는 탁월한 작용가능성을 갖는다고 덧붙인다. 그리고 바로 이 점에 대해 다루고 있기 때문에 '해석론'이라는 명칭이 정당하다고 그는 평가한다.

셋째로 그는 필론의 경우를 예로 들며, '헤르메네우스'가 '알려 주는 자(고지자)'라는 의미이며, '헤르메네이아스'의 뜻이 '번역', '해석'이라는 것, 그리고 여기서 번역이란 낯선 언어로 주어진 것을 자신의 언어로 접근가능하게 하는 것이라고 설명한다. 또한 기독교에 있어서는 '헤르메네이아스'가 '코멘타르(주해)'와 같은 것을 의미한다는 것도 지적한다. 그리고 여기에서 '주석' 내지 '해석'이란 어떤 저술에서 고유하게 의미되어 있는 것에 따라가는 것, 그렇게 해서 의미된 것을 접근가능하게 만드는 것, 그것으로 향해 가는 것을 도와주는 것이라고 그는 설명한다.

넷째로 그는 아우구스티누스를 예로 들며, 그가 위대한 양식의 첫 번째 '해석학'을 부여했다고 평가한다. 그것은 아우구스티누스가 어떠한 장치로 인간은 저작의 투명하지 못한 부분의 해석에 임해 들어가야 할 것인가 하는 문제와 관련해서 제시하고 있는 몇 가지 대답들을 하이데거가 높이 평가하기 때문이다. 아우구스티누스가 제시하는 장치들은 이런 것이다. 즉 신에 대한 두려움을 갖고서, 고독한 염려 속에서, 신의 의지의 저작[성서] 속에서 추구한다는 것, 한갓 말싸움의 즐거움과 무관한 그런 경건성 속에서 도야되어야 한다는 것, 숙지되지 않은 말들과 이야기방식과 무관한 그런 언어능력으로 채비해야 한다는 것, 진리내용에 의해 뒷받침되어 어떤 자연대상들과 사건들에 대한 증명능력을 오해하지 않도록 해명되어 있는 그것들의 지식으로 이해해야 한다는 것, 이런 것들이 말하자면 아우구스티누스가 제시하는 해석의 장치인 것이다.

다섯째로 그는 17세기에 들어 해석학이 이제 더이상 해석 자체가 아니라 '해석의 조건들, 대상, 수단들, 전달 및 실천적 적용에 관한 학설'이 되었다고 파악한다. 그 증거로 하이데거는 '헤르메네우티카 사크라'를 비롯한 당시의 몇 가지 명칭들을 예로 들고 있다.

여섯째로 그는 슐라이어마허가, 타자가 말한 것에 대한 '이해의 기술(기술론)'로 한정된 포괄적이고 생동적인 해석학의 이념을 갖게 되었으며, 그것을 문법학 및 수사학과 더불어 하나의 학과목으로서 변증론과의 연관 속에 편입시켰다고 정리한다. 그런데 하이데거의 생각으로는, 이것은 하나의 '형식적'인 '방법론'이며, (낯선 이야기 일반에 대한 이해의 이론 내지 기술론인) '일반적

해석학'으로서 특수한 이론적, 언어학적 해석학들을 포괄한다.

마지막으로 그는 딜타이가 '이해의 규칙부여'(기념비적 저작에 관한 해석의 기술론)라고 하는 슐라이어마허의 해석학 개념을 그대로 넘겨받았다고 평한다. 그러나 그는 이해 그 자체의 분석을 통해 해석학의 기초를 다졌으며, 정신과학의 발전을 위한 자신의 연구의 연관에서도 또한 해석학의 발전을 추구했다고 하이데거는 평가한다.

바로 이 점이 딜타이의 숙명적인 한계라고 하이데거는 지적한다. 즉 딜타이는 언제나 오직 해석학적 정신과학의 방법론에 대한 경향을 가지고서만 주제적으로 해석학을 추구했으며, 그런 한에서 고유한 해석학의 발전에 있어서 결정적인 의미를 지닌 교부학과 루터가 그에게는 은폐된 채로 있었다는 것이다.

이상이 전통적인 해석학에 대한 하이데거의 대략적인 개관이다. 하이데거는 주로 딜타이의 책 『해석학의 성립』에 의거해서 이 전통들을 이해하고 있으면서도 딜타이식 정신과학의 방법론이라는 해석학의 이념을 그대로 추종하지는 않는다. 이미 보았듯이 그는 이 해석학을 보다 근원적인 문제의식에서 바라보고 있기 때문이다. 이제 그 고유한 내용을 주로 『존재론: 현사실성의 해석학』에 의거하면서 살펴보기로 하자.

해석학 개념을 중점적으로 개진하는 제3절의 제목에서 명백히 밝히고 있듯이 하이데거는 해석학을 '현사실성의 자기해석'(Selbstauslegung der Faktizität)이라고 규정한다. 쉽게 말해, 이는 곧 '인간이 인간을 해석한다'는 뜻이다. 이것은 그가 이미 해석학을 '근대적 의미에서' 그리고 '해석에 관한 학설로서' 생각하지 않고, '근원적인 의미'와 결부시켜 생각하고 있음을 알려 준다. 그에게 있어서 해석학은 헤르메네우에인(전달)이라는 수행의 한 특정한 통일성 즉 만남, 주시, 파악 그리고 개념파악을 성취시키는 현사실성의 해석 그 자체를 의미하는 것이다. 전통적 개념이 여기서 어느 정도 살려지고 있음을 우리는 볼 수가 있다. 그는 해석학이라는 이 명칭이 현사실성을 철저히 탐구함에 있어 유효한 몇 가지 계기들을 암시적으로 강조하고 있기 때문에 선택되었다고 털어놓는다. 그가 주목하고 있는 것은, 해석학의 대상 자체(현사실성 즉 인간의 존재)가 '해석할 줄 알며 해석을 필요로 하는' 존재를 가지며, '어떻게든 피해석성 속에 존재한다'고 하는 것이 그 존재에 속해 있다고 하는 점이다. 해석학은 바로 이러한 것임을 내세우는 접근방식이라고 그는 밝힌다. 따라서 '해석학의 과제'는 다음과 같이 설정된다. 즉 각각의 고유한 현존재를 그 존재성격에 있어서 이 현존재 자신에게 접근가능하게 만드는 것, 전달하는 것, 자기소외 즉 현존재가 떠안고 있는 자기소외를 추구하는 것이다. 따라서 해석학에 있어서는 '현존재가 그 스스로 이해적이 되고 또 이해적으로 존재한다고 하는 하나의 가능성'이 현존재에게 형성되는 것이다. 해석학을 현사실성의 자기이해라고 하는 까닭이 여기에 있다. 우리는 여러 가지 관점에서 하이데거의 해석학을 살펴볼 수 있겠지만 무엇보다도 이 '이해'(Verstehen)라고 하는 점이 하이데거 해석학의 지표라고 하는 것은 분명히 기억해야 한다.

'이해'는 '해석' 속에서 생겨난다. 이것은 '타자의 삶에 대한 인식적 태도'라고 하는 딜타이의 이해개념과 전혀 비교될 수 없는 것이라고 하이데거는 주의한다. 이것은 또한 '무엇무엇에 대한 태도설정(즉 지향성)'이라고 하는 후설의 이해개념과도 다르다.

하이데거가 말하고자 하는 '이해'는 '현존재 자신의 어떻게'(Wie), '현존재의 자기 자신에 대한 깨어-있음'(Wachsein)을 의미한다. 깨어-있음은 하나의 근원적인 자기해석 속에서 생생하게 살아 있다는 것을 뜻한다. 이 '깨어-있음'에 있어서 현존재가 자기 자신과 만난다. 즉 자기해석이란 현존재가 자기 자신을 만나는 한 결정적인 가능성과 방식이라는 말이다. 이런 점에서 깨어-있음은 '철학적'이다. 따라서 그의 해석학은 '기술적으로 꾸며낸, 그리고 현존재에게 강요된 호기심 어린 분석의 방식'이 결코 아닌 것이다. 또한 그것은 '지식획득을 달성'하고자 하는 것도 아니다. 그것은 어디까지나 '실존적인 인식, 즉 하나의 존재'를 획득하고자 하는 것이다. 해석학은 그것이 성숙시켜야 할 현사실성에 대한 깨어-있음으로서 '거기에' 있지 않는 한, 중요하지 않다고까지 그는 말한다.

그러면 해석이란 어떤 것인가. 그것은 그 대상인 현사실성과 근본적으로 연관되어 있다. 즉 현사실성이 어떤 점에서 그리고 언제 시도된 해석과 같은 것을 요구하는가 하는 것은 현사실성 자체로부터 야기되어야 한다는 것이다. 해석은 결코 임의로 이루어지는 것이 아니다. 이러한 생각의 바탕에는 해석 자체가 현사실성의 존재성격의 한 가능하고 특출난 '어떻게'이며 현사실적 삶 자체의 존재에 관한 것이라고 하는 기본 인식이 깔려 있다. 그렇기 때문에 하이데거는 해석학과 현사실성 양자의 관계가 단순히 '대상파악과 파악된 대상'의 관계가 아니며, 대상에 파악이 일방적으로 자신을 맞추어야 하는 관계가 아니라고 주의한다. 현사실성이 해석학의 대상이라고 말할 경우, 해석학은 그것의 고유한 대상 속에서 스스로 만나지게 된다고 하는 그런 관계로 하이데거는 이 양자를 설명한다.

이러한 것인 한 하이데거의 해석학은 그 주제 또는 대상인 현사실성 그 자체를 충분히 고려하고 그것과의 근본적인 연관하에서 살펴보아야만 제대로 이해될 수 있다. 그러나 그 점을 너무 상론하다 보면 존재이해의 방법론이라고 하는 목하의 과제가 희석될 우려가 있으므로 그 자세한 내용은 본론으로 잠시 미루어 두기로 한다. 다만 몇 가지, 하이데거의 해석학을 이해하기 위해 반드시 필요한 구체적인 논점들을 정리해 둘 필요는 있다. 이하 『존재와 시간』 제5장(주로 제31절, 제32절)에 준거하면서 그 논점들을 살펴보기로 한다.

〈해석학의 논점들〉

우선 무엇보다도 중심적인 것은 위에서 이미 해석학의 지표라고 밝혀진 '이해'(Verstehen)가 어떤 것인가 하는 것이다. 그에 따르면 '이해'는 '심정성'(Befindlichkeit), '이야기'(Rede)와 더불어 현존재의 근본틀인 '세계-내-존재'를 이루는 '근원적인 구성적 방식'이며, '기초적 실존범주', '현존재의 존재의 근본양태'로서, 현존재의 존재를 '구성하고 있는' 하나의 '제1차적인', '계기'라고 설명된다. 따라서 예컨대 '설명'과 같은 다른 인식양식들과 더불어 함께 있을 수 있는 '하나의 가능한 인식양식'이라고 하는 딜타이식 '이해'는 실존론적 파생태로 치부된다.

이해는 '개시'(열어 밝힘 Erschließen) 또는 '개시성'(열어 밝혀져 있음 Erschlossenheit)으로서, '현존재가 그것 때문에 존재하는 바 궁극목적'(Worumwillen)과 거기에 근거를 두는 '유의미성'(Bedeutsamkeit)의 개시성이며, '전체적인 세계-내-존재'에도 등근원적으로 관련한다.

이는 곧 현존재가 세계-내-존재로서 세계-내-존재 자체에 관여하는 그런 존재자라는 것을 뜻한다.

다음 논점은, 이해가 '개시적 존재가능'(erschließendes Seinkönnen)으로서 실존범주로서의 '가능성'을 보기 위한 현상적 지반을 제공한다는 것이다. 하이데거는 '이해한다'는 것을 '무엇을 할 수 있다'는 뜻으로 풀이한다. 일반적으로도 이해(Verstehen)라는 말은 무언가를 잘 보기 위해 또는 지배하기 위해 그것의 주위에(ver-) 선다(stehen)는 어원적인 뜻을 지니고 있다. 즉 이 말은 단순히 관념적으로 납득한다는 것이 아니라 실제로 문제의 현장에 선다고 하는 실천적인 의미를 지니는 것이다. 실제로도 예컨대 컴퓨터를 이해한다는 것은 그것을 작동시켜 문서를 작성한다든지 전자우편을 주고받는 일이 가능하다는 것을 뜻한다. 하이데거도 이런 수행가능성에서부터 이해라는 것을 해명한다. 단 여기서 '할 수 있는 것'은 '대상적인 어떤 것'이 아니라 '실존함으로서의 존재'이다. 즉 '이해' 속에 '존재-가능'이라고 하는 현존재의 존재양식이 가로놓여 있다는 것이다. 현존재의 '존재가능'(Seinkönnen)이란 현존재가 일차적으로 '가능존재'(Möglichsein)라는 것을 말한다. 가능존재란 현존재의 '가장 근원적이고 최종적이며 적극적인 존재론적 규정성'으로서 현존재가 그때마다 자신이 존재할 수 있는 그것이고 자신의 가능성대로의 그것이라는 것을 말한다. 이 본질적인 가능존재는 "세계'에 대한 배려', '타자에 대한 고려' 그리고 '자기를 궁극목적으로 하는 자기 자신에 대한 존재가능'에 관계한다. 이해란 바로 이러한 현존재의 존재가능이 무엇에 연관되는지를 '안다'는 것이다. 그러나 이 '앎' 자체가 또한 절대적인 것이 아니라 '가능적'인 것이다. 즉 현존재는 자신이 이렇게 또는 저렇게 존재함을 그때마다 이해하고 있거나 이해하지 않고 있거나 하는 방식으로 존재한다. 그렇기 때문에 이해 자체가 또한 하나의 존재가능'인 것이다. 이해란 이렇게 자기 자신의 존재가 무엇에 연관되는지를 자기 자신에게 개시하는, '현존재 자신의 고유한 존재가능의 실존론적 존재'이다.

다음 논점은, 이해가 '기투'(Entwurf)라는 실존론적 구조를 가지고 있다는 것이다. 기투란 일반적으로 말하는 '청사진'이나 '계획' 등을 의미하지 않는다. 하이데거가 말하는 기투는 '현사실적 존재가능의 활동공간이라는 실존론적 존재틀', 현존재의 '존재양식'이다. 즉 현존재는 그때마다 이미 자기를 기투하였고, 기투하면서 존재한다는 것이다. 기투는 던짐으로써 가능성을 가능성으로서 자기에게 선취하고 가능성으로서 있게 하는 것이다. 그러니까 다름아닌 자기 자신의 가능성 속으로 자기 자신을 내던진다고 하는 것이 기투의 가장 두드러진 특징인 것이다. 이러한 생각의 근저에는 현존재 즉 인간이 본질적으로 '가능존재'라고 하는 근본통찰이 가로놓여 있다. '현존재의 현실성에는 본질적으로 존재가능이 속한다'든지 '존재하는 바의 너가 되라'는 문구를 그가 원용하는 것도 이런 근본통찰을 기초로 한 것이다. 단 이러한 기투는 현존재가 자기의 존재를 정비하기 위해 고안해 낸 어떤 계획에 따라 태도를 취하는 것과는 전혀 무관하며, 오히려 '피투된 기투'라고 하는 점을 유념해야 한다. 바로 이 기투라는 성격을 근거로 해서 이해는 자신 속에서 개시가능한 것의 모든 본질적 차원들에 따라 가능성 속으로 내닫는 것이다. 이러한 기투로서 이해는 현존재가 자신의 가능성으로서의 가능성인바 현존재의 존재양식이다.

그런데 기투는 언제나 세계-내-존재의 완전한 개시성에 관계하며, 또 그런 기투에 근거하는 이해는 존재가능 자체이므로, 이해는 이해 속에서 본질적으로 개시될 수 있는 것의 범위에 의해 미리 밑그림 그려진 여러 가능성을 갖고 있다. 즉 이해는 '세계'에 입각한 것일 수도 있고, '현존재 자신'에 입각한 것일 수도 있다. 따라서 이해는 현존재의 존재를 '현존재의 궁극목적'과 '유의미성'을 향해 근원적으로 기투한다. 또한 이해는 '본래적 이해'일 수도 있고, '비본래적 이해'일 수도 있다. 그리고 이 본래적 이해와 비본래적 이해는 다같이 '진정한' 것일 수도 있고, '진정하지 않은' 것일 수도 있다. 이런 식으로 이해는 '존재가능'으로서 철두철미 '가능성'으로 일관되어 있다.

다음으로 하이데거는 이해가 현존재의 '봄'(Sicht)을 구성한다고 덧붙인다. 봄은 물론 육안으로 지각한다는 뜻이 아니라, 현존재의 개시성을 특징짓는 '밝혀져 있음'과 일치하는 것이다. 이해한다는 것이 곧 본다는 것이다. 이 봄은 도구에 대해서도, 타자에 대해서도, 그리고 자기 자신의 실존에 대해서도 등근원적으로 관계한다. 도구에 관계되는 봄이 '둘러봄'(Umsicht)이고, 타자에 관계되는 봄이 '돌봄'(Rücksicht)이며, 자신의 실존에 관계되는 봄이 '꿰뚫어봄'(Durchsicht)이라고 하이데거는 각각 이름짓는다. 무릇 봄은 그 봄에 접근하는 존재자를 그 존재자 자체에 즉해서 은폐하지 않고 만나게 한다. 이것이 봄의 근본적인 의의이다. 본다는 것은 그러니까 존재자 및 존재에 이르는 각각의 통로를 통로일반으로서 성격짓는 보편적 술어인 셈이다. 이렇게 해서 우리는 현존재가 '존재이해'를 가지고 있다는 하이데거의 기본전제를 충실히 이해할 수 있게 된다.

이상과 같은 논의들을 바탕으로 하여 하이데거는 '해석'(Auslegung)으로 논의를 옮겨간다. 이 '해석'이 하이데거의 해석학에서 중요한 의의를 지니고 있다는 것은 말할 것도 없다. 그런데 하이데거가 말하는 해석이 단순한 텍스트 해석이 아님은 물론이다. 그는 '이해의 완성'(Ausarbeitung)을 '해석'이라고 부른다. 해석은 이해된 것의 인지가 아니고, 이해에서 기투된 가능성들을 완수하는 것을 가리킨다. 이는 마치 필름에 이미 찍혀 있는 잠상이 현상과 인화의 과정을 거쳐 완성된 영상으로 나타나는 것과도 유사하다. 해석(Auslegen)이라는 말 자체가 안에서 밖으로(aus) 끄집어 내어 놓는다(legen)는 의미를 이미 지니고 있는 것이다. 따라서 한 가지 주의할 것은 이해와 해석이 전혀 다른 별개의 것이 아니라는 것이다. 어디까지나 이해를 완수하는 것이 해석이므로, '해석의 근거'가 곧 이해인 셈이다. 따라서 일반적으로 생각되고 있듯이 해석을 통해 이해가 성립되는 게 아니다. 그렇기 때문에 그는 '이해는 해석에 있어서 자기가 이해한 것을 이해하면서 자기 것으로 한다', '해석에 있어서 이해는 다른 것으로 되는 게 아니라 자기 자신으로 된다'고 말한다. 해석은 어디까지나 이해의 자기완성인 것이다.

이러한 이해·해석은 도대체 무엇의 이해이며 무엇의 해석인가? 이해가 세계-내-존재 전체에 관계되는 한, 이해는 자기, 타자, 도구 이 삼자 모두에 대한 이해이지 않으면 안 된다. 그러나 하이데거는 우선 '세계의 이해'에 관해서만 논의를 전개한다.

여기서 하이데거는 이해의 '으로서-구조'(Als-struktur)를 지적한다. '으로서'란 해석에 있어, 도구적 존재자가 이해의 '봄' 속에 들어와, 그것이 무엇을 위한 것인가 하는 것이 '명백히' 이해된다고 하는 것, 즉 '어떤 것으로서의 어떤 것'이라는 형태로 '이해'된다는 것이다. 이러한 '으로서'가 이해의 명료성의 구조를 형성하고 해석을 구성한다. 해석이 이러한 '으로서-구조'를 지니고 있기 때문에, 배시적으로-해석하면서 환경세계의 도구적 존재자와 만나는 교섭은 그 도구적 존재자를 책상, 문, 차, 다리'로서' '보'게 되는 것이다. 단 주의해야 할 것은, 어떤 것을 어떤 것으로서 명백히 이해한다고 하는 이 해석이 발가벗은 사물적 존재자 위에 어떤 '의의'를 던져서 거기에 어떤 가치를 덧붙이는 것은 절대 아니라는 것이다. 해석에 있어서는 사물적 존재자가 세계내부적 존재자와 함께 그때마다 이미 가지고 있는 적재성(세계이해 속에서 개시된 적재성) 즉 그것이 무엇을 위한 것이냐 하는 것이 밝혀지는 것이다. 그리고 또 한 가지 주의해야 할 것은, 이 '으로서'라고 하는 것이 '주제적 진술' 속에서 비로소 떠오르는 것이 아니라, 그러한 주제적 진술 '이전'의 것이라고 하는 것이다. 즉 우리가 어떤 꽃을 두고 '이건 꽃이야'라고 명시적으로 말하기 이전에 이미 그것이 꽃이라는 것을 이해하고 있듯이, 말이 그것을 처음으로 결정짓는 것은 아닌 것이다.

그리고 하이데거는 '어떤 것을 어떤 것으로서' 해석하는 것이 본질적으로 예지(Vorhabe), 예시(Vorsicht), 예파(Vorgriff)라고 하는 '예-구조'(Vor-struktur)를 기저로 삼고 있다는 것을 지적해 보여준다. 이해에 고유한 이러한 아프리오리한 구조를 그는 '해석학적 상황'(hermeneutische Situation)이라고 부른다. 간단히 말하자면 이는 우리가 어떤 용재자[도구적 존재자]를 해석할 때 우리가 그 용재자가 소용되는 적재 전체성을 미리 가지고 있으며(예지), 다음에 해석할 관점을 정하고(예시), 그것을 개념적으로 파악한다(예파)는 것을 가리킨다. 명제로 언표되기 이전의 이런 과정이 곧 해석학적 상황인 것이다. 이러한 '예-구조'의 근본적인 의의는 해석이 앞에 주어진 것을 무전제적으로 포착하는 것이 결코 아니라는 것, 다시 말해, 해석을 구체적으로 수행할 때, 예컨대 논의를 거치지 않은 해석자의 '선입견'이 해석일반과 함께 '이미 설정된 것'으로서 즉 '예지, 예시, 예파에 미리 주어진 것'으로서, 모든 해석의 단초에 불가피하게 놓여 있다고 하는 것이다. 예지(Vorhabe)란 우리가 어떤 도구적 존재자를 이해할 때, 그것이 무엇을 위한 것인가 하는 적재 전제성을 주제적 해석을 통해 명시적으로 포착하기 전에 뚜렷하지 않은 양상에 있어서 이미 이해하고 있다는 것을 말한다. 다시 말해, 이미 이해된 적재 전체성을 이해하고 있으면서, 이해내용을 내 것으로 하는 것[가리움을 벗기는 것], 이것이 곧 예지인 것이다. 예컨대 우리는 벽에다 못을 박기 위해 도구통을 열었을 때 너무나도 당연히 망치를 집어 든다. 망치 대신 숟가락이나 연필을 집어 드는 일은 없다. 그것은 망치가 못을 박기 위한 도구라고 하는 이해를 우리가 이미 지니고 있음을 여실히 보여 준다. 이것이 바로 예지인 것이다. 그리고 예시(Vorsicht)란 우리가 어떤 것을 어떤 것으로서 해석할 때에 예지에서 받아들여진 것을 특정한 해석가능성을 겨냥해서 '눈여겨 둔다'고 하는 것, 즉 해석이 어떤 관점의 주도하에 수행된다는 것을 미리 보는 것을 말한다. 예컨대 우리가 어떤 망치를 보고 '아 망치구나' 하고 그것을 집어 들었을 때 그것은 지금 당장 못을 박기 위해서일 수도 있고, 상품으로 팔기 위해서일 수도 있고, 여행의 기념으로 또는 선물로서 사기 위해서일 수도 있다. 그 때 우리는 이 망치를 도구로서 상품으로서 또는 선물로서 라고 하는 시점을 가지고 이미 바라보는 것이다. 이러한 것이 다름 아닌 예시이다. 그리고 예파(Vorgriff)란 우리가 어떤 것을 해석할 때, 해석되어야 할 존재자에 속하는 개념성을 이 존재자 자신으로부터 이끌어 내든 혹은 그 존재양식으로 보아 대립되는 개념 속으로 존재자를 억지로 끌어넣든, 아무튼 그때마다 이미 어떤 일정한 개념성에 대해 결정한다고 하는 것을 말한다. 예컨대 내가 못을 박기 위해 딸아이에게 '미안하지만 망치 좀 갖다 줄래?' 하고 부탁했을 때 그 아이가 펜치가 아닌 망치를 제대로 갖다 주었다고 하면 그 망치를 골라잡는 순간 딸아이는 '아 이것이 망치다', '이 펜치는 망치가 아니다', '망치란 이러이러한 것이다'라고 하는 것을 이미 파악하고 있는 것이다. 바로 이러한 이해를 예파라고 하는 것이다. 이와 같은 형태로 해석은 예지, 예시, 예파에 의해 본질적으로 기초지워져 있다고 하는 '예-구조'를 갖고 있는 것이다.

그리고 하이데거는 세계내부적 존재자가 이해될 때, '의미'(Sinn)를 갖게 된다고 지적한다. '의미'란 무엇인가. 하이데거는 이것을 어떤 것의 이해가능성이 그 속에 간직되어 있는 그것, 이해하면서 개시하는 가운데 분절가능한 것, 예지, 예시, 예파의 구조를 가진 기투의 기반, 이해에 속하는 개시성의 형식적-실존론적 받침대라고 설명한다. 요컨대 이해에 있어서 개시될 내용적 기반이 곧 의미인 셈이다. 예를 들어 우리가 선풍기를 선풍기로서 이해하고 그것을 사용할 때 그것의 의미는 더위를 식혀 주는 시원함이라는 것이다. 여기서 한 가지 각별히 주의할 것은, 이 의미라는 것이 '현존재의 실존범주'라는 것, 의미를 '갖는' 것은 오직 현존재뿐이라는 것, 따라서 오직 현존재만이 유의미하거나 무의미할 수 있다는 것이다. 그러니까 어떤 존재자가 고유한 성질로서 어떤 의미를 갖는 것은 아닌 것이다. 만일 이 세상에 현존재가 전혀 존재하지 않더라도 사물적 존재자는 있을 수 있을 것이다. 그러나 그 경우 의미라고 하는 것은 원천적으로 있을 수 없다. 의미는 현존재에 있어서만 발견되는 현상이기 때문이다. 선풍기 자체에 시원함이 있는 것은 아니다. 시원한 것은 어디까지나 현존재인 것이다. 이와 같이 하이데거는 '의미'의 개념에 대해 원칙적으로 존재론적-실존론적 해석을 견지하고 있기 때문에, 비현존재적 존재양식을 가진 모든 존재자는 무의미한 것, 의미 일반을 본질적으로 결여한 것으로서 파악되지 않으면 안 된다고 말한다. 물론 '무의미'란 여기에서는 어떤 평가를 뜻하는 게 아니라, '한 존재론적 규정'을 표현한다. 그리고 무의미한 것만이 반의미[불합리]할 수 있다. 그렇다고 해서 의미가 존재자와 완전히 무관하게 현존재의 자의에 의해 만들어 내어지는 것은 절대 아니다. 세계-내-존재의 개시성이, 이 개시성에서 발견될 수 있는 존재자를 통해 '채워질 수 있는' 한에서, 현존재는 의미를 갖는 것이다. 의미에 관한 이러한 견해는 하이데거 본연의 과제인 '존재의 의미의 이해'에도 그대로 적용된다. 즉 우리가 존재의 의미에 대해서 물을 때, '그 연구는 의미심장하지도 않고 존재의 배후에 있는 것을 생각해 내지도 않으며, 존재자가 현존재의 이해가능성 속에 들어오는 한에서 그 존재 자체에 대해 묻는 것이다. 즉 존재의 의미란 존재의 배후에 숨어 있는 제3의 어떤 것이 아니다. 존재자의 '근거' 즉 존재는 곧 의미로서만 접근될 수 있다. 그렇기 때문에 '존재의 의미'는 존재자나 존재자를 짊어지고 있는 '근거'로서의 '존재'에 대립되는 것이 아니다.

그리고 하이데거는 해석에 있어서의 '순환'(Zirkel)의 문제를 제기한다. 즉 순환이라는 현상이 현존재의 실존론적 틀에, 즉 해석하면서 이해한다는 데에 뿌리박고 있다는 것이다. 이것은 모든 해석은 앞에서 말한 예-구조 안에서 움직이고 있다는 것에 기초하고 있다. 이것은 무슨 뜻인가. 모든 해석은 이해내용에 기여해야 하므로, 해석되어야 할 것을 이미 이해하고 있어야 한다는 것, 해석이 매양 이미 이해된 것 안에서 활동하고, 그 이해된 것을 자양(滋養)으로 해서 자라야 한다는 것, 다시 말해, 해석에 있어서는 결과로서 얻어져야 할 것이 이미 전제되어 있다는 것이다. 이러한 순환 속을 움직이지 않고는 해석이 학문적 성과를 성숙시킬 수 없다고 하는 것이 하이데거의 통찰이다. 물론 일반적으로는, 특히 논리학에 따르면, 순환은 '순환논증'으로서 회피되어야 할 '오류'로 치부된다. 그러나 하이데거는 해석에 있어서의 이 순환을 결코 부정적인 것으로 보지 않고 오히려 적극적으로 평가한다. "순환 속에서 어떤 vitiosum(오류)을 보거나 그것을 회피할 방도를 기대한다면, 아니 그것을 불가피한 불완전성으로서 '느끼는 것'만으로도, 이해를 근본적으로 오해하는 것이다", "결정적인 것은 순환에서 빠져 나오는 것이 아니라, 올바른 방식으로 그 속으로 들어가는 것이다. 이해의 이 순환은, 그 속에서 임의의 인식양식이 활동하고 있는 하나의 원환이 아니라, 현존재 자신의 실존론적 예-구조의 표현이다. 순환은 vitiosum(오류)으로, 그것이 참아 낼 수 있는 오류라 하더라도, 폄하되어서는 안 된다. 순환 속에는 가장 근원적 인식의 한 적극적 가능성이 감추어져 있다".

그런데 하이데거는 이 순환의 문제를 이미 『존재와 시간』의

제2절에서도 논의하고 있다. 그에 따르면, 우리가 존재물음을 규명할 때에, 우리가 언제나 이미 어떤 존재이해 속에서 움직이고 있다는 사실에 주목한다. 다시 말해, 우리는 '존재'가 무엇을 의미하는지 [명시적으로] 알지는 못하지만, '존재란 무엇인가'라고 물을 때, 우리는 그 '있다'가 무엇을 의미하는지 개념적으로는 파악하지 못하더라도 이미 그 '있다'를 이해하고 있다는 것이다. 이것을 그는 '평균적이고 막연한 존재이해'(Das durchschnittliche und vage Seinsverständnis)라고 규정한다. 이것은 하나의 '현사실'이다. 바로 이러한 평균적 존재이해로부터 존재의 의미에 대한 명시적 물음과 그것을 개념화하려는 의도가 생긴다. 이러한 물음의 구조 자체가 하나의 순환이 아닌가 하고 하이데거는 스스로 의문을 제기한다. 즉 물음에 대한 대답을 통해 먼저 밝혀져야 할 것이 그 물음의 수행에 이미 '전제'되어 있지 않은가 하는 것이다. 형식적으로 보자면 이것은 명백한 하나의 순환논증이다. 그러나 여기에 순환은 없다고 그는 몇 차례에 걸쳐 단호하게 말한다. 왜냐하면 '불완전하고 막연한' 이 존재이해의 '무규정성'이 그 자체로 해명을 필요로 하는 하나의 적극적 현상이라고 그는 보고 있기 때문이다. 존재에 대한 물음에서 탐구되는 것은 비록 당장은 완전히 파악된 것이 아니라 하더라도 전혀 무지한 상태로 있는 것은 아니라고 하는 것, 이것이 곧 존재물음이 개시되는 근본적 상황이기도 한 것이다. 이러한 상황 즉 '현존재 자체에 속해 있는 어떤 본질상의 존재경향', '선존재론적인 존재이해'를 적극적으로 살려 그 막연한 존재이해(선이해)를 '철저화'하는 것, 이것이야말로 존재해명의 올바른 방식이라고 그는 생각하는 것이다. 그의 해석학의 참뜻은 바로 이 점에 있다.

3) 현존재의 실존론적 분석론

다음으로 주목해야 할 것은 하이데거가 존재해명에 이르기 위한 구체적인 '통로'로서 제시하고 있는 '현존재 분석론'(Daseins-analytik)이다. 이것은 어떠한 것인가. 그는 왜 이러한 통로를 설정하고 있는가. 이것은 하이데거의 존재론을 제대로 이해하기 위한 필수적인 주제이므로 이하 『존재와 시간』 서론 및 제9절에 준거하면서 그 대체적인 윤곽을 그려 보기로 하자. 하이데거의 전기 철학에서 실질적으로 수행되고 있는 구체적인 내용은 바로 이 현존재 분석론이며, 따라서 이것을 이해하지 않고서는 『존재와 시간』에서 말하는 존재를 제대로 파악하는 것이 거의 불가능하다.

하이데거의 기본적인 생각에 따르면, 존재문제가 하나의 물음(Fragen)인 한, 그것에는 삼중의 구조계기가 있다. 즉 '물어지고 있는 것'(Gefragtes), '물음이 걸리는 것'(Befragtes), '물어 밝히고자 하는 것'(Erfragtes)이 그것이다. 이 때, '물어지고 있는 것'은 '존재'이며, '물음이 걸리는 것'은 '현존재'(Dasein)라고 하는 인간, 즉 '물음 그 자체를 존재가능성으로서 가지고 있는 우리들 자신'이며, '물어 밝히고자 하는 것'은 '존재의 의미'이다. 하이데거는 '현존재라고 하는 성격을 지닌 존재자'에게 '물음을 던져서', '존재'를 '묻고', 궁극적으로 그 '의미'를 '물어 밝히고자' 하는 것이다. 현존재 분석의 의의는 바로 여기에 있다.

그렇다면 존재해명을 위해 다른 수많은 존재자들을 제쳐두고 왜 하필 현존재가 채택되는가. 왜 그는 현존재 분석으로부터 존재론을 시작하는가. 이 채택은 임의의 것이 아니라, 현존재야말로 하나의 '특별한 범례적 존재자'이기 때문이다. 왜 현존재가 범례적 존재자인가. 그것은 현존재가 이미 항상 어떤 존재이해 안에서 움직이고 있다고 하는 점, 즉 '평균적이고 막연한 존재이해'를 '현사실'로서, 그리고 '본질기구'로서, 그리고 그 자신의 '존재규정성'으로서 가지고 있다고 하는 점, 더욱이 그것으로부터 존재의 의미를 명시적으로 묻는 물음과, 존재의 개념에 도달하고자 하는 경향이 생긴다고 하는 점에서 '우위'를 갖고 있기 때문이다. 보다 엄밀하게 말하자면, 그것이 세 가지의 '우위', 즉 '존재적(ontischer) 우위'와 '존재론적(ontologischer) 우위' 그리고 '제3의 우위'를 지니고 있기 때문이다. 이것은 각각 무엇을 의미하는가. 우선 현존재가 존재적 우위를 갖는다는 것은, 그것이 자신의 존재에 있어서 이 존재 자체에로 관련되어 간다고 하는 것이 문제다라고 하는 것, 그것이 자신의 존재에 있어서 이 존재에로 태도를 취하는 어떤 존재관계를 가지고 있다고 하는 것, 즉 그것이 이러저러한 태도를 취할 수가 있으며, 또한 항상 그 어떤 방식으로 태도를 취하고 있는 존재 자체 즉 '실존'(Existenz)을 갖는다고 하는 것, 따라서 결국 그것이 그때그때 이미 자신의 존재에 있어서, 이 물음에 있어서 물어지고 있는 바로 그것에로 태도를 취하고 있다고 하는 것이다. 그리고 존재론적 우위를 갖는다는 것은, 그것이 자신의 실존규정성에 기초하여 자기 자신에 즉해서 '존재론적'이라고 하는 것, 즉 '현존재가 [본래] 존재론적으로 존재하고 있다고 하는 것이다. 쉽게 말하자면 현존재는 애당초 존재가 무엇인지를 이해하고 그것을 문제삼는 자라는 점에서 특별하다는 것이다. 그리고 제3의 우위를 갖는다고 하는 것은, 현존재에게 이상의 두 가지 우위와 등근원적으로, 모든 비현존재적 존재자의 존재의 이해가 귀속한다고 하는 것인데, 이것이 곧 '모든 존재론을 가능케 하는 존재적·존재론적 조건이기도 하다. 이는 곧, 이 존재론적인 현존재의 존재이해 안에, [현존재에게 '세계-내-존재'라고 하는 것이 본질상 속하고 있는 한] '세계'의 이해와, '세계내부에서 접근가능한 존재자의 존재'의 이해가 등근원적으로 포함될 수 있기 때문에, 이 현존재의 실존론적 분석론을 통해서, 그로부터 비현존재적 존재자를 주제로 하는 제 존재론 등 기타 모든 존재론이 비로소 생겨날 수가 있다는 것이다. 현존재가 모든 존재론의 가능조건이라고 하는 바로 이 점으로 해서 현존재의 실존론적 분석론은 '기초적 존재론'(Fundamentalontologie)의 성격을 갖게 되는 것이다. 따라서 이 제3의 우위를 우리는 '기초존재론적 우위'라고 부를 수 있다.

바로 이상과 같은 이유로 말미암아, 존재문제는 현존재에 정위하게 되며, 현존재 자신에 속하고 있는 어떤 본질상의 존재경향의 철저화라고 하는 방식으로 진행되지 않으면 안 된다. 존재론이 현존재 분석에서 시작되는 까닭이 여기에 있다.

여기서 그는 '실존적'(existenziell)이라는 것과 '실존론적'(existenzial)이라는 것을 구별한다. 자신의 실존의 문제를 각자가 개인적인 차원에서 그때그때 실제로 수행해 나가는 것, 즉 지도적인 현존재 자신의 이해를 '실존적'이라고 한다. 그리고 실존의 존재론적 구조, 실존을 구성하고 있는 바로 그것의 연관, 즉 '실존성'(Existenzialität)을 해석해 나가는 것을 '실존론적'이라고 그는 말한다. 말하자면 개인적인 차원이 아니라 보편적인 전체적 연관 내지 구조에 대한 이론적인 관심·태도가 곧 실존론적인 것이다. 존재적 관심사로서의 '실존'을 위해서는 존재론적 구조가 이론적으로 통찰될 필요는 없지만, 이 존재론적 구조 자체를 묻는 것

(즉 철학적 인식)은, 실존적인 것 자체와는 그 차원이 다르며, 따라서 그 성격도 다르다. 그것은 '실존론적' 성격을 띠게 된다. 이러한 성격을 갖기 때문에 현존재의 분석론은 다름아닌 '실존론적 분석론'이 되는 것이다.

그런데 이 현존재의 실존론적 분석론의 실제적인 수행에는 특유의 곤란들이 있다. 즉 현존재가 우위를 갖는다고 해서, 그 현존재가 존재적·존재론적으로 제1차적으로 주어져 있다고 할 수는 없는 것이다.

이것은 현존재가 우리들 자신이므로 '존재적'(ontisch)으로는 '가장 가까운 것'이지만, '존재론적'(ontologisch)으로는 '가장 먼 것'이며, 그런 한편, '선존재론적'(vorontologisch)으로 전혀 '미지의 것은 아니다'라고 하는 것과 관련된다. 여기서 존재론적으로 가장 멀다고 하는 것이 문제이다. 우리 자신의 일이라고 해서 쉽사리 금방 알 수 있는 것이 아니라는 말이다. 그러나 이것은 우리들의 인식능력이 결함투성이라든가, 적절한 개념성이 결여되어 있다는 것이 아니라, 현존재 자신이 본질적으로 자기 자신에 대해서보다 자신의 바깥에 있는 존재자들 내지 '세계'에 대해 관심을 갖고 그것들과 관련해서 자신의 존재를 이해하는 경향을 지니고 있다는 뜻이다. 이것을 그는 현존재 해석에 대한 세계이해의 존재론적 반영이라고 부른다.

그리고, 예컨대 철학적 심리학, 인간학, 윤리학, 정치학, 시작(詩作), 전기 및 역사기술 등이 그때그때 서로 다른 형태로 제공하는 현존재 해석에 우리가 무비판적으로 의지하기 쉽다고 하는 어려움도 있다. 이러한 해석들은 실존론적으로 제대로 수행되었는지 의문이 있을 수 있다. 따라서 그것들에 의존하지 않고, 오히려 현존재의 근원적 구조들을 존재문제 자체에 명시적으로 방향을 정하면서 충분히 두드러진 것으로 만들어 나가 그것들을 재검토해 보지 않으면 안 된다.

그러면 이 현존재 분석은 어떻게 수행되어야 하는가. 우선 소극적인 형태로는, 이것에 적절치 않은 방식을 배제해야 한다. 즉 존재나 현실성에 관한 자의적인 이념을, 비록 그것이 자명한 것일지라도, 현존재에게 구성적·독단적으로 적용해서는 안 되고, 나아가 그러한 이념에 기초한 '범주들'이 존재론적으로 검토되지도 않고 현존재에게 강제되어서는 안 된다. 그리고 적극적인 형태로는, 현존재가, '자기 자신에 즉해서, 자기 자신 쪽으로부터, 자기를 내보일 수 있다는 것에 근거해서 현존재 해석의 양식이 추구되어야 한다. 즉 그것은 현상학적으로 수행되어야 한다.

이상과 같은 현존재의 실존론적 분석론은 무차별적이고 우선 대개 존재하는 상태 즉 '평균적인 일상성'(durchschnittliche Alltäglichkeit)을 그 출발점으로 해서 추진되어야 한다. 왜냐하면 현존재는 어떤 특정한 방식으로 실존하는 차별의 모습에 있어서 해석되어서는 안 되기 때문이다. 평균적 일상성[37]이라고 해서, 이것이 '아무것도 아닌 것', 시시한 것은 아니다. 오히려 이것은 현존재의 한 적극적인 현상적 성격으로, 이 존재양식으로부터 출발

37) 평균적 일상성은, 현존재의 존재적인 '우선 대개'(zunächst und zumeist)의 존재양식을 이루므로 현존재의 설명에 있어서 거듭 건너뛰어졌으며, 또 건너뛰어지고 있다. 즉 존재적으로는 가장 가까운 숙지의 것이 존재론적으로는 가장 먼 것으로, 인식되어져 있지 않으며, 또한 그 존재론적 의의에 있어서는 끊임없이 간과되고 있다고 하는 점을 그는 지적한다(SZ 43쪽).

해서 이 존재양식 안으로 되돌아오는 것이, 모든 실존하는 것의 있는 그대로의 모습이다. 따라서 이것은 현존재의 미개한 단계도 물론 아니며, 또한 희미한 무규정성이라고 하는 의미에서의 평균적인 구조들이나, 임의적이고 우연적인 구조들도 아니다. 여기서는 오히려 본질상의 구조들, 즉 현사실적인 현존재의 모든 존재양식 안에 그 존재를 규정하는 구조임을 시종일관 견지하는 것, 그러한 것이 밝혀지게 된다.

현존재의 실존성에 기초해서 규정되는 이러한 존재성격, 실존구조를 그는 '실존범주'(Existenzialien)라고 하여, 이른바 비현존재적 존재자의 존재규정들인 '범주'(Kategorien)와 구별짓는다. 이 두 가지가 존재성격의 두 근본가능성이다. 현존재의 분석론에서는 이 중의 실존범주가 철저하게 규명된다. 그리고 바로 이것의 구체적인 내용이 『존재와 시간』의 본론부에서 전개된, 현존재의 존재와 관련된 실질적인 내실이다.

한 가지 주의해 두어야 할 것은, 이상과 같은 현존재의 분석론이 어디까지나 존재에 대한 물음을 완성한다는 주도적인 과제를 겨냥하는 한, 완벽한 것이 아닐 뿐 아니라, 오히려 어디까지나 '잠정적'이라고 하는 것이다. 따라서 이 분석은 현존재의 완벽한 존재론을 제공하는 것이 아니라, 가장 근원적인 존재해석을 위한 지평으로부터 방해물을 제거하는 준비로서 '예비적인' 것이며, 이 지평이 획득된 후에는 고차의 본래적인 존재론적 토대 위에서 다시금 반복될 것을 요구하는 것이다.

이상과 같은 사실로부터, 이 분석론은 모든 심리학, 인간학, 그리고 생물학과도 구별되며, 그것들에 '선행한다'는 성격을 갖는다.

이상으로 하이데거가 존재문제에로 접근하는 통로로서 제시한 현존재의 실존론적 분석론이 일단 윤곽지워졌다. 말하자면 여기서는 존재를 탐구하기 위해서 어떠한 존재자에 준거해야 하는가 하는 것, 왜 그래야 하는가 하는 것, 그리고 그 존재자의 어떠한 점을 보아야 하는가 하는 것, 이것이 예비적으로 해명된 셈이다. 그 구체적인 수행내용은 다음 장에서 밝혀지게 된다.

4) 존재론의 역사의 해체

이상의 논의를 통해 우리는 하이데거가 그의 전기에 있어 '어떻게' 그의 근본주제인 존재에 접근해 가는지를 이미 충분히 파악한 셈이다. 이제 마지막으로 한 가지를 더 지적해 둘 필요가 있다. 그것이 곧 '존재론의 역사의 해체'(Destruktion der Geschichte der Ontologie)이다. 그는 이것을 『존재와 시간』 제6절에서 주제적으로 논하고 있다. 제8절에 제시된 당초의 계획에 따르면, 그는 이 해체라는 작업의 구체적인 수행을 제2부에서 전개할 예정이었다. 하지만 널리 알려진 대로 그는 이 작업을 당초의 계획대로 수행하지는 못하였다. 그러나 그 자신이 '『존재와 시간』 제1부 제3편의 새로운 정리'라 밝히고 있는 『현상학의 근본문제들』에서 실제로는 제2부의 계획과 외견상 일치되는 작업을 수행하고 있을 뿐 아니라, 『칸트와 형이상학의 문제』에서도 이와 관련된 논의를 전개하고 있고, 또 기타 저술의 여러 군데에서도 역사적 전통과의 대결을 시도하고 있는 만큼, 해체라는 이 작업의 의의는 결코 소홀히 할 수 없다. 이하 그 근본취지를 정리해 보기로 하자.

〈해체의 두 가지 배경〉

하이데거는 왜 존재론의 역사의 해체를 꾀하는가. 그가 이것을 꾀하는 데는 기본적으로 두 가지의 이유가 가로놓여 있다. 하나는, 존재물음의 수행이 물음 자체의 역사를 물어야 한다는 지시를 받아들이지 않으면 안 된다고 하는 것이고, 또 하나는, 전통은 그 전통이 전수하는 것을 우선 대개 접근할 수 있게 하기는커녕 도리어 은폐한다고 하는 것이다. 이 두 가지가 가장 핵심적인 것이므로 우선 이것들을 조금 더 자세하게 살펴보기로 하자.

먼저, 존재물음이 물음 자체의 역사를 물어야 한다는 것은, 이 물음을 묻는 현존재 자신이 '역사성'이라는 존재양식을 가지고 있기 때문이며, 존재물음 자체가 하나의 역사적 물음이기 때문이다. 그에 따르면 모든 연구, 특히 중심적 존재물음의 범위 안에서 움직이고 있는 물음은, 현존재의 한 존재적 가능성이며, 현존재의 존재는 '시간성' 속에 그 의미가 있다. 이 시간성이 현존재 자신의 시간적 존재양식인 역사성을 가능케 하는 조건이다. '역사성'은 현존재 자신이 생기하는 존재틀로서 이른바 '역사(세계사적 생기)'보다도 앞서 있는 것이다. 따라서 이 생기를 근거로 해서 '세계사'라는 것도 비로소 가능하다고 그는 본다. 좀더 구체적으로 말하면, 역사성이란 현존재가 이미 있었던 대로 또 있었던 그 무엇으로 그때마다 자기의 현실적 존재 속에 있다고 하는 것, 현존재는 자기의 존재방식에 있어서 그의 과거'이다'라고 하는 것을 가리킨다. 이것은 현존재가 근본적으로 자신의 과거와 연관되어 있다는 말이다. 현존재 자신의 이러한 근본적인 존재양식으로 말미암아 현존재는 자기의 그때그때의 존재방식에 있어서, 따라서 그에게 속하는 존재이해를 가지고, 전승적 현존재 해석 속으로 성장해 가고 또 그 안에서 성장하고 있다. 이러한 전승적 현존재 해석에 의거해서, 현존재는 우선적으로 또 어떤 범위 안에 있어서는 끊임없이 자신을 이해하고 있다는 것, 이 이해가 현존재의 존재의 가능성을 개시하고 규제한다는 것, 바로 이 사실(즉 전통의 지배)을 하이데거는 주목하고 있다. 그러니까 현존재의 존재이해는 근원적으로 전승적 해석에 영향받고 있으며 결코 그로부터 자유로울 수가 없는 것이다. 바로 이러한 사정으로 말미암아 존재물음은 그 물음 자체의 역사를 물어야 한다. 이렇게 될 때 비로소 존재물음의 수행은 과거를 적극적으로 자신의 것으로 획득해서 가장 독자적인 물음 가능성들을 완전히 소유하게 된다. 존재물음을 위해 그 물음 자체의 역사가 통찰되어야 하는 소이가 여기에 있다.

전통이 그 전수하는 내용을 은폐한다는 것은 어떤 뜻인가. 그것은 무엇보다도 전통이 현존재로부터 그의 독자적인 주도권, 물음 및 선택을 박탈한다는 것을 뜻한다. 그 이유는 우선 전통이 전래된 것을 자명한 것으로 받아들이기 때문이다. 그렇기 때문에 전통은 근원적 원천, 즉 전승적 범주들과 개념들이 부분적으로는 진정한 방식으로 거기에서 나온 그 근원적 원천으로 가는 통로를 막아 버린다. 그 결과를 하이데거는 다음과 같이 서술한다. 즉 "전통은 그러한 유래를 일반적으로 잊어 버리게 한다. 전통은 원천으로의 그런 귀환의 필요성을 이해하는 것조차 불필요하게 만든다. 이와 같이 전통은 현존재의 역사성을 광범위하게 근절하기 때문에 현존재는 가장 멀고 낯선 문화 속에 있는 철학적 사색의 가능한 여러 유형, 방향 및 관점들의 다양한 형태들에 대한 관심에만 머물고, 오히려 이런 관심을 가지고 자신의 무지반성

(無地盤性)을 은폐시키고자 한다. 그 결과 현존재는 역사학적 관심과 문헌학상 '사상적'(事象的) 해석에 대한 온갖 열정에도 불구하고, 과거를 생산적으로 자기 것으로 한다는 의미에서 적극적으로 과거로 귀환하는 것을 가능하게 한다는 가장 기본적 조건을 더 이상 이해하지 못하게 되었다". 간단히 정리하면 전통이 그가 말하는 이른바 '존재망각'(Seinsvergessenheit)[38]을 조장한다는 것이다. 이렇게 되는 데는 앞서도 보았듯이 하나의 근본적인 사정이 가로놓여 있다. 그것은 즉 현존재는 그가 존재하는 자기 세계에 퇴락해서 그 세계에 비추어 자신을 해석하는 경향을 가지고 있을 뿐 아니라, 이와 함께 다소간 명시적으로 포착된 전통으로 퇴락하고 있다는 것이다. 이와 같이 전통이 오히려 진정한 내용에 대한 이해를 방해하는 측면이 있기 때문에 그 전통에 대한 생산적인 해체가 필연적으로 요구된다고 하이데거는 생각하는 것이다.

〈해체의 의미〉

그렇다면 이 해체는 구체적으로 어떠한 해체인가. 그에 따르면, '해체'는 경직된 전통을 풀고 그 전통이 성숙시킨 은폐를 해체하는 것이며, 존재물음을 실마리로 해서 수행되는 근원적 경

---

38) 이는 하이데거 철학의 출발선상에 놓여 있는 근본계기 중의 하나이다. 하이데거는 존재 그 자체가 결정적인 문제라고 하는 것, 그럼에도 불구하고 그 중요성이 망각되어 있다는 것, 이 두 가지 이유로 해서 존재물음을 새롭게 전개하는 것이 필요하다고 강조한다. "존재의 의미에 대한 물음이 해결되지 않았을 뿐 아니라 충분하게 제기되지도 않았으며, '형이상학'에 대한 모든 관심에도 불구하고 망각 속에 빠져 있다"(SZ 21쪽)는 것이 두 번째 사정에 관한 그의 정리이다. 『존재와 시간』 제1절에서 그는 이 점을 상세히 논하고 있다.

험, 즉 그 속에서 최초이자 그 뒤로도 계속해서 주도적인 존재규정들이 획득된 그 근원적 경험을 향해 고대 존재론의 전승적 존립을 해체하는 것이다. 여기서 하이데거는 전통의 경직성 내지 은폐라는 것과 근원적 경험이라는 것을 대치시키고 있다. 그가 의도하는 해체란 바로 이 후자를 위해 전자를 해체한다는 말이다. 이것을 그는 존재론적 기초개념들의 유래를 증명하는 것, 그 개념들 자신을 위해 그 '출생증명서'를 조사해서 제시하는 것이라고 성격짓기도 한다. 하이데거에게는 근원에로의 소급이라고 하는 근본 경향이 강하게 지배하고 있음을 우리는 충분히 주의해야 한다. 그가 생각하는 해체는 바로 이러한 성격을 가지고 있기 때문에, 해체라는 표현이 주는 외면적인 인상과는 달리, 그것은 적극적인 의도를 가지고 있다고 인정되어야 한다. 따라서 해체는 존재론적 전통을 떨쳐 버린다는 부정적 의미를 가지고 있지 않으며, 과거에 대해 부정적 태도를 취하는 것이 아니며, 과거를 허무 속에 매장하려 하지 않는 것이다. 그가 생각하는 해체는 어디까지나 전통적 존재론의 적극적 가능성에, 다시 말하면, 그때그때의 문제제기 및 이 문제제기로부터 밑그림 그려진 가능한 연구분야의 한계설정과 함께 사실상 주어져 있었던 전통적 존재론의 한계에 말뚝을 박는 것, 다시 말해 존재론의 역사의 지배적 취급양식을 비판하는 것이다.

〈해체의 구체적 대상〉

그러면 하이데거는 이러한 해체를 구체적으로 어떻게 수행해 나가는가. 해체가 전통에 대한 비판인 한, 그 전통 속의 구체적 대상이 일단 설정되어야 할 것이다. 하이데거는 그 범위를 몇몇 대표적인 철학자들에 한정하고 있다. 즉 그의 해체는 '데카르트의 세계론, 칸트의 도식론, 아리스토텔레스·헤겔·베르그송의 시간론'에 대해서 우선적으로 시행된다. 왜냐하면 바로 이것들이 존재론의 역사를 원칙적으로 결정하고 있는 정거장들이라고 그는 평가하기 때문이다.

먼저, 해체되어야 할 그 전통의 대략적인 개요를 우선 확보해 둘 필요가 있다. 하이데거에 따르면, 그리스의 존재론과 그 역사는 현존재가 자기 자신과 존재 일반을 '세계'에 의거해서 이해하고 있는 증거이며, 그러한 것으로서, 다양한 계통과 우여곡절을 거쳐 오늘날까지도 여전히 철학의 개념성을 규정하고 있다. 뿐만 아니라 그렇게 성장한 존재론이 이윽고 전통으로 화하여 그 존재론을 자명한 것으로 하락시켰고, 단순히 새롭게 가공되어야 할 소재로 격하시켰다. 구체적으로 말하자면, 뿌리 없는 그리스의 존재론이 중세에서 확고부동한 교의(教義)가 되었고 도중에 스콜라적 각인을 받아 수아레즈의 『형이상학 토론집』을 거쳐 근세의 '형이상학'과 초월론 철학으로 이행하여, 헤겔의 『논리학』의 기초와 목표를 규정한다는 것이다. 이러한 진행과정에서 하이데거가 특별히 유의하는 것은, 특정한 두드러진 존재구역이 주목되고 그 구역들(데카르트의 에고 코기토, 주관, 자아, 이성, 정신, 인격)이 계속해서 일차적으로 문제성을 주도했다는 것이다. 그 결과 존재구역들은 존재물음의 일관된 태만과 일치하여, 존재와 그 구역들의 존재구조에 관해서 아무런 물음도 제기되지 않고 있다. 그리하여 전통적 존재론의 범주적 실상은 적당히 정식화되거나 단지 소극적으로 제한되어서 이 존재자의 해석에 전용되든가, 아니면 주관의 실체성을 존재론적으로 해석하려는 의도하에 변증법에 도움을 요청하게 된다. 전통은 이와 같은 문제들을 안고 있다고 하는 것이 전통을 바라보는 하이데거의 일차적인 평가인 것이다.

그는 구체적으로 어떠한 시각으로 이 문제들에 접근해 들어가는가. 무릇 무언가를 비판하기 위해서는 비판하는 자의 자기 나름의 기준이 먼저 마련되어 있지 않으면 안 된다. 해체를 수행하고자 하는 하이데거에게도 이러한 기준은 당연히 있다. 그것은 존재론의 역사의 경과 속에서 도대체 존재의 해석이 시간현상과 주제적으로 결부되었는가 어떤가, 그리고 어느 정도까지 결부되었는가, 이를 위해 필요한 존재시간성의 문제는 원칙적으로 제시되었으며 제시될 수 있는가? 하는 것이다. 이러한 잣대는 존재이해 일반의 가능한 지평이 다름아닌 '시간'이라고 하는 하이데거의 근본적인 통찰을 반영하고 있다. 이러한 잣대로 재어볼 때, 위에서 언급된 전통들은 어떻게 재단되어 나가는가.

먼저 고대 존재론의 경우. 하이데거의 지적에 따르면, 고대 그리스의 존재해석은 몇 가지 점에서 그 공로가 인정된다. 우선 파르메니데스가, 어떤 사물적 존재자를 그 순수한 사물적 존재성에 있어서 단적으로 지각하는 것인 레게인(말함) 또는 노에인(사유)을 존재해석의 실마리로 삼았다는 것, 그리고 플라톤이, 말을 걸고 담론하는 가운데 만나는 존재자의 존재구조를 획득하는 실마리로서 레게인을 주목하여 '변증법'이라고 하는 형태의 고대 존재론을 형성하였다는 것, 그렇게 하여 존재문제를 보다 근본적으로 파악할 가능성이 생기게 되었다는 것, 그리고 아리스토텔레스가, 레게인 자체 또는 노에인이 어떤 것을 순수하게 '현전화한다'는 존재시간 구조를 가지고 있다는 것에 주목함으로써, 다시 말해 존재자를 '현-재'와 관련된 '임재성'으로 해석함으로써, 변증법을 더 근본적인 지반 위에 놓고 그것을 지양하였다는 것, 이런 점들을 그는 일단 평가하는 것이다. 그러나 하이데거는 이러한 고대 존재론의 맹점도 분명히 지적한다. 그것은 기반이 빈약했다는 것이다. 즉 그리스적 존재해석은 그 해석에서 기능하는 실마리에 대한 분명한 지식도, 시간의 기초적 존재론적 역할에 대한 앎이나 더구나 이해도, 이 역할의 가능성의 근거에 대한 통찰도 없이 수행되었다는 것이다. 그뿐 아니라, 시간 자체는 다른 존재자들 가운데 있는 하나의 존재자로 간주되고, 따라서 불분명하고 소박하게 시간에 정향된 존재이해를 지평으로 해서 시간 자체를 시간의 존재구조 속에서 파악하려고 시도하였다고 그는 꼬집는다.

중세 존재론의 경우. 하이데거는 뿌리 없는 그리스의 존재론이 중세에서 확고부동한 '교의'가 된다고 비판한다. 존재론의 체계성은 전승된 단편들을 하나의 구조로 꿰어맞추는 것과는 전혀 다른 것이다. 존재에 대한 그리스의 기본적 견해를 교의적으로 수용하는 한계 안에서는 이 체계성에 아직 미해결적이며 앞으로도 계속 이루어져야 할 매우 많은 작업들이 있다고 그는 중세 존재론의 한계를 지적한다.

데카르트의 경우. 하이데거는 그가 내세운 근본적 단초, 즉 '코기토 숨'(cogito sum)이 철학에 하나의 새롭고 확고한 지반을 제공하려 했다는 것을 일단 평가한다. 그러나 하이데거는 데카르트가 '레스 코기탄스(생각하는 사물)'의 존재양식, 더 정확하게는 '숨(나는 존재한다)'의 존재의미를 무규정적으로 방치했다고 비판한다. 데카르트는 중세 스콜라 철학에 의존해 있고 그 술어를 사용하고 있다는 것, '코기토 숨'의 존재론적 토대가 불분명하다는 것, 데카르트가 일반적으로 존재물음을 태만히 하지 않을 수 없었다는 것, 그가 코기토의 절대적 확실성을 가지고 이 존재자(생각하는 자)의 존재의미에 대한 물음에서 면제되었다고 생각하였다는 것, 이러한 점들을 하이데거는 비판하고자 하는 것이다. 단 하이데거는 데카르트가 존재의미의 물음에 전적으로 태만했던 것은 아니라고 주의한다. 즉 데카르트는 그의 『성찰』에서 '레스 코기탄스-정신-마음'을 고찰하면서, 중세의 존재론을 준용하여 이것을 존재론적으로 '엔스(존재자)'로 규정하였고, 이렇게 함으로써 '엔스 크레아툼(피조물)으로서의 엔스'라는 존재의미가 살려졌다는 점을 평가한다. 무엇으로부터 산출되었다는 가장 넓은 의미에서의 피조성, 고대의 존재개념의 본질적 구조계기이기도 했던 이 '피조성'이라는 존재의미가 데카르트에게서 발견된다는 것을 하이데거는 인정한다. 그러나 결과적으로 보면, 데카르트에 의한 사색의 새로운 시작이 숙명적인 편견을 심었고, 이 편견을 근거로 뒤 시대가 존재물음을 실마리로 하는 '심정'의 주제적 존재론적 분석론을 게을리하고, 동시에 그 분석론을 전승적 고대 존재론과 비판적으로 대결시키는 것을 게을리하였다고 하이데거는 아쉬워한다.

칸트의 경우. 하이데거는 칸트가 탐구의 길 위에서 존재시간성이라는 차원의 방향으로 스스로 한 걸음 나아가고, 더욱이 현상 자체의 강요에 의해 그 방향으로 떠밀려간 최초이자 유일한 사람이라고 하여, 그의 기본적인 의의를 인정한다. 이러한 시각에서 하이데거는 칸트의 '도식론'과 그것에 의거한 '시간론'을 특히 주목한다. 왜냐하면 하이데거는 그가 밝히고자 하는 '존재시간성'이 통속적 이성의 가장 비밀스런 판단이라고 보고 있으며, 바로 이것에 관한 분석론을 칸트가 철학자들의 임무라고 규정하고 있기 때문이다. 그러나 결과적으로 볼 때, 칸트는 존재시간성의 문제에 대한 통찰을 거부한 채로 놓아 두었으며, 그에게는 이 영역이 그 본래의 여러 차원과 중심적 존재론적 기능에 있어서 은폐된 채로 남아 있었으며, 회피되었다고 하이데거는 비판한다. 그 이유 즉 존재시간성의 문제에 대한 통찰을 방해한 이유를 그는 두 가지로 설명한다. 첫째는, 존재물음 일반의 태만 및 이와 관련해서 현존재를 주제로 하는 존재론의 결여, 칸트적으로 말하면, 주관의 주관성에 대한 선행적인 존재론적 분석론의 결여이다. 칸트는 모든 본질적 전진에도 불구하고, 데카르트의 입장을 독단적으로 계승하고 있다는 것이다. 둘째는, 이 현상[시간]을 주관에로 복귀시켰음에도 불구하고, 그의 시간분석이 전승적, 통속적 시간이해에 정향된 채로 머물러 있어서, 이것이 결국 칸트로 하여금 '초월론적 시간규정'이라는 현상을 그 고유한 구조와 기능에 있어서 천착하지 못하도록 방해하였다는 것이다. 전통의 이 두 가지 영향의 결과로, '시간'과 '사유'(cogito) 사이의 결정적 연관이 완전히 어둠에 싸이게 되고, 문제로 되지도 못했다는 것이다. 뿐만 아니라 하이데거는 칸트가 데카르트의 존재론적 입장을 계승함으로써, '현존재의 존재론'에 대한 태만도 함께 지니고 있음을 또한 비판한다. 그러한 태만은 본질적이고도 결정적인 태만이라고 하는 것이 칸트를 바라보는 하이데거의 비판적인 시각이다.

이상과 같은 해체의 구체적인 수행은 하이데거의 다른 여러 글들에서 다양한 형태로 이루어져 있으며, 따라서 그것들에 대한 종합적이고도 통일적인 정리 이해작업이 하이데거 이해를 위해서 반드시 필요하다. 왜냐하면 존재론적 전승의 해체를 일관되게 실행하는 가운데 비로소 존재물음이 진실로 구체화되기 때문이다. 이것을 통해 하이데거는 존재의 의미에 대한 물음이 왜 불가피한지, 왜 그것을 반복할 필요가 있는지를 명백히 하려는 것이다. 해체의 궁극적인 지향점이 결국 '존재란 무엇인가' 하는 저 물음이라고 하는 것은 말할 것도 없다.

이상으로 우리는 하이데거의 전기철학을 움직이고 있는 중요한 방법들을 일단 윤곽지어 본 셈이다. 이제 후기의 방법들을 살펴보자.

2. 후기의 방법론: 사유/시작의 해명

하이데거의 철학에 있어 전기와 후기의 구별이 거의 당연한 듯이 운위되고 있으나, 이러한 구별은 아주 조심스럽게, 그것도 충분한 근거 위에서만 말해져야 한다. 그 근거들을 여기서 논할 차례는 아니지만, 방법론상에 있어서의 '전환'을 살펴보는 것은 적지 않은 의미가 있다. 왜냐하면 이른바 전후기를 불문하고 존재라고 하는 그의 큰 주제는 시종일관 변하지 않지만, 그것으로 접근해 가는 방식에는 분명히 변화가 보여지기 때문이다. 단적으로 말해 그 핵심은 논의의 무게 중심이 '현존재'로부터 '존재 자체' 쪽으로 옮겨지고 있다는 것이다. 이러한 변화를 반영하고 있는 것이 다름아닌 '사유'(Denken)이다.

1) 사 유

『존재와 시간』 이후 하이데거는, 예컨대 『사유의 경험에서』, 『무엇이 사유를 명하는가?』, 『사유의 사태에로』, 「철학의 종말과 사유의 과제」 등과 같이, 그의 중요한 저술들의 제목에 '사유'라는 말을 내세움으로써 이것에 대한 후기의 깊은 관심을 드러낸다. 일반적으로 하이데거의 후기 철학을 존재사유라 부르는 것은 바로 이 때문이다. 또 실제로 그는 『휴머니즘에 관하여』를 비롯한 여러 글에서 이것을 주제적으로 다루어 나가고 있다.

이하, 사유에 관한 그의 생각이 잘 나타나 있는 『휴머니즘에 관하여』를 중심으로, 그리고 다른 부분들도 참고하면서, 그가 말하는 사유의 본질에 접근하기로 한다.

사유란 '무언가'를 사유하지 않으면 안 된다. 즉 그 내용이 있어야 한다. 그것은 무엇인가. 이 점에 관해 하이데거는 명확히 대답하고 있다. "사유란 단적으로 말해 존재의 사유이다". 즉 사유란 '존재'를 사유하는 것이며, '사유해야 할 것'인 '존재의 진리' 안으로 '지시하는 것'이며, 무엇보다도 우선 '존재의 진리'를 사유해야 하는 것이다. 따라서 존재야말로 '사유의 근본요소'(Element)이며, '사유의 문제거리'(Sache), (ED 9쪽, SD 4쪽)이다. 그것은 과학의 대상과 구별되는 것이다.

그런데 '존재의 사유'라는 것은 실은 이중의 사태를 말하고 있다. 즉 단순히 사유가 존재에 속하면서 존재에 귀를 기울인다'는 것, 사유가 존재를 사유한다는 것뿐만 아니라, 사유가 존재로부터 야기되어 존재에 속하고 있다는 것이다. 다시 말해 사유는 존재를 향한 사유이면서 동시에 존재로부터의 사유이기도 하다는 말이다. 존재에 대한 사유의 관계는 이렇게 능동성과 수동성을 한꺼번에 지닌다. 사유가 존재에 대해 수동적이라는 것은 사유가 존재의 진리를 말하도록 존재에 의해 요구된다는 것이며, 이러한 '시킴(Lassen)을 수행한다'는 것이다. 이는 곧 사유가 인간에 대한 존재의 관여에 관계한다는 것이며, 존재의 요구로부터 '유래한다'(ED 77쪽)는 것이다. 요컨대 존재가 사유를 가능케 한다는 것이다. 사유는 존재의 참여이다라는 것도, 사유는 존재의 인간본질에 대한 관여를 완수한다는 것도, 결국은 이를 말함이다. 이는 다시 말해, 사유는 이러한 관여를 만들어 내지도 야기시키지도 않는다는 것이며, 사유는 사유 자체로부터 어떤 결과가 생긴다든지 혹은 사유가 향함으로써 비로소 활동하는 것이 아니라는 것을 의미하는 것이다. 이러한 관여는 어디까지나 존재가 사유 자체에게 위탁한 것이다. 사유가 제멋대로 존재 쪽으로 다가가는 것이 아니다.

이는 사유가 무엇 때문에 있는가 하는 것, 즉 그것은 존재에 의해 야기된다고 하는 것을 말한다. 이 점을 우리는 '사유'에 대한 '존재'의 우위라고 부를 수 있다. "사유는 그 본질상 존재의 사유로서, 존재로부터 요구되고 있다. 사유는 와야 할 것(l'avenant)으로서의 존재에 관계지워져 있다. 사유는 사유로서, 존재의 도래에, 도래로서의 존재에 결부되어 있다. 존재는 사유에 이미 자신을 보내고 있다. 존재는 사유의 운명(Geschick)으로서 존재한다"라는 것도 결국 이 점을 말한다.

이와 같은 언급은 사유와 존재의 관계를 명확히 해 준다. 즉 사유는 존재에 속하는 것이면서 존재를 사유한다. 바로 이러한 의미로 사유는 존재의 사유가 되는 것이다.

그가 다른 곳에서 말하고 있는 '존재와 사유의 공속성'(SD 76

쪽, ID 15쪽)도 이러한 양자의 원천적인 상호연관을 지적하는 것이다. 그런데 이러한 점은 이미 파르메니데스가 'τὸ γὰρ αὐτὸ νοεῖν ἐστίν τε καὶ εἶναι'라고 말한 저 사태를 더욱 부연한 것으로 볼 수 있다. 실제로 하이데거 자신도, 파르메니데스의 이 잠언이 "사유와 존재는 동일한 것 안에서 그리고 이 동일한 것에 의해서 결합[공속]하고 있음을 지적하고 있다"(ID 14쪽)고 해석한다. 존재는 사유에게 자신을 사유해 주도록 요구하고 사유는 그 요구에 응해 존재를 사유한다. 이렇게 양자는 서로 관련된다.

이와 같이 사유란 결국 존재**에 의해** 존재를 사유하는 것이라는 게 그의 기본적인 생각이다. 그러면 그 구체적인 수행의 방식은 어떠한 것인가. 즉 그것은 어떠한 형태로 수행되는가. 단적으로 말해, 사유 안에서 존재가 언어로 된다고 하는 것이 그 대답이 된다. 그는 "사유하는 자…가 그들의 언명을 통하여, 존재의 개방가능성(Offenbarkeit)을 언어에로 가져오고, 그리고 언어 안에 보존하고 있는 한에 있어서 존재의 개명성이 완수된다"고 분명히 말한다. 이에는 "언어는 존재의 집이다"(Die Sprache ist das Haus des Seins)라고 하는 그의 기본적인 통찰이 근저에 깔려 있다. 언어라고 하는 이 거처에 인간이 거주한다는 것이며, 사유하는 자와 시작하는 자가 이 거처를 지키는 자라고 그는 생각하고 있는 것이다.

이상과 같은 의미에서 생각하자면, 사유란 그 언명에 있어서 존재의 말해지지 않은 단어(Wort)를 언어에로 가져온다고 하는 것이다. 즉 존재의 도래를 그때그때 언어에로 가져오는 것이 사유의 유일한 문제거리(Sache)인 것이다. 이것이 존재의 드러나지 않는 행위(Tun)의 일례라고 그는 말한다. 이 사실은 대단히 중요하다. 하이데거가 후기에 있어서 '언어'에 비상한 관심을 기울이는 것도, 또 그 모든 관심을 '언어에의 도상'으로 성격지우는 것도, 모두 다 이 맥락에서 생각하지 않으면 안 된다. 존재는 언제나 언어를 향한 도상에 있다는 것도 바로 이 사유를 통해서 이루어진다는 것을 간과해서는 안 된다. 사유를 통해 존재가 언어로 드러나게 된다.

그러면 사유는 어떠한 '성격'을 지닌 것인가.

① 그것은 기본적으로 하나의 '행위'임에 틀림없다. 그러나 '실천적'인 것은 아니다. 그렇다고, '이론적'인 것 또한 아니다. 그것은 그러한 구별 이전에 생기는 것이며, 모든 실천을 능가한다고 그는 지적한다. 사유는 '존재에 대한 회상'(Andenken)[존재에 즉하여 존재를 사유하는 것]으로서, 그 밖의 어떠한 성과도 갖지 않는 것이며, 어떠한 결과도 갖지 않는 것이다. 사유는 자신의 본질[또는 현성 Wesen]로서 충분하다고 하는 특별한 성격의 것이다. 쉽게 말해 사유는 어떤 현실적인 성과를 위해서 이루어지는 행위가 아니라는 것이다. 그것은 존재 자체가 문제적인 것이기 때문에 사유한다고 하는 그야말로 순수한 것이다. 적어도 하이데거는 사유를 이러한 것으로 생각하고 있다.

② 그리고 하이데거의 이 사유는 유신론적일 수도 무신론적일 수도 없다고 하는 성격을 갖는다. 단 그는 이것이 무관심적인 태도에 기초하는 것이 아니라, 한계의 존중을 근거로 하는 것이라고 말한다. 이 '한계'는 사유 그 자체에 설정되어 있으며, 존재의 진리가 그러한 한계를 설정하는 것이다. 하이데거는 이 점을 결코 부정적으로 보지 않는다. 오히려 모든 가치와 모든 존재자보다도 더 한층 본질적이라고 해서, 적극적으로 평가한다. 이러한

성격규정은 하이데거 철학 전반에 걸친 근본적인 특징이기도 하다. 사유는 존재에 관한 순수한 관여일 뿐 그 경계 바깥의 기준들을 가지고 재단되어서는 안 된다.

③ 그리고 사유의 또 한 가지 성격은 그것의 '단순함'이다. "존재의 이 사유에 관하여 특이한 점은 그것의 단순함이다"라고 그는 말한다. 그러나 우리 인간은 사유를 전문가만이 접근할 수 있는 비범한 것으로 보고, 또 학문적인 인식과 그 탐구의 실시라는 식으로 생각하고 있다. 그러한 생각에 따르면, 단순한 것은 중요하지 않은 것으로 보일 것이다. 그러나 사유는 단순한 것이다. 바로 이 단순함이 우리를 사유로부터 멀어지게 한다. 존재의 사유는 그 단순한 본질을 통하여 우리에게 자신을 알 수 없는 것으로 만든다고 그는 말한다. 너무나도 단순하기 때문에 그것이 대수롭지 않게 여겨질 수 있다는 말이다. 우리는 이러한 위험을 극복하고, 의미깊은 이 단순함에 친숙해지지 않으면 안 된다. 단순한 것이라고 해서 결코 하찮은 것이 아니며, 그것이야말로 중요하기 이를 데 없는 것이다.

④ 또 한 가지 덧붙여 말할 것은 사유의 '시작적' 성격이다. 그가 말하는 사유는 '시작적 사유'(Hw 252쪽)인 것이다. 그러나 이 사유의 시작적 성격은 지금도 은폐되어 있다(ED 84쪽)고 그는 주의를 환기하고 있다. 그리고 만일 이 성격이 제시되어도, 그것은 오랫동안 거의 시적인 오성의 유토피아로 보일 것이라고 우려를 나타낸다. 그러나 사유하는 시작은 실제로는 '존재의 토폴로기(위상론)'에 다름아니다(ED 84쪽). 존재의 토폴로기란 존재의 도래를 언어에로 가져오는 것과 내용적으로 일치하는 것이다. 그것이 이미 보았듯이 사유의 유일한 작업이기 때문이다.

시작의 의미는 물론 존재의 토폴로기만으로 다하는 것이 아니며, 그 내실은 방대한 횔덜린 해석을 포함하는 독자적인 연구영역을 이룰 수 있으므로, 뒤에서 따로 논하기로 한다. 그러나 양자의 관계는 밝혀 둘 필요가 있다. 사유와 시작은 '언명(Sagen)의 두 가지 두드러진 존재방식'(WS 186, 199, 238쪽)이며, 그 점에서 시작적으로 말해진 것과 사유적으로 말해진 것은 동일한 것(WD 8쪽)이다.[39] 여기서 '언명'이란 드러나게 하는 것, 우리가 세계라고 부르는 것을 현시한다고 하는 의미에 있어서 그것을 밝혀 은닉하면서 해방하는 것(WS 214쪽), 나타내고, 보게 하고, 듣게 하는 것(WS 252쪽)이라고 그는 설명한다. 바로 이러한 점에서 그것들은 동일한 것이다. 즉 '그들이[사유자와 시작자가] 그들의 언명을 통해 존재의 나타남을 언어에로 가져오고, 언어 안에서 보존하는 한에 있어서, 다시 말해, 인간이 거주하는 존재의 집인 언어라고 하는 거처를 지키는 자로서, 그들이 망을 봄에 있어서, 존재의 개명성이 완수된다는 것이다. 후기에 있어서 그가 언어에 각별한 관심을 기울이고, 횔덜린 등의 시작을 정열적으로 해명하는 것은 바로 이러한 점 때문이었다.

이상과 같은 특별한 의미를 지니고 있기 때문에, 사유는 다른 여러 행위들, 여러 분야들과 엄격히 구별된다.

---

39) 『철학—그것은 무엇인가?』 30쪽에도 이에 관한 언급이 있다. 즉 그것들 사이에는 '감추어진 혈연과 갈라진 간격이 동시에 있다'는 것이다. 또한 『형이상학이란 무엇인가?』의 후기에도, 시작과 사유의 동일성과 차이성이 언급되어 있다. 즉 '사유자'는 '존재를 언어에로 가져오고' '시작자'는 '성스러운 것을 부른다'(WM 51쪽)는 것이다. 또한 시작의 의미에 관하여는 『지인-헤벨』이 중요하므로 참고 바란다.

① 우선 사유는 '일종의 기술'과 구별된다. 사유는 기술이 아니다. 그런데 실제로 플라톤과 아리스토텔레스에 있어서 사유의 '기술적 해석'이 시작되었다고 그는 본다. 즉 플라톤에 있어서는 사유가 행위와 제작을 위한 숙고의 방법이었으며, 아리스토텔레스에 있어서는 이 숙고가 이미 행위와 제작에 대한 숙고라는 관점에서 보여지고 있었다는 것이다. 이러한 기술적 해석은 사유와 관조(테오리아)로서 특징지우는 것 '인식작용과 관조적(이론적) 태도로서 규정하는 것이며, 이것은 이미 행위나 행동에 대해 사유를 그 독자성에로 드높이려는 반작용적 시도라고 그는 해석한다.

사유의 본질을 진정으로 이해하기 위해서는 이러한 기술적 해석에서 해방되지 않으면 안 된다. 사유의 독자적 성격이 인정되어야 하는 것이다. 이러한 기술적 해석 이래 이른바 '철학'은 '과학'들에 대해 스스로의 존재를 언제나 정당화하지 않으면 안 되는 어려운 입장에 항상 내몰리고 있으며, 그 정당화는 철학 자체가 일개 과학의 위치로 올려짐으로써 실현될 수 있다고 철학은 생각한다. 또한 철학은 철학이 과학이 아니라면, 그 모습과 가치를 상실하지나 않을까 두려워하고 있다. 하지만 그러한 과학화의 노력은 실은 사유의 본질을 포기하는 것일 따름이며, 과학에 대한 두려움은 비과학성과 같은 일종의 결점일 뿐이다.

왜냐하면, 그러한 기술적 해석에 있어서는 사유의 근본요소인 존재가 포기되고 있기 때문이다. 이렇게 되면 사유는 마치 '메마른 땅 위에서 물고기가 얼마나 오랫동안 살 수 있을까' 하는 것으로 물고기의 본질과 능력을 측정하고자 하는 시도와 같이 그것에 적합하지 않은 척도로써 측정된다.

사유가 그 근본요소로부터 벗어나 종말을 고할 때, 그 손실을 보충하기 위해 사유는 자신을 기술과 동등하게 통용시킨다. 그럴 경우 철학은 단지 최고의 원리로부터 사태를 설명하기 위한 일종의 기술이 되어 간다. 사유는 그러한 기술일 수는 없다.

따라서 사유는 현대의 이른바 '과학적 기술'과도 구별된다(SD 79쪽). 그 과학적 기술이 합리적이라고 해서 찬양받고 사유가 비합리적이라고 해서 비판받는 일이 있을지도 모르지만, 적어도 사유는 비합리주의라고 불려질 수는 없다. 오히려 합리적과 비합리적이라는 구별의 바깥에 어떤 하나의 사유가 주어져 있으며, 그 사유는 과학적 기술보다도 더한층 사려가 있고, 그렇기 때문에 [과학적 기술]로부터는 떨어져 있으며, 아무런 효과도 없지만, 그럼에도 불구하고 독자적인 필연성을 지닌 사유일 것이다(SD 79쪽)라고 그는 단언한다.

② 이상의 설명과정에서 이미 드러났듯이, 사유는 '과학[학문]'과는 명백히 구별된다. 스스로 하나의 과학이고자 하는 철학의 노력은 사유의 본질을 포기하는 것이며, [에피스테메로서의] 철학을 통과하는 가운데 과학이 성립되고 사유는 소멸된다고까지 그는 말한다. 사유는 기술 내지 과학이 아니며 그것일 필요도 없고 그것이어서도 안 된다. 사유는 어디까지나 순수한 사유로서 그 자체의 독자적인 의의를 지닌 것이다.

③ 사유는 또 '논리학'과도, '윤리학'과도, '물리학'과도 구별된다. 근원적 사유작용이 종말을 고하자마자, 논리적, 윤리적, 물리적과 같은 명칭도 비로소 나타난다고 그는 말한다.

특히 논리학에 대한 하이데거의 불신은 깊다. 논리학은 '사유[사고]'에 관한 학문임을 표방하지만, 거기서는 사유를 존재자를 그 존재에 있어서 표상하는 것이라고 해석하고, 그 표상작용을 개념의 보편성이라는 틀 속에서 이해한다. 그러나 진정한 사유란 존재 그 자체를 숙고하는 것, 존재의 진리를 사유하는 것이며, 이것이야말로 로고스의 원초적인 본질에 어울리는 것'이라고 그는 생각한다.[40] 바로 이 점이 플라톤 및 논리학의 건설자인 아리스토텔레스에서는 이미 매몰되고 상실되어 있었다고 그는 지적한다. 똑같이 사유를 표방한다고 해도 그 내실은 전혀 딴판이라는 말이다.

이와 같이 논리학에 부정적이라고 해서 그가 비논리적인 것을 변호한다는 것은 아니다. 로고스와, 사유의 초기에 나타난 로고스의 본질에 즉하여 생각한다는 것, 그러한 추-상의 준비를 위해 무엇보다 먼저 진력한다고 하는 것을 그는 강조한다. 이것을 하지 않으면 논리학은 아무런 의미도 없다고 그는 생각하는 것이다.

그리고 논리학은 플라톤학파에 있어서 처음으로 나타난다고 할 수 있는데, 그것은 사유를 '철학'으로 삼고, 철학을 '학문'으로 삼고, 학문 자체를 학파와 학교 운영의 한 할 일로 삼은 시대의 일이라고 하여, 그는 이것을 부정적으로 본다. 그 대신, 플라톤 시대 이전의 사상가들은 논리학도 윤리학도 물리학도 몰랐지만, 그들의 사유는 비논리적이지도 비윤리적이지도 않았으며, 자연을 후세의 모든 물리학이 결코 그 이상 도달할 수 없었을 깊이와 넓이에 있어서 사유했다고 평가한다.

그러한 실례로서, 그는 소포클레스의 비극작품이 아리스토텔레스의 윤리학 강의보다도 더 한층 원초적으로 윤리(에토스)를 간직하고 있다고 말한다. 물론 그는 이 '윤리'를 헤라클레이토스적

40) 『형이상학이란 무엇인가?』의 후기에서는, "정확한 사고는 결코 가장 엄밀한 사유는 아니다"라고 해서 이 양자를 구별하고 있다.

으로, 체재 내지 거주의 장소, 거기서 인간이 살고 있는 열린 지역이라는 특별한 의미로 이해한다. 만일 윤리를 이와 같이 이해한다면, '윤리적'이란 인간의 거처를 고려한다고 하는 것을 의미하게 된다. 그렇다고 한다면 그것은 이미 존재의 진리를, 실존하는 자인 인간의 원초적 요소로서 생각하는 사유와 마찬가지라고 그는 본다. 그러나 이것은 이미 이른바 윤리학이 아니라 존재론이다.

문제는 명칭이 아니다. 명칭과 그것에 해당하는 개념의 언어를, 우선 사유되어야 할 사태로부터 재고할 것을 그는 요구한다. 이 사태가 명칭으로부터 거슬러 생각되어서는 안 된다. 그렇게 본다면 사유는 윤리학도 존재론도 아니다. 중요한 것은 명칭이 아니라 그 명칭의 근저에 놓여 있는 사태인 것이다.

④ 그는 또 사유를 '형이상학'과도 구별하고 있다. 사유는 형이상학을 극복한다고 그는 명백히 말한다. 단 이 극복은 더욱 높이 올라가면서 형이상학을 넘어서고, 어디론가를 향하여 형이상학을 지양하는 것에 의해서가 아니라, 도리어 사유가 가장 가까운 것의 가까움에로 침잠해감(zurücksteigt)으로써 행해진다.

사유가 '형이상학'을 극복한다고 하는 이러한 생각은 애당초 두 가지 사실을 전제하고 있다. 우리는 그것을 '형이상학의 한계'와 '사유의 근원성'이라고 정리할 수 있다. '한계'란 형이상학이 존재의 망각 속에 머물러 있는 한, 그것은 존재의 진리에 대한 물음을 던지는 일이 없을 뿐 아니라, 존재의 진리를 잘못 취급하고 있다는 것이며, '근원성'이란 존재의 진리에 대한 물음에서 말미암는 사유는 형이상학이 물을 수 있는 것보다도 더 한층 근원적으로 묻는다는 것이다.

(단 여기서 말하는 '형이상학'은 『형이상학이란 무엇인가?』, 『형이상학입문』 등에서 주제화되고 있는 긍정적인 의미에서의 형이상학과는 구별되는 이른바 전통적인 형이상학을 말한다.)

⑤ 그리고 하이데거는 사유를 일반적인 의미에서의 이른바 '철학'과도 구별하려 한다. 미래의 사유는 이미 철학이 아니라고 그는 분명히 선언한다. 그는 또 철학을 과신하고, 그 결과 철학에게 과대한 요구를 하는 습관을 그만 둘 때가 바로 지금이라고 말한다. 철학은 보다 적고, 사유의 세심함은 보다 많으며, 문헌은 보다 적고, 문자의 배려는 보다 많다는 말로써 그는 철학에 일정한 한계를 긋는다. 그리고 예컨대 그리스인은 사유를 단 한 번도 '철학'이라고 부르지 않았다든지, 철학은 단지 최고원리로부터 사물을 설명하기 위한 일종의 기술이 되며, 사람들은 이미 사유하지 않고 '철학'에 종사한다는 말에서도 사유와 철학과의 구별이 강하게 시사되고 있다.

이러한 구별의 배경에는 결국, 사유는 철학의 별칭인 형이상학보다 더 한층 근원적으로 생각한다는 것과, 그리고 열악한 위험, 따라서 혼란스런 위험, 그것은 철학하는 것이다라고 하듯이, 철학이 '위험'으로서 사유에 따라붙는다(ED 80쪽)는 생각이 자리잡고 있다.

여기서 이야기되고 있는 철학이란 그의 문맥에서 보자면, 예컨대 논리학, 윤리학, 물리학, 그 요소[존재]로부터 유리된 사고, 최고 원리로부터 사물을 설명하기 위한 일종의 기술, 무슨무슨 주의, 문헌[학적 연구] 등과 관련해서 생각되는 것이다.

따라서 이 또한 "철학은 현존재의 해석학에서 출발하는 보편적인 현상학적 존재론이다"(SZ 38쪽)라고 한 긍정적인 의미에서 생각된 전기의 '철학'과는 내용적으로 구별되어야 한다.

한편, 『철학—그것은 무엇인가?』(1956)에서는 철학의 미래의 본질과 관련하여, "존재자의 존재의 말걸음에 대응하는 바의 특별히 받아들여져 전개되는 응답이 철학이다"(WP 29쪽)라고 말하고 있으며, 이 상응함이 '언명'이라고 하여, 철학을 사유와 거의 같은 의미로 생각하고 있다. 따라서 하이데거가 비판하고 있는 철학이란 일반적으로 그 본질을 왜곡하고 있는 '학문적 철학'을 지칭하는 것으로 보아야 한다.

아무튼 이상과 같은 의미에서 철학이 이해되고 있다고 한다면, 그러한 철학은 존재의 사유와 마땅히 구별되어야 한다.

그는 철학으로부터 사유에로의 전환을 거슬러감(Schritt zurück)이라고 성격짓는다. 이 말은 하이데거의 후기사상에서 자주 등장한다. "우리가 사유의 유래 안에 정착하자마자, 철학으로부터 존재의 사유에로 거슬러감이 우리에게 허락된다"(ED 82쪽)고 그는 말한다. 여기서 그는 존재의 사유가 그 유래하는 바를 향해 거슬러가는 발걸음임을 시사한다. 이 '거슬러감'은 경험하면서 묻는 일 안으로 사유를 이끌어들이고 또 철학에게 익숙한 사념을 배제한다. 사유가 직접적이고 원천적인 것이어야 함을 시사하는 이 '거슬러감'은 하이데거의 사상을 규정하는 가장 근본적인 특색 중의 하나이며, 이것이야말로 하이데거 철학에 시대 초월적인 의의를 부여하는 것이다.

참고로, 『동일성과 차이성』(1957)에서 그는 '거슬러감'이라는 이 표현의 오해를 피하기 위해 이렇게 해명한다. "'거슬러감'은 개별적인 사유의 발걸음을 의미하는 것이 아니라, 오히려 사유의 운동의 양식과 기나긴 도정을 의미한다." 다시 말해 '거슬러감'

은 서양적 사유의 역사와 우리와의 대화가 갖는 성격을 규정하는 것이다. 즉 그것은 사유가 철학에 있어서 종래 사유된 것으로부터 일정한 방식으로 벗어나는 것을 가리킨다. 그렇게 해서 사유는 그 자신의 문제거리인 존재의 앞으로 거슬러가고, 그리고 '사유된 것'을 어떤 맞은편(Gegenüber) 안에 가져오게 된다[마주하게 된다](ID 40쪽).

이상으로, 후기 하이데거의 주제에 대한 대응방식으로서의 사유가 어떠한 것인지 어느 정도 밝혀졌다. 사유란 존재에 기인하는 것이면서 동시에 존재의 진리 그 자체에 관련하는 것으로서, 존재와 공속하고 있는 것이며, 존재를 언어에로 가져오는 것이며, 그것은 이론적이지도 실천적이지도 않으며, 유신론적이지도 무신론적이지도 않으며, 어떤 단순한 것으로서, 시작적인 성격의 것이며, 그런 한, 일종의 기술도, 과학도, 논리학도, 윤리학도, 물리학도, 형이상학도 아니며, 따라서 일반적인 이른바 철학과도 구별되고, 그런 의미에서 '거슬러감'이라고 규정되는 바의, 그 자체로서 이미 존재하고, 그 자체로서 필연성과 의의를 지닌 독특한 것이었다. 사유는 오직 사유해야 할 것(Das Zudenkende)인 존재 자체로부터 유래하는 직접적이고도 원천적인 것이다.

2) 시작의 해명

하이데거 후기철학의 방법론에서 또 한 가지 특이한 점은 주제인 존재에로의 접근방식으로서 그가 '시작'(Dichten)에 특별히 주목하고 있다는 것이다. 그의 후기 존재사유를 이해하기 위해서는 이 시작의 해명을 반드시 살펴볼 필요가 있다.

그는 후기사유의 도처에서 이 '시작'에 언급하고 있다. 더구나 그것은 언제나 사유와 짝을 이룬다. 예컨대 "노래와 사유는 시작과 이웃하고 있는 수목들이다"(ED 85쪽)라든가, "언어라고 하는 거처에 인간은 산다. 사유하는 자와 시작하는 자는 이 거처의 파수꾼이다"(UH 5쪽)라든가 하는 식이다.

하이데거가 이와 같이 시작에 주목하는 것은 시작이 사유와 동일한 방식으로 동일한 문제에 직면하고 있다고 하는 것, 아리스토텔레스가 말하듯이 "시작이 존재자에 관한 탐색(Erkunden)보다도 더욱 참되다"(UH 46쪽)라고 하는 그의 기본인식에 기초한다.

그가 이렇게 말하고 있는 이상, 그리고 그가 실제로 후기사유의 많은 부분을 이 시작의 해명에 할애하고 있는 이상, 여기서 우리는 시작에 관해서도 그 의의를 파악해 둘 필요가 있다. 그러나 여기서 그의 후기사유의 거대한 성과이기도 한 횔덜린, 릴케, 트라클, 게오르게 등의 시에 대해 행해진 구체적 해명에 깊이 들어갈 수는 없다. 여기서는 다만 '시인' 내지 '시작'의 본질을 그가 어떻게 이해하고 있는지를 살펴봄으로써 그가 왜 후기에 들어 시작의 해명에 그토록 심혈을 기울였는지 그 이유를 천명하고, 그리고 그의 시작 해명을 그의 철학의 전체적 구조 안에 올바로 위치지울 수 있는 근거를 마련하기로 한다. 먼저, 시인 내지 시작에 관한 그의 기본 견해가 아주 잘 표현되어 있다고 생각되는 『지인(知人)-헤벨』(1957)을 중심으로, 그리고 필요에 따라 다른 부분들도 참고하면서 그의 '시작론'에 접근해 보기로 한다.

『지인-헤벨』에서 하이데거는 우선 '요한 페터 헤벨이란 누구인가'고 묻고, 헤벨은 '지인'(Hausfreund)이라고 대답한다. 이렇게 해서 본래의 '지인'이라고 하는 말의 심원한 의미를 해명해 들어간다. 하이데거의 견해에 따르면, 지인이란 시인의 규정 내지 '시인성'(Dichtertum)을 지칭한다. 그 시인성의 핵심은 시적으로 말하는 것이다. 시적으로 말함이란 고귀케 하는 말함이라고 그는 간주한다. 고귀케 하는 말함이란 우리가 통상 세계에 관해, 인간적, 신적 사물에 관해, 보고 있는 것을 가치 있는 것으로, 그리고 비밀에 가득찬 것의 충일함으로 변모시키는 것을 뜻한다. 이러한 역할을 하는 자가 곧 '지인'인 것이다. 이것을 구체적으로 해명하기 위해 하이데거는 '지인(집안 친구)'이라고 할 때의 그 '집'이란 무엇인가를 설명한다. 집이란 물론 보통의 가옥을 말하는 것이 아니다. 그것은 '사는 것'을 위한 것이다. 이 '산다'고 하는 것을 그는 인간들이 하늘 아래, 대지 위에서, 출생에서 죽음에 이르기까지 수행하는 편력의 방식, 인간이 하늘과 대지 사이에, 환희와 고통 사이에, 일과 말 사이에, 체류하는 것이라는 의미에서의 '편력'을 그 주요 특징으로 하는 것이라고 해명한다. 이와 같이 해서 '집'은 결국 '세계'라고 해명된다. 세계란 바로 지금 말했듯이 '수많은 겹을 가진 사이'를 의미하는 한, 우리들 죽게 될 자가 사는 거처라고 규정된다.

이렇게 해서 그는 이 '세계'라고 하는 '집'에서 '본래의 집안 친구(지인)'가 누구인가 하는 물음으로 옮겨간다. 그 대답을 위한 힌트를 그는 헤벨의 문장에서부터 끌어온다. 그 문장은 다음과 같다.

> 여덟 번째로 그리고 마지막으로, 애당초 달은 하늘에 있어서 본래 무엇을 행해야만 하는 것인가. — 답. 지구가 행하는 것과 같은 것이다. 다음과 같은 것만은 확실하다. 즉 달은 그 부드러운 빛으로, 그 빛은 달에게 비치는 태양빛의 반사이거니와, 우

> 리의 밤들을 밝히고, 그리고 어떻게 소년들이 소녀들에게 입맞추는지를 지켜본다. 달은 우리들의 지구에게 있어서 고유한 지인이며, 최초의 달력의 작자이며, 그리고 다른 사람들이 잠들어 있을 때에 밤을 지키는 최고의 파수꾼인 것이다(HH 15f쪽).

이 문장에서 말하는 '달'에게서 하이데거는 본래의 지인이 갖는 의미를 읽어 낸다. 달은 어떤 자인가. 달은 지구에게 있어서 고유한 지인으로서, 비춤으로서 빛을, 더욱이 부드러운 빛을 가져온다. 또한 달은 우리들의 밤들 속으로 그 빛을 가져온다. 그러나 그것이 가져오는 빛, 그것은 달 자신이 발한 것이 아니다. 그 빛은 달이 미리 태양으로부터, 즉 그 빛남이 동시에 지구를 비추고 있는 태양으로부터, 받은 반영에 지나지 않는다. 바로 이러한 달과 같이, 지인은 말함으로써 어떤 빛을, 어떤 부드러운 빛을 가져온다. 단 이 말함은, 달빛이 태양빛의 반영이듯이, 지인에게 말해진 단어를 지인이 말하는 것이다. 즉 단어가 지인에게 말하여지고 그렇게 해서 지인이 조명되고, 이렇게 지인은 그에게 말하여진 것을 지상에 함께 사는 사람들에게 다시금 말해 준다. 이와 같은 말함에 있어서, 지인은 본질적인 것을 지켜본다. 여기서 '본질적인 것'이란 거주하는 자로서의 인간들에게 맡겨진 본질적인 것, 더욱이 사람들에게 맡겨져 있다고는 하더라도, 그들이 잠자고 있는 동안에 너무나도 쉽게 잊어 버리는 그런 본질적인 것이다. 따라서 지인은 밤의 파수꾼, 밤에 홀로 깨어 있는 자이다.

이러한 '지인'이 곧 '시인'의 본질을 나타내는 것이다. 그는 결론적으로 말한다.

> 시인은 세계를 어떤 하나의 언명(Sagen) 안에 끌어 모으고, 그 언명에 속하는 단어(Wort)는 어디까지나 어떤 하나의 부드럽게 억제된 비추임으로 머물고, 그 비침 안에서 세계는 그것이 지금 처음으로 보여지는 듯이 나타나 온다. 지인은 단순히 교훈을 주고자 하지도 않으며, 가르치고자 하지도 않는다. 그는 독자의 뜻에 맡겨, 지인이 우리와 더불어 말하기 위해 미리 마음을 기울이고 있는 본질적인 것에 독자가 스스로 마음을 기울이게 되도록 하는 것이다(HH 19쪽).

세계라고 하는 집에 있어서의 친구인 시인이 원하는 것, 그것을 하이데거는 '설교'(predigen)라고 설명한다. 물론 여기서 설교하는 자는 목사가 아니라 시인이다. 그렇다면 시인이 행하는 이 설교란 어떠한 것인가. 그는 이것을 라틴어에서 말하는 'praedicare' 즉 어떤 것을 미리 말하는 것, 그렇게 함으로써 고지하는 것, 찬양하는 것, 그리고 그렇게 해서 말해져야 할 것을 그 빛 안에 나타나 오도록 하는 것이라고 해명한다. 바로 이러한 의미에서의 설교가 '시인의 언명'(das dichterische Sagen)이 지닌 본질이라고 그는 밝힌다. 이러한 설교가 구체적으로 원하는 것은 무엇인가. 그것은, 우리들이 사는 세계를 철두철미 지배하고 있는 자연의 여러 사건들과 상태들 가운데 무엇이 고지되는지를 독자들로 하여금 깊이 생각(nachdenken)해 보게 하는 것이다.

여기서 '자연'이 문제다. 그것은 단순히 계산가능한 자연, 근대 자연과학의 대상으로서의 자연이 아니라, 그보다 훨씬 오랜 '자연의 자연성', 즉 고대의 '퓌시스', 다시 말해 모든 현성하는 것이 그 현존 안으로 나타나고 그리고 또한 그 부재 속으로 되돌아가는 것을 말한다.

그런데 한 가지 '문제'가 있다고 그는 지적한다. 그 문제란 오늘날 우리는 헤매면서 세계라고 하는 집안을 통과하지만, 그 집에는 집안 친구(지인)가 없다고 하는 것이다. 좀더 구체적으로 말하면, 기술적으로 건축된 세계라고 하는 건축물과, 더욱 근원적인 방식으로 살기 위한 거처로서의 세계, 그 쌍방에 대해 동등한 방식과 강력함으로 마음을 기울이는 지인, 자연에 관한 계산가능성과 기술을, 자연의 어떤 새로운 방식으로 경험되는 자연성이라는 열려진 비밀 안으로 이끌어 와서 간직할 수 있는 그런 지인, 그러한 지인이 '없다'는 것이다.

따라서 그는 다음과 같은 것을 체득하고 있는 '세우는 자들'(Bauende)이 필요하다고 강조한다. 즉 인간은 원자력에 의해서는 살아갈 수가 없으며 멸망할 수밖에 없다. 즉 인간은 그의 본질을 상실하지 않을 수 없다는 것, 원자력이 오직 평화적인 목적들을 위해서만 사용되고 이 목적들이 인간의 모든 목표정립과 사명에 대해 유일한 기준을 제시한다고 하는 경우에 있어서 조차도 그렇게 되지 않을 수 없다고 하는 것, 이런 점을 체득하고 있는 '세우는 자'가 필요하다는 것이다. 그러한 사람들은 사람이 산다고 하는 단순한 삶은 아직도 거주함이 아니라는 것을 숙고한다. 왜냐하면 시인적으로 인간은 이 지상에 살기 때문이다.

이렇게 해서 그는 지인 즉 시인의 구체적인 역할을 다음과 같이 규정한다. 즉 지인은 세계라고 하는 집을, 인간들이 거주하기 위해, 언어에로 가져온다는 것이다. '언어에로 가져온다'고 하는 것, 시인의 역할로서 제시된 이것은 도대체 무엇을 의미하는가. 그것은 이전에는 말해지지 않았던 것을 처음으로 단어 속으로 끌어올리고, 지금껏 은닉되어 있었던 것을 말함을 통해 나타나게 한다는 것이다. 이것은 언어가 그 자체 안에 온갖 본질적인 것 [보배]을 간직하고 있다는 것을 이미 전제하고 있다. 인간이 말하는 것은, 오직 이미 먼저 그가 언어에 경청하고 있음으로써만 가능하다. 인간이 말하는 것보다 언어 그 자체가 우위를 지니며, 그것이 비로소 인간의 말함을 가능케 한다. 본래 말하는 것은 언어이며 인간이 아니다. 인간은 그가 그때그때 언어에 응-답하는(ent-spricht) 한에서 비로소 말하는 것이다. 이러한 그의 언어관에는 언어의 단순한 도구화에 대한 강력한 비판이 엿보인다. 그는 또 다른 곳에서 "시작과 사유는 자신을 언표하기 위해서 언어를 사용하는 것이 아니다. 시작과 사유는 그 자신 원초적이고 본질적인, 따라서 또한 궁극적인, 인간을 통해서 언어가 말하는 그 말함인 것이다"(WD 87쪽)라고 말한다.

이렇게 하이데거는 '시인의 말함'을 요컨대 언어에 관련하는 인간의 관련방식으로서 생각하고 있다. 언어 그것은 완전히 감각적인 것의 심연과 최고도로 방담한 정신의 절정 사이에 놓인 길과 다리로서 표현된다. 그만큼의 깊이와 높이 그리고 그 사이의 폭을 지니는 것이다. 그러한 언어는 인간에게 하나의 근본적인 영역을 열어 준다. 이 영역이 곧 대지 위, 하늘 아래의 '세계'라고 하는 집이다. 이 집에서 인간은 거주한다. 바로 이러한 것으로서의 언어에 조명되어서 말하는 것, 그것이 곧 시작, 시적으로 말하는 것이며, 그것이 곧 인간의 본질이라는 것이다.

한편 하이데거는 「휠덜린과 시작의 본질」에서, 또다른 형태로, 그러나 내용적으로는 동일한 것을 말하고 있다. 하이데거가 휠덜린에 특히 주목하는 것은 휠덜린의 시가 시의 본질을 특별히 시작한다고 하는 시인의 사명을 담당하고 있다고 보기 때문이다.

여기서 그는 횔덜린의 다섯 시구를 실마리로 하여 다섯 가지 사실을 결론적으로 이끌어 낸다.

첫째로, 시작은 '모든 행위 중에서 가장 꾸밈없는 것이다.

둘째로, 모든 행위 중에서 가장 꾸밈없는 것의 장소인 언어는 가장 위험한 보배이다.

셋째로, 언어는 인간적 현존재의 최고의 본연(Ereignis)이다.

넷째로, 그래도 상주하는 것을 시인은 건설한다.

다섯째로, 시인적으로 인간은 이 지상에 거주한다.

이것들은 각각 무엇을 의미하는가.

첫째로, 시작이 모든 행위 중에서 가장 꾸밈없는 것이라는 말은, 그것이 '유희'의 형태로 나타나고 그 무엇에도 구속되지 않고 자신의 형상의 세계를 만들어 내며, 상상된 것의 영역에 깃들어 있기 때문이며, 결단의 심각함과 구별되기 때문이며, 현실 속에 들어가 그것을 변화시키는 행위와 전혀 무관하기 때문이며, 단순히 말하고 이야기하는 것일 따름이기 때문이며, 그런 한 아무런 작용도 없기 때문이다.

둘째로, 그것의 장소인 언어가 가장 위험한 보배라는 것은 다음을 나타낸다. ① 존재의 역사가 가능하기 위해 인간에게 언어가 주어진 한에 있어서, 언어는 인간의 보배라는 것, ② 언어가 비로소 존재자의 개현성 한가운데에 서게 되는 가능성을 부여하는 것이고, 언어가 인간이 역사적인 것으로서 존재할 수 있기 위한 보증을 주는 것이며, 언어가 있는 곳에만 세계가 있다고 하는 한에서, 언어는 인간의 보배라는 것, ③ 언어가 존재자에 의한 존재의 위협, 즉 존재협위, 또는 위험, 미혹, 존재상실이라고 하는 의미에서, 또는 그러한 위험의 가능성을 만들어 내는 한에서,

언어는 모든 위험 중의 위험이라고 하는 것, 그리고 언어는 그 자신에 있어서도 이해되고 그렇게 해서 만인에게 있어 하나의 공통된 소유물이 되기 위해 스스로를 속된 것(gemein)으로 만들지 않으면 안 되는 한, 자신에게 가장 고유한 것, 진정으로 말하는 것을 위험에 빠뜨리지 않을 수 없다고 하는 것 등이다.

셋째로, 시작의 장소인 언어가 인간적 현존재의 최고의 본연이라는 것은, 신들이 우리를 '대화'에로 가져다 준 이래 우리들 현존재의 근거는 대화라고 하는 것, 다시 말해 언어는 본래 대화로부터 비로소 생기한다고 하는 것, 즉 언어의 본질은 처음부터 이미 대화라고 하는 것을 의미한다.

넷째로, 상주하는 것을 시인은 건설한다고 하는 것은 다음을 의미한다. 즉 상주하는 것, 척도, 존재 등은 언제나 이미 목전에 존재하는 것이 아니고, '달아나기 쉬운 것'(das Flüchtige)이라고 하는 것, 따라서 그것은 달아나지 않도록 '확립'(Stehen)되지 않으면 안 된다. 다시 말해 그것은 쟁취되고, 방어되고, 개현되지 않으면 안 된다는 것을 가리킨다. 이것은 언어에 의한(worthaft) 존재의 수립으로서 규정된다. 즉 시인은 [그 시작에 있어서] 신들을 부르고 또한 모든 사물을 그 존재하는 바에 있어서 부른다. 즉 이 부름에 있어서 존재자는 비로소 그것이 그러한 바의 것에로 불려지고, 그렇게 해서 존재자로서 알려진다는 것이다. 시작은 언어에 의한 존재의 수립이다.

다섯째로, 시인적으로 인간은 이 지상에 산다고 하는 것은, 현존재가 그 근거에 있어서 '시인적'임을 말한다. 시작이 신들과 사물의 본질을 수립하면서 부르는 것인 한, 시인적으로 산다는 것은 신들의 현재 안에 선다고 하는 것, 그리고 사물의 본질 가까이에 관련하고 있다는 것을 의미한다. 따라서 그것은 성과가 아니라 선물이며, 현존재에 딸린 장식품도, 이따금씩 떠오르는 영감, 흥분, 오락 등도, 문화현상도, 문화정신의 단순한 표현도 아니다.

이상을 종합해 보면, 그가 왜 시작의 해명을 존재사유의 방편으로 선택했는지를 이해할 수 있다. 시작은 결국 세계, 자연, 신들, 상주하는 것, 언어 그 자체, 이러한 것들로서의 존재의 모습에 관심을 기울인다. 더욱이 그것은 그 존재 자체에 조명되어서 말을 한다. 그리고 이 말함으로써 본질적인 것들을 드러내고, 수립한다. 그렇게 해서 그 진실을 망각하고 있는 타인들에게 그것을 주목하게 한다. 시작은 인간의 순수무구한 본질적 존재방식이다. 즉 언어를 매개로 한, 존재에 대한 인간의 언어적 관련방식의 하나, 바로 이것이 시작인 것이다. 이러한 것이기 때문에 그 시작에 대한 해명이 존재이해와 연결될 수 있는 것이다.

Ⅳ. 하이데거의 전기사상

하이데거의 철학이라고 하는 거대한 주제에 접근해 들어갈 때, 편의상 그것이 '무엇을' 다루고 있으며, '어떻게' 다루고 있으며, '왜' 다루고 있는가 하는 문제권역을 설정하는 것이 전체를 일목요연하게 이해하는 데에 큰 도움이 될 수 있다. 지금까지 우리는 그 중 어떻게와 관련된 문제를 비교적 상세하게 살펴보았다. 이제 본격적으로 무엇을 그가 다루고 있는지 그 핵심에 접근해 들어가기로 하자.

1. 『존재와 시간』의 기본구상

1) 『존재와 시간』의 의의

우리는 무엇보다도 먼저 그의 대표작인 『존재와 시간』(*Sein und Zeit*)을 주목하지 않으면 안 된다. '하이데거의 철학'에 있어 『존재와 시간』은 아주 특별하다. 우선 그 의의를 짚어 두기로 하자.

이미 널리 알려진 대로 『존재와 시간』은 현대 특히 20세기 전반의 가장 대표적인 철학서 중의 하나라고 할 수 있다. 특히 그 사상의 밀도와 독창성, 깊이와 넓이, 치밀한 구성과 독특한 언어, 뛰어난 설득력과 광범위한 영향 등에 있어서는 단연 '첫째가는 책'으로 평가받을 수도 있다. 사실 이 책은 철학사의 전개에서 큰 전환점을 제공했다고 말할 수도 있다. 그런 점에서 이것은 이미 고전의 반열에 올라 있다고 해도 결코 과언이 아니다.

뿐만 아니라 이 작품은 하이데거 자신의 철학체계내에 있어서도 가장 결정적인 위치를 차지하는 '주저'로 평가된다. "이 작품을 통과하고서만 존재문제에로의 접근도 가능하고, 또…후기저작들에로의 접근도 가능하다"[41]는 하이데거 자신의 강조대로 이 작품의 중요성은 결코 부인될 수 없는 것이다.

사실 발표되자마자 압도적인 평가를 받아 "마치 번개와도 같이 번뜩여 눈깜짝할 새에 독일 사상계의 형세를 바꾸었다"고도, 또 전세계의 사상계에 "이상한 흥분을 불러일으키고", "전광석화와 같이 성공을 거두었다"(미쉬의 말)고도 전해지는 『존재와 시간』은 하이데거가 그의 수업시대를 마무리하는 교수자격논문 『둔스 스코투스의 범주론과 의미론』 및 시험강의 『역사학에 있어서의 시간개념』(1915)을 발표한 후 11년 동안의 침묵 끝에 내놓은 사실상의 학문적 독립선언이었다.

이것은 당초 후설이 주관하는 『현상학 연구 연보』 제8권(1927, 하이데거 38세)에 '전반'(Erste Hälfte)이라는 꼬리를 단 채 발표되었다.

41) 전집판 『존재와 시간』의 '후기'(GA2, 583쪽) 참조.

그 벽두에서 하이데거는 "존재의 의미에 대한 물음의 대답이 주어져 있지 않다"고 전제하고, 따라서 "'존재'의 의미에 대한 물음을 구체적으로 다듬는 것"이 『존재와 시간』의 '의도'이며, "모든 존재이해 일반이 가능해지는 지평으로서의 '시간'을 해석하는 것"이 그 우선적인 '목표'라고 선언한다.

하이데거는 이 주제를 구체적으로 수행해 나가기 위한 당초의 계획을 제8절에서 제시하고 있다. 이것에 의하면 존재문제의 검토는 두 개의 과제로 나누어지며, 그에 따라 저술도 2부로 나누어진다.

제1부는 '시간성을 지향하는 현존재의 해석 및 존재에 대한 물음의 초월론적 지평으로서의 시간의 해명'이고, 제2부는 '존재시간성(Temporalität)의 문제성을 길잡이로 하는, 존재론의 역사의 현상학적 해체의 개요'이다.

그리고 이들은 각각 세 편으로 나뉘어져, 제1부는 현존재의 예비적 기초분석(제1편)/ 현존재와 시간성(제2편)/ 시간과 존재(제3편)로 되어 있고, 제2부는 칸트의 도식론과 존재시간성이라는 문제의 전 단계인 칸트의 시간론(제1편)/ 데카르트의 '코기토 숨'의 존재론적 기초와 '레스 코기탄스'의 문제성내에 중세 존재론을 계승하는 것(제2편)/ 고대 존재론의 현상적 토대와 한계의 판별기준인 시간에 관한 아리스토텔레스의 논술(제3편)로 되어 있다.

그런데 이 계획의 완수에 하나의 차질이 생겨났다. 즉 주지하는 대로 위의 계획은 '전반'이라는 꼬리를 단 채 제1부 제2편까지만이 제공되었고, 제1부의 제3편 및 제2부 전체가 유보되어 버리고 만 것이다.

당초 하이데거는 존재문제를 풀어 나가기 위해 막연하게나마 존재이해를 갖고 있는 현존재라고 하는 존재자(즉 인간)를 그 실마리로 삼는다. 이렇게 해서 우선 현존재 자신의 존재방식을 해명하는 작업—'현존재의 실존론적 분석론'을 전개해 나간다. 그 결과 그는 현존재의 존재의미가 '시간성'임을 밝혀 내고, 이로써 존재문제에 대한 답을 얻기 위한 지반을 마련한다.

그러나 이것으로 존재일반의 의미 그 자체가 얻어졌다고 할 수는 없으므로, 그는 이상의 성과를 바탕으로 다음과 같은 점에서 논의를 진행시켜 나가고자 했다. 즉 현존재의 존재의미인 '시간성'(Zeitlichkeit)에 대해 존재일반의 의미인 '시간적 성격'을 '존재시간성'(Temporalität)이라 하는데, 이 존재시간성을 해명함으로써 '존재의 의미'에 대한 물음의 구체적 해답이 얻어질 수 있다는 것이다. 이것이 다름 아닌 제1부 제3편에서 수행될 계획이었다.

그런데 바로 이 계획이 유보되고 만 것이다. 그러니까 현재 우리에게 주어진 『존재와 시간』은 그 벽두에서 선언된 당면의 목표를 정작 본격적으로 논의해야 할 직전의 단계에서 미완으로 끝난 것이다.

많은 사람들이 그 후반을 기대했으나, 그것은 당초 계획된 모습으로서는 끝내 주어지지 않았다. 뿐만 아니라, 1953년의 제7판에서는 그 '전반'이라는 단어조차 삭제되고, 후반의 계속적인 집필은 전반이 새로이 서술되는 일이 없이는 불가능하다고 하여, 그 포기가 공식적으로 선언되고 말았다. (그러나 알려진 바에 따르면 하이데거는 당초 유보된 부분의 원고 일부를 작성하였었다. 하지만 본인 스스로 만족할 수 없었기 때문에 이를 소각하였다고 한다. 그후 이 부분을 둘러싸고 오해와 논란이 일자 하이데거는 뒤늦게 '오해를 불식시키기 위해서는 그것을 그대로 두는 것

이 나왔을지도 모른다'면서 후회한 적이 있다—전집 66권 『성찰』의 「후기」 참조)

그러나 하이데거는 『존재와 시간』 발표 직후인 1927년 여름학기에 마르부르크에서 『현상학의 근본문제들』(전집 24권)이라는 제목으로 강의를 행하는데, 그 난외 주에서 이것이 '『존재와 시간』 제1부 제3편의 새로운 정리'라 명기되어 있고, 또 그 편집후기에도 같은 내용을 하이데거가 말한 적이 있다는 편자의 보고가 있어 우리의 주목을 끈다. 그러나 이 책 또한 당초 계획의 일부만이 발표된 채 미완성으로 끝나 있으며, 그 자신의 말대로 '『존재와 시간』 제1부 제3편의 새로운 정리'라기보다는 『존재와 시간』 전체의 새로운 구성이며, 그 발표된 부분 중 제1부가 『존재와 시간』 제2부에, 그리고 제2부의 일부분이 『존재와 시간』 제1부 제3편에 해당하는 것으로 보는 것이 나을 듯하다. 따라서 우리는 이것을 『존재와 시간』의 보완편으로 생각할 수도 있을 것이다.

그 이후 하이데거의 사유는 새로운 양상을 띠어 이른바 후기사유가 전개되어 나가며, 이와 관련하여 이른바 '전환'이 활발하게 논의되기에 이른다. 이 문제는 하이데거의 철학을 전체적으로 이해하고자 할 경우 반드시 짚고 넘어가야 할 사항이므로 뒤에서 따로 논의하기로 한다. 아무튼 『존재와 시간』에 그의 중심사상이 압축되어 있다는 데는 이론의 여지가 없으므로 이하 그 내용을 천착해 보기로 한다.

2) 『존재와 시간』의 근본취지

『존재와 시간』에서 하이데거는 무엇을 다루고자 하는가. 단적으로 말해 그것은 '존재'(Sein)이다. 하이데거는 여기서 '존재란 무엇인가' 하는 물음을 제기하며, 그에 대한 대답을 진지하게 모색해 나간다. 그는 이 존재라는 것이 철학의 시발단계에서부터 철학자들을 사유 속으로 내몰았던 진정한 문제였으며, 그럼에도 불구하고 그 문제에 대한 대답이 주어져 있지 않을 뿐 아니라, 역사의 진행과정에서 이 문제가 더이상 묻지 않아도 좋을 그런 진부한 것이 되어 버렸다고 지적한다. 따라서 이 물음을 새삼스럽게 제기할 필요가 있다는 것이 『존재와 시간』을 펼쳐 가는 그의 출사표인 것이다. 이러한 그의 기본적인 의도가 『존재와 시간』의 벽두에 선언적으로 내걸려져 있다.

> '왜냐하면 존재한다는 표현을 쓸 때 여러분이 본래 의미하려는 바를 여러분은 이미 오래 전부터 알고 있었음이 분명하기 때문이다. 우리도 전에는 그것을 이해한다고 믿고 있었다. 그러나 지금 우리는 당혹감에 빠져 있다.' 오늘날 우리는 '존재한다'는 말의 본래의 의미가 무엇인가라는 물음에 대답할 수 있는가? 결코 아니다. 그렇다면 존재의 의미에 대한 물음을 새롭게 제기할 필요가 있다. 우리는 오늘날도 여전히 '존재'라는 말을 이해하지 못하는 당혹감에만 빠져 있는가? 그렇지도 않다. 그렇다면 무엇보다도 먼저 이 물음의 의미에 대한 이해를 다시 일깨우는 것이 필요하다. '존재'의 의미에 대한 물음을 구체적으로 수행하는 것이 아래 논문의 의도이다. 시간을 모든 존재이해 일반의 가능한 지평으로서 해석하는 것은 이 논문의 당면 목표이다.

이 말에서 우리는 하이데거가 '무엇을' 문제삼고자 하며, '왜' 그것을 문제삼고자 하는지를 명백히 이해할 수 있다. 이러한 근본취지를 염두에 두고 이제 그 구체적인 전개를 추적해 보기로 하자.

3) 존재물음의 중요성

먼저 존재 내지 존재의 의미에 대한 물음이 왜 중요하며 왜 필요한가 하는 것을 좀더 자세히 설명해 두는 것이 좋겠다. 이러한 설명은 직접적-적극적 이유와 소극적-간접적 이유라고 하는 두 가지 방향에서 이루어질 수 있다.

첫째, 이 물음이 '하나의 두드러진 물음', '기초적 물음 바로 그것', '특유의 물음', '가장 원리적이고 가장 구체적인 물음'으로서 '결코 임의적인 것이 아니다'라고 하는 점, '이 물음의 유래가 경외롭다'는 점이다. 그는 이 물음이 일찍이 사유의 최고의 긴장 속에서 현상들로부터 쟁취되었던 것이며, 플라톤과 아리스토텔레스의 연구를 숨가쁘게 하였던 것이라고 이해하고 있다. 또한 이 물음은 감추어진 것으로서 고대의 철학적 사유를 동요시켰으며 동요 속에 붙잡고 있던 것이다. 따라서 이 물음은 고작 가장 일반적인 보편성에 관한 허공에 뜬 사변에 불과한 그런 물음이 아니다. 요컨대 존재물음은 그 자체가 하나의 특별한 물음이기 때문에 물어져야 한다.

둘째, 이 물음이 그런 특별한 물음인데도 불구하고, ① 이 물음이 제기되어 있지도 않으며, ② 그 답이 주어져 있지도 않으며, ③ 더욱이 그것을 제기할 필요가 없다는 선입견마저 있다고 하는 것이다. 존재물음을 새롭게 제기해야 할 삼중의 사정이 있는 셈이다. 하이데거의 지적을 들어보자. "존재에 대한 물음은 오늘날 망각 속에 빠져 있다"고 그는 단언한다. 초창기에는 이 물음이 진지하게 물어졌지만 그 이후로—실제적 탐구의 주제적 물음으로서는—침묵해 버리고 말았다는 것이다. 그렇게 이 물음은 오랫동안 진부한 것이 되고 말았다. "우리가 그때마다 이미 존재이해를 가지고 살고 있건만 존재의 의미는 동시에 어둠 속에 묻혀 있다". "존재에 대한 물음에는 아직 대답이 없을 뿐 아니라 물음 자체까지도 불분명해서 방향을 잡지 못하고 있다". 요컨대 만족할 만한 물음제기가 일반적으로 결여되어 있다는 것이다. 물음의 중요성에도 불구하고 사정이 이러하니 새롭게 묻지 않을 수 없는 것이다. 그리고 이 물음에는 명쾌한 대답이 아직도 주어져 있지 않다. "우리는 '존재'가 무엇을 의미하는지 [명시적으로] 알지 못한다"고 그는 단언한다. 따라서 "그 물음을 반복해야 할 필요성의 동기는…무엇보다도 특정한 대답이 없다는 점에…있었다"고 그는 진단하는 것이다. 뿐만이 아니다. 그럼에도 불구하고, 즉 제대로 된 문제제기도 제대로 된 대답도 없으면서 사람들은 심지어 '존재를 둘러싼 거인들의 싸움' 즉 존재물음을 새로 불붙이려는 노력을 안 해도 되는 것으로 간주하고 있다고 그는 꼬집는다. "존재해석을 위한 그리스적 단초들의 지반 위에서 하나의 독단 즉 존재의 의미에 대한 물음은 부질없는 것이라고 선언할 뿐 아니라 더욱이 이 물음을 등한히해도 좋다고 시인하는 독단이 형성되었다"는 것이다. "이제는 백일하에 자명한 것으로 되어 버렸고, 그 결과 아직도 그것에 대해 묻는 자가 있다면 그는 어떤 방법적 실책을 범하고 있다고 비난받고 있다"는 것이다. 이러한 뿌리깊은 선입견이 사람들을 존재물음에서 멀어지도록 호도하고 있는 것이다.

바로 이러한 사정에 있기 때문에 그 '존재물음'은 중요한 것이며, 또한 그것을 새삼스럽게 제기할 필요가 있다는 것이다. 이로써 우리는 그의 문제제기가 결코 자의적인 것이 아님을 확인하게 된다. 그러면 하이데거는 이 '존재'를 어떠한 것으로 해명하고 있는가. 그의 구체적인 성과를 살펴보자.

2. 존재의 개념

존재의 의미를 해명하기 위해 하이데거는 앞서 살펴본 방법론들을 가지고 먼저 '현존재 분석'을 구체적으로 수행해 나간다. 그 구체적 수행의 결과, 그는 현존재의 존재가 '마음씀'이라는 것, 그리고 그 '의미'가 '시간성'이라는 것을 밝혀 내며, 이로써 존재문제에 대한 답을 얻기 위한 지반을 확보한다. 그러나 지반을 확보한 것이 곧 존재일반의 의미 그 자체를 획득한 것은 아니므로, 그는 이 지반을 딛고서 존재일반의 의미에 도전해 나가고자 했다. 그런데 이러한 그의 의도는 이미 보았듯이 본론에 들어가기 직전의 단계에서 중단되었고, 또한 그 속개가 포기됨으로써, 미완인 채로 완결되고 말았다. 그러한 한, 존재의 해명을 의도했던 『존재와 시간』에서는 결국 그 결과가 주어지지 못한 꼴이 된다. 그렇다면 『존재와 시간』에서 우리는 존재의 의미에 관련된 어떠한 결실도 얻어 낼 수 없다는 말인가. 반드시 그렇지만은 않다. 비록 본격적이고 체계적인 형태로 그 대답이 주어지지는 않았다고 할지라도, 『존재와 시간』의 행간에는 존재에 관련된 풍부하고도 심도있는 시사가 사금처럼 깔려 있다. 그러한 것들을 간단한 형태로나마 정리해 보자.

1) 기본적 사실

『존재와 시간』에서는 존재와 관련하여 우선 몇 가지 예비적이고도 기본적인 사실들이 눈에 띈다. 이 사실들은 존재라고 하는 주제를 어떠한 방향에서 생각해 나가야 할지를 알려 준다. 그것을 간략히 정리하면 다음과 같다.

① "존재일반이라고 하는 '이념'의 근원과 가능성은 형식논리학적인 '추상화'의 절차에 의해서는…결코 탐구될 수 없다". 이것은, 일반적으로 형식논리학이 말하는 존재개념에는 정당성이 결여되어 있다고 하는 하이데거의 견해로 간주할 수 있다. 즉 존재란 형식논리학에서 말하고 있듯이 표상과 비교와 추상의 과정을 거쳐서 다시 말해 이러저러한 '존재들'의 공통점과 차이점을 판별하고 특유성을 내버리고 공통점만을 끄집어낸다고 하는 과정을 거쳐서, 종합되고 명명된 하나의 명사로 끝나는 것이 아니라는 말이다. 존재물음에 있어서는 물음과 대답 그 자체에 확고한 지평이 있어야만 된다.

② 그리고 위와 관련된 이야기이지만, "'존재'는 유(類, Gattung)가 아니다". 논리학은 존재자가 유와 종에 따라서 개념적으로 분절되어 있는 계통을 전제하고, 그 계통의 최상부에 최고유개념으로서 존재를 설정하여 이를 '가장 보편적'인 것이라고 설명한다. 하지만 존재는 단순히 그러한 성격의 것이 아니다.

이상과 같이 '존재'는 일단 논리학적으로 접근될 성격의 것이 아니라는 점이 드러난다.42)

---

42) 하이데거에게는, 초기의 수학기를 제외하고는, 일종의 '논리학 불신'이라는 기조가 강하게 지배하고 있다(ID 전체, SZ 10, 129쪽, SD 22쪽 등 참조).

③ 그런데 위에서 말하듯이 '존재'가 단순히 '존재자'의 최상부에 놓여지는 것이 아니라면, 존재와 존재자의 관계는 어떠한 것인가. 그는 "존재는 항상 어떤 존재자의 존재이다"라고 말한다. 그러나 동시에 그는 존재는 존재자의 한 유(類)가 아니고, 존재는 존재자로서 개념적으로 파악될 수 없으며, 존재는 존재자와 같은 그러한 것은 아니다라고 단언한다. 존재는 모든 존재자를 초월하는 것이며, 존재는 '초월 그 자체'이다. 이 점이 그가 강조해 마지않는 소위 '존재론적 차이'(ontologische Differenz), 즉 '존재와 존재자의 구별'(GP 321쪽)인 것이다. 이렇게 존재는 '존재자'와는 근본적으로 다른 것이다. 하이데거는 이 점을 여러 곳에서 힘주어 강조한다. 전통적인 존재이해는 이 근본적인 사실을 제대로 파악하지 못하였으며, 그것이 존재이해를 오도해 온 측면이 있다고 그는 보는 것이다.

그러나 존재는 어디까지나 존재자의 존재이며, 존재자를 존재자로서 규정하는 바의 것, 존재자가 그것을 기반으로 해서 그 때마다 이미 이해되고 있는 바로 그것이다. 즉 존재는 존재자와 전혀 무관한 것도, 또 전적으로 동일한 것도 아니라는 것이다. 올바른 존재이해를 위해서는 우선 이 양자의 올바른 관계를 제대로 파악해 두어야 한다.

④ 존재는 일단 모든 인식작용, 진술작용에 있어서, 존재자에 관련하는 모든 태도에 있어서, 자기 자신에 대해 취하는 모든 태도에 있어서 사용되고, 따라서 '하늘은 푸르다'(Der Himmel *ist* blau), '나는 기쁘다'(Ich *bin* froh)라는 진술 가운데서도 표명되며, 그 때 '평균적'으로 '이해'되고 있는 것이다.

이 말은, 그러한 이해가 아직 평균적이며 따라서 그 참된 의미는 암흑에 싸여 있어서 결코 자명한 것이 아니라는 뜻이지만, '존재'(있다 또는 이다)가 '여러 가지 의미로' 사용되고 있다는 것과도 관련이 있다. 즉 "우리들은 많은 것을 또 여러 가지 의미에 있어서 '존재한다'라고 부르고 있다. 우리들이 말하는 것, 우리들이 생각하는 것, 우리들이 이러저러한 태도를 취하는 것, 이것들 모두가 존재하며, 우리들 자신의 본질과 상태도 존재한다. 존재는 존재사실과 존재상태 안에, 실재성, 사물적 존재성, 존립, 타당, 현존재 안에, 또 '주어져 있다'(Es gibt)고 하는 것 안에, 놓여져 있다".

존재의 다양한 의미를 일단 인정하는 듯한 하이데거의 이 언급은, 실은 『존재와 시간』내에서 숨쉬는 존재개념을 이해하는 데 하나의 결정적인 방향을 암시하고 있다. 즉 하이데거 자신도 『존재와 시간』에서 위의 것들을 포함한 다양한 의미로 존재개념을 사용하고 있다.

⑤ 존재의 다양한 의미는 구체적으로 어떻게 전개되어 있는가. 이 점을 알기 위해 우리는 먼저, 그가 '존재자'들을 어떻게 구별하고 있는지를 이해해야 한다. 존재란 존재자와 근본적으로 구별되지만, 일단 존재자의 존재이며, 따라서 존재자 자체가 다양함에 따라 그 존재자들의 존재 역시 제각기 달라지는 것이다. 『존재와 시간』에서 하이데거는 존재자들을 기본적으로 두 가지 영역 속에 편입시킨다. 즉 그에 따르면, 모든 존재자는 '현존재'(Dasein)라는 성격의 존재자(즉 인간)이거나, '비현존재적 존재자'(nicht daseinsmäßiges Seiende)이거나이다. 하이데거에 있어서는 이렇게 '현존재'와 '비현존재적 존재자', '현존재'와 '세계내부에서 만나게 되는 존재자', '누구'(Wer)라는 방식을 취하는 존재자와

'무엇'(Was)이라는 방식을 취하는 존재자라는 날카로운 구별이 그 근본에 있어 존재하는 것이다(SZ 45절, 18절, 21절, 83절 참조). 그는 이 중 후자, 비현존재적 존재자를 다시 둘로 구별한다. 그 중 하나가 '도구적 존재자'(또는 用在者, das Zuhandene)이고, 또 하나가 '사물적 존재자'(또는 前在者, das Vorhandene)이다(SZ 18절, 21절, 66절 참조). 그러나 이 양자는 완전히 단절된 별개의 것은 아니다. 사물적 존재자도 그것이 인간 현존재에 의해 사용이 되는 경우에는 도구적 존재자가 되며, 도구적 존재자도 사용되지 않고 그저 놓여져 있기만 하는 경우에는 사물적 존재자가 된다. 예컨대 빗자루 같은 도구도 못 쓰게 되어 창고에 처박혀 있는 경우라면 사물적 존재자가 되며, 돌멩이 같은 사물도 그것으로 못을 박는 경우라면 도구적 존재자가 된다. 이렇게 양자는 서로 변환가능한 것이다. 그러나 양자의 존재성격은 명확히 구별된다.

따라서 『존재와 시간』에 있어서는 '현존재의 존재', '도구적 존재자의 존재', '사물적 존재자의 존재'라는 모습으로 '존재'가 사용되고 있다(SZ 88쪽 참조).

이 중 현존재의 존재가 실질적인 주제를 이루지만, 이는 집중적인 논의를 위해 잠시 뒤로 미루고, 우선 도구적 존재자의 존재와 사물적 존재자의 존재가 어떻게 이해되고 있는지를 간단히 살펴보자. (그러나 우리는 이것들이 어디까지나 '세계-내-존재'라고 하는 현존재의 존재틀을 밝히려는 맥락에서 존재론적 관심의 대상이 된다는 것을 잊어서는 안 된다.)

⑥ 사물적 존재자의 존재, 즉 '사물적 존재'(Vorhandensein, Vorhandenheit)란 무엇인가. 그것은 그야말로 사물적 존재자가 사

물적으로 존재한다고 하는 그 존재성격, 즉 우리가 전통적으로 'existentia'라 불렀던 것을 말한다. 그러면 사물적 존재자란 어떤 것인가. 하이데거는 이것을 '우선 만나게 되는 세계내부적인 존재자[도구적 존재자]를 독자적으로 드러내면서 지내는 가운데 눈앞에 발견되고 규정되게 되는 바로 그 존재자'라고 성격짓는다. 이를테면 길바닥에 나뒹구는 돌멩이나 창고 구석에 처박혀 있는 못 쓰게 된 빗자루 같은 것이 그런 것이다. 인간들의 관심 내지 사용으로부터 단절된 그런 것들의 존재방식이 곧 사물적 존재이다. 이 존재는 사물적 존재자 자신에게 있어서는 아무래도 좋은 것이란 성격을 갖는다. 좀더 엄밀히 말해, 사물적 존재자는 자신에게 있어 그 존재가 아무래도 좋은 것일 수도 없으며, 아무래도 좋지 않은 것일 수도 없다고 하는 식으로 '존재'하고 있는 것이다. 스스로가 그 자신에게 있어 전혀 문제되지 않는다는 말이다.

그러한 것으로서 사물적 존재자[사물]는, '사물성, 실재성', 나아가서는 '실체성, 물질성, 연장성, 병존성'이라는 존재성격을 갖기도 한다. 또 이러한 규정들은 이른바 진술의 명제적인 '로서'(Als)에 의해 규정되는 면을 갖는다.

이상과 같은 '사물적 존재성'이 말하자면 '사물적 존재자'의 '존재'로서 하이데거에게는 이해되어 있다.

⑦ 그리고 『존재와 시간』에 따르면, 위의 사물적 존재자와 근본적인 차이를 갖는 존재자로서 '도구적 존재자'가 있다. 이는 우리 인간이 일상성에 있어서 우선 만나게 되는 세계내부적인 존재자로서 배려적으로 마음쓰여지는 것 일반을 가리킨다.(배려(Besorge)란 고려(Fürsorge)와 대비되는 것으로 우리들 현존재가 일

상성에 있어서 비현존재적 존재자에 관련하는 태도·방식을 가리킨다.) 그러나 이것은 단지 사용을 위해 인간들이 만든 소위 도구(Zeug)[망치나 청소기 같은 것]만을 의미하는 것은 아니다. 환경세계를 이루는 자연조차도 일차적으로는 도구적 존재자로서 만나게 된다. 예컨대 빗물이나 햇빛 같은 것도 도구나 연장은 아니지만 그것이 인간들의 농사에 소용되는 경우는 도구적 존재자가 되는 것이다. 강물도 예컨대 낚시나 발전을 위한 것이 되며, 바람도 항해나 비행을 위한 것이 된다. 도구 자체가 하나의 전형적인 도구적 존재자임은 말할 것도 없다.

이러한 '도구적 존재자'에 원천적으로 귀속되는 여러 존재성격, 존재방식, 존재양식, 그리고 단적으로 '존재'가 '도구적 존재성'(Zuhandenheit)이라고 그는 말한다. 이의 해명을 그는 『존재와 시간』에서 시도하고 있다. (이것은 앞서 말했듯이 그것을 해명함으로써 세계라고 하는 것의 구조[즉 세계성]를 명시하기 위함이며, 나아가 '세계-내-존재'라는 현존재의 존재틀을 밝히기 위한 것이다.)

그 해명의 내용을 간단히 살펴보자. 도구적 존재자는 '무엇무엇하기 위한'(Um-zu) 수단이 되는 것이다. 예컨대 망치는 못을 박기 위한 것이고 의자는 앉기 위한 것이고 숫가락은 밥을 먹기 위한 것이다. 이 '무엇무엇하기 위한'이라는 특성은 갖가지 도구적 존재자를 연쇄적으로 '지시'(Verweisung)하여, 도구가 하나의 전체적인 지시연관을 이루어 존재하며 그 속에서 제 역할을 수행한다는 것을 알려 준다. 예컨대 망치는 못을 박기 위함을 지시하고, 못은 목재를 짜맞추기 위함을, 목재는 테이블을 만들기 위함을, 테이블은 식사를 하기 위함을 지시하는 것이다. 이러한 성격이 곧 지시연관인 것이다. 이 '지시'라는 구조가 또한 도구적 존재자의 '존재'라고 그는 말한다.

그리고 이 지시라는 현상은, 도구적 존재자의 적용이라는 면에서, 새로이 '적재성'(Bewandtnis)으로 해명되는데, 이것이 또한 도구적 존재자의 존재성격 내지 세계내부적 존재자의 '존재'로 규정받는다. 적재성이란 도구적 존재자가 어떠어떠한 사정 또는 상황 속에서 그에 적합하도록 존재한다는 것을 가리킨다. 다시 말해 그것은 무엇무엇을 가지고(mit)[망치질] 어떠어떠한 일 내지 경우에(bei)[못박기] 적용되기 위해서 존재한다는 것이다. 어디에 적용되는가 하는 이 적재성이야말로 도구를 도구이게 하는 소이라고 할 수 있다. 이러한 적재성을 전체적으로 보면 모든 도구적 존재자의 최종 도달점 즉 '궁극목적'(Worumwillen)이 결국 '현존재의 존재'임을 알 수 있다. 예컨대 망치는 못질에, 못질은 판자 고정에, 판자 고정은 벽 만들기에, 벽 만들기는 대피소 건설에, 대피소 건설은 악천후로부터 '인간 현존재'를 지키기에 적용되는 것이다.

그런데 하나의 도구에서 그 지시연관을 따라 궁극목적인 현존재의 존재에 이르는 이 과정을 뒤집어 보면, 또는 거슬러 내려오면, 거기서 도구적 존재자의 '유의미성'(Bedeutsamkeit)이라는 것이 드러나게 된다. 하이데거는 이것을 '세계의 세계성'(Die Weltlichkeit der Welt)이라고 규정한다. 유의미성이란 무엇무엇이 어디어디에 적용됨으로써 그 어디어디에가 무엇무엇을 의미있게 하는 사태를 가리킨다. 예컨대 궁극목적인 현존재의 존재가능은 악천후에 대한 대피소를 의미있게 하고, 대피소는 판자벽을 의미있게 하고, 판자벽은 못을 의미있게 하고, 못은 망치를 의미있게 하는 것이다. 의미있게 하는 이러한 작용 전체가 바로 유의미성인 것이다. 현존재가 있음으로써만 이러한 의미연관이 드러난다. 만일 현존재가 존재하지 않는다면 망치든 못이든 아무 소용이 없고 의미도 없는 것이다. 이와 같이 『존재와 시간』에서 사용되는 비현존재적 존재자의 존재도 결국은 현존재의 존재와 연결되고 있음을 우리는 충분히 주의할 필요가 있다.

이상을 간단히 정리하자면 다음과 같다. 즉 『존재와 시간』에서는 '존재'와 관련하여, 그것이

① 논리학적인 추상에 의해 얻어지는 그런 것이 아니라고 하는 것,
② 이른바 최고유개념도 아니라고 하는 것,
③ 그러나 그것은 존재자와는 근본적으로 다르다고 하는 것,
④ 일단 존재자의 존재로서 다양한 의미를 가질 수 있다고 하는 것,
⑤ 그러한 것으로서 실제로 현존재의 존재, 사물적 존재자의 존재, 도구적 존재자의 존재 등이 언급되고 있다는 것,

이러한 것들이 우선 눈에 띄는 것이다. 우리는 이러한 점들을 먼저 예비적으로 파악해 두지 않으면 안 된다.

2) 중심적 사실: 현존재의 존재

이상과 같은 기본적인 '존재' 이해를 바탕으로 우리가 가장 주목해야 할 부분은 바로 '현존재의 존재'(Sein des Daseins)이다. 왜냐하면 실제로 『존재와 시간』을 가장 강력하게 지배하고 있는 존재의 개념은 역시 '현존재의 존재'이기 때문이다. 『존재와 시간』에서 하이데거는 바로 이 현존재의 존재를 실질적인 주제로

삼아 집중적으로 해명하고 있다. 사실상 『존재와 시간』을, 그리고 그것을 쓴 하이데거를 그토록 유명하게 하고 그토록 광범위한 영향을 끼치게 한 것도 일차적으로는 바로 이 현존재의 존재에 대한 분석인 것이다. 그의 존재론적 관심이 이렇게 현존재의 분석에서 출발하고 그것에 집중되는 것은 그만한 이유가 있다. 그 이유란 존재문제에서 현존재가 그만큼 특별한 위치에 놓여 있다는 것이다. 즉 이미 앞장에서 살펴본 대로 현존재는 하나의 '범례적 존재자'(exemplarisches Seiende)로서 '우위'(Vorrang)를 지닌 존재자인 것이다. 어떤 점에서 그런가. 하이데거의 가장 근본적인 문제는 존재의 의미에 대한 해명이었다. 그런데 이 과제를 수행하기 위해서는 이 물음을 받는 존재가가 올바로 설정되어야 한다. 이 물음을 받기에 합당한 존재자가 곧 현존재(Dasein)인 것이다. 왜냐하면 존재의미의 해명을 위해서는 전혀 아무것도 모르는 상태에서 출발할 수는 없고 막연하게나마 존재이해를 지니고 있는 존재자에게 물어서 그 막연한 존재이해를 철저화시킴으로써 궁극적인 존재해명에 도달해야 하는데, 현존재가 바로 그러한 존재이해를 지니고 있는 유일한 존재자인 것이다. 현존재는 다른 존재자들과는 근본적으로 달리 자신의 존재가 그 스스로에게 문제가 되는 그런 존재구조(실존)를 가진 존재자이다. 존재에 대해 어떤 태도를 취하는 자가 현존재인 것이다. 그런 점에서 현존재는 특별하다. 이런 특별한 성격 때문에 하이데거는 현존재를 현존재라고 부른다. 현존재란 쉽게 말해 우리들 자신인 '인간'을 가리킨다. 그 인간을 그저 단순히 인간이라고 부르지 않고 '현존재'(Dasein)라고 부르는 것은 왜인가. 그것은 인간에게서 존재가 제 모습을 드러낸다는 것, 즉 인간을 존재(Sein)가 드러나는 장

(Da)이라고 파악하기 때문이다. 모든 존재자들 가운데 오직 현존재만이 존재에 관련한다. 그런 점에서 현존재는 특별하다. 하이데거가 존재의 의미를 해명하기 위해 먼저 현존재의 분석을 시도하는 것은 대략 이상과 같은 이유 때문이다.

그러면 '현존재의 존재'란 어떠한 것인가. 이것은 현존재 일반에게 가장 근원적으로 아프리오리하게 갖추어져 있는 근본적인 사실들, 그 방식, 그 양태, 그 모습이라고 할 수가 있다. 왜냐하면 하이데거는 우선 현존재의 '모든 존재양태'(alles So-sein)가 제1차적으로 '존재'라고 분명히 말하고 있기 때문이다. 즉 현존재가 어떻게 존재하고 있는가 하는 것, 이것이 곧 현존재의 존재라고 하는 것이다. 뿐만 아니라 그는 실제에 있어서도, 예컨대 '현존재'라고 하는 존재방식 자체나, 현존재가 자신의 존재 자체에 대해 관련해 간다고 하는 것, 현존재가 그것에로 이러저러하게 태도를 취할 수 있고 또 항상 그 어떤 방식으로 태도를 취하고 있다고 하는 것[실존] 등을 현존재의 '존재'라고 말하고 있다. 단 이와 같은 현존재의 존재는 경우에 따라 존재틀이라든가, 존재방식이라든가, 존재양식이라든가, 존재규정이라든가, 존재가능이라든가, 혹은 특히 실존범주라든가 하는 형태로 설명된다. 그러나 이 모든 것이다. '존재'의 틀이며, 존재의 방식이며, 존재의 양식인 이상, 이 모든 것을 하이데거가 생각하는 현존재의 존재로 간주하는 것은 결코 부당하다고 할 수 없다.[43] 그러나 하이데거는 이것들을 그저 무질서하게 늘어놓고 있는 것은 아니다. 그렇다면

---

43) 예컨대 현존재의 '존재틀'인 '세계-내-존재'도 '세계-내-**존재**'라고 표현되어 있다는 것을 주목할 필요가 있다. 또한 이 틀이 '현존재의 존재'를 함께 구성한다는 것을 말하고 있기도 하다(SZ 176쪽 참조).

이 '현존재의 존재'는 어떻게 설명되고 있는가. 실은 바로 이것이 『존재와 시간』의 본론부 전체에 걸쳐 수행되고 있는 실질적인 내용이기도 하다. 따라서 우리는 바로 이 부분에 관심의 초점을 모아야만 한다.

하이데거는 그러한 근원적인 존재방식으로서의 '현존재의 존재'를 두 가지의 차원에서 논하고 있다. 즉 '비본래적·비전체적·일상적' 차원과, '본래적·전체적·근원적' 차원이 그것이다. 평균적 일상성에서 출발하여 비본래적·비전체적인 현존재의 존재를 그리고 있는 것이 다름아닌 『존재와 시간』 제1편이며,[44] 본래적·전체적·근원적인 현존재의 존재를 그리고 있는 것이 다름아닌 제2편이다.

그런데 이미 주지하듯이, '일상성'의 차원에서 보여지는 현존재의 존재방식은 '세계-내-존재' 그 구조의 중심인 '개시성' 내지 그 구조의 전체성인 '마음씀'이며, '근원성'의 차원에서 보여지는 현존재의 존재방식은 '전체존재', '본래적 존재', '시간성' 내지는 '역사성' 등이다. 이 중요개념들이야말로 현존재의 존재에 관련된 내실이라고 말할 수 있으므로, 이하 이 개념들의 의미를 개략적으로나마 훑어보기로 하자.

---

44) 이 '비본래성'은 그 어감 때문에 '근소한 존재'라든가 '존재의 저급한 정도'라든가 하는 식으로 해석되기 쉽지만, 결코 그러한 것이 아니라, 오히려 현존재의 '가장 충실한 구체화', 그 '다망, 활기, 이해관계, 향유력'에 있어서 현존재를 규정할 수 있다고 하는 적극적인 의미를 갖는다(SZ 43쪽 참조).

〈세계-내-존재〉

일상성의 차원에서 하이데거가 가장 먼저 제시하고 있는 현존재의 존재방식은 '세계-내-존재'(In-der-Welt-Sein)[45]이다. 이것은 어떠한 것을 말하는가.

① 우선 '세계-내-존재'라고 할 때의 그 '내'(In)란 어떠한 의미인가. 그의 설명에 따르면, '내'는 예컨대 컵 안에 물이 있다든지 옷장 안에 옷이 있다든지 하는 경우처럼 공간 안에 연장을 지닌 두 존재자의 장소에 관련된 서로의 존재관계를 나타내는 것이 아니다. '내'란 비현존재적 존재자의 성격인 그와 같은 '범주적' 성격이 아니라, 어디까지나 현존재의 한 '실존범주'로서, '산다, 거주한다, 체재한다'고 하는 것, '익숙해져 있다, 무엇무엇에 친숙해 있다, 어떤 일에 손대고 있다'고 하는 것, '…들어가 산다든지, 경애한다고 하는 의미에서의 …돌본다'고 하는 것과 관련하여, '무엇무엇 곁에서 살고 있다, 무엇무엇과 친숙해 있다'는 것을 의미한다. 따라서 '세계-내-존재'란 현존재와 세계와의 병존관계, 또는 현존재와 세계와의 주관-객관적 도식을 의미하는 것이 아니다(SZ 59쪽 참조).

② 그러면 현존재가 그것 안에서 살고 있다고 하는 '그것'이란 어떠한 것인가. 즉 '세계-내-존재'라고 할 때의 그 '세계'(Welt)란 어떤 의미인가.

하이데거는 세계의 네 가지 의미를 구별한다.

첫째는, '세계 내부에서 사물적으로 있을 수 있는 존재자의 총체'라고 하는 '존재적 개념'으로서의 세계이다. 말하자면 있을 수

45) 이 술어 자체는 합성어이지만, 그 내실은 어디까지나 하나의 '통일적 현상'이다(SZ 53쪽).

있는 모든 사물들을 통틀어 하나의 전체로서 일컫는 것이다.

둘째는, 첫번째로 말해진 그 존재자의 '존재'라고 하는 '존재론적 개념'으로, 각각의 다양한 존재자를 포괄하는 영역, '가능적인 대상들의 영역(예컨대 수학의 세계 같은 것)을 의미할 수 있는 그러한 세계이다. 철학계, 연예계, 정계, 언론계 등도 이런 의미의 세계를 지칭하는 것이다.

셋째는, 현존재가 실제로 그 안에서 살고 있는 현사실적인 세계라고 하는 '선존재론적·실존적' 개념으로, 공공적인 우리-세계라든가 우리에게 가장 친근한 (가정적) 환경세계라든가 하는 것을 가리키는 그러한 세계이다. 말하자면 이것은 우리 현존재의 삶의 터전을 가리키는 것이다.

넷째는, '세계성'이라고 하는 '존재론적·실존적 개념'으로, 특수한 '세계들'의 그때그때의 구조 전체에로 변양될 수 있는 그러한 세계이다.

세계는 이렇게 존재자의 총체/ 존재자의 영역/ 현존재의 삶의 터전/ 세계성 등 다양한 의미로 이해될 수 있지만, 하이데거 자신은 이 중 세번째 의미로 세계라는 것을 이해하고 있다. 그리고 첫 번째 의미로 사용할 경우는 특별히 인용부호와 함께 "세계"라고 표기한다.

이러한 '세계'에는 근본적으로 두 가지의 존재자, 즉 '현존재'와 '비현존재적 존재자'가 있다고 하이데거는 본다. 이 중 후자가 존재하는 방식을 '세계내부적'(innerweltlich), '세계귀속적'(weltzugehörig)이라고 하며, 전자가 존재하는 양식을 '세계적'(weltlich)이라고 한다.

이 중 세계내부적 존재자의 존재양식을 그는 먼저 밝혀 나가는데, 그것이 바로 지시, 적재성, 유의미성 등의 개념을 중심으로 해명되어 간다. 앞에서 이미 살펴본 이 개념들을 다시 한번 간략히 정리하면 다음과 같다. 먼저 '지시'란 우리가 주변 환경세계에서 우선 먼저 만나게 되는 존재자 즉 도구적 존재자들이 애당초 무엇무엇하기 위한 것임으로 해서 또다른 도구적 존재자들을 알려 준다고 하는 사태를 말한다. 이러한 지시는 연쇄적으로 이루어지며 하나의 전체적인 연관을 이룬다. 도구는 이러한 지시연관 속에서 제 역할을 수행한다. 그리고 '적재성'이란 도구적 존재자가 애당초 그것을 가지고 어디어디에 적용된다고 하는 사용사태를 가리킨다. 이러한 적재성은 A는 B에, B는 C에, C는 D에… 하는 식으로 하나의 적재전체성을 이루는데 그것은 모든 적재성이 최종적으로 궁극목적(Worumwillen)에 이른다는 것을 알려 준다. 이 궁극목적이 다름아닌 현존재의 존재가능이라고 하이데거는 밝힌다. 그리고 '유의미성'이란 무엇무엇이 어디어디에 적용된다고 하는 적재성의 연관을 뒤집어 보았을 때, 적용되는 그 어디어디에가 그 무엇무엇을 의미있게 한다고 하는 사태를 가리킨다. 이 유의미성이 적재성과 더불어 결국 세계의 '세계성'을 이룬다고 하이데거는 밝힌다.

아무튼 이상과 같은 의미에서의 '세계' 안에 현존재는 존재하고 있는 것이다.

③ 그러면 그러한 세계 '안에 존재한다'고 하는 것은 구체적으로 어떠한 일인가. 즉 '세계-내-존재'라고 할 때의 그 '존재', 즉 '내-존재'(In-Sein)란 어떠한 것인가.

이것은 결국, 현존재가 취하고 있는 구체적인 본질상의 존재양식을 말하는 것이다. 이와 관련한 하이데거의 지적은 편의상 다음과 같이 정리해서 이해하는 것이 좋겠다.

첫째, 세계-내-존재하는 그 존재자가 '누구'인가 하는 점에 관련된 '공존재', '공현존재' 내지 그것에 기초하고 있는 '세인'이라고 하는 존재방식.

둘째, 그가 이른바 '개시성'이라고 부르는 방식, 즉 '심정성', '이해', '말함'이라는 방식과, 특히 그 '일상적 존재'로서의 '퇴락'이라는 방식.

셋째, 세계-내-존재라고 하는 이 구조의[개별적 존재방식의] '전체성'이라고 그가 부르는 이른바 '마음씀'이라는 방식.

이상의 존재양식들은 세계-내-존재인 현존재의 구체적이고도 핵심적인 내용이라고 말할 수 있으므로, 각각 따로따로 살펴보기로 한다.

(단 첫번째 '세인'에 관련된 것은 두번째 '퇴락'이라는 방식과 내용상 동일 차원의 것이므로, 이것에 편입시켜 이해해도 무관하다. 그리고 이것은 외형상 세계-내-존재하는 그 존재자가 '누구'인가 하는 논의이지만, '현존재의 모든 존재구조는, 따라서 누구인가 하는 이 물음에 대답하는 현상[세인]도, 현존재의 존재의 방식이다'라고 그 자신 말하고 있는 대로, 현존재의 세계-내-존재의 구체적인 한 존재양태로 간주될 수 있다.)

〈개시성〉

'내-존재'의 '중심'이라고도 말할 수 있는 '개시성'(Erschlossenheit) 이란 어떠한 것인가.

간단히 말하자면 이것은 '열려 있음'을 뜻한다. 즉 현존재가 스스로 그때그때 자신의 현이라고 하는 것, 즉 현존재가 폐쇄되어 있지 않다고 하는 성격,[46] 현존재가 자신의 존재이해를 가지고 자신과 세계에 관련하여, 그 결과, 거기에 밝음의 장이 열려져 오는 사태를 말한다. 즉 이것에 의해 현존재가, 세계의 현존재와 함께 현존재 자신에게 있어서도 '거기에' 존재하고 있다고 하는 그러한 것이다. 다시 말해, 개시성이란 현존재가 자신의 현이라고 하는 방식에 있어서 존재하고 있다고 하는 것, 조명되어 있다고 하는 것, 즉 자기 자신에 있어 세계-내-존재로서 밝혀져 있다고 하는 것, 즉 '다른 존재자에 의해서 밝혀져 있는 것이 아니라 자기 자신이 밝음이라고 하는 식으로 밝혀져 있다고 하는 것을 나타낸다. 현존재는 이러한 '현'(Da)이라고 하는 의미에서의 '개시성'을 애초부터 지니고 있다.

바로 이러한 개시성의 '구성적인 방식'으로서 하이데거는 '심정성', '이해', '말함'이라는 세 가지를 제시한다. 그리고 그 현의 일상적 존재, 즉 일상성에서 나타나는 제 성격의 존재양식을 '퇴락'이라고 묘사한다.

① '심정성'(Befindlichkeit)이란 일반적으로 말하는 '기분'이라든가 '기분지어져 있다고 하는 것'과 같은 것으로, 현존재가 그때그때 이미 항상 기분적으로 규정되어 있다고 하는 것을 말한다.[47] 예컨대 방해받지 않는 안정된 기분, 억제된 불쾌한 기분,

---

46) 즉 열려 있다고 하는 것을 나타낸다. 이 때문에 『프롤레고메나…』에서는 '개시성'이 '드러나 있음'(Entdecktheit)이라고 표현되기도 한다(Pr 348쪽).

47) 단, '기분'은 '존재적'(SZ 134쪽)인 명칭인 데 비해, '심정성'은 '존재론적' 명칭이며, 하나의 '실존범주'(SZ 134쪽)이며, 또한 '실존론적 존재양식'(SZ 139쪽)이다.

전자로부터 후자에로의 변화, '기분이 손상된다든지 급변하는 것, 종종 지속되는 기복이 없는 무기분 등도 결국은 모두 이것에 귀착하는 것이다. 이러한 기분은 사람들이 어떤 상태이며 또한 어떤 상태가 되는가를 드러낸다.

바로 이러한 심정성에 있어서 현존재의 한 특별한 존재성격이 개시된다고 하이데거는 지적한다. 그것이 바로 현존재는 존재하며, 존재하지 않으면 안 된다고 하는 사실, 다시 말해 자신이 어디서부터 유래하고 어디로 귀속되는가 하는 점에서는 차단되어 있지만, 자기 자신에 있어 더이상 차단되어 있지 않고 개시되어 있다는 존재성격, 즉 그가 말하는 '피투성'(던져져 있음, Geworfenheit)이다. 이것은 또한 '맡겨져 있다'고 하는 '현사실성'[48]이라고도 표현된다. 바로 이러한 성격이 심정성에 있어서 개시된다.[49]

② 두 번째로 그가 제시하는 개시성, 즉 열려 있음의 두 번째 방식이 '이해'(Verstehen)이다. 이것은 하나의 실존범주, 현존재의 존재의 근본양태로서, 일반적으로 말해지는 인식의 양식과 같은 것은 아니다.

'이해'란 무엇보다도 어떤 것을 담당할 수 있다, 그만한 힘이 있다, 어떤 것을 할 수 있다는 것을 의미한다. 단 그 '무엇'은 대상적인 어떤 것이 아니라, 실존하는 것으로서의 '존재'이다. 즉 '이해'란 현존재가 자기 자신에 대해, 다시 말해 자신의 존재가능에 대해, 자신이 취해야 할 입장을 알고 있다는 것, 즉 '실존

48) 현사실성(Faktizität)이란 사물적 존재자에 귀속되는 사실성(Faktum)과 구별되는 하나의 '실존론적 규정성' '현존재의 한 존재성격'(SZ 135쪽)을 나타낸다.

49) 이 '심정성'의 한 양태로서 그는 '두려움'이라는 현상도 다루고 있다.

이라는 의미에서의 현존재의 존재와 함께 '존재하고 있는' 그러한 존재가능의 존재이다.

이와 같은 끊임없이 자신을 존재시켜 가는 힘을 가지고 있다는 것 내지 끊임없이 가능성을 기투해 실현해 간다고 하는 현존재의 존재양식, 자신의 존재가능을 향한 개시하는 존재를 하이데거는 '기투'(Entwurf)라고 부른다. 바로 이 가능성 때문에 기투는 '실존성'과 함께 취급되기도 한다.

그는 또한 이 이해가 '본래성'일 수도 '비본래성'일 수도 있다는 것을 지적한다.

그리고 그는 이 이해가 구성하고 있는 '배시', '고시'와 같은, 현존재의 근본적인 존재방식으로서의 '봄'이라고 하는 것도 지적한다.

그리고 이해가 지니는, 스스로를 '완성'하여 내 것으로 삼는다고 하는 측면을 지적하여, 그것을 '해석'이라고 부른다.

나아가 그는 이 해석으로부터 '진술'이라는 것이 파생되어 온다는 것을 지적한다.[50]

③ 하이데거가 지적하는 현존재의 또 하나의 '개시성'은 '말함'(Rede)이다. 말함도 현재가 열려 있음의 한 방식인 것이다. 이것도 하나의 실존범주이며, 현존재의 기초적인 존재양식이다. 이것은 세계-내-존재의 이해가능성을 유의미화하면서, 현존재가 배려적으로 마음쓰고 있는 상호공존재라는 사실을 기초로 한다. 현존재가 만일 다른 사람들과 함께 있는 공존재가 아니라면 말함이란 아무 의미도 갖지 못할 것이다. 이 말함은 실제에 있어서

50) 이 '이해'에 관해서는 제3장 방법론 중 '해석학' 부분에서 상세히 소개하였으므로 여기서는 간단한 윤곽의 묘사에 그치기로 한다.

다양한 형태로 나타난다. 즉 승인이나 거부, 권고, 경고, 언명, 상담, 대변, 진술, 연설 등이 모두 그 구체적인 방식이다. 이런 여러 가지 방식으로 현존재는 말하고 있다. 이러한 것으로서 말함은 '무언가에 관한 말함'이라는 성격을 갖는다. 즉 '화제'라고 하는 구조계기를 갖는다. 그러한 의미에서 말함은 '전달'의 성격을 갖는다. 그리고 말함은 또한 동시에 자신을 언표한다고 하는 성격도 갖는다. 바로 이러한 의미에서 그는 '인간은 언어를 갖는 동물'(zōon logon echon)이라는 저 그리스적 규정을 이해하고 있다. 이것은 결국 인간이 세계와 현존재 자신을 드러낸다고 하는 방식으로 존재한다는 것을 지적하게 된다. 바로 이러한 성격을 갖는 말함이 '밖으로 언표된 것'이 다름 아닌 '언어'라고 하이데거는 말한다.

한 가지 부언하자면, 이 말함 안에 '듣는 것'과 '침묵하는 것'이 가능성으로서 속한다는 것이다.

이상의 세 가지, 즉 심정성, 이해, 말함이 현존재의 개시성을 등근원적으로 구성한다고 하이데거는 통찰한다.

이상의 논의에 이어 하이데거는 세계-내-존재인 현존재의 일상적인 모습을 제시한다. 그것이 곧 '퇴락'(Verfall)이라는 것이며, 그러한 현존재의 존재양식이 곧 '세인'(das Man)이라는 것이다. 그 세인의 특성은 어떠한 것이며, 퇴락의 구체적인 모습은 어떠한 것인가. 일상 속에서 우리는 어떠한 모습으로 존재하고 있는가.

하이데거의 지적에 따르면, 현존재의 세계-내-존재는 본질상 '타자'(他者)와의 '공존재'(共存在)에 의해 구성된다. 따라서 현존재는 그것이 존재하고 있는 한, '상호공존재'라는 존재양식을 지니게 된다. 이러한 존재로서의 현존재는 배려적으로 마음쓰여진 세계 안에 몰입되어 있고 그와 동시에 타자에 관련하는 공존재에 몰입되어 있을 수 있다. 이러한 경우에 현존재는 자기 자신이 아니다라고 하는 방식을 취하게 된다. 바로 이러한 특수한 방식, 즉 이 사람도 아니고 저 사람도 아니며 몇몇의 사람도 아니고 모든 사람들의 종합도 아니라고 하는 중성적인 것을 그는 '세인'이라고 규정한다. 일상성에 있어서 현존재는 상호공존재로서 타자에게 예속되고, 그 타자가 현존재로부터 존재를 탈취하며 타자의 의향이 현존재의 일상적인 존재가능성들을 좌지우지한다. 이것이 바로 세인의 모습이다. 이 때 타자란 특정의 타자가 아니며, 모든 타자가 그러한 타자를 대표할 수 있다. 그것은 바로 자기 자신이 본질상 그 타자에 귀속되고 있다는 것을 은폐하기 위한 것이며, 실은 다름 아닌 현존재 자신이다. 이러한 근원적 현상, 실존범주, 현존재의 궁극적인 계기에 속하는 것, 가장 가까운 존재양식이 다름 아닌 세인이다. 이러한 세인의 특징, 즉 일상적으로 서로 혼입되어 존재하고 있는 존재성격으로서 그는 현격성, 평균성, 균등화, 존재면책 및 영합을 예로 든다. 이들 존재성격 안에 현존재의 '부단성'이, 즉 부단한 비자립성과 비본래성이라는 방식으로 존재한다는 모습이 숨어 있다고 그는 지적한다.

그러나 이상과 같은 존재양식은 현존재의 현사실성의 절멸을 의미하는 것은 아니다. 또한 이것은 사물적 존재성을 뜻하는 것도 물론 아니다. 오히려 세인은 현존재의 일상성의 가장 실재적인 주체이다.

이로써 하이데거는 현존재의 세계-내-존재가 그 일상성에 있어서 세인이라고 하는 존재양식 안에 자신을 보존하고 있다는 것,

현존재가 우선 대개 세인 안에 몰입되어 있으며 세인에 의해 지배되고 있다는 것, 피투된 세계-내-존재로서의 현존재가 우선 세인의 공공성 안으로 피투되어 있다는 것을 보여 주고자 한다.

이러한 세인은 그 개시성의 양태도 특이하다. 즉 말함, 봄, 해석이라는 개시성이 세인의 경우는 각각 '잡담', '호기심', '애매성'이라는 일상적인 존재양식을 갖게 된다. 이 세 가지 성격에 있어서 밝혀지는 '일상성의 존재'의 근본양식을 그는 '퇴락'이라고 규정한다.

퇴락은 일상적 현존재에 대한 도덕적 비판이나 문화철학적인 야망과는 무관하며, 어떠한 소극적 평가도 아니며, 어두운 관점도 아니며, 보다 순수하고 보다 고차적인 어떤 근원적 상태로부터의 타락도 아니며, 또한 하나의 저열하고 한심스러운 존재적 고유성도 아니며, 무릇 자신의 존재를 상실하고 있는 것도 아니며, 인간의 자연적 본성의 퇴폐도 아니다. 퇴락은 어디까지나 현존재 자신의 한 본질상의 존재론적 구조, 하나의 존재론적 운동개념, 현존재가 그 안에 자신을 우선 보존하고 있는 현존재의 가장 가까운 존재양식으로서, 현존재가 우선 대개 배려적으로 마음 쓰여진 "세계" 곁에 존재하고 있다는 것, 바로 이것을 의미한다. 다시 말해 그것은 세인이 공공성 안으로 상실되어 있다는 것, 본래적인 자기존재가능으로서의 자기 자신으로부터 우선 이미 항상 일탈하여 "세계"에 퇴락하여 있다는 것, 상호공존재 안에 몰입되어 있다는 것, "세계"와 세인이라는 형태를 취한 타자의 공존재에 의해 완전히 마음을 빼앗기고 있다는 모습을 가리킨다. 이것을 그는 현존재의 '비본래성'이라고 규정한다.

이런 퇴락을 구성하는 것이 '잡담', '호기심', '애매성'이다.

① '잡담'(Gerede)이란 어떠한 것인가.

잡담은 말함이라는 현존재의 개시성의 일상적인 존재양식 즉 일상적인 현존재가 이해하고 해석하는 존재양식을 구성하는 것이다. 쉽게 말해 이것은 존재자에 대한 근원적 존재 관련 없이 그냥 떠돌아다니는 세인의 말을 지칭한다. 이런 잡담은 예컨대 '누가 뭐라고 하더라' '무엇이 어떻다더라' 등의 '따라말하기'와 '말퍼뜨리기' 같은 데서 성립된다. 이러한 평균적 이해로서는 무엇이 근원적으로 창조되고 쟁취된 것인지, 무엇이 따라말해지는지를 결코 결정할 수 없다. 평균적 이해는 그런 구별을 전혀 원하지도 않고 필요로 하지도 않는다. 그런 평균적 이해는 실로 만사를 이해하고 있다는 식이다. 그렇게 해서 잡담은 지반을 상실하고, 공공성 안으로 끌려드는 것을 조장한다. 잡담에는 사태가 선행적으로 내 것으로 될 때에 좌절하는 위험에 빠지지 않도록 보호해 주고, 진정한 이해라고 하는 과제를 면제한다는 기묘한 성격이 있다. 잡담에 있어서는 일상적인 공공적 피투성이 지배하고 있다. 결국 잡담은 '뿌리 잃은 현존재의 이해'라고 하는 존재양식이다. 따라서 '잡담' 안에 있는 현존재는 세계-내-존재로서 세계와의, 공현존재와의, 내존재 자체와의 제1차적이고 근원적인 진정한 존재연관들로부터 단절되어 있다.

이상과 같은 것으로서의 잡담에서는 다음과 같은 것이 개시된다. 즉 현존재가 세계, 타자 및 현존재 자신에로 관련하는, 이해하고 있는 존재가 개시된다. 더욱이 그것은 무엇무엇에로 관련하는 이러한 존재가 지반을 잃고 부동한다고 하는 양태를 가지고 있다는 식으로 개시된다.

② '호기심'(Neugier)은 '봄'이라는 개시성의 일상적 양태이다.

즉 호기심은 '보는 것'에로 향하는 일상성의 어떤 독특한 존재경향, 세계를 특유의 방식으로 인지하면서 만나게 하는 경향으로서 설명된다.

호기심은 보기 위해 배려적으로 마음쓰는 것인데, 그것은 오직 보기만을 위한 것이며, 세계에 자신을 건네주는 제 가능성만이 문제이며, 새로운 것으로부터 다시 새로운 것으로 옮아가기만을 위하여, 새로운 것을 추구하는 것이며, 언제나 새로운 것 및 만나게 되는 것의 변화에 의한 초조와 흥분을 추구하는 것, 오직 알아두려 하기만을 위해 아는 것을 배려적으로 마음쓰는 것, 머무르는 일이 없이 마음가는 대로 부단한 가능성을 배려적으로 마음쓰는 것이며, 가장 가까운 것에는 머무르지 않는 독특한 것이라고 특징지어질 수 있다. 그러한 것이기 때문에 호기심에 있어서는 고찰하면서 머무르기 위한 한가함이나, 존재자를 찬탄하면서 고찰하는 일 즉 경이나, 경이에 의해 무이해를 깨닫게 되는 것, 보여진 것을 이해하는 것, 보여진 것에로 관련하는 존재 안으로 들어가는 것, 포착하는 것, 알면서 진리 안에 존재하는 것 등은 전혀 문제가 되지 않는다. 한마디로 철학과는 거리가 멀다.

호기심에는 두 가지의 구성적인 계기 즉 배려적으로 마음쓰여진 환경세계 안에서 머무르지 않는다는 것과 새로운 가능성들 안으로의 마음뺏김이 있다. 그리고 이 두 가지의 계기가 제3의 성격 즉 거처상실이라는 것, 즉 어디에나 있으면서 또한 어디에도 없다고 하는 것을 기초지운다.

그리고 이 호기심은 잡담과 더불어 예컨대 소문이 흥미를 유발하고 흥미가 소문을 추구한다는 식으로 한 쪽이 다른 쪽을 이끌고 간다.

이상과 같은 것으로서 호기심은 '온갖 것'을 현존재에게 개시한다. 더욱이 그것은 내존재가 도처에 존재하고 있으면서 어디에도 존재하고 있지 않다는 식으로 개시한다. 이것이 호기심의 특징이다.

③ '애매성'(Zweideutigkeit)은 무엇이 진정한 이해하에서 개시되고 무엇이 그렇지 않은지 이미 결정할 수 없다는 것을 가리킨다. 그리고 이러한 애매성은 세계 및 자기 자신에로 관련하는 현존재의 존재에로 뻗어 가고 있다.

이 애매성은 현존재의 근원적인 현상으로서 존재가능으로서의 이해 안에 즉 현존재의 제 가능성을 기투하고 미리 건네주는 양식 안에 이미 뿌리박고 있기 때문에, 위장이나 왜곡을 명시적으로 의도하는 것으로부터 비로소 생기는 것이 아니며, 개개의 현존재에 의해 비로소 불러 내어지는 것도 아니다. 애매성은 세계 안에서의 피투된 상호공존재 안에 이미 숨어 있는 셈이다.

이러한 애매성은 호기심이나 잡담과도 무관하지 않다. 그것은 호기심에게, 호기심이 추구하고 있는 것을 항상 몰래 건네주고 있으며, 잡담에게, 마치 잡담에 있어서 만사가 결정된 듯한 외견을 준다.

그러나 애매성은 공공적으로는 은닉되어 있다. 불명확하고 진정하지 못한 상태로 이해한다고 하는 이 근원적 현상이 공공연히 드러나지는 않는다는 말이다. 그 때문에 세인 자신은 결코 이것을 인정하려 하지 않는다.

이러한 애매성은 현존재의 이해에 아무것도 은닉하지 않는다고 하는 성격도 갖는다. 그러나 그것은 어디까지나 세계-내-존재를 어디에나 있고 어디에도 없다고 하는 뿌리 없는 상태로 밀어

넣기 위한 것이다.

하이데거는 이상 살펴본 세계-내-존재의 구체적·개별적인 존재양식들을, 즉 그 구성적인 계기들을 '전체성'이라는 관점에서 포괄적으로 종합한다. 그 전체성을 그는 '마음씀'이라고 정리한다. 세계-내-존재는 마음씀이라고 하는 존재에 적합하도록 짜여져 있다.

〈마음씀〉

세계-내-존재의 전체성인 이 '마음씀'(Sorge)이란 어떠한 것인가. 하이데거는 이 마음씀을 특별히 '현존재의 존재'라고 규정한다. 이 명칭에서 이미 짐작되듯이 마음씀은 지금까지 살펴본 평균적·일상적 세계-내-존재의 개별적 계기들을 포괄적으로 수렴하는 하나의 통일적인 현상이다. 그 구체적인 내용을 살펴보자.

그는 이것이 하나의 실존론적·존재론적 근본현상으로서, 근원적으로 통일적인 현상임을 분명히 한다. 통일적이란 그 전체 안에 이미 숨어 있다는 것이며, 모든 구조계기를 각각의 구조상의 가능성에 있어서 존재론적으로 기초지우고 있는 것임을 뜻한다.

먼저 있을 수 있는 오해가 배제되어야 한다. 즉 마음씀은 요소들의 조립에 의해서는 현상적으로 달성될 수 없는 것이며, 지금까지 획득된 것을 긁어모아서 정리하는 것도 아니며, 인간의 어떤 이념으로부터 연역되어서는 안 되는 것이다. 그것은 또한 이론적 태도에 대한 실천적 태도의 우위와 같은 것도 아니다. 마음씀은 어디까지나 현존재의 모든 현사실적인 태도나 상태에 실존론적으로, 그리고 아프리오리하게 선행하고 있는 것이며, 그 모든 것 안에 항상 숨어 있는 것이다. 그러한 것이기 때문에 마음씀은 의지, 소망, 갈망, 성벽, 충동이라는 현상으로부터 도출될 수는 없으며, 오히려 이 모든 것이 마음씀 안에 그 근거를 가지고 있다. 따라서 그것은 단순한 걱정, 우려도 아니며, 근심도 아니다.

이렇게 해서 마음씀은 단적으로, 현존재가 "[세계내부적으로 만나게 되는 존재자의] 곁에 있는 존재로서, 자신에 앞서, [세계] 안에서 이미 존재하고 있다고 하는 것(Sich-vorweg-schon-sein-in-[der-Welt-]als-Sein-bei[innerweltlich begegnendem Seienden])"(SZ 192, 196쪽)이라고 정식화된다. 이 정식화는 마음씀이 세 가지의 계기 즉 '현사실성(피투성)', '실존성(기투성)', '퇴락'에 의해 구성된다고 하는 것을 가리킨다. '곁에서의 존재'라는 것이 '퇴락'이며, '자신에 앞서 존재한다'는 것이 '실존성'이며, '안에서 이미 존재한다'는 것이 '현사실성'이다. 간단히 돌이켜보면, '퇴락'이란 "세계"와 타인의 공존재에 몰입해 있는 비본래적인 현존재의 존재양식이었고, '실존성'이란 가장 고유한 자신의 존재가능을 향해 기투하면서 관련하는 존재 즉 이해라는 존재양식이었으며, '현사실성'이란 현존재가 자신의 뜻과는 무관하게 이미 세계 안에 던져져 있다고 하는 존재양식이었다. 이 현상들은 각각 독립적인 개별적 계기들을 그저 나열해서 연결하고 있는 것이 아니다. 이 세 가지의 계기 안에는 하나의 근원적인 연관이 생생하게 활동하고 있어서, 이 연관이 구조 전체의 전체성 즉 마음씀을 이루고 있는 것이다. 따라서 그는 마음씀이 현사실성과 퇴락으로부터 분리된 실존성만을 성격지우고 있는 것은 결코 아니며 이들 세 가지 존재규정의 통일을 포괄하고 있다고 강조하는 것이다.[51]

그런데 하이데거는 이러한 마음씀이 '불안'(Angst)이라는 '근본

심정성'에 있어서 분명히 밝혀질 수 있다고 설명한다. 불안이란 물론 단순한 두려움을 말하는 것이 아니다. '불안해하는 것'은 '심정성'으로서 세계-내-존재의 한 방식이며, 불안의 '대상'은 '피투된 세계-내-존재' 자체이며, 불안의 '이유'는 '세계-내-존재가능'이다. 바로 이 불안을 지반으로 해서 현존재의 구조 전체의 전체성의 존재가, 예컨대 이 불안의 '단독화'라고 하는 성격이, 현존재를 그 퇴락으로부터 건져 내어 본래성과 비본래성을 현존재의 존재의 두 가지 가능성으로서 현존재에게 드러나게 한다는 식으로 개시될 수 있다. 존재론적으로 독특한 역할을 수행하는 이 불안에 관한 논의는 1929년의 『형이상학이란 무엇인가?』에서 주제적으로 전개된다.

이상과 같이 하이데거는 '현존재의 존재'를 해명하고 있다. 단 지금까지 살펴본 것은 어디까지나 '일상성'의 차원에서 본 현존재의 존재였다. 따라서 그것은 아직 어디까지나 '비본래적'이고 '비전체적'이고 '비근원적'인 것으로 충분한 것이 아니라고 그는 본다.

그래서 하이데거는 '일상성'으로부터 '비일상성'으로 시선을 돌린다. 그렇게 해서, 제1편에서 소홀히 한 현존재의 '전체존재'와 '본래적 존재'를 밝히고 나아가 양자의 '가능적인 연관'을 해명함으로써, 현존재의 '근원성'을 파악하며 현존재의 존재의미의 어떤 근원적인 해석을 위한 현상적으로 충분한 지반을 확보해

---

51) 하이데거는 '마음씀'에 관한 이러한 견해가 그 자신의 안출에 의한 것이 아니며, 예컨대 'cura의 우화'와 같이 '선존재론적인 증언'이 있다고 하여 그것을 소개하고 있다(SZ 42절 참조).

나가려 한다. (물론 궁극적으로는 이 근원적 해석을 통하여 존재일반의 의미에 대한 물음의 대답을 얻고자 하는 것이 그의 의도임은 말할 것도 없다.) 그 결과 현존재의 존재의미는 결국 '시간성'(Zeitlichkeit)으로서 해명된다.

그런데 이 '시간성'에 관련된 내용은 '시간'의 개념과 관련하여 따로 살펴볼 필요가 있으므로 잠시 미루어 두기로 하고,[52] 여기서는 우선 그 결론에 이르는 논의의 전개과정만을 간략하게 추적해 보기로 한다.

현존재의 존재를 그 가능적인 본래성과 전체성에 있어서 밝혀나가기 위해, 제2부에서 하이데거가 가장 먼저 제시하고 있는 것은 현존재의 '전체존재'이다.

〈가능적 전체존재: 죽음에의 존재〉

'전체존재'(Ganzsein)란 무엇인가.

'전체'란 현존재의 '처음'부터 '마지막'에 이르기까지를 의미하며, 이 점에서 '출생과 죽음 사이의 존재'인 '일상성'과 구별된다. 단 이 전체존재는 어디까지나 '가능적'인 것으로서, 죽음 즉 끝남에 의해 비로소 구성되는 것이다. 즉 현존재는 죽음에 있어서 종말에 달하며, 이렇게 해서 이 존재자는 전체존재에 이른다. 현존재에게는 부단한 미완결성이 있다. 이 미완에는 죽음이라는 종말이 속하여 있어서, 이것이 현존재의 그때그때 가능한 전체성을 경계지어 규정하고 있다.

이 미완이 없어지면, 즉 죽음에 이르면, 현존재는 이미 더 이

52) 다음 제3절 '시간의 개념'을 참조해 주기 바란다.

상 현존재가 아니게 된다. 바로 그렇기 때문에, 현존재를 존재하고 있는 전체로서 존재적으로 경험하고, 그것에 기초하여 현존재를 그 전체존재에 있어서 존재론적으로 규정하는 것은 불가능하다. 죽어 보고 나서 존재의 전체에 대해 말한다는 것이 어떻게 가능하겠는가. 타인의 죽음을 통해서도 그것은 불가능하다. 그러나 그는 죽음 그 자체의 성격을 밝힘으로써 이 불가능을 해결하고자 한다.

그에 따르면 '죽음'(Tod)이란 단지 생명이 있을 뿐인 자가 세계 밖으로 떠나는 것 즉 '종료'(Verenden)와는 구별된다. 따라서 죽음이 현존재에 적합하게 존재하는 것은 죽음을 향한 실존적인 존재에 있어서 뿐이다. 요컨대 죽음이라는 종말은 현존재가 종말에 달하여 있음을 의미하는 것이 아니라, 현존재라고 하는 이 존재자의 종말을 향한 존재를 의미한다. 따라서 죽음은 현존재가 존재하자마자 현존재가 받아들이는 하나의 존재방식인 것이다.

이러한 죽음은 현존재가 그것에로 태도를 취하고 있는 어떤 것으로서 가장 극단적인 미완이라는 성격을 가지며, 최소한으로까지 감소된 최후의 미완이 아니다. 그것은 오히려 하나의 '절박함'(Bevorstand)이라고 성격지어진다. 더욱이 죽음은 가장 고유한, 비타협적인, 추월할 수 없는 가능성이라는 의미에서 '한 두드러진 절박함'이다. 이러한 죽음으로의 피투는 특히 불안이라는 심정성에 있어서 근원적으로 절실하게 드러난다.

그러나 우선 대개는, 즉 일상성에 있어서는, 현존재는 퇴락이라는 방식에 있어서 이 절박함으로부터 도피하고 있다. 즉 현존재는 가장 고유한 비타협적인 가능성에 직면하여 그로부터 회피하고, 이와 같이 도피하면서 이 가능성을 바꾸어 해석한다. 바로 이러한 방식을 그는 '죽음을 향한 비본래적 존재'(uneigentliches Sein zum Tode)라고 규정한다.

그러나 현존재에게는 '죽음을 향한 본래적인 존재'(eigentliches Sein zum Tode)의 가능성도 있다.

죽음을 향한 본래적인 존재란 가능성을 향한 비도피적이고 비은폐적인 존재라고 하는 의미에서의 '죽음을 이해하는 것'이다. 이런 이해를 그는 '선구'(Vorlaufen)라고 규정한다. '선구'란 어떤 가능성을 향한 존재로서 특징지어진다. 그것은 가능적인 것에로의 어떤 접근, 그것의 현실화를 부각시키는 것, 그것을 이해하면서 접근해 감에 따라 가능적인 것의 가능성을 도리어 더한층 크게 하는 것, 즉 그 가능성을 무엇보다도 먼저 가능화하여 그것을 가능성으로서 해방하는 것, 쉽게 말해 그것으로 미리 앞질러가 보는 것이다. 결국 선구란 죽음이라는 가장 고유한 최극단적 존재가능을 이해할 수 있는 가능성, 즉 본래적 실존의 가능성이다.

이러한 선구에 있어서, 현존재는 자신의 가장 극단적인 가능성에 관하여 자신을 자기 자신에게 개시하고, 자기 자신을 이해하고, 즉 가장 고유하고 비타협적이고 추월할 수 없는, 확실한, 더욱이 그러한 것으로서 무규정적인 가능성의 순수한 이해를 하고, 그것을 오로지 자기 자신 쪽으로부터 받아들이지 않으면 안 되며, 그러면서 자신을 그때그때 이미 세인으로부터 떼어놓을 수 있으며, 현존재를 현존재 자신에로 단독화한다.[53] 요컨대 일상성으로부터 벗어나게 되는 것이다.

이상과 같은 선구 안에, 전체적 현존재를 실존적으로 선취하는

53) 이것은 키에르케고르로부터의 영향을 느끼게 해 주는 부분이라고 볼 수 있다.

가능성 즉 전체적 존재가능으로서 실존하는 가능성이 숨어 있다. 즉 현존재의 전체존재가 이 선구에 있어서 보여질 수 있다.

〈본래적 존재〉

'근원성'의 차원에서 보여지는 현존재의 존재로서 다음으로 하이데거가 지적하고 있는 것은 '본래적 존재'(eigentliches Sein)라는 것이다. 이것은 어떠한 것인가.

'본래적 존재(=본래성)'는 '비본래성'(Uneigentlichkeit)과 함께 현존재의 두 가지 '존재양태'(Seinsmodi) 중의 하나이며, 또한 '존재가능'(Seinkönnen) 중의 하나이다. 단적으로 말해 이것은 현존재의 고유한 참모습으로, '비본래성', '일상성'으로부터 벗어난 현존재의 특별한 존재방식을 가리킨다. 이것은 말하자면 가장 고유한 자기를, 자기 자신 쪽으로부터, 자신의 짊어지워져 있음(Schuldigsein)[54]에 있어서, 자신 안에서 행위하게 한다는 것이다. 즉 세인의 어떤 실존적 변양, 이것이 '본래적인 자기존재'인 것이다.

그런데 이러한 '현존재의 실존의 본래성의 근본틀'은 현존재 자신 안에서 개시된다. 그것은 현존재 자신의 '결의성'(Entschlossenheit)이라는 개시성에 있어서 개시된다는 것이다.

---

54) 이것은 현존재가 '누구에게 빚지고 있다'든지 '무언가에 책임이 있다'든지 하는 통속적인 의미에서의 '죄를 범한다'는 뜻이 아니라, '피투성의 구조에 있어서도, 또한 기투의 구조 안에도' 본질상 숨어 있는 '무력함'(Nichtichkeit) 즉 '자기 자신의 일이면서도 그것이 자기 자신에 의한 것이 아니다'(SZ 284쪽 참조)라고 하는 '현존재의 존재양식', '현존재의 존재'를 말한다.

이 '결의성'이라는 개시성은 불안이라는 심정성과, 가장 고유한 죎어지워져 있음으로 향하는 자기 기투로서의 이해와, 침묵으로서의 말함에 의해 구성된다. 즉 그것은 가장 고유한 죎어지워져 있음을 향하여 침묵한 채 불안에의 준비를 하고 자신을 기투하는 것이다.

이 '결의성'은 다름아닌 '양심을 갖고자 의지하는 것'(Gewissen-haben-wollen)을 말한다. '양심을 갖고자 의지하는 것'이란 자기 존재라는 것의 선택을 실존적으로 선택한다는 것이며, 양심의 부름에 대응하는 하나의 가능적인 듣기로서의 호소의 이해이다.

그런데 여기서 하이데거가 말하는 '양심'(Gewissen)이란 일반적으로 말해지는 윤리적 양심이 아니다. 그것은 존재론적으로 하나의 특별한 의미를 갖는 것으로서 현존재의 한 근원적인 현상이며, 사물적으로 생겨나와 때로 사물적으로 존재하는 사실이 아니라 오직 현존재라고 하는 존재양식에 있어서만 존재하는 바의 현사실이다.

이러한 '양심'은 무언가를 이해하도록 알려 주는 즉 개시하는 작용을 하기 때문에, 바로 이 점 때문에 양심은 '부름'(Ruf)이라는 성격을 갖는다. 바로 이 '양심의 부름'이 가장 고유한 죎어지워져 있음에로 불러 연다고 하는 방식으로, 현존재의 가장 고유한 자기존재가능을 향하여 현존재를 불러들인다.

이러한 부름에의 대응이 곧 '결의성'이며, 이 결의성에 있어서 현존재는 '비본래성'으로부터 벗어나 '본래적 존재가능'을 자기에게 가능케 한다는 것이 증시된다.

〈본래적인 전체존재가능: 선구적 결의성〉

이렇게 해서 하이데거는 현존재의 '본래적인 전체존재가능'(eigentliches Ganzseinkönnen)이라는 것을 제시한다. '본래적 전체존재가능'이란 결론적으로 말해 현존재가 자신을 자기 자신에로 회복하여 자기 자신에게 당면시키는 그런 현존재의 존재방식, 즉 자기 자신의 고유한 본모습에 직면하게 되는 것을 가리킨다.

하이데거는 이러한 '존재가능'이 단적으로 '선구적 결의성'(vorlaufende Entschlossenheit)이라고 말한다. 즉 선구적으로 결의하는 것이 다름아닌 본래적으로 전체존재할 수 있음이라는 것이다.

이 선구적 결의성은 '죽음을 향한 본래적 존재'로서의 '선구'와 '양심을 갖고자 의지하는 것'으로서의 '결의성', 이 두 가지 '사이'의 가능적인 연관에서 성립된다. 그것들은 억지로, 외면적으로 함께 결합한 것이 아니라, 그 근본에 있어서 연관되어 있다. 즉 '결의성'은 자신의 가장 고유한 실존적인 존재경향 자체 안에서 선구적 결의성을 자신의 가장 고유한 본래적 가능성으로서 미리 제시한다. 다시 말해 '결의성'은 가장 극단적인 가능성을 향해 자신을 기투하자마자 자신의 본래성 안으로 자신을 데려가게 된다. '결의성'은 죽음을 향한 선구에 있어서 비로소 자신에게 귀속되어 있는 본래적인 확실성을 획득한다.

요컨대 결의성과 선구는 근본적으로 서로 얽혀 있어서 죽음을 앞질러 생각해 보는 것이 필연적으로 자신의 본모습에 직면하게 한다는 것이다. 자신의 죽음을 생각하면서 한가롭게 세상사에 빠져 있을 사람이 있겠는가.

이러한 '선구적 결의성'으로써 현존재의 존재의 '본래성'과 '전체성' 즉 '근원성'이 보여지게 된다는 것이 하이데거의 지적이다.

〈현존재의 존재[의미]: 시간성〉

다음으로 하이데거는 현존재의 '존재'의 '의미', 아니 어떤 점에서는 '현존재의 존재'로서 '시간성'(Zeitlichkeit)이라는 것을 제시한다. 현존재는 시간적으로 존재한다는 것이다. 그는 이 '시간성'이라는 것이 현존재의 존재인 '마음씀'의 세 가지 계기를 근저에서 통괄하고 있으며, 뿐만 아니라 현존재의 기초적인 구조들 모두가 근본적으로 '시간적'이며, '시간성의 시숙의 양태들'이라고 본다. 따라서 이것이 현존재의 존재를 '가능케 하는 것', 그런 뜻에서의 '의미'(Sinn)라 보고, 현존재의 일상적·비본래적인 세계-내-존재로 다시 돌아가, 그것들을 시간성에 준거하여 보다 근원적인 형태로 살펴 나간다. 이 시간성의 문제는 주과제인 존재이해의 지평으로서 특별히 중요한 만큼 뒤에서 따로 상세히 살펴보기로 한다.

〈역사성〉

마지막으로 하이데거는 이상의 시간성을 기초로 현존재의 '역사성'(Geschichtlichkeit)이라는 존재방식을 제시한다. 현존재는 역사적으로 존재한다. 이는 현존재의 전체존재를 이해하기 위한 필수적인 보완이다. 그의 설명에 따르면 지금까지의 논의는, 특히 죽음은, 현존재의 전체성을 둘러싸고 있는 한쪽의 끝에 불과했으므로, 어디까지나 일면적인 데 머물러 있다. 왜냐하면 현존재에게는 또 한쪽의 끝인 '시작' 즉 '출생'이 있으며, 그 출생과 죽음 '사이'의 존재가 비로소 '전체'를 이루기 때문이다. 그래서 하이데거는 현존재의 존재 안에 이미 숨어 있는 '출생과 죽음 사이의 현존재의 펼쳐짐' 즉 '생의 연관'에 주목하게 된다. 그러한 생의 연관, 펼쳐지면서 자신을 펼친다고 하는 특별한 운동성을 그는 '현존재의 생기'(Geschehen)라 부르고 이것을 다름아닌 현존재의 '역사성'으로 이해한다.

따라서 역사성이란 애당초 처음부터 '역사적인 자(현존재)'의 존재양식, 현존재의 시간적인 존재양식이며, 실존의 존재틀이며, 따라서 그것은 '현존재의 존재'에 속하여 있다. 그리고 바로 이 역사성으로부터 '역사학'이라는 것도 유래한다고 그는 지적한다. 거꾸로 역사학에서부터 이 역사성의 의미를 유추해서는 안 된다.

이상 우리는 '현존재의 존재'에 관한 하이데거의 견해를 비교적 자세하게, 그 자신의 의도에 충실한 형태로 살펴보았다. 이 부분은 어떤 점에서 『존재와 시간』의 가장 중요한 핵심을 이루고 있다고 볼 수가 있다.

이 과정에서 우리는 다음과 같은 것을 분명히 확인할 수 있었다. 즉 『존재와 시간』이 전개하고 있는 '존재'는 무엇보다도 '현존재의 존재'라는 사실이다. 예컨대 이미 논의의 과정에서 드러났듯이 마음씀을 비롯하여, 존재이해(현존재의 존재규정성), 실존(존재 자신), 현존재[라는 명칭 자체](존재), 퇴락(존재양식), 세계-내-존재(현존재의 존재틀), 그때그때 나의 것(존재규정), 본래성과 비본래성(현존재의 존재양태), 평균적 일상성(현존재의 우선적인 존재양식, 존재양태), 내존재(현존재의 한 존재틀), 배려적 마음씀(현존재의 존재방식), 고려적 마음씀, 세인(실존범주), 심정성, 이해, 애매성(퇴락의 근본양식), 개시성, 죽음에의 존재(현존재의 존재, 죽음이라는 종말(존재가능), 선구(죽음을 향한 본래적 존재), 결의성(현존재의 본래적 존재가능), 선구적 결의성(현존재의 본래적 전체존재가능), 시간성(현존재의 존재의미 또는 존재), 역사성(현존재 자신의 시간적인 존재양식)…등등이 모두, 비록 그것이 '존재틀'이든 '존재방식'이든 '존재양식'이든 '존재규정'이든 '존재구조'이든 '존재가능'이든 또는 '실존범주'이든, 각각 나름대로의 형태로 '현존재의 존재'와 관련되어 있었던 것이다. 바로 이러한 것을 통하여 우리는 적어도 현존재의 존재라는 것이 현존재가 애당초 어떠한 자로서 존재하는가 하는 것, 존재의 근저에 가능적으로 지배되고 있는 근원적이고 본질적인 모습을 의미하고 있다는 것을 확인할 수가 있는 것이다. 그것은 다름아닌 우리 자신들의 본연적 모습이다.

아무튼 이상과 같은 것이 『존재와 시간』에서 이해되고 있는 존재개념의 가장 구체적이고 실질적인 내실을 이루고 있다는 것은 분명하며 이론의 여지가 있을 수 없다.

3) 보완적 사실

그러나 『존재와 시간』이 생각하고 있는 '존재'개념은 '현존재의 존재'로써 다하는 것은 아니다. 주의해서 보면 우리는 『존재와 시간』으로부터 '존재'에 관련된 몇 가지의 보완적인 시사를 더 찾아 낼 수가 있다.

① 그 중 하나는 우선 존재가 '현존재에 있어서', '오직 현존재에 있어서만 보여질 수 있는 어떤 것'이라는 점이다.

이 점은 우리가 그때그때 이미 어떤 존재이해 안에서 살고 있다고 하는 사실에 기초한다. 비록 개념적으로 확정되어 있지는 않지만 '존재란 무엇인가'(Was ist 'Sein'?)라고 우리가 물을 때, 이미 우리는 이 '이다'(ist)에 관해 어떤 이해(평균적이고 막연한 존재이해)를 갖고 있다. 이러한 '현사실'을 비롯하여, 자신의 존재와 더불어 그리고 자신의 존재를 통하여 이 존재가 자기 자신에게 개시되어 있다는 것이 현존재에게 고유한 것이라는 사실, 이것이 그 근거가 되는 것이다. 바로 이 성격을 근거로 해서 논의가 처음부터 현존재에 정위되었고, 또 '현존재'라는 명칭 그 자체도 그것이 존재개시의 '장'(Da)이라고 하는 이 성격을 갖는 데서 채택되었던 것이다.

또한 현존재의 개시성이 다름아닌 진리존재라고 하는 것도 이 사실을 뒷받침해 준다. 즉 진리란 근원적으로 볼 때 '열려 있음'(개시성)인데 이러한 성격이 현존재의 존재로서 포함되어 있다는 것이다.

그리고 무엇보다도, "존재는 '의식 안에'만 있기 때문에, 다시 말해 현존재에 있어서만 이해될 수 있기 때문에 현존재는 의존하지 않는다든지, '그 자체'라든지, 무릇 실존성이라든지 하는 존재성격도 이해할 수가 있으며 개념에로 가져올 수가 있다"고 하는 말이 이 사실을 알려 준다. 그리고 "존재는 존재이해라고 하는 것이 그 존재에 속해 있는 존재자[현존재]의 이해 안에서만 '존재하고 있다'"는 말이 결정적으로 이 사실을 확고히 해 준다.

② 그리고 또 하나는 존재가 '현상'(Phänomen)이라는 측면을 갖는다는 것이다. 이미 살펴보았듯이 『존재와 시간』 제7절에서 하이데거는 현상학적 의미에 있어서의 현상은 언제나 존재라고 하는 것을 명백히 선언하고 있다. 또한 그는 현상의 현상학적 개념은 스스로를 내보이는 것으로서, 존재자의 존재, 이 존재의 의미, 이 존재의 제 변양과 제 파생태를 가리킨다고도 말하고 있다. 따라서 우리는 존재개념의 보다 완전한 이해를 위해 그것이 갖는

'현상'으로서의 여러 모습을 확보해 두어야 한다. 그러나 이것은 이미 앞에서 자세히 살펴보았으므로 여기서 또다시 상론하는 것은 피하기로 한다.[55]

③ 다음으로 또 하나 지적해 두어야 할 것은 존재가 '진리'(Wahrheit)의 측면을 갖는다는 것이다. 하이데거는 존재는 사실상 진리와 제휴하고 있다고 단언하고, 이것을 제44절에서 상세히 논의한다. 그는 '진리'가 '사태'이며 '스스로를 내보이는 것' 즉 '현상' 따라서 '존재'와 같은 것을 의미하고 있음을 인정하고 있다. 그러면 그가 말하려는 진리란 어떠한 것인가.

그는 전통적인 진리파악을 그대로 따르지 않는다. 그의 정리에 따르면, 세 가지의 테제가 전통적인 진리파악을 성격지우고 있다. 즉 ① 진리의 '소재'는 진술(내지는 판단)이라고 하는 것, ② 진리의 본질은 판단과 그 대상과의 '일치'에 있다고 하는 것, ③ 이상의 두 가지가 아리스토텔레스에 기인한다고 하는 것, 이 세 가지가 그것이다.

그런데 그의 설명에 의하면, '마음의 체험들 즉 노에마타(표상들)는 사물에의 동화이다'라고 하는 아리스토텔레스의 말이 '지성과 사물과의 일치'라고 하는 후대의 진리규정의 형식화를 촉진하게 되었지만 그러나 이 말은 결코 명시적인 진리의 본질규정으로서 제출되어 있는 것이 아니라는 것이다. 뿐만 아니라, 진리의 장소가 판단이라는 것도 아리스토텔레스는 결코 그것을 옹호하지 않았으며, 따라서 아리스토텔레스를 끌어들이는 것은 부당하다고 하여, 세 번째의 테제를 물리친다. (그러나 아무튼 이러한 오해하

---

55) 전기의 방법론 중 '현상학' 부분을 참조해 주기 바란다.

에서 전통적인 진리관은 이사크 이스라엘리스, 아비켄나, 토마스 아퀴나스를 거쳐 칸트에까지 이르렀다고 그는 지적한다.)

그리고 '일치론'의 검토에 있어서 하이데거는 일치라고 하는 관계의 기초, 그 관계 전체 안에 드러나지 않게 함께 정립되어 있는 것, 그것의 존재론적 성격을 확보하고자 노력한다. 즉 '진리구조를 해명하기 위해서는 관계 전체 그 자체를 지탱하고 있는 존재연관에로 거슬러 올라가 묻지 않으면 안 된다는 것이다. 이러한 관점에서 그는 일반적으로 행해지는 실제적인 판단수행과 관념적인 판단내실과의 분리를 애당초 부당한 것으로 간주한다. 일치의 존재양식에 대한 물음에 있어서는 판단수행과 판단내실과의 분리에로 거슬러 올라가 봤자 논구는 진전되지 않는다는 것이다. 이렇게 해서 그는 인식작용 그 자체의 존재양식의 해명과 인식을 성격지우는 진리의 현상을 바라볼 필요가 있다고 강조한다. 그는 인식작용 그 자체에 있어서 진리가 현상적으로 두드러지게 되는 것은 어떠한 경우인가를 묻는다. 이것이 그 자신의 진리론 전개의 출발점이 된다. 이러한 입장으로부터 진리를 '드러내고 있는-존재'로 보는 하이데거 특유의 진리론이 도출되어 나오며, 또한 이러한 결론으로부터 '일치론'은 배제된다. 따라서 진리는 한쪽의 존재자(주관)가 다른 한쪽의 존재자(객관)에 동화된다고 하는 의미에서의 '인식 작용과 대상 사이의 일치'라고 하는 구조를 전혀 가지고 있지 않은 것이다.

그리고 그는 진리의 '소재'가 진술이라는 테제에 관하여, 그것은 내용적으로 볼 때 진리의 구조를 잘못 보고 있다고 하여 물리치면서, 진술이 제1차적인 진리의 '소재'인 것이 아니라, 반대로 최근원적인 진리야말로 진술의 '소재'라고 하여 그 관계를 역전시킨다. 이와 같은 역전은 하이데거 특유의 진리관에 의해 이루어진다. 그러면 그 자신의 진리론은 어떠한 것인가.

앞서 보았듯이 그는 인식작용 그 자체에 있어서 진리가 현상적으로 두드러지게 되는 것은 어떤 때인가를 묻는다. 이 물음에 대해 하이데거는 인식작용이 자신을 '참된 인식'으로서 증시할 때라고 대답한다. 즉 이 자기증시가 인식작용에 대해 그 진리를 보증한다는 것이다. 이러한 인식작용의 자기증시를 그는 '드러냄, 드러내고 있는-존재'(Entdeckung, Entdeckend-sein)로서 특징짓는다. 즉 진술(인식)이 참이라고 하는 것은 그것이 존재자를 그 자체에 즉하여 드러내고 있다는 것을 의미한다. 이 '드러내고 있는-존재'로서의 '참임'은 또한 존재자를 '진술하는 것'이기도 하며, '제시하는 것'이기도 하며, '보게 하는 것'이기도 하다. 이러한 생각이 그의 진리관의 근간을 이룬다. 그것이 결국 "진리존재[참이라고 하는 것; 참임]는 드러내고 있는-존재를 의미한다"고 하는 정의에로 귀결된다.

진리를 이와 같이 해석하는 것은 전통을 뿌리치는 것이 아니다. 그것은 고대철학의 가장 오랜 전통이 근원적으로 예감하고 선현상학적으로 이해하고 있던 것의 필연적인 해석을 포함하고 있으며, 그런 한 오히려 전통을 근원적으로 자기화하는 것이다. 예컨대 그는 아포판시스로서의 로고스의 진리존재가 아포파이네스타이라는 방식에 있어서의 알레테우에인이라고 하는 것, 그리고 아리스토텔레스가 말하는 알레테이아가 스스로를 내보이는 '사태 그 자체'를 의미한다는 것, 그리고 헤라클레이토스에 있어서 '드러나 있음(비은닉성)'이라는 의미에서의 진리 현상이 엿보인다고 하는 것 등을 그 증거로서 제시한다.

이러한 '드러내고 있는-존재'로서의 진리에는 드러난 것(드러나 있음)이 대응하고 있다는 것을 간과해서는 안 된다. 애당초 '드러내고 있는-존재'로서의 진술이란 '존재자 자체'의 드러난 바를 드러내고 있는 것이다. 이것을 그는 '드러나 있음, 드러나 있는-존재'(Entdecktheit, Entdeckt-sein)라고 부른다. 확증한다는 것은 이러한 존재자의 자기현시를 근거로 해서 수행되는 것이다.

우리는 '드러내고 있는-존재'와 '드러나 있는-존재' 양쪽 모두에 대해 '진리'라는 규정이 내려지고 있다는 것을 주의하지 않으면 안 된다. 단 그는 전자 즉 드러내고 있는-존재를 '제1차적인 의미에서의 진리'라 하고, 후자 즉 드러나 있는-존재를 '제2차적인 의미에서의 존재'라 부른다.

그는 이 제1차적인 의미에서의 진리 그 자체를 가능케 하는 것, 즉 드러내는 것의 실존론적-존재론적 기초를 거론하며, 이것을 '최근원적인 진리현상'이라고 부른다. 그리고 이 최근원적인 진리현상이란 실은 다름아닌 현존재의 '개시성'(Erschlossenheit)이라고 지적한다. 현존재가 본질상 그 개시성인 한, 현존재는 본질상 '참'이다. 이러한 의미에서 현존재는 진리 안에 존재하고 있다. 이 개시성이 본래적 개시성으로서 특히 현존재의 본래적인 자기의 가장 고유한 존재를 드러낼 때 그것은 특히 '실존의 진리'라고 불려지게 된다.

한 가지 주의해야 할 것은 이상과 같은 '진리 안에 존재하고 있음'과 등근원적으로 현존재는 '비진리 안에 존재하고 있다'는 것이다. 그 근거는 현존재의 존재틀에 퇴락이 속하여 있다고 하는 것, 즉 현존재는 우선 대개 자신의 "세계"에 빠져 있다고 하는 것, 그때 드러나고 개시된 것은 잡담, 호기심, 애매성에 의해

위장되고 폐쇄된 양태를 띤다고 하는 것이다. 이러한 사정이 있기 때문에, 즉 현존재는 본질상 퇴락하고 있는 자이기 때문에, 현존재는 비진리 안에 존재하고 있다.[56]

이상과 같은 관점에서 보면, 왜 우리가 진리를 결여할 수 없는지, 진리를 전제하지 않을 수 없는지 하는 것도 이해할 수 있게 된다. 그것은 최근원적인 진리 자체가 우리가 존재하는 한 결여할 수 없는 개시성 그 자체이기 때문이다. 하이데거에게 있어, 그것 없이는 현존재가 현존재일 수 없게 되는 필요조건, 즉 자신에 앞서 존재하지 않을 수 없다고 하는 존재방식이, 애당초 근원적인 '전제' 현상인 것이다. 따라서 드러내는 개시성은, 무릇 그것 없이는 자신이나 존재자가 드러날 수 없는 근원적 전제, 존재자끼리의 전제관계의 이해를 가능케 하는 '모든 전제의 전제'에 다름아닌 것이다(이상 SZ 44절 참조).

이상과 같은 의미에서의 '진리'라는 성격을 존재는 가지고 있다.

④ 존재는 또한 '문제적'(fragwürdig)인 어떤 것이라고 하는 성격을 가지고 있다. 이 점은 애당초 '존재'가 『존재와 시간』에 있어서 '물어지고 있는 것'(das Gefragte)이며, 이 물음이 결코 임의의 물음이 아니라고 하는 사실에 의해 이미 시사되고 있다. 하이데거는 플라톤과 아리스토텔레스가 이 문제를 숨돌릴 틈도 없이 연구했다는 것과 옛날에는 사유의 최대한의 노력 속에서 현상으로부터 획득된 것, 은닉된 것으로서 고대의 철학적 정신을 불안 속으로 내몰고 불안케 했던 것이 곧 '존재'라고 말하고 있는데, 그것은 어째서인가. 단적으로 말해 존재라고 하는 문제 그 자체

---

56) 이러한 생각을 하이데거는 진리와 억견을 함께 거론하는 파르메니데스와 연결시키고 있다.

가 '문제적'인 것이기 때문이다.

그가 존재문제를 탐구하는 '현상학적' 방법을 설명함에 있어, 역사적으로 전승된 이런저런 존재론이나 이런 식의 여러 가지 시도 대신에 특정한 물음을 발하지 않을 수 없는 사태적 필연성과 사태 자체로부터의 요구를 강조하는 것이라든지, 모든 허공에 뜬 구성, 우연적인 발견, 외견상 증시된 듯이 보이는 데 불과한 개념의 답습, 종종 몇 세대에 걸쳐 문제로서 과시되는 거짓물음 대신에 '사태 그 자체에로!'를 표어로 내거는 것도, 결국은 존재라고 하는 이 문제 자체가 애당초 '문제적'인 필연성을 갖는다는 성격에 말미암는 것이다.

무엇보다도, 존재의 물음을 되풀이할 필요가 있다고 하는 동기는 우선 이 물음의 유래가 경외로운 것(Ehrwürdigkeit)이라고 하는 지적, 그리고 이 물음이 가장 원리적인 동시에 가장 구체적인 물음이라고 하는 그의 언급이 이 사실을 명확히 뒷받침해 주고 있다.

⑤ 존재는 또한 '시간'(Zeit)이라는 '지평'(Horizont) 위에서 보여질 수 있는 어떤 것이다. 이 점은 특히 중요하며 『존재와 시간』의 기본착상이라는 점에서 결정적인 것이다. 실제로 하이데거는 "모든 존재이해 일반을 가능케 하는 지평으로서 시간을 해석하는 것이 이하의 논술[『존재와 시간』]의 우선적인 목표"라고 명확히 선언하고 있다. 존재는 시간에 기초하여 개념적으로 파악되어야 하며, 또한 존재의 여러 양태나 파생태도 사실 시간에 착안하는 것을 기초로 이해가능해진다고 하는 것이 그의 기본적인 착안점 중의 하나인 것이다.

주의해야 할 것은 존재 자체가 결코 시간 안에서 존재하는 것으로서의 존재자에 불과한 것이 아니라, 자신의 '시간적' 성격에 있어서 보여지게 된다고 하는 것이다. 즉 존재는 '시간적'(zeitlich)인 것이다. 단 시간적이라는 것은, 시간 안에서 존재하고 있다는 것만을 의미할 수는 없다. 그러나 이 술어는 일반적으로 시간 안에서 존재하고 있다는 뜻으로만 사용되고 있기 때문에 그 대신 '존재시간적'(temporal)이라는 별도의 표현을 채택하여, 이것을 시간에 기초하는 존재와 그 성격들, 양태들의 근원적인 의미규정성에 대해 적용한다. 그렇다면 이 '존재시간적'이란 도대체 어떠한 것인가. 이 점에 관한 구체적인 논구는 이미 언급한 대로 전개되지 못한 채 실종되고 말았다. 하지만 이 논구를 위한 지반은 『존재와 시간』에 있어서 견실하게 준비되었다고 말할 수 있다. 그것을 포함하는 '시간'의 문제를 이제 절을 바꾸어 살펴보기로 한다.

3. 시간의 개념: 현존재의 시간성/세계시간/지금-시간

'시간'의 문제를 문제로서 이해하기 위해 우선 아우구스티누스의 저 유명한 발언에 귀기울여 보기로 하자. 그리고 하이데거가 어떻게 그 문제를 구체적으로 풀어 나갔는지를 살펴보기로 하자.[57)]

---

57) 여기서는 하이데거 시간론의 근본적인 착상과 전체적인 윤곽만을 그린다. 따라서 아리스토텔레스를 필두로 하는 전통적인 시간론과 하이데거와의 대결은 유보된다. 이에 관해서는 그의 Die Grundprobleme der Phänomenologie, Vittorio Klostermann, Frankfurt a.M., 1975(1927년 여름학기 강의), 특히 §19, 그리고 소광희, 『시간과 시간의식: Augustinus와 Husserl을 중심으로』, 1977 등을 직접 참조해 주기 바란다.

> 시간이란 도대체 무엇인가? 누가 그것을 쉽고 간단히 설명할 수 있겠는가? 누가 이것을 사려깊게 파악하여 그것에 관해 말할 수 있는가? 그러나 우리가 말하는 것 중에 시간보다 더 친숙하고 더 잘 알려져 있는 것이 또 무엇인가. 사실, 시간에 관해 말할 때마다 우리는 항상 그것을 이해하고 있으며, 어떤 다른 사람이 그것에 관해 말하는 것을 들을 때에도 우리는 그것을 이해하고 있다. 그렇다면 시간—이것은 대체 무엇인가? 아무도 나에게 그것을 묻지 않을 때에는, 나는 그것을 알고 있다. 그러나 막상 질문자에게 그것을 설명해야 할 때에는, 나는 그것을 알지 못한다. 그렇지만 나는 자신있게 다음의 것을 알고 있다고 말한다. 즉 아무것도 지나가 버리지 않는다고 한다면 흘러간 시간이란 없을 것이고, 아무것도 다가오지 않는다고 한다면 다가올 시간이란 없을 것이며, 아무것도 현존하지 않는다고 한다면 현재적인 시간이란 없을 것이다.[58]

주지하다시피 하이데거 철학의 최고주제는 물론 '존재'이다. 거기에는 이론의 여지가 있을 수 없다.[59] 이와 더불어 또 한 가지 결코 간과할 수 없는 것이 있다는 것을 우리는 안다. 그것은 존재에 대한 그의 철학적 관심에 처음부터 '시간'이라는 것이 그림자처럼 뒤따르고 있다는 것이다. 그의 주저가 『존재와 시간』이라는 제목으로 발표되었다는 것을 우리는 다시 한번 주목할 필요가 있다. 그것은 왜인가? 존재는 왜 시간과 더불어 함께 등장하는가? 이유는 분명하다. '존재'는 근본적으로 '시간'과 관련되어

---

58) Augustinus, *Confessiones*, XI, c. 14; Heidegger, *Grundprobleme der Phänomenologie* (GA24), S.325.

59) 그 자신도 '존재가 철학의 진정한 유일의 주제'라고 명백히 선언하고 있다(GP 15쪽).

있기 때문이다. 그는 '존재'가 '시간'이라는 '지평' 위에서 밝혀질 그 어떤 것이라고 생각하고 있다. 하이데거는 모든 존재이해 일반을 가능케 하는 지평으로서 시간을 해석하는 것이 이하의 논술의 우선적인 목표라는 것을 서두에서 분명히 밝히면서 그의 주저 『존재와 시간』을 시작하고 있는 것이다. 시간은 모든 존재이해 및 모든 존재해석의 지평으로서 밝혀져야 하고 순수하게 개념파악되어야 한다는 것, 그리고 존재는 시간으로부터 개념파악되어져야 하며,[60] 또 존재의 갖가지 양태나 파생태도 그것들의 변양과 파생에 있어서는 사실상 시간을 주시함으로써 이해가능하게 된다는 것이 그의 기본적인 착상인 것이다(GP 323쪽 참조). 이렇듯 하이데거에서는 시간이해가 존재이해를 위한 예비과제로서 등장하고 있다.

여기서 그가 생각하고 있는 것은, '존재 자체'가 결코 '시간 안에서 존재하는 것'으로서의 '존재자'라는 것이 아니라, 그것의 성격이 '시간적'이라는 것이다. 즉 존재가 '시간적'(zeitlich)이라는 것이다. 여기서 시간적이란 시간 안에서 존재하고 있다는 것을 의

60) GP 389쪽; BZ 8, 10쪽 참조. 이하의 논의에서 드러나듯이, 그는 이 '시간'의 실질적인 내용으로서 일차적으로 '시간성'을 생각하고 있다. 즉 "시간성이…존재이해를 위한 지평"(GP 324쪽)이라는 것이다. "존재이해가 현존재의 실존에 속해 있다고 한다면, 이 존재이해 또한 **시간성**에 기초하고 있음이 틀림없다. 존재이해의 존재론적 가능조건이 **시간성** 자체이다. 따라서 **시간성**으로부터, 우리가 존재와 같은 그런 것을 이해하고 있는 지평을 끄집어내어야 한다. **시간성**이 존재이해를 가능케 하는 일을 떠맡고 있으며, 그로써 존재와 그 분절 및 다양한 방식들의 주제적 해석을 가능케 하는 일, 즉 존재론을 가능케 하는 일을 떠맡고 있다"(GP 323쪽)는 말을 주의해 주기 바란다.

미하는 것만은 아니다. 그런데 이 용어는 보통 시간 안에서 존재하고 있다는 의미에서만 사용되고 있기 때문에, 혼란을 피하기 위해 그는 그것 대신에 '존재시간적'(temporal)이라는 별도의 용어를 채택해, 이것을 시간에 기초하는 존재와 그 성격들과 양태들의 근원적인 의미규정성으로서 사용한다.[61] 그렇다면 이 '존재시간적'이라는 성격, '존재시간성'(Temporalität)이란 도대체 어떤 것인가. 이 점에 관한 구체적인 논의는 앞에서 보았듯이 『존재와 시간』 제1부 제3편 이하의 포기와 더불어 실종되고 말았다. 단 이 논의 자체를 위한 기반은 『존재와 시간』에서 나름대로의 형태로 마련되어 있다.[62] 우리는 그것이 시간의 본질규명을 위해 대단히 중요한 의미를 지니고 있다고 판단하기 때문에, 우선 『존재와 시간』에서 전개된 그 내용을 면밀히 살펴보고 이를 정리하

---

61) 같은 취지에서 그는 이 용어를 '시간성'과 구별하면서, 이것이 '존재이해의 가능조건, 존재론 그 자체의 가능조건으로서 주제가 되는 한에서의 시간성을 뜻한다'(GP 324쪽)고 설명한다.

62) 관련된 글로서 우리는 오늘날 몇 가지 것을 더 접할 수가 있다. *Die Grundprobleme der Phänomenologie*, Vittorio Klostermann, Frankfurt a.M., 1975(1927년 여름학기 강의), *Prolegomena zur Geschichte des Zeitbegriffes*, Vittorio Klostermann, Frankfurt a.M., 1979(1925년 여름학기 강의), *Der Begriff der Zeit*, Max Niemeyer, Tübingen, 1989(1924년 7월 강연) 등이 그것이다. 그러나 우리는 이 글들이 『존재와 시간』의 필연적 보충이라는 중요성을 인정하면서도, 이것들에 관한 개별적인 해명을 피하고 참조에만 그칠 것이며 어디까지나 『존재와 시간』을 중심축으로 논의를 진행해 나가기로 한다. 왜냐하면 『존재와 시간』과 거의 같은 시기에 준비되고 발표된 이 글들의 내용은 일단 기본적으로 『존재와 시간』의 그것과 상당부분 일치하며 『존재와 시간』이 그것들을 대표할 수 있다고 믿기 때문이다.

여 재구성한 뒤 음미해 보기로 한다.

당초 하이데거가 존재문제를 주제로 하는 그의 주저에 '존재와 시간'이란 제목을 붙인 데는 하나의 명백한 이유가 있었다. 그것은 바로 위에서 언급한 대로 시간이라는 것이 모든 존재이해의 가능적 지평이기 때문이며, 애당초 현존재가 거기서부터 존재와 같은 어떤 것을 드러나지 않게 이해하고 해석하고 있는 바로 그것이기 때문이었다. 그렇다면 시간은 어떠한 점에서 존재이해의 지평이 되는가. 이 점에 대한 속시원한 본격적 논의는 유보되었지만, 그 기본적인 착상의 근거는 암시되어 있다. 그것은 즉 시간이라고 하는 것이 고래로 존재자의 갖가지 영역을 소박하게 구별하는 존재론적인 표지 내지는 오히려 존재적인 표지로서의 기능을 수행하고 있다는 점과 관련되어 있다. 예컨대 사람들이 존재자를 '시간적인 것'(자연의 경과나 역사의 사건)과, '비시간적인 것'(공간적 관계나 수량적 관계)과 '무시간적인 것'(명제의 의미)과 '초시간적인 것'(영원한 것) 등으로 구별함에 있어서, 비록 다분히 애매하기는 하지만, 시간이, '시간 안에서 존재하고 있다'는 의미에 있어서, 여러 존재영역을 구별하는 표지로서의 기능을 수행하고 있음을 알 수 있는 것이다.[63] 다만 하이데거는 이러한 구별에 있어서의 시간의 기능이 근본적으로 탐구되지 않은 채, 스스로 그러한 자명한 존재론적 기능 안으로 빠져들어 있으며, 오늘날까지 그러한 기능을 다하면서 계속되어 왔다는 점을 지적

63) BZ 7쪽 이하 참조. 그는 또 '선철학적 이해 및 철학적 이해가 존재를 성격규정함에 있어 이미 시간에 그 방향을 맞추고 있다'는 말로도 이것을 지적하고 있으며, 이것이 '우연일 수 없다'는 말로써 그 중요성에 주목하고 있다(GP 430쪽).

하고, 그 때문에, '존재의 존재시간성'을 뚜렷이 밝힘으로써 존재 그 자체를 해석하고자 시도했던 것이다. 즉 어떻게 하여 시간은 이와 같이 뚜렷이 두드러진 존재론적 기능을 다하는 데 이르는 것인지, 하물며 어떤 권리를 가지고 바로 시간이라고 하는 것이 그러한 표지로서의 기능을 다하는 것인지, 또 과연 시간의 이와 같은 소박한 존재론적 사용법 안에 시간의 본래적인 가능적 존재론적 중요성이 표현되어 있는 것인지 어떤지를 그는 묻고, 근본적으로 탐구하고자 한 것이다. 그런데 이 과제의 구체적인 수행은 이미 말했듯이 실종되고 말았다.

그렇다면 『존재와 시간』에 있어서 시간에 관한 논의는 전무한 것인가. 그렇지는 않다. '존재'와 관련해서 '현존재의 존재'가 중점적으로 논의되었듯이, '시간'과 관련해서는 '현존재의 존재의 의미'로 규정된 '시간성'(Zeitlichkeit)이 그 풍부한 내실을 전개하고 있다. 그에 따르면, 이 '시간성'이야말로 '근원적인 시간'이며, 이로부터 우리가 일반적으로 생각하고 있는 '통속적인 시간개념'도 파생되어 나온다. 그런 이상, 이 시간성을 살펴봄으로써 시간에 관한 그의 견해의 일단을 읽어 낼 수 있을 것이다.

우선 이 '시간성'을, [이것이 적어도 전기 하이데거가 펼치는 시간론의 핵심인 만큼] '세계시간 (내지 시간내부성)' 및 통속적 시간개념인 '지금-시간'과 대비하면서, 주요한 기본사항별로 정리해 보기로 한다.

1) 현존재의 '시간성'

'시간성'이란 무엇인가. 결론부터 말해 그것은 '현존재의 존재'이다. 여기서 우리는 두 가지 사실에 충분한 주의를 기울여야 한다. 즉 그것은 시간성이 어디까지나 **현존재의** 존재라는 것,[64] 그리고 시간성이 어디까지나 현존재의 **존재**라는 것,[65] 이것이다. 현존재의 존재란 극단적으로 쉽게 말하자면, 인간이 본래 이러이러하게 되어 있다는 그 근본적인 모습을 가리킨다. 따라서 현존재의 존재로서의 시간성이란, 시간성이 인간의 근본적인 모습이라는 것, 즉 인간이 근본적으로 '시간적'(zeitlich)이라는 것을 뜻하는 것이다.[66] 시간적이라는 이 성격 즉 시간성은 그렇다면 구체적으로 어떤 성격을 말하는가. 결론적으로 말해 그것은 '기존하면서-마주하는 도래'(gewesend-gegenwärtigende Zukunft)라고 하는 통일적인 현상을 가리킨다. 즉 '도래, 기존, 마주함의 근원적인 통일성'이 곧 시간성이요 시간성의 본질구조인 것이다. 그러나 이 통일적 현상, 근원적 통일성은, 어디까지나 '도래', '기존', '마주함'이라고 하는 세 가지 계기로 이루어져 있다. 바로 이 세 가지 계기가 시간성의 기본적인 구조를 이루고 있으므로, 먼저 이것들 각각의 의미를 정확히 이해해 두지 않으면 안 된다.

---

64) 이 점을 하이데거는, "시간은 현존재이다" "현존재는 시간이고, 시간은 시간적이다" "현존재는 시간이 아니라 시간성이다"라는 말로 표현하고 있기도 하다(BZ 26쪽). 또 "현존재는…시간 그 자체이며, 시간 '안에' 있는 것이 아니다"라고도 한다(BZ 19쪽).

65) "인간의 존재가 어떤 뛰어난 의미에서 시간 안에 있고, 그 점에 있어서 시간이 무엇인가 하는 것이 읽혀질 수 있게 된다", "시간적 존재(Zeitlichsein)야말로—올바로 이해하자면—그 존재에 관련한 현존재의 기초적인 진술"(BZ 12쪽)이라는 그의 말도 바로 이 점과 관련되어 있다고 볼 수 있다.

66) 이 점과 관련해서 그는 '현존재'를 '단적으로 시간적인 존재자'라 부르고 있다(GP 384쪽).

〈시간성의 세 계기〉

① 우선 '도래'[67]란 무엇인가. 그것은 일반적으로 이해되고 있듯이, 아직 현실적으로 되어 있지는 않으나 이윽고 언젠가는 존재하게 될 그런 지금을 말하는 것은 아니다. 즉 단순히 '미래(장래)'를 뜻하는 것이 아니다. 그것은 현존재가 자신의 가장 고유한 존재가능에 있어서 자신에게로 도래할 때의 그 …에로 다다름, 현존재가 존재하고 있는 것으로서 애당초 이미 항상 자신에게로 도래하고 있다고 하는 것, 자신의 가능성을 견뎌 내면서 그러한 가능성 안에서 자신을 자신에게로 도래시키는 것으로 설명되고 있다. 이러한 근원적인 현상을 그는 '도-래'(Zu-kunft)라고 부르고 있는 것이다. 도래가 '근원적'이라는 것은 말하자면 현존재가 자신의 존재에 있어서 애당초 도래적이라는 것을 뜻한다. 여기서 '현존재가' 도래적이라는 것이 충분히 주의되어야 한다. 도래란 어떤 제3의 객관적인 시간인 '미래'가 있어서 그것이 현존재에게 닥쳐온다고 하는 것이 아니라, 어디까지나 현존재 자신이 현존재 자신의 고유한 가능성에로 다다른다고 하는 의미에서 현존재는 도래적인 것이다.

② 그리고 '기존'이란 무엇인가. 기존이란 단적으로 말해 현존재가 그때마다 이미 있었던 대로 있다고 하는 것, 현존재가 그때마다 이미 그것으로 존재하고 있었던 그러한 것, 현존재가 바로 현사실적으로, 말하자면 그가 그것이었던 바로 그것으로서 존재

67) 이 말의 원어인 Zukunft는 일상적으로 '미래' '장래'를 뜻하지만, 많은 경우에 그렇듯이 이 경우에도 하이데거는 이 말에 자기 나름의 특별한 의미를 부여해서 사용하고 있기 때문에 그 뜻을 살려 '도래'라고 번역한다. '기존'과 '마주함'도 마찬가지이다.

하고 있다고 하는 것, 이것을 말한다. 따라서 '기존'이란, 일반적으로 오해되기 쉽듯이, 지나가 버렸다고 하는 것, 즉 단순한 '과거'를 말하는 것이 결코 아니다. 따라서 현존재가 더이상 현사실적으로 존재하지 않는다는 것도 물론 아니다. 기존은 어디까지나, 현존재가 존재하고 있는 한 그때마다 이미 던져져 있는 것이다라는 것으로서의 '이미'라고 하는 성격을 가리키는 것이다. 이러한 성격이 현존재에게 근원적으로 주어져 있는 것이다. 따라서 현존재는 '나는 기존하면서 존재하고 있다는 식으로 애당초 존재하고 있다'고 해야 하는 것이다. 바로 이러한 현존재의 실존론적 시간적 존재의미를 그는 '기존성'(Gewesenheit)이라고 부르는 것이다.

③ 그리고 '마주함' 즉 '마주한다'고 하는 의미에서의 '현재'란 무엇인가. 이것은 현존재가 상황에 있어서의 도구적 존재자 곁에서 결의하면서 존재한다고 하는 것, 환경세계적으로 현존하고 있는 것을 행위하면서 만나게 한다고 하는 것으로서 성격지워진다. 이러한 성격을 그는 '마주함'(Gegenwärtigen)이라고 부르는 것이다. 따라서 이 또한 단순한 '현재'를 말하는 것이 아니며, '현실성 내지 사물적 존재성'과도 같지 않다.

이상과 같은 세 가지 계기들이 함께 어우러져서 '시간성'이라는 하나의 통일적인 현상을 구성한다. 즉 시간성은 도래, 기존 마주함의 그때마다의 통일성에 있어서 시숙되는 것이다.

〈시간성의 근본 특성들〉

이와 같은 근원적 '시간성'이 고유하게 지니고 있는 여러 특성들을 하이데거는 면밀히 사유하여 이를 네 가지의 테제로 요약하고 있다. 정리하자면 다음과 같다.

① '시간은…시간성의 시숙으로서 마음씀(Sorge)이라는 구조의 구성을 가능케 한다'.

주지하는 대로 하이데거는 현존재의 존재인 '마음씀'이 세 가지의 계기, 즉 '자신에-앞서'(sich-vorweg), '[세계] 안에-이미-존재하고 있다'(schon-sein-in), '[세계내부적으로 만나게 되는 존재자의] 곁에-있다'(sein-bei)고 하는 것, 이 세 가지의 계기로 구성되어 있다고 본다. 그런데 그는 바로 이 세 가지의 계기가, 각각 '도래', '기존', '마주함'에 기초해서 가능케 된다고 지적한다. 즉 '도래'가 현존재에게, 자신의 존재가능에로 관련해 가는 것이 문제라는 식으로, 현존재가 존재할 수 있음을 비로소 가능케 한다는 것이며, 그리고 '기존'에 근거해서 비로소 현존재는 자신이 그것인바 던져진 존재자로서 실존할 수가 있다는 것이며, 그리고 '마주함'에 있어서만 상황에 있어서의 도구적 존재자 곁에서 존재하는 것이 가능하다는 것이다.

바로 이러한 점 때문에, 시간성은 현존재의 존재인 '마음씀'의 '의미'라고 그는 말하는 것이다. 의미란 이 경우, 그것의 이해가능성이 그 안에서 보존되어 있는 바의 것, 그것을 가능케 하는 기반을 말한다.

시간성은 이와 같이 '마음씀'의 '의미'이기 때문에, 그것은 실존과 현사실성과 퇴락의 통일을 가능케 하고, 이와 같이 근원적으로 마음씀의 구조의 전체성을 구성한다고도 지적되는 것이다. 이러한 점으로부터 그는 현존재의 근본틀이 시간성에 기초하고 있다고 지적하며, 이것을 『존재와 시간』의 본질적인 성과로 규정하고 있다(GP 323쪽).

한편 그는 역으로 마음씀의 세 가지 계기, '에로 향하여', '에로 되돌아', '의 곁에서'라는 성격들이 시간성의 근본틀을 밝혀준다는 점도 지적한다. 즉 도래의 본질적인 점은 '자신-에게로-다다름'에, 기존의 그것은 '에로 되돌아'에, 그리고 마주함의 그것은 '의 곁에 체류함' 즉 '곁에-있음'에 각각 놓여 있다는 것이다.

② '시간성은 본질상 탈자적이다'.

하이데거는 시간성이 근원적인 '자신의 바깥으로 벗어나고 있는 탈자' 그 자체라고 말한다. 이것은 즉 '도래', '기존', '마주함'과 같은 '탈자태'(Ek-stase)가 제각기 이미 '무언가를 향해서', '무언가의 위에서', '무언가의 곁에서'와 같은, 자신의 바깥을 지향하고 있다고 하는 '탈자적인' 성격을 가지고 있다는 것을 의미한다.

이와 같은 탈자적 성격은, 말하자면 시간성이 처음부터 하나의 존재자여서 그 존재자가 이윽고 자신의 안에서부터 바깥으로 나간다는 것은 결코 아니며, 그것의 본질이 애당초 '탈자태들의 통일에 있어서의 시숙'(때익음, Zeitigung)이라는 것을 의미한다. 즉 시간은 통속적 이해에 있어서와 같이 처음도 끝도 없는 순수한 지금의 연속으로서 수평화되어서는 안 된다.

③ '시간성은 근원적으로 도래에서부터 시숙된다'.

이것은, 근원적이고 본래적인 시간성의 탈자적 통일에 있어서, 특히 도래가 하나의 우위를 갖는다는 것을 말한다.[68] 이 사실은, 비록 시간성이 탈자태들의 축적과 연속에 의해 비로소 생기는 것이 아니라 그때그때 탈자태들이 등근원성 안에서 시숙할지라

68) 『시간의 개념』에서는, "시간의 근본현상은 도래이다"(BZ 19쪽), "도래성이 본래적으로 시간이다"(BZ 20쪽)라는 말로 이것을 표현하고 있다.

도 그런 것이다. 탈자태들의 등근원성과 도래의 우위는 모순되는 것이 아니다. 이러한 본래적인 도래로부터의 시숙은, 근원적이고 본래적인 시간성이 도래적으로 기존하면서, 이렇게 해서 비로소 현재를 불러일으킨다고 하는 식으로 시숙하는 것이며, 또한 이 도래의 우위는 비본래적인 시간성 자체의 변양된 시숙에 응하여 변화하기는 하겠지만, 그러나 '파생적인 시간' 안에 있어서도 역시 나타나 온다는 것을 그는 주의한다.

④ '근원적인 시간[시간성]은 유한적이다'.

시간성은 유한적이다. 그러나 이것은 단순히, 현존재가 거기에 다다르면 자신이 끝날 수밖에 없는 그런 종말을 가지고 있다는 것을 뜻하는 것이 아니라, 현존재가 자신의 종말에 대해 관련하는 그러한 존재에 있어서, 자신이 죽음 속으로 던져지면서 그것일 수 있는 존재자로서, 본래적으로 전체적으로 실존한다고 하는 것을 의미한다.

한편, 나 자신이 이미 현존재하고 있지 않음에도 불구하고, 시간은 계속해서 앞으로 진행되어 나가, 무제한적으로 많은 것이 아직도 미래 안에 숨어 있어서 미래로부터 닥쳐올 수가 있다고 하는 이른바 '비유한적인 무한의 시간', '끝없는 시간'과 같은 사고방식도 있을 수 있지만, 그것은 애당초 이 '유한성'과는 무관한 것이며, 도리어 '유한하고 본래적인 시간성'으로부터 '비본래적인 시간성'이 발원하며, 이 비본래적인 시간성이 유한적인 시간으로부터 그 어떤 비유한적인 무한의 시간을 시숙시킨다'고 그는 지적한다. 그에 있어서는 이렇듯 유한적인 시간이 본질적이며 또한 우선적이다.

〈그 밖의 성격들〉

시간성이란 바로 이상과 같은 성격을 갖는 것이다. 그러나 이러한 기본적인 성격 이외에도 다음과 같은 몇 가지 사실들이 함께 종합적으로 고려될 때 비로소 그것은 온전하게 이해될 수 있다.

① 우선 시간성은 현존재의 본래적인 전체존재인 '선구적 결의성이라는 현상에 있어서 경험된다'고 하는 것.

이 말은, 시간성이라는 현상이 비본래적인 현존재에 의해서는 체험될 수 없다는 것을 뜻한다고 해석될 수 있다. 그리고 또한 시간성이 선구적 결의성으로부터 단순한 개념상의 조작에 의해 이론적으로 도출될 수 있는 것이 아니라 선구적 결의성의 실존적 현사실적 체험에 있어서만 그 모습을 드러낸다는 것이다.[69)]

한편 그는 그 반대방향의 가능성도 이야기한다. 이미 살펴보았듯이, 시간성은 '기존하면서-마주하는 도래'라고 설명되었거니와, 선구적 결의성의 '가장 고유한 두드러진 존재가능에로 관련하는 존재'라고 하는 성격은 현존재가 애당초 도래적이기 때문에 가능한 것이며, 또한 선구적 결의성의 '피투성을 받아들인다'고 하는 성격은 현존재가 자신의 기존이라고 하는 식으로, 가능하며, 또한 선구적 결의성의 '환경세계적으로 현존하고 있는 것을 행위하면서 만나게 한다'고 하는 성격은 마주하는 것에 있어서 가능하다고 그는 설명한다. 요컨대 현존재가 시간성으로서 규정되고 있는 한에 있어서만, 현존재는 선구적 결의성이라는 본래적인 전체존재를 가능케 한다는 것이다.

② 시간성은 '존재하는' 것이 아니라 '시숙하는'(sich-zeitigen) 것

69) 이 점에서 우리는 그의 전기의 시간론이 부분적으로나마 '실존철학적으로' 동기지워진 것이 아닐까 하는 어떤 '감'을 느끼게 된다.

이다. 즉 그것은 자신을 성숙시켜 간다, 때익어 간다고 하는 성격의 것이라는 말이다. 왜냐하면 시간성은 결코 '존재자'가 아니기 때문이다.

③ 시간성은 어디까지나 항상 '기존하면서-마주하는 도래'라고 하는 방식으로 통일적으로 시숙하는 것이며, 결코 '도래와 기존과 마주함'이 서로 연속적으로 잇따라서 시간성을 합성하는 것이 아니다. 시간성은 반드시 이 세 가지 계기의 통일에 있어서 이해되어야 하는 것이다.

④ 시간성은 이미 마음씀이라는 구조의 구성을 가능케 하는 것, 특히 선구적 결의성이라는 본래적인 마음씀을 가능케 하는 것이라는 점이 언급되었거니와, 그 시간성은 실은 '근원적인 시간성'이며, 이것은 나아가, '본래적인 시간성'과 '비본래적인 시간성'이라는 두 가지 방식으로 시숙한다고 그는 생각하고 있다.

본래적인 시간성이란 예컨대 '선구-되찾음-순시'를 말하며, 비본래적 시간성이란 예컨대 '기대-간직(망각)-마주함'을 말한다. 그는 시간성을 이와 같은 두 가지 양태로 보고 있다.

⑤ 시간성은 통속적인 시간개념의 이른바 '미래', '과거', '현재'와는 엄연히 다른 것이다. 그것은 또한 '주관적'이라든가 '객관적'이라든가 혹은 '내재적'이라든가 '초월적'이라든가 하는 '시간개념과도 무관하다. 그러한 것은 하나의 파생적인 현상이며, '비본래적인 시간성'으로부터 발원하는 것이라고 그는 보고 있다.

그가 말하는 시간성은 그러한 것이 아닌 어디까지나 '현존재의 시간성'이며 '근원적이고 본래적인 시간성'인 것이다. 아니, 시간성은 우선 무엇보다도 '현존재의 **존재**로서의 시간성'이라는 것을 결코 잊어서는 안 될 것이다.

2) '세계시간'

하이데거에 따르면, 이상과 같은 '시간성'과는 다른 의미로 이해되는 시간이 있다. 그것을 그는 '세계시간'(Weltzeit)이라고 부른다. 세계시간이란 어떤 것인가.

세계시간이란 '배려적으로 마음쓰여진 시간'(Die besorgte Zeit), '우리가 세는 시간, 우리에게 허용되는 시간'을 말한다.

하이데거는 우선 현존재가 시간을 계산에 넣고, 시간에 준거하고 있다고 하는 그 '현사실', 또는 현존재가 시간을 참작한다고 하는 방식으로 시간에 관계하는 그 '태도'에 주목한다. 예컨대 현존재에게는 '시간이 있다'든지 '시간이 없다'든지, '시간이 걸린다'든지 '시간을 줄 수 없다'든지 하는 현상이 있을 수 있는데, 말하자면 이런 경우의 시간을 하이데거는 '세계시간'이라고 보고 있는 것이다.

세계시간은 '시간매김가능성'(Datierbarkeit), '펼쳐져 있음'(확장성, Gespanntheit), '공공성'(Öffentlichkeit) 및 '세계성'(유의미성, Weltlichkeit, Bedeutsamkeit)이라고 하는 성격을 갖는다. 이것들이 세계시간을 특징지워 주는 만큼, 우선 이것들이 각각 무엇을 말하는지 살펴보기로 하자.

① '세계시간'은 '시간매김이 가능한 것이다'.

현존재는 배려적으로 마음쓰면서 이미 항상 '지금', '당시', '나중'이라는 것을 말하고, 이해하고, 사용하고 있다. 바로 이러한 연관구조를 그는 '시간매김가능성'이라 부르고 있다. '나중'은 '…하게 될 그 때'이며, '당시'는 '…했던 그 당시'이며, '지금'은 '…하는 지금'이다. 현존재의 '배려적 마음씀'은, 그 '나중'에 있어서 '기대'하고, '당시'에 있어서 '간직'하며, '지금'에 있어서 '마주'한다. 이 때 '나중'의 안에는 '지금은 아직 없다'고 하는 것이 숨어 있으며, '당시'의 안에는 '지금은 이미 없다'고 하는 것이 감추어져 있어서, 그런 한, '나중'은 '기대하면서 간직하는 마주함'이며, '당시'는 기대하면서 마주하는 것'으로서의 '간직함'이 되는 것이다. 즉 이 양자는 모두 '지금'이라고 하는 관점에 있어서 이해되고 있으며, '마주하는 것'이 그것들에 있어서 특유의 무게를 지니고 있다.

'시간매김가능성'이란 이상과 같은 것이거니와, 현존재는 도대체 어디서부터 그것을 가져오는가. 그는 이것을 묻고 이렇게 대답한다. 즉 그것은 세계내부적 존재자, 사물적 존재자 안에서 발견해 낸 것이 아니며, 그 '시간매김가능성'은 '기대하고, 간직하면서, 마주하는 것'이라고 하는 시간성의 탈자적 틀의 반영이며, 따라서 그 시간성이라는 줄기로부터 유래한다는 것이다. 왜냐하면 '지금'이 '…하는 지금'인 한, 그 '지금'이 '존재자를 마주함'을 해석하고 있기 때문이며, 그 '…하는 지금' 안에 '현재의 탈자적 성격'이 숨어 있기 때문이다.

바로 이런 점들로 해서 그는 '시간매김가능성'이 '시간성'에서 유래한다고 본다.

② '세계시간'은 '펼쳐진 것이다'.

하이데거는 '세계시간'이 '펼쳐진' 것이라고 말한다. 이는 요컨대 '배려적으로 마음쓰여진 시간'이 확장폭을 지닌 '한동안', '펼쳐진 '동안'이라는 것을 뜻한다. 극단적으로 단순화해서 정리하자면 이렇다. 즉 예컨대 '나중'에는 '아직 없다'고 하는 것, 그리고 '그 때까지는'이라고 하는 것, 그리고 '그 사이'라고 하는 것, 그리고 '…이 계속되는 동안은'이라고 하는 것, '그 때부터 그 때까지'라고 하는 것, '계속되는 동안의 존속'이라고 하는 것 등이 읽혀지는데, 그와 같은 것이 곧 '펼쳐져 있음'이다. 그러한 '나중'에서 보여지는 '계속되는 동안'뿐만 아니라, 모든 '지금', '나중', '당시'도 또한 여러 가지로 변하는 확장폭을 갖춘 '확장성'을 제각기 갖는다. 예를 들면 '지금'이라고 하는 것도 '휴식중에', '식사중에', '저녁에', '여름에' 등과 같이 그 나름의 확장폭을 지니고 있으며, '나중'이라고 하는 것도, '아침식사 때에', '올라갈 때에' 등과 같이 확장폭을 갖추고 있는 것이다.

③ '세계시간'은 '공공적이다'.

하이데거는 '세계시간'이 그때그때 벌써 '공공화되어 있다'고 말한다. 이 말은 곧 [현존재의] 일상적인 배려적 마음씀이 자신에게 취하는 시간[세계시간]을 자신의 시간으로서 식별하지 않고 '주어져 있는' 시간[70] 즉 **사람들**이 계산에 넣고 있는 시간을 배려적으로 마음쓰면서, 마음껏 이용한다는 것을 의미한다. 이러한 독특한 객관성, 즉 누구에게나 접근가능하며 또한 누구에게도 속하지 않는 시간의 이러한 특징을 그는 '공공성'으로 이해하고 있는 것이다.

이러한 '공공성'은 현존재의 탈자적인 세계-내-존재를 그 근거로 삼고 있다. 타자와 함께 하는 세계내 상호공존재의 공공성에 있어서, 예컨대 '지금'이라고 하는 것도 함께 말해진다고 하는 것이다.

이러한 공공성은 현존재가 각별히 시간을 참작하면서 드러내

---

70) 이 '주어져 있다'고 하는 것이 후기의 시간론에서는 중요한 의미를 담당하게 되지만 여기에서는 아직 그와 같은 적극적인 의미로 사용되고 있는 것은 아니다.

놓고 배려적으로 마음쓰면 마음쓸수록 더욱더 심화된다. 예를 들면 시간계산의 완전화와 시계사용의 세련화[자연적인 시계→인공적인 시계]에 동반하여 공공성은 더욱더 강화되고 고정되어 간다. 즉 '시간측정'이 이 배려되는 시간을 비로소, 본래적으로, 공공화한다는 것이다.

④ '세계시간'은 '세계 자체에 속하여 있다'.

'세계시간' 즉 '배려적으로 마음쓰여진 시간'은 그때그때 이미 '무언가를 해야 할 시간'으로서, 본질상 적당 내지 부적당이라는 구조에 의해 규정된다. 시간은 …에 적당하지 않은 시간이라든지 하는 것으로부터도 알 수 있듯이, 시간이 그 어떤 용도성과의 관련에서 이해되고, 나아가 최종적으로는 '현존재의 …을 위해'[유의미성]라는 목적에 연결된다.

즉 세계시간은 '무언가를 해야 할 시간'으로서, 본질상 '세계성격'을 가지고 있다는 것이다. 바로 이 사실 때문에 그는 공공화된 시간을 '세계시간'이라 부르고 있는 것이다.

그러나 지금 말한 것은 시간이 '세계내부적 존재자로서 사물적으로 존재하고 있다는 것은 결코 아니고, 시간이 애당초 **세계에** 속하여 있다는 것을 뜻한다.

'세계시간'과 관련해서 그는 또 다음과 같은 것을 주의하고 있다. 즉 세계시간은 '시간성의 시숙(時熟)에 속하여 있다'[71]고 하는 것, 그 때문에 그것은 또한 '객관적'도 '주관적'도 아니라고 하는 것이다.

---

71) 어떤 점에서 그런가. 그것은 시간성이 '탈자적-지평적인 것'으로서 세계시간이라고 하는 것을 '시숙'시키고, 그 세계시간이 도구적 존재자와 사물적 존재자의 시간내부성을 '구성'하기 때문이다(SZ 420쪽).

세계시간은 세계내부적 존재자의 가능성의 조건 즉 객관의 근거이기 때문에 모든 가능적 객관보다도 더한층 객관적이며, 또한 현사실적으로 실존하는 자기의 존재로서의 마음씀…을 비로소 함께 가능케 하기 때문에 모든 가능적인 주관보다도 '더한층 주관적이다. 요컨대 시간은 '주관' 안에도 '객관' 안에도, '내면'에도 '외면'에도, 사물적으로 존재하는 것이 아니라, 모든 주관성과 객관성보다도 '더 이전에' 존재한다는 것이다. 그것은 시간 자체가 이 '더 이전에'를 가능케 하는 조건 자체이기 때문이다. 따라서 시간을 주관-객관이라는 도식하에서 생각해서는 안 된다.

이. 세계시간에 의해 존재자가 시간 안에서 만나진다. 즉 세계시간에 의해서 존재자의 '시간내부성'(Innerzeitigkeit)이 이해되는 것이다.

'공공적 시간'이 세계내부적인 도구적 존재자나 사물적 존재자가 그 안에서 만나게 되는 바로 그 시간이다. 이와 같이 세계시간의 공공성이 세계내부적 존재자들의 시간내부성을 근거지운다.

이 세계시간의 '공공화'의 기초라고도 할 수 있는 '시간측정'(Zeitmessung)과 '시간사용'(Zeitgebrauch)이 또한 현존재의 시간성에 기초하고 있다. 즉 '시간계산'(Zeitrechnung)은 '우연적'으로 생겨나는 것이 아니라, 마음씀으로서의 현존재의 근본틀 안에 그 필연성이 있는 것이다.

그렇다면 현존재는 어떻게 '시간계산'을 하게 되는가. 그 과정을 보자.

우선 현존재는 도구적 존재자와 배려적으로 마음쓰면서 교섭할 수 있기 위한 '밝음' 즉 보는 것의 가능성을 필요로 하는데, '낮'이 그 밝음을 주고, 밤이 그것을 빼앗는다. 그 때문에 현존재는 '태양'이라는 도구적 존재자를 이용하여 시간을 매긴다(시간매김가능성).

이러한 시간매김으로부터 가장 자연스런 시간척도 즉 '하루'가 생겨난다. 이것이 또한 일찌감치 계산되어 '해가 있을 동안에' 하는 식으로 '하루'를 분할한다(펼쳐져 있음).

이 분할이 또한 태양에 의해 수행되어 '일출', '일몰', '정오' 같은 것이 생겨나므로, 이로부터 '그 때는…해야 할 시간이다'와 같은 것도 가능해진다(세계성[유의미성]).

이와 같은 시간매김은 '태양'이 위치하는 '장소' 쪽으로부터 수행되기 때문에 '같은 하늘 아래에' 있는 상호공존재에게 있어서는 '모든 사람'에게 있어 어떠한 때에도 '같은 방식으로' 수행된다(공공성).

이와 같이 해서, 모든 사람이 동시에 계산으로 그 공공적인 시간을 다룰 수 있게 된다. 그로부터 '시간측정'이 생겨난다. 이것이 시간계산의 대략적인 과정이다.

여기서 한 가지 덧붙일 것은 '시계'의 사용이다. 시계 즉 시간측정기는 이상의 시간측정에서 생겨 나온다. 요컨대 규칙적으로 회귀하면서, 기대하면서 마주함에 있어서 접근가능한 것이 되어 있는 어떤 도구적 존재자 즉 태양 아래서의 던져진 존재, 이것이 시간성에 기초하기 때문에, 바로 그 때문에 이 시간성이 시계의 근거가 된다.

또한 이 태양 즉 자연적인 시계가 좀더 다루기 쉬운 여러 가지 인공적인 시계의 제작과 사용을 비로소 동기지우고 그 자연적인 시계를 표준으로 해서 인공적인 시계가 만들어진다.

그렇게 해서 시계가 사용된다. 그렇다면 이 시계사용 즉 시계를 본다는 것은 무엇을 의미하는가. 시계를 본다는 것은 단순히 시계라고 하는 도구를 그 변화에 있어서 관찰하고 바늘의 위치를 추적한다는 것만이 아니라, 몇 시인가를 확인하면서, '지금은 몇 시 몇 분이다', '지금은 무언가를 해야 할 시간이다', '무언가를 할 시간이 아직 있다'고 말하고 있듯이, 그것은 결국 '지금을 말하는 것'이라고 하이데거는 정리한다. 이 경우 '지금'이란 시간매김가능성, 신장성, 공공성, 세계성이라는 성격을 갖는 시간 즉 '세계시간'이다. 이러한 '지금을 말하는 것', 이것은 '간직하는 기대와의 통일에 있어서 시숙하는 마주함'을 말하면서 분절하는 것이다. 즉 시계사용도 시간성 안에 그 기초를 가지고 있는 것이다.

3) '지금-시간'

그런데 이상과 같은 세계시간이 수평화되고 은폐된 통속적인 시간이해가 있다. 바로 이것이야말로 사람들이 보통 시간으로 알고 있고, 지금까지 철학에서 유일하게 문제되어 왔던 시간개념이다. 그렇게 통속적으로 이해된 시간을 하이데거는 특히 '지금-시간'(Jetzt-Zeit)이라고 부른다. 이 지금-시간이라는 통속적인 시간은 어떠한 것인가. 그 구체적인 내용을 살펴보자.

'지금-시간'이란 말하자면 시계사용[시간측정]에 있어서 '보여진' 세계시간을 말하는 것으로, 세어진 것이며, 이동하는 바늘을 마주함에 있어서 언표되고 또한 생각된 것이다. 예를 들면 '지금 여기에, 지금 여기에, 등등', '당장에-더이상-아닌', '아직-지금이-아닌'과 같은 것을 포함하는 '모든 지금'을 말한다. 그가 '지금-시간'이라고 말할 때, 이 세 가지 규정들 즉 '지금', '당시(더이상-아닌-지금)', '나중(아직-아닌-지금)'을 핵심적으로 생각하고 있음은 분명하다. 그리고 그는 이 세 가지 시간규정들이 각각 '마주함', '간직함', '기대함'이라는 태도에 대한 자기해석이라고 이해한다.

이와 같은 시간은, 배려적 마음씀이 더한층 자연적으로 시간을 계산에 넣음에 따라 이윽고 부단히 사물적으로 존재하고 있어서 '지나가 버리는 동시에 닥쳐오는 지금의 연속', 즉 '하나의 잇따름', '지금의 흐름', '시간의 경과'로서 이해된다. 이 '지금의 연속'이라는 것이 통속적인 시간개념의 가장 기본적인 점이다. 이것은 '센다는 것에 있어서 지금의 잇따름으로서 드러나는 시간'이라는 시간이해로부터 자라나온다. 좀더 정확하게는 일방적으로 방향지워진, 되돌릴 수 없는 잇따름의 연속으로 규정된다.

이 순수한 잇따름으로서의 통속적 시간은 세계시간과 대비해 볼 때 어떤 특징이 있는가. 그것은 무엇보다도, 세계시간이 갖고 있는 '시간매김가능성'과 '유의미성[세계성]'이, 즉 무엇무엇하는 지금이라는 성격이 거기에는 없다는 것이다. 지금-시간은 그것들을 은폐한다.

이와 같은 수평화, 은폐는 왜 일어나는가. 그 이유는 일상적인 시간해석이 그저 단순히 배려적으로 마음쓰는 오성적 분별에만 의존하기 때문이다. 다시 말해 도구적 존재자와 사물적 존재자를 배려적으로 마음씀에 있어서, 역시 배려적으로 마음쓰고 있는 시간측정에 있어서 세어진 '지금'도 함께 이해되고, 함께 사물적으로 존재하고 있는 것으로서 이해되기 때문이다. 쉽게 말하자면 시간을 사물 보듯이 하는 배려적 마음씀이 시간의 수평화를 조장한다는 것이다.

이상과 같은 '지금-시간'에는 다음과 같은 성격들이 숨어 있다.

① '지금의 연속[지금-시간]'은 '그 어떤 사물적 존재자'로서 파악되어 있다.

즉 비록 어떤 지금에 있어서도 그때그때 또다른 지금이 닥쳐오면서 소멸한다 할지라도, '지금은 지금'인 것이며 자기동일적인 것으로서 부단히 현존하고 있다.

② '지금-시간'은 '중단도 없으며 간격도 없다'.

이러한 소위 '항구성'과 '연속성'으로 해서 세계시간의 세부적 구조인 '시간매김가능성', '펼쳐져 있음' 등은 은폐된 채로 있다. ('펼쳐져 있음'은 사물적 존재자의 '연속성'과 혼동되기 쉬우나 그것과는 전혀 무관하다.)

③ '지금-시간'은 '무한하다'.

'지금-시간'은 '지금의 중단 없는 연속'으로서, 어떠한 시작도 어떠한 종말도 없다, 즉 양방향을 향해 끝이 없다.

이 사실은 사물적으로 존재하는 지금의 경과라고 하는 공허한 자체적인 것에 정위하는 것을 근거로 해서 가능해진다. 즉 지금의 연속을 사람들이 마지막까지 생각해 본다고 하더라도, 마지막이라고 하는 것은 결코 찾아 낼 수 없으며, 따라서 시간은 무한하다고 추정하는 것이다.

이렇게 해서 시간매김가능성, 세계성, 펼쳐져 있음, 현존재적 장소성 등은 은폐된다. 이러한 수평화와 은폐의 이유는 우선 대개 배려적으로 마음쓰여진 것에 자기상실하고 있다고 하는 '현존재의 존재' 즉 '퇴락'이다. 퇴락이 근원적 시간의 은폐 근거인 것이다. 다시 말해 선구적 결의성이라고 하는 현존재의 본래적 실존에 직면해서, 현존재가 그것으로부터 은폐하면서 도피한다고 하는 것, 직면한 죽음으로부터의 도피, 세계-내-존재의 종말에서 눈을 돌리는 것, 이것이 유한성으로부터 눈을 돌리고, 시간의 무한성을 형성한다. 게다가 이 은폐는 결코 죽는 일이 없는 '세인'(Das Man)에 의해 수행되기 때문에 그 세인에게 지배되는 공공적 시간의 무한성이라는 생각에 의해 확고해진다. 이러한 점들로부터 이미 예상되듯이, 하이데거는 통속적인 시간의 이러한 무한성이 시간의 우선적인 특징이 아니며, 오히려 시간성의 부정적인 특징을 성격규정하는 일종의 결여양태라고 평가한다.

④ '지금-시간'은 '되돌릴 수 없는 잇따름'이다.

지금의 연속은 결코 다시금 역방향으로 모습을 나타내지 않는다. 그 근거는 공공적 시간이 시간성으로부터 유래하기 때문이다. 즉 시간성의 시숙이 도래적인 것으로서 탈자적으로, 종말에로 관련해 간다는 것이 그 근거이다.

⑤ '통속적 시간이해[지금-시간]'는 '시간의 근본현상을 '지금'에 있어서, …사람들이 '현재'라 부르는 순수한 지금에 있어서, 본다'.

이 지금-시간에 있어서는, 근원적인 시간성에 있어서 도래가 중심이었던 것과는 달리, 지금, 현재가 중심이라는 것이다. 이 지금은 본래적 시간성에 속하는 '순시'(瞬視)와는 구별된다. 뿐만 아니라, 아직 닥쳐오지 않고 이제부터 닥쳐올 순수한 지금이라는 의미에서의 미래도 탈자적 '도래'나 시간매김가능한 유의미적 '나중'과 다르며, 지나가 버린 순수한 지금이라는 의미에서의 과거도 탈자적 '기존성'이나 시간매김가능한 유의미적 '당시'와 일치하지 않는다. 이 점을 주의해야 한다.

위의 사실들로부터 이제 마지막으로 한 가지 결정적인 것이 언급되어야 한다. 즉 통속적 시간의 이 '지금(현재)'은 (따라서

'미래'도 '과거'도) 어디까지나 시간성의 시숙의 근원적 통일에 있어서의 '도래'로부터 발원한다고 하는 것이다.

이렇게 해서 '지금-시간'은 근원적 시간인 '시간성'으로부터 파생된다고 하는 것이 밝혀진다. (반대로, 시간성은 통속적 시간이해의 지평에 있어서는 접근할 수 없다고 그는 지적한다). 그 때문에 하이데거는 통속적 시간경험도 마음이나 정신과의 두드러진 관련이 있음을 인정한다. 이렇게 통속적으로 이해된 시간이 시간성에 속해 있으며 이 시간성에서 발원하고 있다는 것이 그의 시간론의 근본적인 한 성과이자 특징이다.

이상 우리는 '시간'에 관한 하이데거의 기본견해를 통람해 보았다. 이 과정에서 우리는 하이데거가 '현존재의 존재'인 '시간성'에 정위해서 시간을 해석하고 있다고 하는 것, 이 근원적인 시간성에 기초해서 소위 '세계시간'이 가능해지며 세계시간의 완전한 구조가 시간성으로부터 파악된다고 하는 것, 그리고 그 세계시간이 평판화되고 계산됨으로써 '통속적인 시간개념'으로서의 '지금-시간'이 파생되어 나오며 이 지금-시간도 결국은 근원적인 시간성으로부터 발원한다고 하는 것, 이런 기본적인 생각들을 읽어 낼 수가 있었다. 그리고 그 각각의 여러 성격들도 상세히 규명되었다.

비록 '존재시간성' 그 자체에 관한 본격적인 논의는 유보되었지만 우리는 이상을 통하여, '시간과 [인간] 현존재와의 근원적인 관련성'이 『존재와 시간』에서의 하이데거의 시간관을 지배하고 있다는 것만은 분명히 확인할 수가 있었다.

바로 이 점과 더불어, "존재'와 '현존재'와의 근원적인 관련성'

을 그가 누누이 강조했던 것을 함께 생각해 본다면, '시간'을 '존재'이해의 지평으로서 보고자 한 그의 근본적인 착안점도 비로소 납득할 수 있게 된다. 즉 **'시간은 현존재와'** 근원적으로 관련되어 있으며, 그 **'현존재는 존재와'** 근원적으로 관련되어 있다. 따라서 **'시간은 존재와'** 근원적으로 관련되어 있다고 그는 생각한 것이다. '현존재'가, 특히 '현존재의 시간성'이 '시간'과 '존재'를 매개하고 있는 것이다. 지나치게 단순한 도식화일지 모르지만 적어도 전기 하이데거에게 이러한 착상이 있었으며 이러한 도식 하에서 그의 사유가 움직이고 있었다는 것은 그 결과를 놓고 볼 때 결코 부인할 수 없다.[72)]

---

72) 하이데거 자신이, 실종된 '『존재와 시간』 제1부 제3편 「시간과 존재」의 새로운 완성'(GP 1쪽)이라 규정하고 있는 『현상학의 근본문제들』의 마지막 부분, 19 20 21절의 제목이 각각 '시간과 시간성', '시간성과 존재시간성', '존재시간성과 존재'로 되어 있다는 것은 위의 해석과 관련해 볼 때 시사하는 바가 크다. 즉 '시간성 내지 존재시간성'이 '시간'과 '존재'를 매개하고 있다는 그의 착상이 여기에 명백히 드러나 있는 것이다.

V. 하이데거의 후기사상

1. 하이데거 사상의 전회

전기 하이데거는 인간의 가장 근본적인 특징을 인간의 실존에서 찾았다. 인간의 실존이란 인간이 자신의 존재를 스스로 문제삼는다는 것이다. 인간은 한갓 눈앞에 존재하는 사물적 존재자(das Vorhandene)가 아니다. 우리의 눈앞에 존재하는 사물은 자신의 존재를 문제삼지 않는다. 그러나 인간은 자신의 존재를 문제삼는다. 자신의 존재를 문제삼는다는 것은 자신의 현재의 존재방식에 의문을 품고 새로운 존재방식을 모색한다는 것이다.

그러나 인간은 우선 그리고 대개는(zunächst und zumeist) 비본래적인 방식으로 존재한다. 『존재와 시간』에서 우리가 비본래적으로 존재한다는 말은 우리가 얄팍하고 산만한 삶을 살고 있다는 것을 의미한다. 인간의 삶에 깊이와 통일성이 결여되어 있다는 것이다. 하이데거가 비본래적인 삶의 특성으로 보고 있는 잡담과 호기심 그리고 애매성은 얄팍함과 산만함을 공통분모로 갖는다. 우리는 어떤 사태를 경험할 때 대부분의 경우 그 사태를 깊이 있게 경험하는 것이 아니라 말초적인 호기심을 충족시키는 방식으로 경험한다. 이 경우 사태와 나는 깊이 있는 관계를 맺지 못하며, 그 사태가 처음의 신선함을 잃으면 나의 관심은 더욱 자극적인 다른 사태로 옮겨 간다. 나의 삶이란 어떤 진득한 의미 없이 새로운 자극적인 소재를 찾아서 부유(浮遊)하는 삶이다. 이 경우 인간들이 서로 주고받는 말이라는 것도 깊이와 책임성이 결여된 잡담일 뿐이다. 잡담과 호기심에는 항상 타인과 사태에 대한 애매하고 무책임한 추측만 있을 뿐 애정 어린 이해와 관심은 존재하지 않는다.

우리의 일상적인 삶에는 이렇듯 통일성과 깊이가 결여되어 있다. 그러나 우리는 자신의 심층에서 자신의 삶이 깊이와 통일성을 갖게 되기를 갈구한다. 이는 우리가 깊이와 통일성을 갖춘 삶의 방식에 대해서 불명료하게나마 이미 이해하고 있다는 것을 의미한다. 이미 어느 정도 이해하고 있기에 그러한 삶을 갈구할 수도 있는 것이다. 이처럼 우리가 자신의 심층에서 무의식적으로라도 깊이와 통일성을 갖춘 진정한 삶을 희구하고 그러한 삶을 이해하고 있기 때문에, 진정한 삶에 비추어 잡담, 호기심, 애매성으로 관철된 현재의 삶에 대해 공허감과 아울러 권태를 느낄 수도 있다. 인간에게는 항상 자신의 본래적인 존재가능성이 문제인 것이다. 이렇게 인간이 자신의 본래적인 존재를 문제삼은 것에 주목하면서 하이데거는 인간을 '실존'(Existenz)이라고 부른다. 인간에게는 존재의 고양, 진정한 자기의 발견이 문제된다는 것이다.

그런데 현존재는 자신의 존재를 문제삼되 하나의 특정한 세계 안에서 자신의 존재를 문제삼는다. 현존재는 세계로부터 독립해서 존재하는 것이 아니라 이미 세계 안에 존재한다. 하이데거는

『존재와 시간』에서 세계의 구조를 우리가 일상적으로 그 안에서 살고 있는 도구적 세계를 실마리로 하여 분석하고 있다. 우리의 일상적 삶에서 존재자는 어떤 것은 현존재의 목적에 합당한 것으로서, 어떤 것은 현존재의 목적 실현에 방해가 되는 것으로 나타난다. 즉 우리의 일상적 삶에서 존재자는 우선 도구로서 드러나는 것이다. 존재자가 이렇게 도구로서 드러날 경우 그것은 자신의 존재의미를 목적들의 지시연관의 전체 안에서 갖게 된다. 예컨대 망치는 못을 박기 위한 것이고 못은 옷을 걸기 위한 것이며, 현존재가 못에 옷을 건다는 것은 자신의 옷을 구겨지지 않게 잘 보관하기 위한 것이다. 이에 망치는 못을 지시하며 못은 그 편에서 궁극적으로 옷을 잘 보존하려는 현존재의 관심을 지시한다. 이러한 목적연관은 결국은 이렇게 현존재의 관심을 지시한다. 모든 도구적 존재자는 이러한 목적연관의 전체 안에서 자신의 의미를 획득하며 이러한 목적연관의 체계내에서 자신을 드러내는 것이다. 따라서 어떤 존재자가 자신을 드러내기 위해서는 이러한 목적연관의 전체가 이미 개시되어 있지 않으면 안 된다. 이러한 목적연관의 전체가 바로 인간이 어떤 특정한 존재자 내지 도구를 사용하기 전에 이미 그 안에서 거주하는 세계이다.

이러한 전체성으로서의 세계는 존재자가 드러나기 위한 가능성의 조건으로서 세계내에 드러나는 존재자보다 '앞서서'(apriori) 존재하는 것이다. 다시 말하면 세계는 존재자의 개시를 위해서 아프리오리하게 개시되어 있다. 세계는 이미 드러나 있는 존재자의 총합으로서 존재하는 것이 아니라, 존재자가 무릇 드러나기 위해서 이미 드러나 있지 않으면 안 되는 지평인 것이다. 현존재는 직접적으로 자신으로부터 존재자에로 향하는 것이 아니라, 자신이 이미 항상 그 안에서 체류하고 있는 세계를 매개로 하여 존재자에 관계한다. 존재자에 대한 관계가 가능하기 위해서 현존재는 이미 세계에 대한 이해를 갖지 않으면 안 된다.

그런데 목적연관의 전체로서의 세계는 궁극적으로는 현존재의 관심을 지시한다. 그러면 현존재가 궁극적으로 관심을 갖는 것은 무엇인가? 그것은 자신의 고유한 존재 가능성, 자신의 진정한 자기 이외의 것이 아니다. 왜냐하면 현존재에게는 자신의 존재가 문제가 되기 때문이다. 현존재의 자기 실현과 세계는 서로 내밀한 관계를 갖는다. 세계란 대상과 같이 단순히 내 눈앞에 존재하는 것이 아니라 현존재가 자신의 고유한 존재를 실현하기 위한 장이다. 아울러 현존재는 자신의 고유한 존재를 목적연관의 체계인 세계 안에서 구현한다. 이렇게 세계와 현존재가 서로를 가능케 하면서 서로를 필요로 하는 근원적인 '공속관계'(共屬關係, Zusammengehörigkeit)가 하이데거가 '세계-내-존재'라는 말로 의미하고자 하는 것이다.

이렇게 세계와 현존재가 내밀하게 연관되어 있는 한, 세계는 현존재의 실존방식 여하에 따라서 다른 형태를 갖게 된다. 즉 현존재가 자신의 고유한 존재를 망각하고 세계내의 다양한 존재자들에 매몰되어 있을 때, 세계는 현존재의 관심을 끄는 다양한 존재자들의 단순한 합으로서 나타나게 된다. 이 경우 존재자들은 단순히 현존재의 눈앞에 현전하는 것으로서 드러나게 된다. 이에 대해서 현존재가 본래적인 방식으로 실존할 경우, 세계는 심층적인 깊이와 통일성을 드러내게 된다. 이렇게 세계가 그것의 근원적인 전체성에서 드러나기 위해서는 현존재가 본래적으로 실존하지 않으면 안 된다. 이러한 본래적인 실존을 하이데거는 시간성으로서 이해하고 있다. 현존재의 본래적인 시간성에서 세계가 그것의 본래적인 전체성에서 개현되는 것이다.

전기 하이데거에서 세계는 현존재의 실존방식에 따라서 달리 나타난다. 현존재가 비본래적으로 실존할 경우에 세계는 단순히 현존재의 호기심을 자극하는 존재자들의 합으로 나타날 뿐이다. 세계가 근원적인 깊이와 전체성에서 드러나기 위해서는 현존재는 본래적으로 실존하지 않으면 안 된다. 세계는 현존재의 실존방식으로부터 해석되는 것이다.

그런데 하이데거의 사상은 1930년에 발표된 강연 논문 「진리의 본질에 관하여」를 기점으로 하여 하나의 근본적인 변화를 겪는다. 바로 그것이 유명한 하이데거 사상의 '전회'(轉回, die Kehre)이다. 이러한 전회 이후에 세계는 더 이상 현존재의 실존방식으로부터 해석되지 않는다. 이제 세계는 인간의 실존방식에 따라서 달리 자신을 개현하는 것이 아니라, 오히려 인간에게 그때그때마다 다르게 자신을 여는 것(Lichtung)으로서 경험된다. 이 경우 세계를 하이데거는 존재자와 전적으로 다른 것으로서의 존재 자체라고 말하고 있다. 세계는 존재자의 개시를 가능케 하는 것으로서 존재 자체인 것이다.

이러한 존재 자체는 『존재와 시간』에서는 현존재의 실존방식에 따라서 그때그때마다 달리 기투되는 것으로서, 그것이 자신을 개현하는 방식은 현존재에 달려 있었다. 이와 같이 현존재가 모든 것의 중심이므로 현존재의 존재구조에 대한 탐구가 '기초존재론'이 될 수밖에 없었다. 이와 아울러 『존재와 시간』에서 현존재에게는 죽음에로의 선구를 통해서 근원적인 존재를 '건립'할 것이 요청되었다. 이에 대해서 후기의 하이데거에서 존재는 '그 자체가 자신을 드러내며 은닉하는 것'으로서 나타난다. 이제 기초존재론이라고 말할 수 있는 것은 현존재의 존재구조에 대한 분석이 아니라 존재 자체의 역사적인 개현방식에 대한 추적이 된다. 그리고 현존재의 과제는 이러한 '존재의 소리에 청종하는 것'(hörendes Entnehmen)을 통해서 존재의 자기개현을 돕는 데 존재한다. 존재의 기투(Entwurf)가 아니라, 존재가 자신을 개현하도록 내맡기는 것(Gelassenheit)이 문제되는 것이다.

이와 아울러 전통 형이상학자들이 존재의 본래적인 의미를 드러내지 못한 것도 그들이 퇴락한 실존방식을 살면서 현존재의 근원적인 시간성을 망각했다는 데서 구해지지 않고 존재 자체가 자신을 은닉한다는 데서 구해진다. 존재 자체는 존재자들을 개시하면서 자신은 은닉한다. 전통 형이상학이 존재 자체를 망각한 것은 전통 형이상학자들이 퇴락한 삶을 택한 데 원인이 있는 것이 아니라, 존재 자체가 자신을 은닉하면서 존재자들에게로 전통 형이상학자들의 관심을 집중시킨 데 존재한다.

현대에 와서 존재 자체에 대한 사유가 가능하게 되었다면 이 역시 현대인들이 과거인들과 달리 보다 자신의 본래적인 시간성을 살기로 결단했기 때문이 아니다. 그것은 존재자들에게만 향해졌던 사유가 현대의 과학기술문명에서 극도로 추구됨으로써 그 모든 가능성이 길러지고, 현대에 와서야 존재가 자신을 은닉하는 측면이 개시되기 때문이다. 하이데거의 철학이 자신이 처한 역사적인 상황에서 존재의 소리에 청종하려는 시도였다면 전통 형이상학도 그에 못지않게 존재의 소리에 청종하려는 시도이다. 존재의 소리에 이렇게 청종한다는 점에서 그 모든 전통 형이상학자들은 하이데거 못지않게 위대한 사상가들인 것이다. 물론 이들은 존재의 소리를 존재 자체의 소리로서 청종하는 것은 아니다. 이들에게는 존재의 소리는 존재 자체의 소리로서는 은폐되어 있다. 이에 따라서 존재 자체는 자신을 왜곡된 형태로 전통 형이상학에게 개현한다. 즉 그것은 존재자 전체의 공통된 본질과 최고의 존재자라는 형태로 자신을 개현하며 자신의 본래적인 자태는 은닉한다. 그러나 그러한 왜곡된 형태의 존재라도 전통 형이상학이 임의로 구성해 낸 것이 아니라, 전통 형이상학에게 개현된 것이다.

이에 따라서 후기 하이데거 사상은 철저하게 역사적인 성격을 갖게 된다. 하이데거의 전기사상에서는 현존재의 존재구조에 대한 분석과 그것에 입각한 존재의 의미에 대한 물음이 정태적이고 비역사적인 방식으로 행해졌다. 현존재는 그 어떠한 상황을 불문하고 자신의 죽음에로 선구적으로 결의하면서 근원적인 세계를 개현해야 하는 존재로서 이해되었다. 이에 대해서 후기사상에서는 현존재가 처한 구체적인, 역사적인 상황이 문제가 된다. 현존재가 자신의 죽음에로 선구한다는 것도 특정한 역사적인 상황에서 가능한 것으로 이해되는 것이다. 이에 따라서 존재의 근원적인 의미에 대한 물음도 역사적으로 전개된다. 그것은 존재의 의미가 역사적으로 어떻게 달리 개현되는지에 대한 추적이 되는 것이다. 후기 하이데거는 이에 따라서 존재의 의미가 아니라 '존재의 진리'가 문제된다고 말하고 있다. 존재의 의미에 대한 물음은 현존재의 존재구조에 대한 현상학적인 분석을 통해서 수행된다. 이에 대해서 존재의 진리에 대한 물음은 특정한 역사적 상황에서 들려오는 존재의 소리에 대한 청종을 통해서 수행된다. 이제 존재의 근원적인 의미는 현존재가 역사적인 상황을 불문하고 죽음에로의 선구를 통해서 확보할 수 있는 것이 아니라, 존재 자체가 서구 형이상학의 종점에서 드러내는 것으로서 이해된다.

이에 따라서 전기사상에서는 자신의 고유한 존재에 직면하려는 현존재의 결의란 측면이 결정적인 중요성을 가졌던 반면에, 후기사상에서는 현존재의 결의와 통제를 벗어나 현존재가 이미 내던져져 있는 역사 과정 자체가 결정적인 중요성을 갖게 된다. 이와 아울러 후기사상에서는 현존재의 결의란 측면보다도 오히려 서구 형이상학의 역사 안에서 각 시대마다 자신을 달리 드러내는 존재자 전체의 존재와 이러한 존재가 자신을 현존재에게 드러내는 '장'으로서의 '근본기분'이 결정적인 의미를 갖게 된다. 현존재의 근본기분이란 후기사상에서는 단순히 현존재의 '내적인' 정조(情調)로서 이해되는 것이 아니라, 존재가 그때그때마다 자신을 고지하는 통로라는 의미를 갖는다. 근본기분을 의미하는 독일어 Grund-stimmung은 존재의 소리를 의미하는 Seins-stimme로부터 파악되는 것이다. 이렇게 존재가 인간이 통제할 수 없는 근본기분을 통해서 엄습하면서 역사적으로 각 시대마다 다르게 자신을 드러내는 방식이 후기 하이데거에서는 문제가 된다는 점에서 후기 하이데거의 사상은 '존재사적 사유'(存在史的 思惟, das seinsgeschichtliche Denken)라고 불려진다.

하이데거 사상의 이러한 전회는 전기사상에 대한 포기가 아니다. 그것은 오히려 전기사상이 목표하고 있는 바를 보다 더 사태에 맞게 해석하고자 하는 시도라고 볼 수 있다. 그것은 인간의 유한성과 역사성을 보다 철저하게 사유하고자 하는 시도이다.

2. 하이데거의 후기사상이 갖는 특성

후기 하이데거의 사상이 역사적 성격을 강하게 띠게 되는 것을 통하여 이제 하이데거의 사상은 우리 자신이 살고 있는 '시대와의 대결'이란 성격을 강하게 띠게 된다. 물론 전기 하이데거의 존재물음 역시 자신의 시대와 대결하는 것을 목표하고 있지만, 후기 하이데거에서는 시대와의 대결이란 성격이 전면에 부각되고 있고 존재물음은 역사와 시대와의 대결을 통하여 전개되는 것이다.

전기 하이데거에서는 존재물음은 어떤 의미에서 역사적 맥락을 떠나서 체계적으로 전개되고 어느 시대에나 제기될 수 있는 것으로 간주되고 있다. 아울러 '전통 형이상학의 해체'라는 형태로 진행되는 전통과의 대결은 그러한 존재물음을 기반으로 하여 추후적으로 행해지고 있다. 전기 하이데거에서는 존재물음이라는 체계적인 부분과 역사적인 고찰이 분리되어 진행되는 셈이다. 이에 비해 후기 하이데거에서는 존재물음이 어느 시대에서나 제기될 수 있는 것으로 간주되지 않고 전통 형이상학이 철저하게 완성되는 우리 시대에서만 제기될 수 있는 것으로 간주된다. 존재물음은 '전통 형이상학'(traditionelle Metaphysik)과 그것이 조성한 우리 시대와의 대결을 통하여 행해지고 있으며, 우리 시대에 이미 그 단초를 보이고 있는 새로운 시대를 준비하기 위해서 행해지고 있다. 존재물음은 역사적인 고찰을 통해서 수행되는 것이다. 아울러 후기 하이데거는 '근대과학'(neuzeitliche Wissenschaft)과 '현대기술'(moderne Technik)도 통시대적으로 인간들의 생활세계를 구성하는 도구적 세계에서 파생된 것으로 파악하지 않고 하나의 독자적인 생활세계를 구축하는 것으로 파악하며, 그것의 기원을 도구적 세계에서 찾지 않고 전통 형이상학의 역사에서 찾게 된다.

이하에서 우리는 하이데거의 후기사상을 고찰하되 먼저 하이데거가 우리의 시대를 어떻게 파악하고 있는가, 우리 시대의 문제점과 가능성을 어떻게 보고 있는가, 그리고 왜 이 시대의 위기를 극복하기 위해서 존재물음이 필요하다고 보고 있으며 존재물음을 역사적으로 수행해야 할 필요가 있다고 보고 있는가를 고찰할 것이다. 그 다음에는 하이데거가 자신의 존재물음을 서구 형이상학의 역사라는 궤도하에서 구체적으로 어떻게 수행하고 있는지를 볼 것이다.

3. 후기 하이데거의 시대의식과 존재물음

1) 현대의 본질적 현상으로서의 기술의 지배

현대는 그것의 본질에 있어서 '근대적인 과학'과 '기술'을 통해서 규정된 시대이다(GA5, 75쪽 참조). 따라서 현대는 과학기술시대라고 불려지고 있다. 과학기술시대란 존재자에 대한 인간의 이론적인 접근을 규정하는 것은 과학이며, 실천적인 접근을 규정하는 것은 그러한 과학에 근거하는 기술이라는 말이다. 현대의 기술이 존재자에 대한 과학적 정보에 바탕을 두고 있는 한, 존재자 전체에 대한 현대인의 관계를 결정하는 것은 과학이라고 볼 수 있다.

그러나 현대의 과학이 기술적으로 이용가능한 것은 과학 자체가 이미 기술적인 성격을 띠고 있기 때문이다. 현대의 과학은 이미 '존재자 전체 내지 자연을 계산가능한 인과법칙의 체계로서 파악함으로써, 존재자 전체를 인간이 그 법칙을 파악하는 것에 의해서 지배할 수 있는 대상(Gegenstand)'으로 이해하고 있는 것이다. 기술은 '자연을 있는 그대로' 파악하는 과학을 응용하는 것을 통해서 가능한 것이 아니라, 이미 과학 자체가 자연에 대한 하나의 기술적인 해석에 입각해 있기에 기술적인 응용이 가능한 것이다. 자연과학은 사물들이 산출되는 법칙을 알고자 한다. 인간이 일단 사물들이 산출되는 법칙을 파악했을 경우, 그는 이러한 산출이 가능할 수 있는 조건들을 발견하거나 조성할 수 있으며 이를 통해 자연의 작용을 자신의 뜻대로 통제할 수 있는 것이다. 근대의 과학은 "사물을 정복하고 만물을 보편적으로 지배하는 하나의 방식이다. 따라서 현대과학의 응용은 더이상 과학에 대해서 외적인 것, 즉 과학에 부가된 것이 아니라 과학 자체의 본질이 되었다."[73] 또한 근대의 기술은 그것이 자연에서 에너지를 뽑아 내고, 그것을 다시 다른 에너지로 변환시키는 성격을 갖는 한, 근대의 정밀한 자연과학을 사용하지 않을 수 없는 것이다(GA7, 27쪽).[74]

현대의 기술문명에서 존재자 전체는 '에너지의 공급원'(Energiequelle)으로서 나타난다. 예컨대 강은 수력의 제공처로서 간주된다. 그리고 이러한 에너지는 다른 에너지를 산출하기 위한

---

73) 막스 뮐러(박찬국 역), 『실존철학과 형이상학의 위기』, 서광사, 154쪽.

74) 필자는 이상에서 '근대'의 기술이란 표현을 사용했다. 이는 기술이 항상 근대의 기술에서처럼 에너지를 추출해 내고 그것을 또한 어떤 특정한 목적을 위해서 다른 에너지로 변환시키는 성격을 갖지는 않는다는 것을 의미한다. 하이데거는 GA7, 38쪽에서 근대의 기술과 고대의 테크네(techne) 이해의 차이점을 고찰하고 있다.

수단으로 사용된다. 수력은 전력을 얻기 위한 수단으로 사용되며, 이 전력은 다시 모터를 돌리기 위한 동력을 확보하기 위한 수단으로 사용된다. 그리고 이러한 동력을 사용하여 인간은 자신의 노동을 수월하게 하는 것이다. 자연을 이렇게 서로 변환가능한 에너지의 공급체계로서 보는 태도는 사실은 기술문명이 본격적으로 대두되기 전, 근대의 초기에 출현한 자연과학에서 이미 나타나고 있다. 근대의 자연과학에서 자연은 계산을 통해서 '예견가능한 힘들의 연관체계'(ein vorausberechenbarer Zusammenhang von Kräften)로서 파악되고 있는 것이다.

2) 기술의 본질로서의 니힐리즘

과학과 기술을 통하여 인간은 존재자 전체의 운동을 자신의 시야 아래에 내려다보면서 그것을 통제함으로써 자신의 절대적 안전을 확보하려는 주체로서 나타난다. 이에 보통 우리는 인간이 과학과 기술의 주체이며, 과학과 기술은 인간이 자신의 특정 목적을 위해서 사용할 수 있는 수단이라고 생각한다. 그러나 과학과 기술에서는 소위 사물을 통제하는 주체인 인간조차 통제가능한 대상이 된다. 근대과학의 방법적 구조상 인간이 과학의 관찰대상이 될 경우는 다른 사물을 통제하는 주체로서의 인간은 부정되는 것이다. 또한 근대의 기술사회에서는 인간의 활동은 근대과학에서의 물질과 에너지의 운동과 유사하게 측정된다. "노동과 여가의 사용, 그리고 그것들이 물화의 매개체계(ein dingliches Vermittlungssystem)로서의 사회에 대해서 갖는 가치는 정확히 확정되고 비교될 수 있다."[75] 이는 다시 말해 기술사회에서는 인간도 통제가능한 하나의 대상이 되며, 인간을 포함한 모든 사물을 지배하고 통제하면서 자신을 확대해 가는 익명의 물화체계(das anonyme Verdinglichungssystem)에 맹목적으로 내던져져 있다는 것을 의미한다.[76] 주체가 최대로 주체화되는 과정은 오히려 최대의 객체화를 수반하는 것이다. 인간이 자신을 모든 사물을 객체화함으로써 그것들을 지배하는 최고의 주체라고 자만함으로써 인간은 오히려 인간을 포함한 존재자 전체를 객관화하는 맹목의 과정에 예속되어 있는 것이다. 이에 근대사회의 주체는 "인간이 에너지(노동력)를 제공하고 그에 대한 반대급부로서 욕구의 충족과 욕구의 확대를 제공받는"[77] 이러한 익명의 물화체계이다. 인간은 더이상 주체가 아니라 이러한 체계가 자신을 확대 재생산하기 위해서 필요한 소모품일 뿐이다.

기술의 본질은 모든 것을 자신의 확대 재생산을 위한 '부품'(Bestand)으로 삼는 익명의 체계의 지배이다(GA5, 267쪽 참조). 사물과 인간, 동물, 식물, 다시 말해 존재자 전체는 그것의 유일무이한 가치와 고유한 의미를 상실해 버린다. 기술과 과학에서 사물은 그것이 그 자체로부터 자신을 드러내는 그대로 이해되지 않는다. 존재자 전체는 그것의 고유한 본질에 있어서 이해되지

---

75) Reinhart Maurer, *Revolution und >Kehre<*, Frankfurt a.M. 1975, S.151.

76) 하이데거는 자신이 현재 내던져 있는 운명의 본질을 보지 못하는 현대인의 이러한 맹목성(Blindheit)을 색맹(Verblendung)에 비유하는데, 그에 따르면 이러한 맹목성은 그것이 갖는 색맹의 성격 때문에 더 위험한 것이다. "색맹은 눈이 먼 것보다 오히려 더 나쁜 상태이다. 색맹인 자는 자신이 인간에게 가능한 유일한 방식으로 본다고 생각하는 것이다. 사실은 이러한 그의 생각이 그의 모든 시각을 왜곡시키는 것이다"(GA8, 103쪽).

77) R. Maurer, 앞의 책, 162쪽; 하이데거 GA51, 5쪽 참조.

않고, 계량가능하고 이를 통해 통제할 수 있고 제조가능한 재료가 되고 마는 것이다. 다른 것과의 비교나 이를 통한 계량을 허용하지 않는 유일무이한 것으로서의 존재자의 원래 모습, 즉 모든 통제와 지배로부터 단적으로 벗어나 있는 비밀의 차원은 완전히 사라지고 만다. 모든 것은 다른 무엇을 만들기 위한 부품으로 나타날 뿐이다. 존재자의 소박하면서도(einfach) 충만한 존재는 존재자를 떠나 버린 것이다. 기술문명의 지배하에서 존재자 전체는 고유한 무게와 가치를 상실하고 말며, 공허한 무와 같이 되고 만다. 이에 존재자 전체의 의미상실(Sinnlosigkeit), 달리 말해 니힐리즘(Nihilismus)이 이 시대의 모든 영역을 근저에서 관통하고 있는 것이다(GA8, 11쪽).

3) 하이데거의 근본경험으로서의 니힐리즘의 경험

그러나 기술이 현대를 지배하고 있을 경우 기술의 본질이 니힐리즘이라는 통찰은 어떻게 해서 가능한가? 인간이 과학과 기술의 지배에 매몰되어 있을 경우에 인간은 과학과 기술의 지배의 본질이 니힐리즘이라는 사실을 통찰할 수 없을 것이다. 그에게는 과학에 의해서 인식되고 기술에 의해서 처리될 수 있는 존재자만이 유일하게 '존재하는' 것이다. 아울러 그에게는 과학과 기술의 발달을 통하여 언젠가 해결할 수 있는 문제만이 존재할 뿐이며, 존재자가 갖는 비밀과 충만의 차원이 존재자를 떠나 버렸다는 식의 '위기'(Not)는 존재하지 않는 것이다. 따라서 기술의 지배로부터 다시 말해 기술적 세계해석으로부터 어느 정도 벗어난 자만이 기술의 본질을 익명의 물화체계의 지배로서 통찰할 수 있는 것이다. 그러나 기술의 지배로부터 거리를 취하는 것은 어떻게 해서 가능한가? 과학적인 경험과는 전혀 다른 경험방식만이 이것을 가능케 하는바, 이러한 경험은 무엇보다 의미상실의 경험 자체이다.

의미상실의 경험이란 소위 모든 진보와 존재자에 대한 인간지배의 확대에도 불구하고 사실은 이 모든 것이 의미가 없다는 것, 도처에서 어두운 공허가 입을 벌리고 있다는 사실을 경험하는 것이다. 이러한 경험은 현실을 객관적으로 고찰하는 것을 통해서가 아니라 이 시대의 근본기분으로서의 경악(Erschrecken)과 불안(Angst)이라는 근본기분을 통해서 일어난다. 의미상실을 경험한다는 것은 달리 말해 존재자가 갖는 소박하면서도 충만한 의미 내지 존재가 존재자로부터 떠나갔다는 사실(Seinsverlassenheit) 앞에서 경악하게 된다는 것을 의미한다. 하이데거에서는 어떤 하나의 사태를 '이해한다'는 것은 그것에 대해 하나의 객관적인 정보를 얻는 것을 의미하지 않는다. 현대가 의미상실의 시대라는 사실을 '이해한다'는 것은 현대에 대한 하나의 정보를 얻는 차원의 것이 아니다. 그것은 경악의 기분 안에서 자신의 실존 전체가 근저에서부터 뒤흔들리는 것을 경험한다는 것을 의미한다. 이에 의미상실의 경험은 과학적으로 객관화시키고 실험을 통해서 언제라도 확보할 수 있는 경험이 아니다. 이러한 경험은 우리가 전혀 예기치 않은 순간에 문득 우리를 사로잡고(ergreifen) 우리의 실존을 근저에서부터 뒤흔들어 놓는 것이다.

경악이란 근본기분을 통하여 우리는 모든 충만한 의미와 존재가 존재자에게서 떠나 버렸으며 이에 존재자는 공허한 무와 같이 되어 버렸다는 사태에 직면하게 된다. 그런데 이렇게 경악이란 기분을 통하여 우리로 하여금 이 시대에는 니힐, 즉 공허가 지배하고 있다는 이 시대의 진상 앞에 직면케 하는 것은 무엇인가? 그것은 과학적으로 확정될 수 있고 이를 통해 통제가능한 존재자와는 전적으로 '다른 것'(das Andere)이다. 그것은 어떠한 존재자도 아니기에 하이데거는 그것을 '무'(Nichts)라고 부르고 있다. 이러한 무는 그러나 그 아무것도 아닌 공허한 무(nihil negativum)가 아니다. 그것은 오히려 나의 존재를 근저에서부터 뒤흔들어 놓으면서 이 기술시대의 진상 앞에 나를 직면시키고 존재자 전체를 새로운 안목으로 보게 하는 강력한(übermächtig) 그 무엇이다. 그것은 사실은 존재자 전체의 진리를 드러내는 것으로서의 존재이다. 무란 존재자로부터 보여진 존재, 즉 인간에 의해서 개념적으로 파악가능하고 통제가능한 존재자가 아니라는 측면에서 보여진 존재이다. 그것은 그것을 파악하려는 인간의 공격에서 빠져 달아나면서(sich entziehen) 자신을 은닉시킨다(sich verbergen)는 면이 특히 강조된 존재 이외의 것이 아니다. 현대에는 기술이 강력하게 지배하고 있다. 그럼에도 불구하고 경악 내지 불안이라는 현대의 근본기분을 통해서 '기술의 통제로부터 단적으로 벗어나 있는 것'(das Unverfügbare)인 '존재라는 근원적인 힘'(die Grundmacht des Seins)이 자신을 고지해 오는 것이다.

기술적으로 파악될 수 있는 존재자와는 이와 같이 '전적으로 다른 것'이 자신을 고지하지 않았을 경우, 우리는 이 시대가 갖는 일면성과 이 시대는 니힐리즘이 지배하는 시대라는 사실을 인식할 수 없을 것이다. 니힐리즘의 경험 내지 의미상실의 경험을 우리는 현대의 상황을 대상화하여 이론적으로 분석함으로써 갖게 될 수는 없다. 오히려 현대의 근본기분으로서의 의미상실의 기분, 경악 내지 불안의 기분이 현대의 상황을, 다시 말해 이 시대의 진정한 본질을 개시하는 것이다. 이러한 개시를 근거로 해서야 비로소 이 시대의 상황에 대한 '철학적 분석'도 가능한 것이다.[78)]

하이데거의 근본경험은 '존재망각'(Seinsvergessenheit)의 경험이다(GA5, 212쪽 참조). 이 존재망각이 니힐리즘의 본질이다. 현대는 존재의 망각이 극에 달함으로써 사물의 본질이 자신을 철저히 은닉하고, 존재 자체가 존재자에게서 떠나 버린 시대이다. 존재 자체가 존재자를 떠나 버렸다는 것은 존재자가 '인간의 이론적·실천적 공격을 단적으로 거부하는 신비와 비밀로서의 존재 자체'를 모아들이는 것이라는 사실이 망각되고, 그것이 한갓 기술적인 처리대상으로서 간주되고 있다는 사실을 의미한다. 현대에 있어서는 존재를 망각하고 있다는 사실조차 망각되어 있다. 경악이라는 근본기분은 이러한 존재망각의 경험 이외의 것이 아니다. 존재망각을 경험한다는 것은 존재가 의미하는 바가 이 시대에서 한갓 '기술적으로 통제가능하게 눈앞에 사물적으로 있음'(das verfügbare Vorhandensein)으로서 간주됨으로써 존재 자체가 빠져 나갔다는 사실의 경험을 의미한다.

---

78) 근본기분에서 현존재에게 드러나는 것은 "모든 술어적 진리가 근거하고 있는 선술어적 진리이다. …진리가 우선 선술어적으로 세계의 개시로서 기분에서 드러날 경우, 모든 술어적 진리는—철학적 언표조차—기분이 우리에게 세계를 일차적으로 어떻게 개시하느냐에 궁극적으로 의존해 있다." Klaus Held, "Grundstimmung und Zeitkritik bei Heidegger". In: *Zur philosophischen Aktualität Heideggers*, Band 1, Frankfurt a.M., 1991, S.35.

4) 존재망각의 경험으로부터의 각성과 존재물음

그런데 존재망각의 경험이란 사실상 이미 존재망각으로부터의 각성을 의미한다. 이는 "존재(Seyn)가 존재자에 속해 있다는 사실이 드러나기 시작할 때, 그리고 그와 더불어 존재자를 둘러싼 한갓된 영위가 의문스럽게 될 때에야"(GA45, 207쪽), 비로소 존재자에게서 존재가 떠나 버렸다는 사실이 위기로서 경험될 수 있기 때문이다. 존재망각의 경험은 이미 존재에 대한 예감으로서 존재의 경험을 위한 출발점이다. 존재의 진리가 존재자를 떠나 버렸다는 사실이 경험됨으로써 존재의 진리는 처음으로 통찰된다. 즉 그것은 소위 인간주체의 정복시도를 '거부하는 것'(Verweigerung)으로서, 주체의 공격을 항상 벗어나면서 자신을 은닉하는 '비밀'(Geheimnis)로서 경험되는 것이다. 이러한 비밀을 경험한다는 것 역시 그러한 비밀이 존재한다는 사실에 대한 정보를 얻는다는 것을 의미하는 것이 아니다. 그것은 그러한 비밀 앞에서 '경외'(Scheu)라는 근본기분에 의해 사로잡히는 것을 의미한다. 이렇게 경외라는 근본기분 안에서 경험된 비밀을 우리가 인간의 인식노력을 통하여 장차 제거되어야 할 대상으로서가 아니고 오히려 모든 존재자의 궁극적 근거로서 소중히 할 때, 우리는 이 시대의 이 공허한 표면을 돌파하면서 자신을 드러내는 존재자의 소박하면서도 충만한 존재를 경험하게 된다. 이 시대는 경악이라는 근본기분이 경외라는 근본기분으로 이행하면서 존재자 전체가 전혀 새롭게 드러날 가능성을 안고 있는 것이다.

하이데거는 존재자가 자신의 소박하면서도 충만한 존재를 상실했다는 사실 앞에서의 경악이 존재자 안에서 자신을 고지하는 존재에 대한 경외라는 근본기분으로 이행하면서, 어떻게 다시 존재자가 '존재한다'는 '기적'(Wunder)의 체험으로 반전하는지를 이미 그의 강연 『형이상학이란 무엇인가?』에서 생생하게 기술하고 있다.

우리가 그 동안 인간이 살 수 있는 유일한 세계로서 자명하게 생각한 세계는 불안이라는 근본기분을 통해 그것의 자명성과 의미를 상실하게 된다. 우리에게 그 동안 친숙했던 세계가 이렇게 무의미한 것으로서 드러나는 것은 이 세계가 의미를 갖는지 아닌지를 객관적으로 저울질하는 이론적 행위를 통해서가 아니다. 이 세계는 불안이라는 근본기분에서 자신을 의미없는 공허한 것으로서 드러내는 것이다. 우리가 인식주체로서 이 세계의 무의미함를 드러내는 것이 아니라 불안이라는 기분에서 우리가 객관화시켜서 파악할 수 없는 그 어떤 것이 우리에게 친숙한 일상적 세계의 공허한 진상을 우리에게 보여 주는 것이다. 이러한 그 어떤 것을 하이데거는 그것이 우리가 객관화시켜서 파악할 수 있는 존재자가 아니라는 면에서 '무'라고 부르고 있는데, 차라리 이 무가 우리가 이 세계에 부여한 의미를 파괴하면서(nichten) 이 세계의 진상을 드러내 주는 '주체'인 것이다.

이 무는 우리가 객관적으로 통제할 수 있는 범위를 벗어나기 때문에 이 무가 자신을 고지하는 불안이라는 근본기분도 우리가 임의로 조성할 수 있는 기분이 아니다. 그것은 그것이 일어나는 원인을 추구하여 그 원인의 제거를 통해 일어나게 하거나 일어나지 않도록 할 수 있는 기분이 아닌 것이다. 불안이라는 기분은 '이유 없이' 우리 자신을 '엄습하면서'(überfallen), 우리 자신을 근저에서부터 뒤흔들고 변화시키면서 또한 우리가 관계하는 존재자 전체를 완전히 달리 나타나게 하는 것이다.

따라서 하이데거는 이렇게 우리의 근저에서부터 일어나면서 그것을 통해 우리 자신과 세계가 근본적으로 변화되는 기분을 '근본'기분이라고 부르는 것이다. 이러한 근본기분 특히 불안이라는 근본기분을 통해서 일상적인 세계가 무의미한 것으로서 드러날 때, 인간은 하나의 근본적인 결의 앞에 직면하게 된다. 인간은 불안을 통해 현존재의 심연에서 자신을 고지해 오는 무에 귀를 기울일 것인지, 아니면 그 앞에서 도피하여 기존의 친숙한 세계로 다시 도피해 들어갈 것인지라는 근본적인 결의 앞에 서게 되는 것이다.

그런데 우리가 이 무의 고지에 귀기울이고 그것을 소중히 할 때 우리는 우리 자신과 존재자 전체가 자신의 근원적인 충만한 존재, 그 동안 우리가 존재자에게 부여한 의미에 의해 은폐되었던 자신의 원모습을 드러내는 것을 경험한다. '불안의 밝은 밤'(die helle Nacht der Angst)에서 현존재는 '존재자가 '있다'는 사실'(daß Seiendes *ist*)의 기적을 경험하는 것이다. 존재자는 이제까지와는 전혀 낯설게 우리에게 드러난다. 이 경우의 존재자는 우리가 그것의 밖에 존재하는 그것의 근거를 추구함으로써 이해할 수 있는 것이 아니고, 그것 자체가 이미 충만한 근거(Grund)로서 나타난다. 즉 그것은 자신의 진리근거로서, 그것의 빛남과 충만함으로 현존재를 매료하는 것으로서 드러난다.

그리고 이 경우 존재자가 존재한다고 할 경우의 존재의 의미는 우리가 일상적으로 끊임없이 사용하는 '존재한다'는 말이 갖는 의미와 근본적으로 다른 것이다. 우리가 보통 존재자가 존재한다고 할 경우에는 그 존재자가 '지각과 이론적 고찰의 대상으로서 우리의 눈앞에 현전한다'는 것을 의미한다. 존재자는 이론적 고찰을 통해서 파악된 원인과 근거의 통제를 통해 통제될 수 있는 것으로서 존재한다는 것이다. 이에 대해서 불안의 경험에서 존재자가 전혀 낯설게 존재한다는 것은, 존재자가 인간의 어떠한 장악시도도 거부하면서 오히려 자신을 그것이 갖는 깊이와 충만함에 있어서 열어 보인다(aufgehen)는 것을 의미한다. 그 경우 존재자는 우리의 경외심을 불러 일으키고 우리 자신에게 그것을 그 자체로서 존중하도록 요구하며(ansprechen) 우리 자신의 심금에 와닿는(angehen) 식으로 '존재한다'.

이에 존재자가 존재한다는 것은 자신의 진리를 스스로 열면서(aufgehen) 우리의 심금에 와닿는(angehen) 것으로서 존재한다는 이중적 의미에서 '현-존(現-存)한다'(an-wesen)는 것을 의미한다. 그리고 이 경우 이 존재자를 '인식한다'는 것은 존재자가 자신의 진리를 나에게 말하게 하면서(ansprechen-lassen) 나의 심금에 와닿게 한다(angehen-lassen)는 것으로서, 존재자를 그것의 진상대로 존재하게 한다(sein-lassen)는 것 내지 현존케 한다(anwesen-lassen)는 것을 의미한다. "불안 안에서 자신을 드러내는 존재자의 낯설음은 존재자를 그 자체로 있는 그대로 존재케 하라는 요구인 것이다"(GA45, 2쪽).

예컨대 "산봉우리마다 정적이…(존재한다)"(Über allen Gipfeln/ist Ruh...)는 괴테의 유명한 시 구절에서의 정적의 존재(ist)는 유일무이의 충만(das Einzige eines gesammelten Reichtum)한 존재이다. 그것은 그것의 근거 내지 원인을 파고 들어가 그것을 이해하려는 그 모든 시도에서 빠져 달아나 버린다. 예컨대 그것은 그 산을 대상으로서 우리의 눈앞에 세워 두면서(vor-stellen) 그 산에는 소리를 내는 아무것도 없었다는 원인으로부터 산의 정적을 설명하려는 시도를 거부한다. 오히려 그것은 그것의 소박한 충만함 그 자체만으로 우리 자신을 그 앞에 세워 두는 것이다(GA51, 30쪽 이하 참조).

여기서는 인간주체가 존재자를 파악하기 위해서 자신 앞에 세워 두는 것이 아니라 오히려 존재자가 그것의 충만함으로 우리를 그것 앞에 세워 두는 것이다. 즉 우리를 사로잡는 것이다. 이에 존재가 존재자를 떠나 버렸다는 사실 앞에서의 경악은, 이 경악의 기분 안에서 자신을 고지하는 무 내지 존재에 우리가 자신을 열음으로써 존재자 안에 모든 대상화를 넘어서 이미 존재(Seyn)가 현성하고 있다는 사실 앞에서의 경외로 변화되는 것이다.

하이데거의 존재물음이란 따라서 이 시대에 무로서 자신을 드러내면서 존재자 전체를 새롭게 드러내는 그 어떤 강력한 것(das Übermächtige)을 사유하는 것을 의미한다. 그러한 사유는 그것을 하나의 대상으로 간주하면서 그것의 작용법칙과 성질을 고찰하는 것을 통해, 그것을 우리의 제어하에 두려는 것이 아니다. 그러한 사유는 오히려 그것으로부터 도피하지 않고 그것에 우리 자신을 열면서, 그것의 강력한 힘을 통해 우리 자신과 존재자 전체를 그것의 참된 본질에 있어서 존재케 하라는 그것의 요구(Ansprechen)에 보다 더 참되게 응하려는 것(Entsprechen)이다.

5) 후기 하이데거의 존재물음과 서구의 역사에 대한 존재사적 고찰의 필요성

하이데거의 존재물음은 전기와 후기를 막론하고 한갓 아카데믹한 물음이 아니고, 시대적인 문제인 니힐리즘과의 대결로부터 비롯된 것이다. 이러한 대결은 후기 하이데거의 존재사적 사유에서 하나의 정점에 달하게 된다. 하이데거는 이제 니힐리즘의 극복은 우리 자신이 이미 철저하게 편입되어 있는 역사의 필연성(Not-wendigkeit)으로부터만 일어날 수 있다는 통찰에 도달한다. 하이데거는 존재가 각 시대의 근본기분을 통하여 역사적으로 자신을 그때그때마다 달리 고지하며, 인간은 그러한 존재의 말에 귀기울이는 것을 통해서만 새로운 역사를 건립할 수 있다고 생각하게 된다. 그리고 이렇게 존재의 말에 귀를 기울인다는 것은 그때그때마다 인간을 달리 엄습하는 근본기분에서 도피하지 않고 그것을 적극적으로 인수한다는 것이다.

그러나 존재가 현재 제시하는 가능성을 보다 엄밀하게 파악하기 위해서는 역사에 대한 깊은 성찰(Besinnung)이 필요하다. 그러한 역사에 대한 성찰은 서구역사의 각 시대를 건립해 온 형이상학의 역사를 고찰하는 것을 의미한다. 하이데거는 이제 그리스철학과 근대철학의 역사를 고찰하면서, 그것이 사유의 어떤 일면적인 가능성만을 발전시킴으로써 다른 가능성을 망각하고 니힐리즘을 심화시켜 가는지를 고찰한다. 아울러 그는 우리 시대에 새롭게 나타나고 있는 니힐리즘 극복을 위한 단초를 그러한 서구형이상학의 역사의 전체 지평에서 보다 깊이 이해하고자 한다.

4. 서구의 역사에 대한 존재사적 고찰

1) 고대 그리스철학에 대한 존재사적 해석

〈'경이'(Er-staunen)라는 근본기분에서 열리는 퓌시스로서의 세계〉

현대인들이 경외라는 근본기분 안에서 경험하는 충만한 세계를 그리스인들은 경이(thaumazein)라는 근본기분 안에서 퓌시스(physis 자연)로서 경험했었다. 그리스인들이 경험한 퓌시스란 그것의 주재(Walten)하에서 각각의 존재자가 그것의 충만한 존재에 있어서 빛을 발하며 나타나면서도(erglänzt) 그것들이 서로 조화를 이루는 개방된 장(das Offene)이다(GA55, 164쪽 참조). 그리스인들은 세계를 퓌시스로서 경험했다. 서구 형이상학의 역사에 대한 하이데거의 존재사적 분석이란 달리 말하면 이러한 퓌시스로서의 세계에 대한 경험이 어떻게 해서 망각되어 가고, 그러한 망각이 결국은 모든 존재자들을 황폐화하는 기술시대를 낳게 되었는지에 대한 역사적인 성찰이다. 아울러 그것은 이러한 퓌시스망각을 어떻게 하면 극복할 수 있을 것인지에 대한 성찰이다.

이러한 퓌시스로서의 세계는 그리스인들에게는 경이(Er-staunen)라는 근본기분 안에서 열린다. 하이데거는 경이라는 근본기분을 놀람의 여러 방식과 구별한다. 어떤 것을 의아하게 생각한다(Sichverwundern)든가 어떤 것이나 어떤 사람에 대해서 감탄한다(Bewundern)든가 하는 것은, 그것들의 상이함에도 불구하고 그것들에서는 범상하지 않는 어떤 특이한 개별적인 사태가 문제가 된다. 이에 반해 경이에서는 모든 것 중에서 그리고 모든 것 안에서 가장 당연한 것(das Allergewöhnlichste), 즉 '무릇 그리고 그 어떤 방식으로 어떤 것이 있다는 것'(überhaupt und irgendwie zu sein)이 가장 놀라운 사실로서 드러나며, 그와 더불어 모든 것이 '가장 예사롭지 않은 것'(das Ungewöhnlichste)으로서 드러난다.

그리고 바로 모든 것이 그 전과는 전혀 다르게 나타난다는 데, 즉 인간이 거주하는 세계가 전적으로 달리 나타난다는 데, 경이라는 기분이 '근본'기분인 소이가 존재한다. 그것은 우리의 삶과 세계를 근본적으로 뒤바꾸는 기분이다. 경이라는 근본기분에 빠지기 전에는 모든 것 중에서 가장 당연한 것, 즉 사물이 '존재한다'는 것은 그것이 그렇게 당연한 사실이라는 것조차 전혀 주의를 받지도 사유되지도 않는다. 그것이 주의라도 받을 경우에는 그것은 가장 당연한 것이 될 수 없을 것이다. 경이는 다른 놀람의 방식들처럼 범상한 것으로부터 눈을 돌려 특이한 사태에 향하는 것이 아니라, 오히려 가장 당연한 것에 자신을 향한다. 그러나 이를 통해 이 가장 당연한 것이 모든 것 중에서 가장 예사롭지 않은 것으로서 드러나는 것이다.

이를 통해서 모든 것이 낯설고 우리의 경이를 불러 일으키는 것으로서 나타난다. 우리가 자명하게 주어져 있는 것처럼 생각하면서 그 어느 경우에도 관심을 기울이지 않는 삶의 세계 전체가 우리에게 전적으로 예사롭지 않은 것으로서 나타나는 것이다.

〈퓌시스로서의 존재와 존재자〉

이렇게 해서 드러난 예사롭지 않은 세계가 그리스식으로 이해된 '자연'(Natur), 즉 퓌시스란 의미에서 가장 자연스러운 것이었다(das Natürlichste). 그것은 가장 자연스러운 것이기에 경이라는 근본기분에 엄습되기 이전에는 그 어느 누구도 관심을 갖지 않은 것이었다.

이 경우의 퓌시스는 최초의 원인으로서 다른 존재자를 존재하게 하는 실체적인 것도 아니며, 우리의 감각에 현상하는 존재자들을 서로 통일하는 법칙성이라는 의미에서의 자연도 아니다(GA55, 299쪽 참조). 퓌시스는 '존재자 전체의 자기운행'(sich selbst bildende Walten des Seienden im Ganzen)이다(GA29/30, 38쪽 이하). 그것은 해가 돋고 장미꽃이 피듯이 끊임없이 스스로를 열고 피어나는 것(das ständige Aufgehen)으로서 산과 바다, 나무와 새를 주재하는 것이다. 퓌시스는 존재자들을 관장하는 전체성(die Ganzheit)이다.

그러나 퓌시스는 전체이지만, 모든 것을 포괄하는 커다란 그릇과 같은 것도 아니다. 아울러 그것은 존재자와 분리되어 존재하는 것이 아니다. 존재자와 분리되어 존재한다면 그것은 또 하나의 존재자에 불과할 것이기 때문이다. 퓌시스의 개현(Lichtung), 존재자 전체의 전체성(die Ganzheit)의 열림은 존재자의 '위'나 '배후에서' 일어나는 것이 아니라, 오직 존재자를 '통해서만' 그리고 존재자'로서만' 일어난다. 퓌시스가 이렇게 존재자들을 통해서 존재하는 한, 존재자들은 모두 퓌시스의 성격을 띤다. 경이라는 근본기분에서 존재자가 '있다'는 것을 경험할 경우 그것은 단순히 존재자가 내 눈앞에 있다는 것이 아니라, 존재자가 퓌시스의 성격을 갖는 것으로서 자신을 개시하고 있다는 것을 의미한다. 모든 존재자는 스스로를 열고 피어나는 방식으로 존재한다(GA55, 58쪽 참조). 존재자(das Seiende)는 불변부동의 실체(Substanz)로서가 아니라 끊임없이 자신을 열고 피어나는 것으로서 존재한다.

〈퓌시스와 알레테이아〉

그런데 자신을 열고 피어나는 것은 감싸 주고 은닉하는 것(das bergende Verbergen)에서 발원하는 것으로서 존재한다. 자신을 열고 피어나는 것이 이와 같이 은닉과 밀접한 관련하에 있기 때문에 자신을 열고 피어나는 것을 하이데거는 차라리 '자신을 비은닉한다'(Entbergen)고 부르는 것이 보다 더 적합할 것이라고 생각하고 있다. 이 '비은닉'이라는 말에는 자신을 열고 피어나는 것에는 은닉(Verbergen)과의 관련이 근원적으로 속한다는 것이 나타나고 있다(GA55, 157쪽 이하 참조). 은닉은 비은닉이 비롯되고 다시 되돌아가는 근원적인 것이다. 퓌시스라는 말에는 따라서 비은닉성(aletheia: Unverborgenheit)이 경험되고 있다. 은닉이란 현상은 죽음, 밤, 그리고 대지에서 나타나고 있다. 그러한 은닉이 존재자 전체를 철저히 주재하고 있다.

퓌시스의 은닉은 그러나 자신을 열고 피어나는 존재자를 은폐(Verdecken)하는 것이 아니라 보존(Verwahren)한다. 은닉을 통해서 은닉된 존재자는 없어져 버리는 것이 아니라 그것의 진정한 본질에 있어서 구원받는다. 따라서 비은닉된 것은 은닉된 것, 즉 보호된 것으로서 존재한다. 빛나는 것은 본질에 있어서 어두운 것으로서 '존재하며', 어두운 것도 그것의 본질에 있어서 빛나는 것으로서 '존재한다'. 자신을 열고 피어나는 것은 동시에 자신을 닫으면서 자기 자신 안으로 되돌아가는 것이다(GA55, 298쪽 참조).

이러한 현상은 대지에 뿌리내린 씨앗이 발아하고 가지가 성장하고 꽃이 피는 것에서 생생하게 볼 수 있으며, 그리고 해돋이의 광경에서, 또한 인간의 시선에서 그 사람의 전체가 드러나는 것에서 볼 수 있다(GA55, 87쪽). 대지에 뿌리내린 씨앗은 우리가 파고 들어갈 수 없는 깊이와 어두움을 안고 있는 대지로부터 자신을 꽃피우며, 해는 어둠으로부터 솟아오르고, 인간의 시선 역시 우리가 헤아릴 수 없는 그 인간의 은닉된 깊이로부터 번쩍이는 것이다. 이렇게 모든 존재자들은 퓌시스의 은닉에 뿌리박고 있기에 우리가 대상화할 수 없는 비밀과 깊이를 갖는다.

퓌시스가 갖는 은닉의 차원은 비은닉의 차원과 서로 모순되고 서로를 배제하지 않는다. 양자는 서로를 필요로 한다. 은닉의 차원은 환하게 자신을 드러내는 비은닉의 차원이 있음으로써 오히려 헤아릴 수 없는 깊이를 갖게 되며, 비은닉의 차원 역시 은닉의 차원에 뿌리박고 있기에 그것이 발하는 빛은 인간이 장악할 수 없는 깊이를 갖는 것이다.

〈존재와 인간〉

퓌시스의 경험에 있어서 존재자는 인간의 통제를 벗어나 있는 은닉으로부터 현존하는 것으로서 경험된다. 따라서 존재자는 인간의 통제에서 벗어나면서 자신을 열고 피어나는 것으로서 경험된다. 이 경우 존재자는 우리가 객관적으로 파악할 수 있는 하나의 대상으로서 눈앞에 현전하는 것이 아니라 현-존(現-存, anwesen)한다(GA9, 400쪽 참조). 현-존한다는 것은 인간을 엄습하는 식으로 인간에게 와서 닿는다(angehen)는 것을 의미한다. 그리스인들이 존재자라고 부른 것은 이렇게 자신을 드러내면서 인간에게 현-존하는 것이었다(GA55, 57쪽 참조).

존재자는 자신을 드러내는 것으로서만 존재하기에 존재자의 진리는 우리 인간의 지적인 파악시도를 통해서 비로소 드러나는 것이 아니다. 존재자의 진리는 그 자체로서 자신을 드러낸다(GA8, 95쪽 이하). 존재자는 우선 존재하고(ist vorhanden) 그리고 나서 우리들의 표상행위를 통해서 비로소 그것의 진리가 드러나는 것이 아니라, 오히려 자신을 자신의 진리에 있어서 드러내는 것으로서만 존재하는 것이다. 존재자는 인간이 그것을 자신 앞에 세워 두고 이리저리 관찰하는 표상행위의 대상으로서 존재하는 것이 아니다. 오히려 인간은 존재자에 의해서 보여지는 것(der vom Seienden Angeschaute)이다. 이 경우 사유란 존재자를 대상화하여 그것의 작용법칙을 냉철하게 파악하는 것이 아니라, 현존하는 존재자의 진리에 응답하는 것(Ent-sprechen)이다. 인간의 최고의 과제는 이렇게 현존하는 것을 그것이 현존하는 대로 보는 것, 그것을 그대로 말하는 것(Sagen)이며, 이를 통해 퓌시스에 순응하는 것(Sich-einfügen)이다(GA29/30, 44쪽 참조).

이 경우 인간은 바위나 나무 또는 동물처럼 퓌시스의 개현(Lichtung) 안에서 단순히 존재할 뿐 아니라, 그것을 통찰하는 것으로서 존재한다(GA55, 173쪽 참조). 인간은 존재자 전체의 한가운데에 '거주한다'(Der Mensch 'wohnt' inmitten des Seienden im Ganzen). 그러나 이는 인간이 근대에서처럼 모든 존재자의 근거라는 의미에서 존재자 전체의 중심이라는 것을 의미하지 않는다. 인간은 퓌시스의 열린 세계에 자신을 열면서 그것을 자신 안에 수용하는 것이다. 그러나 이는 인간이 존재를 인간의 고립된 주관적인 체험의 영역 안으로 끌어들이는 것이 아니라, 퓌시스의 세계에 '순응하는' 인간의 로고스(logos) 안으로 끌어들이는 것(einholen)을 의미한다. 인간의 사유는 퓌시스의 근원적인 통일(die ursprüngliche Versammlung)로부터, 즉 로고스(Logos)로부터 요구되는(an-gemutet) 것이며, 인간의 모든 용기(Mut)와 깊이 그리고 폭은 이러한 로고스의 요구에 응하는 것에서 비롯된다(GA55, 372쪽). 인간은 보통은 은폐되어 있는 로고스로서의 존재에 응답할 때, 보다 깊이 있고 풍요로운 인간이 된다.

〈존재와 존재자 그리고 인간〉

인간이 이렇게 퓌시스로서의 존재에 순응함으로써 존재를 자신에게 끌어들이는 것에 의해서 존재는 구체적인 존재자 안에 집수된다. 그리고 이를 통해 존재는 한계지워진 구체적인 형태로 개시된다. 인간의 사유는 이렇게 존재자 안에서 구체적인 형태를 갖게 하는 방식으로 존재를 '드러내는' 것을 과제로 갖는다(GA55, 369쪽). 그러나 이렇게 존재가 존재자 안에 모아들여지는 것을 통해서 존재자는 그 자체로서 자신을 드러내게 된다. 인간의 사유는 존재가 자신을 존재자 안에 간수하기(sich bergen) 위해서, 그리고 이를 통해 존재자가 자신을 드러내기 위해서 필수적이다.

존재자만이 자신을 드러내기 위해서 존재, 즉 퓌시스라는 열린 세계를 필요로 할 뿐만 아니라, 존재도 존재자에 보존되기 위해서 존재자를 필요로 한다. 현-존재(Da-sein)내에서, 즉 시작(Dichtung)과 사유(Denken)를 비롯한 인간의 창조행위에서 존재의 진리가 존재자에 보존된다. 존재자는 이 경우 존재가, 즉 퓌시스의 열린 세계가 현존하는 장이 된다. 이를 통해 존재가 구체성을 얻을 뿐 아니라, 존재자는 어떠한 변화와 생성의 흐름에 의해서 파괴되지 않고 그 자체로서 존립할 수 있는 고유한 자립성을 얻게 되는 것이다.

물론 '우선 대부분의 경우에 있어서' 인간은 존재자를 이러한 그것의 본질에 있어서, 다시 말해서 퓌시스가 그 안에서 현존하는 것으로서 경험하지 못한다. 현존재에게 존재자는 대부분의 경우 인간을 위한 도구로서, 즉 제대로 기능하지 않을 경우에는 언제든지 대체 가능한 소모품으로서 나타난다. 시작과 사유가 비로소 존재자를 그의 고유한 본질에 있어서 현전케 한다. 즉 존재가 거기서 떠나 버린 존재자는 진정한 의미에서의 사유를 통해서 존재의 개현을 보존하는 것이 되고, 이를 통해 근원적인 의미에서 '존재하게' 되는 것이다. 이러한 의미에서 인간의 사유 없이는 존재의 어떠한 개현도 없다.

이에 존재는 인간을 필요로 하는 것이지만 이렇게 존재가 인간을 필요로 한다는 것(Brauchen)은 존재가 인간을 임의로 이용한다는 것(Benutzen)이 아니라 인간을 자신의 고유한 본질에로 해방시키는 것을 의미한다. "(존재자를) 임의로 이용한다는 것은 필요로 한다는 것의 퇴락한 방식이다. 예컨대 우리가 어떤 사물을 사용할 경우 우리의 손은 사물에 순응해야 한다. 본래적으로 필요로 할 경우 이는 필요로 되어지는 것의 가치를 절하시키는 것이 아니라, 그것이 오히려 그의 본질에 있어서 존재하는 것을 가능케 하는 것이다"(GA8, 114쪽). 존재는 우리를 사유하도록 부르는 것이며 이를 통해 그것은 사유를 우리의 본질적인 사명으로서 우리에게 맡기는 것이다. 사유는 이에 하나의 선물(Gabe)이다. 사유한다는 것은 이런 의미에서 감사하는 것이며, 가장 최대의 배은(背恩, Undank)은 사유하지 않는 것이다(GA8, 86쪽). 인간 없이는 존재의 개현(Lichtung)은 일어나지 않는다. 이런 의미에서 인간은 존재의 목자이다(GA9, 342쪽).

인간과 존재의 관계는, 이러한 관계를 통해서 존재와 인간이 비로소 각각의 본질에 있어서 진정으로 존재할 수 있다는 점에서 하나의 근원적인 관계이다. "인간은 존재의 로고스와 마찬가지로 그 자체에 있어서 이미 [존재와의] 관계맺음(Beziehung)을 통해서 존재하기 때문에, 인간의 로고스가 존재의 로고스에 대해서 관계를 맺는다는 표현은 ['일단은 양자가 무관계하게 존재하다가 비로소 관계를 맺게 된다'는 연상을 일으키기 때문에] 정확한 표현이라 할 수 없을 것이다. …인간의 로고스와 존재의 관계는 따라서 [일단은 무관계하게 존재하는] 사물들이 서로 간에 맺는 관계가 아니고 관계들 사이의 관계(der Bezug zwischen Beziehungen), 즉 자신 이외의 어디에도 근원을 갖지 않는 순수한 관계이며 오직 이것뿐인 것이다"(GA51, 328쪽).

이러한 근원적인 관계를 하이데거는 '발현'(Ereignis)이라고 본다. 이러한 관계가 본연적인 것이라는 말이다. 이러한 관계에서 존재와 인간은 서로 속하면서도 서로의 고유한 본질에로 해방된다. 인간이 존재에 자신을 집중하는 것(das menschliche Sichsammeln)은 퓌시스의 운행에 맹목적으로 매몰되어 있다는 것을 의미하지 않는다. 그것은 인간이 로고스(logos)로서 존재의 로고스(Logos)에 자각적으로 응한다는 것을 의미한다. 그 경우 인간은 다양한 존재자를 추구하는 것이 아니라, 이러한 존재에로 자신을 집중하는 것을 통해 자신의 고유한 본질에로 귀환하는 것이다. 존재와 인간은 근원적으로 공속하며 서로를 필요로 한다. 그러나 이렇게 서로를 필요로 하면서 근원적으로 공속(zusammengehören)하면 할수록, 양자는 각각의 본질에로 자유로워지는 것을 통해서 보다 더 본질적인 차이를 갖게 된다(GA55, 250쪽). 인간은 존재와의 관계에서 비로소 인간이므로, 인간은 존재의 근거로서 사유될 수 없으며, 존재 역시 인간과의 관계하에서만 현존할 수 있으므로 존재도 인간의 근거가 아니다.

따라서 하이데거는 존재와 인간의 관계를 어느 한편으로부터가 아니라 '관계' 자체로부터, 즉 '에르아이크니스'로부터 생각하는 것이다. '에르아이크니스'는 존재자를 각각의 고유한 본질에 있어서 현존케 한다. 그것은 또한 인간을 존재의 개현에 자신을 열게 하고 이를 통해서 모든 존재자가 현존하는 데에 참여케 함으로써 인간을 그의 고유한 본질에 있어서 존재케 한다. 이 경우 인간은 그 자체로 존립하는 주체로서 자신을 이해하는 것이 아니라, 자신을 본연적인 관계로부터 경험한다.

〈'퓌시스망각'으로서의 존재망각〉

그리스인들은 존재자가 '존재한다'는 것을 은닉으로부터 발원하면서 자신을 여는 것으로서 경험했다. 플라톤과 아리스토텔레스조차도 하이데거에 따르면 퓌시스의 경험'으로부터', 즉 비은닉성의 경험으로부터 사유했다. 물론 이들은 존재자가 이렇게 은닉으로부터 자신을 여는 퓌시스의 개현이라는 비은닉성의 사건을 사유하지는 않았다.

이들에게 있어서 이러한 사건은 자명한 것으로서 전제되어 있다. 이들에게는 퓌시스의 개현이라는 사건은 사유되어야 할 과제로서 제기되고 있지 않으며, 그들에게는 이러한 사건의 경험으로부터 '존재자란 무엇인가'를 묻는 것이 과제가 되고 있는 것이다. 다시 말하면 이들은 자신들의 철학이 경이라는 근본기분에서 열리는 퓌시스에 대한 경이에 근거하고 있다는 것을 경험하고 알고는 있지만, 이들은 경이라는 근본기분을 통하여 일어나는 퓌시스의 개현의 사건을 사유하고 있지는 않다. 이들은 그러한 퓌시스의 개현의 사건을 사유하는 것을 자신들의 사상적 과제로 여기지 않고, 퓌시스 안에서 개현되는 존재자 전체의 본질을 사유하는 것을 자신들의 사상적인 과제로 보았다. 이들의 철학의 주도적인 물음은 '존재자란 무엇인가'(Was ist das Seiende?)라는 물음이었다. 그러나 '존재자가 그 자체에 있어서 무엇인가'라는 서양 형이상학의 시원을 이루는 물음(die anfängliche philosophische Frage)은 한갓 호기심에서 발동한 것이 아니라 경이라는 근본기분에서 존재자 전체가 예사롭지 않은 것, 의문스러운 것으로서 나타남으로써 필연적으로(notwendig) 제기된 것이다. 어떤 의미에서 그리스인은 경이의 기분 속에서 그러한 물음으로 촉구되었다(genötigt werden).

근본기분으로서의 경이는 현존재를 그 안에서 비은닉된 존재자에로 향하게 하고, 이를 통해 현존재로 하여금 '존재자란 무엇인가'라고 묻게 하는 것이다. 그리스인들에게 있어서는 퓌시스의 경험 안에서 존재자가 무엇인지를 보다 명확히 그리고 보다 투철하게 묻는 것이 중요했던 것이다. '존재자가 그 자체에 있어서 무엇인가'라고 그리스인들이 물을 경우 이들은 경이라는 근본기분을 떠나지 않고 묻기 때문에, 이들은 이러한 물음을 통해 '존재자가 있다'는 가장 예사롭지 않은 사실을 당연한 것 내지 쉽게 파악가능한 것으로부터 설명함으로써 그러한 예사롭지 않음을 제거하려고 한 게 아니라 오히려 존재자를 그것의 예사롭지 않음에 있어서 보다 더 순수하게 보려고 했었다(GA45, 174쪽).

그리스인들이 퓌시스의 개현이란 사건을 묻지 않았던 것은 그들의 불찰에 의한 것이 아니라, 오히려 그것이 그리스인들에게 과해졌던 고유한 과제에 반(反)하는 것이었기 때문이다(GA45, 122쪽 참조). '존재자란 무엇인가'라는 그리스인들의 시원적인 물음은 퓌시스의 개현의 사건에 대한 물음을 저해하는 것이다. 왜냐하면 퓌시스의 개현은 그 안에서 존재자가 비로소 자신을 드러내는 지평을 형성하고 이러한 지평 안에서만 인간이 존재자의 성격을 드러내고 존재자에 대해서 탐구할 수 있지만, 존재자에 대한 이러한 물음이 가능하기 위해서는 그러한 지평 자체는 간과될 수밖에 없는 것이다(GA45, 147쪽). 오직 이렇게 해서만 존재자 자체는 그들에게 그것의 구체적인 형태에 있어서 존재했던 것이다. "그리스인들은 비은닉과 은닉의 본질(Wesen, 현-성이라는 동사적 의미에서의 본질) '안에서' 사유하고 시를 짓고 '행위한다'. 그러나 그들은 이러한 본질에 대해서 사유하거나 시를 짓지는 않으며 그것에 대해서 '행위하지' 않는다"(GA54, 129쪽). 그리스인들에게는 퓌시스의 개현이라는 비은닉성의 사건에 의해서 요구되고 그것에 의해서 규정되는 것으로 충분했던 것이다.

그럼에도 플라톤과 아리스토텔레스가 비은닉성의 경험으로부터 사유하고 있다는 것은 플라톤의 이데아라는 말이 본래는 존재자가 '제시하는' 모습이라는 데서도 드러난다. 그것은 인간의 파악노력에 의해서 비로소 드러나는 것이 아니라, 자신을 스스로 드러내는 모습(Anblick)을 의미한다. 이 경우 이러한 모습은 존재자의 시선(Blick)으로부터 사유되고 있다. "존재—이데아—는 모든 존재자에서 자신을 드러내면서 그것으로부터 밖으로 시선을 번득이는 것(das in allem Seienden sich zeigende und aus ihm Hervorblickende)이다"(GA54, 154쪽). 인간의 시선에 나타나는 존재자는 그것의 존재에 있어서 인간에게 그것을 있는 그대로 드러내도록 요구하는 시선이다.[79)]

---

79) 하이데거는 여기서 존재자의 존재를 인간의 시선으로부터 생각하고 있다. 인간의 시선이라는 것을 하이데거는 그 인간의 당장의 전체 상태가 거기서 드러나는 것으로 보는 것이다. 또한 타인의 시선이란 우리가 그것을 볼 때 오히려 우리가 그것에 의해서 보여짐으로써 본다는 독특한 특성을 갖는 것이며, 이에 이것에 우리 자신의 관점

인간 자신도 그의 시선을 통해서 자신을 드러내지만, 그 경우 그의 시선은 모든 존재자들의 존재가 자신을 드러내는 곳이다. 그러한 의미에서 인간은 하나의 탁월한 존재자이다. 이에 그리스인들의 시선은 존재자의 시선에 의해서 보여지는 봄(angeblickte Vernehmen)이다. 이에 대해서 근대인의 시선은 계산을 통해 존재자에 덫을 씌우고 그것을 습격하고 정복하는 시선이다. 이런 의미에서 "근대인의 시선은 슈펭글러(Spengler)가 니체를 따라서 말했던 것처럼 맹수의 시선이다. 즉 근대인의 시선은 [사물이 갖는 어떠한 비밀도 허용하지 않는] 꿰뚫어보는 시선(Spähen)이다" (GA54, 159쪽).

그러나 '존재자란 무엇인가'라는 그리스적인 존재물음에서는 경이라는 근본기분에서 일어나는 퓌시스의 개현의 사건, 존재자가 현존하는 것으로서, 즉 비은닉된 것으로서 자신을 드러내는 사건이 물어지지 않고 자명한 것으로 전제됨으로써, 존재자가 자신을 열면서 피어나는 비은닉성의 사건은 망각될 위험에 처하게 된다. 이러한 비은닉성의 사건이 망각되어 간다는 것은 존재자에 대한 진정한 경험도 불가능하게 되어 간다는 것을 의미한다. 현존재가 존재의 열림의 사건이 일어나는 경이라는 근본기분을 떠나지 않을 경우에만 존재자는 자신을 근원적으로 드러내기 때문에, 경이라는 근본기분이 상실될 경우에는 존재자에 대한 한갓 호기심과 계산이 지배하게 되는 것이다. 이를 통해 존재자에 대한 탐구가 가졌던 절실함과 진지함은 사라지고 존재자는 인간의 표상행위의 대상이 된다. 그리고 이 때 진리는 인간이 존재자에

을 강요하기는 극히 힘든 것이다. 어떠한 독재자도 원망을 가득 담은 국민의 시선까지 통제할 수는 없는 것이다.

대해서 정립한 표상과 존재자와의 일치로서, 즉 판단의 올바름으로서 이해되는 것이다. 인간의 인지능력은 분산되고 산만하게 되며, 단순소박하면서도 근원적인 것을 경험할 수 없게 된다. 비은닉성의 경험으로부터 멀어지면 멀어질수록 그리고 그것이 망각되면 망각될수록, 인간의 이성이나 의식이 전면에 들어서게 되며 이를 통해 존재는 빠져 달아나 버린다(sich entziehen)(GA14, 56쪽 참조).

하이데거는 그리스 시대의 말기에 이미 저 서양근대를 규정하는 특성들이 나타나기 시작하고 있다고 말하고 있다. 근대에서는 존재자로부터 존재가 떠남으로써 인간은 분산된 존재자 전체 앞에서 불안한 위치에 처하게 된다. 따라서 무조건적으로 확실한 진리의 추구에 의한 안전성(Sicherheit)의 확보가 가장 중요한 것으로 나타나게 된다. 이 경우 안전을 확보한다는 것은 사고 후에 그것의 재발을 막는 형태로 행해지는 것이 아니라, 존재자 전체의 상호연관에 대한 인식을 통해 존재자 전체의 작용연관에 적극 개입하는 형태로 행해진다. 이에 방법(Verfahren)과 절차가 경험을 지배하게 된다. 소크라테스와 플라톤의 시대에 근대적인 의미에서의 기술과는 전적으로 다른 의미에서일지라도 테크네(techne)라는 말이 자주 사용되고 있다는 것은 이들에 있어서 방법이 경험을 압도하고 있다는 사실을 시사한다. 존재의 말을 듣는 능력은 갈수록 감퇴해 간다(GA54, 189쪽 이하 참조). 존재자를 그것의 비은닉성에 있어서 인지하는 것이 테크네로 변전됨에 따라 이러한 테크네를 통해서 파악된 존재자의 모습, 즉 이데아가 유일하게 척도를 부여하는 것이 된다. 이를 통해 존재자의 본질은 비은닉으로서, 즉 현-성으로서 이해되는 것이 아니라 "정신에 대해, 즉 지적 인식과 지적 직관에 본질적인 것으로" 파악된다. 즉 그것은 "'이성에 필연적인 것'과 '정신적인 것'으로서, 즉 형식 질료적(Form-materiell)이고 정신 감성적인 것(Geist-sinnlich)의 전체 안에서 정신적인 형식으로서" 파악된다.[80)]

그리고 진리란 이러한 정신적 형식, 즉 이데아와의 일치를 의미하는 것이 된다(GA45, 18쪽 이하 참조). 비은닉성이란 의미에서의 진리는 판단의 올바름이라는 의미에서의 진리로 대체되는 것이다. '인간은 존재자를 그것의 비은닉성에 있어서 인지하고(vernehmen) 보호하는 존재자'라는 인간에 대한 시원적인 규정은 망각되어 가며, 이러한 의미의 인지(Vernehmen)는 개념적으로 판단하는 능력이란 의미에서의 이성(Vernunft)이 된다(GA55, 283쪽 참조).

플라톤의 이데아론 이래 전통 형이상학은 비은닉성의 사건, 즉 은닉(Verbergung)과 비은닉(Entbergung)의 서로 대립하면서도 서로를 발양하는 유희(Widerspiel)의 사건을 망각하고 한갓 탈-은닉(Ent-bergen)으로서의 탈-은닉성(Ent-borgenheit)만을 보게 된다. 은닉의 차원을 배제하는 것을 통해 존재는 정신적 직관에 의해서 파악되는 '지속적인 현전'으로서 이해된다. 이에 따라 존재는 현상하는 것의 배후에, 즉 모든 변화의 배후에 존재하는 기체 내지 근거로서 간주되는 것이다. 이러한 근거, 존재자의 본질은 불변적이며 항상적으로 존재하는 것이다. 존재는 생성과의 대립하에서 사유된다.

플라톤은 존재자 전체를 이미 형이상학적으로 드러내고 있다.

---

80) 막스 뮐러(박찬국 역), 『실존철학과 형이상학의 위기』, 서광사, 44쪽.

즉 그는 눈앞의 존재자들로부터 출발하면서 최고의 존재자의 인식에로 나아가고 다시 이로부터 존재자 전체를 설명하고 있다. 최고의 존재자의 빛 아래서 나머지의 모든 존재자는 존재자로서 비로소 드러나는 것이다. 따라서 경이라는 근본기분에서 일어나는 퓌시스의 개현은 그 자체로서 이해되지(verstanden) 않고, 존재자의 전체는 하나의 최고의 근거로부터 설명되는(erklärt) 것이다. 여기에서 이미 절대적인 존재자와 세계의 관계를 인과관계로서, 즉 절대자가 세계를 만들고 보존한다고 보는 형이상학적인 사유방식의 단초가 보이는 것인데, 존재자의 전체를 제약자와 피제약자의 관계구조로 보는 이러한 사유방식이야말로 서구 형이상학의 전통을 지배하게 되는 사유방식인 것이다. 근대에 있어서 이러한 제약자와 피제약자의 관계가 인간의 의식을 중심으로 사유된다 할지라도 그러한 사유구조에는 변함이 없다. 또한 비은닉성이 판단의 올바름으로 이해되어짐에 따라, 플라톤은 존재망각의 기원을 존재 자체가 자신을 은닉하는 데에서 찾지 않는다. 그는 존재망각은 인간의 한 태도로서의 망각에서 비롯되는 것으로 간주하며, 상기라는 인간의 주체적인 노력에 의하여 다시 극복될 수 있는 것으로 보게 된다.

플라톤과 아리스토텔레스에서의 이러한 변화에도 불구하고 이들은 존재에 대한 그리스적 경험내에 아직 머물러 있다. 플라톤의 이데아라는 개념은 아직 퓌시스의 경험으로부터 사유되고 있는 것이다. 사물의 본질로서의 이데아는 아직 우리가 사물에 대해서 형성하는 견해가 아니라, 사물이 거기에서 비롯되고 거기에 자신의 존립을 갖는 것이다. 본질을 이데아로 보는 고대적 규정은 본질을 의식의 아프리오리로 보는 근대의 규정보다 더 깊고 풍요로운 것이다. 그리스인들은 비은닉성이 생기하는 사건을 사유하지는 않았으나 존재자의 비은닉성의 경험으로부터 사유했고 그 안에서 살았던 것이다. 이런 의미에서 그리스인들은 '시원의 수호자'이다(Hüter des Anfangs, GA54, 220쪽). 그리스시대에서는 모든 행위와 창조, 모든 사유와 말은 개념파악될 수 없는 것인 존재자의 비은닉성에 의해서 규정되어 있었다.

2) 근대 형이상학의 역사에 대한 존재사적 고찰

〈근대 형이상학의 특성〉

플라톤 이래로 이성은 존재자 전체를 파악하는 데에 있어서 이미 단서가 되었으나 근대에 와서야 비로소 그것은 존재자 전체에 대한 심판관이 되었다. 근대의 형이상학에서는 인간은 자기 자신에게 법칙을 부여하며 그것에 따른다. 이와 아울러 진리에 대한 물음은 이성의 올바른 사용에 대한 물음이 된다.[81] 주체(Subjekt)가 이제는 그 자신 존재자 전체의 근거인 존재가 되는 것이다. 주체성은 존재의 개현이란 사건으로부터 비로소 자신의 본질을 획득하는 것이 아니라, 존재는 주체에 속하는 것으로서 이해된다. 그리고 존재자의 존재는 주체를 통하여 비로소 존재자에게 증여된다. 인간은 모든 진리에 대한 근거와 척도가 되는 것이다.[82]

이러한 근대의 원리는 '경험가능성의 조건은 경험대상들의 가

---

81) 예컨대 칸트의 『순수이성비판』에서는 이성의 사용이 물어지고 있다.

82) 이에 대해 그리스인들에 있어서는 심지어 프로타고라스에 있어서조차 존재자 자체가 자신을 주체에게로 향해야 한다는 생각은 있을 수 없었다(GA48, 178쪽 참조).

능성의 조건이다'라는 칸트의 '경험의 최고원칙'에서 단적으로 드러나고 있다. 주체, 이성 즉 '자연과 자유를 가능케 하는 아프리오리한 조건들'의 원천(GA10, 127쪽)은 모든 것의 궁극적 근거이다. 따라서 칸트에서는 대상을 넘어서 대상을 가능케 하는 대상의 존재에로의 초월은 궁극적 근거로서의 이성 안에로의 진입이라는 형태로 일어난다(GA10, 133쪽).

이제 존재자는 대상(Gegenstand)으로서, 즉 표상된 것의 작용법칙의 파악을 통해 존재자를 확실하게 자신의 시선 아래에 두려는 표상행위를 위한 대상으로서 나타난다. 이에 표상은 본질적으로 '회의'인바, 그것은 대상을 의심할 수 없을 정도로 확실하게 확보하는 것을 목표하는 것이다. 이는 주체가 자신의 안전을 확보하기 위해서 요구되는 것이다. 그러나 왜 주체는 자신의 안전을 확보하려 하는가? 그것은 존재자 전체의 한가운데에 지반을 잃고 불안한 처지에 떨어져 있기 때문은 아닌가? 이 경우 모든 존재자는 자신의 안전을 위협하는 것으로서 나타나며, 이에 이성은 존재자의 작용법칙을 완전히 파악하려 함으로써 그것을 자신의 수중에 두려고 노력할 수밖에 없는 것이다. 근대를 근저에 있어서 규정하고 있는 기분은 존재자 전체에 대한 공포이다. 이에 주체가 자신의 지배영역을 끊임없이 확장하려는 진보의 이념이 근대를 규정하게 된다.[83)]

---

83) 이에 비해 하이데거에서는 아직 오지 않은 미래가 아니라 그 자체내에 자신의 척도를 갖는 그때그때마다의 현재가 문제이다. 우리가 자라 온 과거와 장래 사이에서 유일회적인 현재, 유일무이의 형태를 발견하는 것이 문제인 것이다. 역사를 진보의 역사로 파악하는 것은 사실은 역사를 절대적으로 지배하는 것을 통하여 역사를 제거하는

근대의 주체가, 즉 표상하는 사유가 존재자의 가능성의 조건으로서 존재 자체라면 존재하는 모든 것은 그것이 표상하는 사유의 대상이 될 경우에만, 즉 사유에 의해서 완전히 파악될 경우에만 존재하는 것으로서 간주될 수 있다(GA48, 242쪽 참조). 이에 밖으로부터 받아들여진 모든 것은 사유의 산물로 변화되어야 한다. 따라서 사유, 즉 자기의식이 세계를 자체내에서 구성하는 것이다. 철학은 고대와 중세에서처럼 이제 더이상 특정한 대상들과 주제영역(인간, 세계, 신)의 인식이 아니라 그 자신의 인식, 즉 정신의 자기인식, 인식의 자기정초가 된다. 존재자는 외부세계에 사실적으로 존재하고 그리고나서 주체에 의해서 표상되는 것이 아니라, 사유 안에서 사유로서 비로소 산출되는 것이다.[84)]

이렇게 자기 자신을 정초하는 인식은 그 자체내에 완결되어 있어야만 한다. 이것이 완결되어 있지 않을 경우, 이는 그것이 자신 밖에 존재하는 조건에 의해서 영향을 받고 있다는 것을 의

것을 목표하는 것이다(Werner Marx, *Heidegger und Tradition*, Stuttgart, 1961, 114쪽 참조). 이에 따라 역사를 진보의 과정이라고 보는 근대의 역사관에서는 현재와 과거는 미래의 영광을 위해서 희생되어야 하는 것으로서 나타났던 것이며, 근대가 지향하는 상에 부합되지 않는 문화형태는 원시적이고 야만적인 것으로서 평가되었다. 서구 근대문명의 제국주의적 문화침탈은 근대의 이념으로부터의 필연적인 귀결이라 할 수 있는 것이다. 이에 비해 하이데거의 존재사란 각 시대를 그 시대가 갖는 필연성으로부터 이해하는 것을 목표한다. 그리고 그것은 다른 문화에 대해서는 그 문화 특유의 존재이해를 인정하려는 것이며 과거와 여타의 문화와의 진정한 대화를 의도하는 것이다.

84) H. Rombach, *Gegenwart der Philosophie*, Freiburg/München, 3판, 1988, 77쪽 참조.

미할 것이기 때문이다. 이에 따라 근대철학에서는 자체내에 상이한 비자립적인 계기들을 포함하고 있는 오직 하나의 '존재자'만이 존재한다. 이러한 유일한 존재자를 데카르트는 '세계'(res extensa)라고 부르고 있다. 우리에게 얼핏 보기에 이러저러한 개별적이고 자립적인 사물들로서 나타나는 것은 진정한 인식에로 변화되어야 한다. 즉 그것들은 하나의 통일적 원리하에 서 있는 하나의 기능적 체계의 비자립적 계기로 변형되어야 하는 것이다. "세계의 본질은 우선 일반적인 법칙 안에서 그리고 그 다음에는 보다 더 특수한 법칙들 안에서 표현된다. 원리상으로는 모든 개별적 사태의 구체적 상황에로까지 엄격한 연역이 미쳐야만 한다. 인간은 세계의 모든 상태를 언제든지 세계의 단순한 원리로부터 절대적인 필연성에 있어서 규정할 수 있어야 하고 예견할 수 있어야 한다."[85]

존재자는 완결된 세계체계의 계기로서 자신의 자립성과 고유한 본질을 상실한다. 개별사물이 자신의 존재를 자체내에 갖는 자립적인 실체로서 간주되었던 고대와 중세의 세계상은 완전히 다른 세계상으로 대체된다. 세계는 오직 사유내에서만 그리고 사유로서만 존재하며, 그것은 사유내에서 산출된 개개의 존재자가 다른 모든 존재자에 대해서 갖는 기능적 관련일 뿐이다. 진리(명증)는 이에 고대와 중세의 형이상학에서처럼 인식과 사태 사이의 '일치'가 아니다. 고대와 중세에서는 인식과 사태가 어떤 의미에서 두 개의 사물들처럼 생각되고 있다. 참된 인식은 이제 모든 다른 인식들과 일치하면서 전체적인 체계를 이루는 인식이다.

85) H. Rombach, 위의 책, 81쪽 이하.

"확실성으로서의 진리는 안전성의 확보이며 질서(ordo)이고 모든 면에서의 철저한 확-정, 즉 완-결(per-fectio)이다"(GA5, 245쪽). 참된 판단들은 외부 사물들에 대한 적합한 기술(記述)에 의해서가 아니라 오직 '나의 사유' 안에서만 획득된다. 진리란 인식의 자기확증이다. 현실(Wirklichkeit)이란 사유의 자기 전개일 뿐이다. 이러한 사유체계는 어떠한 창조적인 새로운 것도 허용할 수 없다. 모든 것은 사유내에서 이미 규정되어 있는 것이다. 오직 사유 안에 은폐되었던 가능성만을 전개하는 것이 가능하며, 진정한 의미에서의 창조란 불가능한 것이다. 따라서 근대의 기능적 세계란 사실은 마비되어 있고 죽은 세계이다.[86]

세계에 대한 이러한 철저한 사상적 규정은 주체의 안전확보를 위해 일어난다. 근대적 표상은 세계를 인간의 사유가 철두철미하게 이해할 수 있는 체계로 형성하는 것을 통해서 자신의 안전을 확보하려는 것이다. 이러한 주체는 구체적 상황으로부터 독립해 있으며 무한하고 '무세계적인' 단적으로 말해 추상적인 존재자이며, 이와 더불어 주체의 사유내에서 규정된 세계조차도 추상적인 세계인 것이다. 이러한 세계는 인간이 그 안에서 활력과 편안함을 느낄 수 있는 창조적이고 살아 있는 세계가 아니다. 그것은 체계적으로 계산가능하고 이를 통해 조작가능한 기능적 원인들의 세계이며, 따라서 하나의 관념적인 배후세계인 것이다.

도식적이겠지만 우리는 근대 형이상학의 역사를 '제약된 주체성으로부터 무제약적인 주체성에로의 전개'(GA48, 272쪽)로서 파악할 수 있다. 예컨대 데카르트의 철학에서처럼 제약된 주체성에

86) H. Rombach, *Strukturontologie*, Freiburg/München, 1971, 71쪽 참조.

서는 오류는 주체성의 본질적인 한계에서 비롯된다. 즉 인간은 신이 아니기에 오류를 가질 수밖에 없다는 것이다. 그러나 헤겔에서는 오류조차 진리의 한 단계와 일면으로 간주되면서 무제약적인 절대적인 진리에로 지양된다. "헤겔에게 있어서 인간은 절대자가 자기 자신에로 도달하는 장인 한, 인간의 유한성은 지양되는 것이다"(GA14, 53쪽). 따라서 헤겔철학은 근대 형이상학의 완성이다. 헤겔철학에서 세계는 철저하게 사유의 체계로서 파악되는 것이다. 그러나 그것은 또한 서구의 전통 형이상학 전체의 완성이다. 왜냐하면 근대의 주체성의 형이상학은, 고대에서 존재의 비은닉성이 망각되기 시작하면서 존재가 정신적 직관의 대상으로 파악되었던 고대의 형이상학에서 이미 예비되고 있었기 때문이다.

〈근대 형이상학의 완성으로서의 니체의 철학〉

헤겔의 철학은 근대 형이상학내에서 작용하고 있는 주관화 경향의 귀결을 끌어 냄으로써 절대지의 형이상학을 수립한다. 이를 통해서 전통 형이상학의 완성이 시작된다. 그러나 헤겔은 사유하는 주체의 근저에서 작용하면서 존재자를 자신의 수하에 두려는 절대적이고 주체적인 생의 의지를 보지 못했었다. 이에 비해서 니체는 이러한 의지를 자신의 철학의 중심원리로 삼는다. 이런 의미에서 니체의 철학은 헤겔철학의 진리이며 전통 형이상학의 완성이다. 니체에서도 주체는 무제약적인 것이나 헤겔의 형이상학에서와는 다른 의미에서 무제약적이다.

니체에서 진리는 힘에의 의지(Wille zur Macht)의 자기유지와 고양의 수단으로 간주된다. 이를 통해 "주체성은 모든 종류의 제한으로부터 벗어나 있을 뿐 아니라, 모든 종류의 제약설정과 제약의 폐지를 자신의 수중에 장악하게 되는 것이다"(GA48, 265쪽). 니체의 형이상학과 더불어 주체성은 무제약적인 근거로서 나타나게 된다. 니체에서는 존재자 전체의 근본성격은 힘에의 의지이다. 힘에의 의지는 자신의 유지와 고양을 위한 조건으로서 제 가치를 정립한다. 이제 니체 이전에 존재자를 가능케 하는 것으로서 이해되었던 신이나 절대정신 등의 모든 형이상학적인 가치들도 니체에서는 사실은 힘에의 의지가 자신의 유지와 고양을 위해서 만들어 낸 가치들로 간주되는 것이다. 그것들은 힘에의 의지가 자신을 유지하고 고양시키는 데 기여할 경우에는 가치있는 것으로 간주되나 그렇지 않을 경우에는 무가치한 것으로 간주된다. 즉 존재자의 가능근거로서의 존재의 제 규정은 힘에의 의지의 유지와 고양을 위한 가치이다. 존재는 힘에의 의지에 철저히 종속되는 것이다.

이제 진리란 존재자의 비은닉성도, 대상에 대한 인식의 일치도, 표상된 것을 근거지우는 것을 통해 그것을 확보하는 것도 아니다. 니체에 있어서 진리란 힘에의 의지의 자기유지와 고양에 기여하는 것 이외의 것이 아니다. 진리와 비진리 사이의 구별은 자신의 힘의 상태에 따라 힘에의 의지에 의해서 행해지는 것이다. 힘에의 의지는 자신 이외에 어떠한 척도도 가지고 있지 않다.

이와 더불어 니체에서 존재와 존재자의 차이는 거의 사라져 버린다. 존재는 힘에의 의지인 존재자가 자기유지와 자기고양을 위해서 정립한 가치가 되고 마는 것이다. 하이데거의 사유와 전통 형이상학의 사유 사이에 근본적인 차이가 존재함에도 불구하고 양자 사이에는 공통적인 지반이 존재하는데, 그것은 존재자를 가능케 하는 존재는 만들 수 없고 항상 인수될 뿐이라는 통찰이다. 그러나 니체에서는 존재자를 존재케 하는 존재로서의 범주(가치)는 근대 주체성의 철학에서처럼 주체의 본질구조를 형성하는 것마저도 아니다. 그것은 힘에의 의지에 의해서 무제약적으로 정립되고 언제라도 다시 폐기될 수 있는 것이다.

그러나 니체의 사유에서 존재와 존재자의 차이가 아직 완전히 소실되는 것은 아니다. 니체에서 그러한 차이는 모든 것이 영원히 회귀하면서 절대적인 의미를 갖는 신적인 상태와 그렇지 않은 상태의 차이로서 나타난다. 그러한 신적인 상태에서 모든 존재자의 본질이 드러나는 것으로 여겨지고 있다. 힘에의 의지는 단순히 자신을 유지하려는 것이 아니라 자신의 고유한 본질에로 고양하려고 한다. 니체의 힘에의 의지는 단순한 자기관철에의 의지가 아니라 자기고양에의 의지인 것이다. 힘에의 의지가 이렇게 비로소 자신을 자신에게로 해방하는 진리의 창조가 바로 예술의 본질이다. 힘에의 의지는 인간의 예술행위를 통해서 자신의 본질에로 고양되는 것이다. "힘에의 의지는 모든 존재자의 근본성격으로서 인간 안에서 자신을 무조건적으로 긍정할 수 있기 위해서 인간을 필요로 한다. 이에 니체는 그가 이제까지의 모든 위계질서를 전도시켰음에도 셸링과 헤겔의 사유가 갖는 근본구조를 공유하고 있다. 왜냐하면 이들에서는 진실로 존재하는 바의 것 즉 사랑 내지 절대지(絶對知)로서의 정신이 인간내에서 자신을 인식하는 것과 똑같이, 니체에서도 모든 존재자의 본질로서의 힘에의 의지는 인간의 의지 안에서야 비로소 자기 자신을 의지할 수 있다. 달리 말해 자신을 무조건적으로 긍정할 수 있는 것이다. 이에 따라 니체도 존재, 즉 창조와 파괴의 통일을 디오니소

스라는 신적인 것에서 발견하는 것이다."[87] 이에 니체의 사유는 아직 존재와 존재자 사이의 형이상학적인 차이, 즉 존재자가 신적인 것의 빛하에서 그 자체로서 드러나는 차이를 보존하고 있다. 존재자 전체의 절대적인 근거에로의 초월을 통해 존재자 전체를 그것이 있는 그대로 개시하려는 근본관심사가 아직은 작용하고 있는 것이다.

〈근대 형이상학의 궁극적 완성으로서의 기술〉

전통 형이상학의 궁극적 완성은 인간의 자기주장이 극에 달하는 기술(Technik)에서 일어난다. 전통 형이상학의 종국적 단계인 기술에서 존재자 전체의 본질은 의지에로의 의지(Wille zum Willen)로서 나타난다. 니체의 형이상학은 이러한 형이상학의 종국적 형태를 준비한 것이다(GA7, 77쪽 참조). 의지에의 의지가 존재자 전체의 본질로서 나타남으로써, 자연에 대한 기술적 지배와 이에 대한 반작용으로서의 내면에의 도피를 통한 비합리적인 체험에 대한 숭배가 시대의 본질적인 현상으로서 나타난다(GA7, 83쪽 참조).

근대기술의 본질로서의 의지는 니체의 형이상학과는 달리 그것의 절대적이고 신적인 근거로서 그것 위에 존재하는 궁극적인 존재에로 초월하지 않는다. 그것이 목표하는 것은 최고의 존재에로의 초월이 아니라 끊임없는 자기확장일 뿐이다.[88] 그러나 이러한 자기확장이 일어나는 장 역시 인간이다. 인간이 이러한 의지

---

87) Volkmann-Schluck, Karl-Heinz: *Einführung in das philosophische Denken.* Frankfurt a.M. S.100.

88) Volkmann-Schluck, 위의 책, 102쪽 이하 참조.

가 작용하는 장이 됨으로써, 인간은 이제까지와는 비교도 되지 않을 정도로 존재자 전체의 중심으로서 나타난다. 이제 사유는 의미와 가치의 절대적인 근거를 묻지 않는다. 자신의 권력증대만을 꾀하는 의지는 그를 구속하는 이미 주어진 어떠한 궁극적인 목적도 용납하지 않는다. 목적은 오히려 그때그때마다 그의 힘의 증대를 위해 정립될 뿐이다. 존재자 전체는 의지에로의 의지가 작용하는 장인 인간에 의해서 얼마든지 가공될 수 있는 것으로서 그리고 인간의 안전확보를 위한 수단으로서 나타난다(Ni-II 24쪽). 이를 통해 기술시대에서 철학은 존재자 전체의 중심으로서의 인간에 대한 학설, 즉 인간학이 된다.

"세계가 (인간에 의해) 정복된 것으로서 보다 더 광범위하고 철저하게 인간의 통제하에 들어서면 들어설수록, 그리고 객체가 보다 더 객관적으로 나타나면 나타날수록, 세계에 대한 고찰과 세계에 대한 이론은 그만큼 더욱 더 주관적으로 나타나며 인간에 대한 학설, 즉 인간학이 된다"(GA5, 93쪽). 인간의 여러 가지 형태의 힘과 능력이 존재자를 설명하기 위한 기반이 되는 것이며 이를 통해 모든 것은 인간의 안전확보를 위한 수단으로서 기술적으로 해석되는 것이다. 인간에 대한 사유조차 존재자 전체를 기술적으로 지배하는 힘과 능력을 확보하는 데 중점이 두어진다.

이를 통해 존재와 존재자 사이의 차이는 완전히 사라진다. 존재는 그야말로 의지에의 의지의 구현자인 인간이 자신의 지배영역의 확장을 위해서 조작해 내는 수단이 되고 만다. 존재자와 전적으로 다른 것은 이제는 전통 형이상학에서와 같은 본질이나 범주라는 형태에서조차 전혀 용납되지 않는다. 적어도 전통 형이상학이 말하는 본질이나 범주는 인간에게 미리 주어진 것으로서 인간의 통제를 넘어선 것이며 인간이 자연의 인식에 있어서 복종해야 하는 것이었다. 그러나 현대의 과학기술문명에서는 범주는 하나의 작업가설에 지나지 않는다. 그것은 인간이 자연의 효과적인 탐구를 위해서 고안해 낸 것으로서 철저하게 도구적으로 해석되는 것이다. 이러한 가설들의 진리는 이러한 가설의 사용을 통해 얻어진 효과에 따라서 측정될 뿐 아니라, 진리는 효율성과 동일시된다(GA14, 64쪽). 범주에는 이제 더이상 어떠한 존재론적인 의미도 인정되지 않으며 오직 조작적인 의미만이 인정될 뿐이다.

존재와 존재자의 차이의 이러한 소멸과 더불어 이제 존재자는 그 어느 것에 의해서도 방해받지 않고 존재자를 완전하게 지배하고자 하는 의지의 대상이 된다. 자연은 의지의 자기확장을 위한 수단이 된다. 이는 단순히 자연이 인간의 목적을 위해서 사용된다는 것을 넘어서 의지가 자연의 작용방식을 통제한다는 것을 의미한다.[89] 자연사물과 인간은 원래는 자체로부터 현존하는 것이며 자신의 고유한 본질을 갖는 것이다. 그러나 의지에의 의지라는 존재자 전체에 대한 기술적 지배에의 의지가 득세하는 상태에서는, 존재자는 자신을 스스로 드러내는 것으로서 인정되지 않고 그가 어떤 목적을 위해서 얼마나 효율적으로 기능하는가만이 관심사가 되는 것이다. 단적으로 통제할 수 없는 비밀의 영역과 우리가 그 안에서 거주하면서 행위의 지침을 부여받는 퓌시스로서의 '세계'는 사라지고 만다. 오히려 세계는 만들어진다. 인간 자신이 자신의 행위지침을 개척해 나가는 것이다. '세계' 대

89) Volkmann-Schluck, 위의 책, 69쪽 참조.

신에 '조작'(Machenschaft)이 들어서며 우리에게 가장 가까우며 소박한 퓌시스로서의 세계는 망각되고 만다. 그 대신에 거대한 기술적 생산물에 대한 추구, 내적인 공허가 고개를 쳐드는 것을 막기 위한 향락과 오락수단의 발달, 비합리적인 체험에 대한 찬양이 들어서는 것이다.

의지에의 의지의 지배로서의 기술은 존재의 의미를 존재자가 '이론적 고찰의 대상으로서 눈앞에 현전한다'로 보는 전통 형이상학적 사유의 가능성을 완전히 다 길러 내었다는 점에서 전통 형이상학의 완성이다. '존재자가 존재한다'는 것은 현대인에게는 존재자가 인간의 이론적 고찰의 대상이라는 차원을 넘어서 '인간에 의해 조작가능한 것으로서 눈앞에 존재한다'는 것을 의미한다. 이러한 존재의 의미가 현대인들에게 가장 자명한 것이 됨으로써 존재의 의미에 대한 물음은 이제 불가능하게 되었다. 그리스인들에게는 가장 경이로운 것이었던 '존재자가 존재한다'는 사실은 이제 가장 자명한 것 중의 자명한 것으로 나타난다. '존재'라는 말은 존재자가 인간의 지배의지를 거부하는 고유한 본질을 갖는다는 것을 지시하는 말로서 더이상 이해되지 않고, 그 어떠한 관심도 끌지 못하는 자명한 말이 되었다. 기술시대에서 인간은 '산'이 '존재한다'는 것이 무엇을 의미하는지, '강'이 '존재한다'는 것이 무엇을 의미하는지 더이상 묻지 않는 것이다. 이들은 기술적인 조작의 대상으로서 나타날 뿐이다. 존재라는 말이 이렇게 가장 자명한 말이 됨으로써 존재는 존재자에서 빠져 달아나게 된다. 이를 통해서 존재자는 한갓 조작의 대상이나 주관적인 체험(Erlebnis)의 대상이 되고 만다.

〈제2의 시원으로서의 현대와 현대의 철학적 과제〉

그런데 그리스인들이 경이라는 기분에서 경험한 퓌시스로서의 세계는 그것이 인간까지도 통괄하는 전체이다. 그런 한 인간은 그것으로부터 벗어나서 존재할 수 없으며, 그것을 대상으로서 객관화시킬 수도 없다. 이러한 전체는 나의 객관화작용을 통해서 드러나는 것이 아니라, 자기 자신을 드러내 보이는 것이다. 그런데 이러한 전체가 망각되고 이를 통해 이것이 우리로부터 떠나가 버렸다는 사실은 우리에게 어떻게 드러날 수 있는가? 이것 역시 전체와 관련되는 사실인바, 과학적 대상화를 통해서 확증될 수는 없다. 전체가 우리에게서 떠나 버렸다는 것 역시 퓌시스로서의 전체의 개현과 마찬가지로 우리 자신에게 개현될 수밖에 없다.

퓌시스로서의 전체의 개현이 경이라는 근본기분에서 일어났던 것처럼 퓌시스가 사라졌다는 사실도 하나의 근본기분에서 자신을 개시한다. 그러한 근본기분이 바로 이 시대의 근본기분으로서의 경악이다. 경악의 기분에서 존재자에 대한 광범위한 지배의 이면에 존재하는 무의미함과 공허함이 드러나는 것이다. 우리 시대의 근본기분은 존재가 이미 자명한 것이 되어 버린 이상, 결코 서구역사의 최초의 시원의 기분, 즉 존재자가 그것의 존재에 있어서 예사롭지 않은 것으로서 드러났던 경이의 기분이 될 수 없다(GA45, 184쪽). 우리는 그리스인들처럼 존재자가 '고유한 비밀과 신비를 간직한 것으로서 존재한다'는 사실을 경험하지 않는다. 오히려 우리는 그러한 모든 비밀과 신비의 차원이 존재자에게서 빠져 달아났으며, 존재자는 이에 한갓 조작과 지배의 대상으로서 존재할 뿐이라는 사실을 경험한다. 이러한 조작과 지배의 대상은 어떠한 고유한 무게와 가치도 갖지 못하기에 우리가 도처에서 직면하는 것은 공허한 부품들일 뿐이다. 경악이란 기분은 존재가 존재자에게서 빠져 달아나 버리고 우리는 철저하게 공허 앞에 직면하고 있다는 사실에 대한 경악이다.

그러나 경악이라는 기분은 다른 한편으로는 존재가 인간의 모든 기술적 지배에서 빠져 달아나 자신을 은닉하고 있다는 사실에 대한 경험이다. 경악이라는 기분은 한편으로는 우리를 공허에 직면하게 하지만 다른 한편으로는 그러한 공허의 이면에 자신을 은닉하고 있는 존재를 지시하는 것이다. 경악이란 기분도 이런 의미에서는 하나의 존재의 경험이다. 그것은 인간의 기술적 공격으로부터 빠져 나가서 자신을 철저하게 은닉하고 있는 존재에 대한 경험이다. 그리고 이렇게 경악이란 기분이 일종의 존재경험이 될 경우, 그것은 '경외'라는 기분으로 전이한다. 경악이란 기분이 일단은 존재가 존재자에게서 빠져 달아나 버린 결과 비롯되는 의미상실과 공허함의 경험이라면, 경외라는 기분은 인간의 모든 기술적 공격을 거부하는 존재 자체에 대한 경험이다. 그것은 존재자가 고유한 무게와 깊이를 갖는 것으로서 드러나는 것을 가능케 하는 '은닉과 비밀의 차원'으로서의 존재에 대한 경험이다. 경악과 경외라는 기분은 이러한 의미에서 현대인들이 존재망각에서 깨어나 자신을 은닉하는 존재를 경험하는 기분이다. 존재는 그리스인들에게는 그 찬연한 아름다움으로 경이를 불러 일으키는 퓌시스로서 나타난 반면에, 현대인에게 존재는 자신을 인간의 기술적 공격을 철저하게 거부하면서 자신을 은닉하는 것으로서 우리의 경외를 불러 일으키는 것으로서 나타난다.

그리스인들은 경이라는 기분에서 존재가 갖는 개현의 차원, 즉 존재자를 존재자로서 개시하는 차원은 우리보다 더 투철하게 경험했으나, 그들은 존재가 갖는 자기 은닉의 차원은 우리만큼 투철하게 경험하지 못했다. 존재가 갖는 은닉의 차원은 경악이라는 기분을 통과한 경외라는 기분에서 우리에게 철저하게 개시되는 것이다. 존재의 은닉 차원이 존재의 가장 내밀한 핵심에 해당한다는 것을 깨닫는 경험은 그리스인들이 아니라 오직 현대인에게만 가능하다. 존재가 그 어떠한 이론적 · 실천적 대상화나 통제를 거부하면서 자신을 은닉하는 것이라는 것을 깨닫기 위해서는, 인간들이 서구 형이상학의 역사를 통하여 보다 철저하게 존재를 망각하고 결국에는 공허 앞에 직면해야만 하는 것이다. 세계 상실의 '위험'(Not)이 극단적으로 심화된 현대에서, 존재의 은닉이 존재의 개현에 본질적으로 속하는 것임을 깨달을 수 있게 되는 기회가 열린다.

이제 존재는 더이상 전통 형이상학에서처럼 정신적인 직관에 의해서 파악되는 본질의 완전한 현존(die volle Präsenz)으로서 자신을 드러내는 것이 아니라, 존재자가 자체로서 개시되는 것을 가능케 하는 은닉(Verborgenheit)으로서 드러낸다. 현대에 있어서 인간의 과제는 전통 형이상학에서처럼 이러한 존재의 은닉을 제거하려는 것이 아니라, 오히려 이러한 은닉을 은닉으로서 사유하는 것이다.

경악이라는 의미상실과 공허의 경험을 통해 경외라는 근본기분에서 존재의 은닉을 경험함으로써 우리는 존재자에 대한 형이상학적인 표상의지로부터 존재 자체로 거슬러 갈 수 있다(Schritt zurück). 이를 통해 우리는 우리의 지적인 노력을 통해서 언제든지 파악할 수 있는 존재자의 형이상학적인 본질과 근거에 대한 표상에로 내몰리는 것이 아니라, 존재 자체에 우리 자신을 열도록, 다시 말해 존재를 존재로서 묻도록 촉구되는(genötigt) 것이다. 경악과 경외라는 근본기분에서 존재가 은닉의 차원을 자신의 핵심으로 갖는다는 것이 드러남으로써, 존재의 개현을 의미하는 퓌시스의 개현은 그리스인들에서처럼 자명한 것으로서가 아니라 가장 물어져야 할(fragwürdig) 문제적인 사실로서 나타나게 된다. 이를 통해서 우리에게 존재물음은 그리스인들에게 있어서와는 전혀 다른 형태로 우리를 엄습하게 된다.

그리스인들에게는 존재자의 본질이 무엇이냐가 문제였고, 존재자 전체를 그 자체로서 개시하는 존재(퓌시스)의 개현의 사건은 문제되지 않았다. 이에 대해서 경악과 경외라는 근본기분에서는 퓌시스의 개현은 가장 놀라운 사실로서, 즉 가장 물어져야 할 가치가 있는 것으로서 경험되는 것이다. 이러한 존재물음은 퓌시스의 개현에 의해서 이미 개시되어 있는 존재자에 대해서 그것의 본질과 근거를 묻는 게 아니다. 그것은 우리가 그러한 본질과 근거를 파악하기 위해서 이미 개시되어 있어야만 하는 존재자가 존재자로서 어떻게 비로소 드러나는지, 즉 어떻게 존재자가 퓌시스의 개현을 통해서 비은닉되어지는지, 이러한 퓌시스의 개현은 어떻게 가능한지를 묻는다. "이러한 다른 물음은 형이상학에서의 주도적인 물음(Leitfrage), 즉 존재자란 무엇인가라는 물음의 근저에 물어지지 않은 채로 존재했던 것을 묻는다. 그것은 형이상학 자체가 그 위에 근거하고 있으며 그것으로부터 발원하고 있는 것을 묻는 것이다"(GA48, 151쪽).

'존재자란 무엇인가'라고 물음으로써 장구한 서구 형이상학의 역사를 준비한 그리스시대를 '제1의 시원'(erster Anfang)이라고 부를 수 있다면, 이러한 제1의 시원 안에 담긴 풍요로운 가능성들을 완전히 소진한 형이상학이 종말에 달하고, 이제 새로운 물음과 사유가 요청되는 우리의 시대를 제2의 '또다른 시원'(anderer Anfang)이라고 부를 수 있을 것이다. 이러한 제2의 시원에서 제기되는 물음은 이제 '존재자란 무엇인가'가 아니고 존재의 개현에 대한 물음이다. 이러한 존재의 개현에 대한 물음을 하이데거는 '존재의 진리'(die Wahrheit des Seins)에 대한 물음이라고 말하고 있다. 이러한 제2의 시원적인 물음, 즉 존재의 진리에 대한 물음은 다른 역사적 상황과 필연성으로부터 발원하는 것이며, 이러한 물음은 그리스적 시원을 넘어서 그리스적 존재물음이 발원하는 근원영역으로 나아간다.

하이데거는 소크라테스 이전의 사상가들에게로 돌아가서 이 시대의 사유의 과제를 규명하려고 했었다. 이는 플라톤과 아리스토텔레스에서보다는 그들에 있어서 이러한 근원영역이 보다 더 명확히 언급되고 있기 때문이다. 그들은 오늘날까지 고갈되지 않은 다른 종류의 위대한 사유가능성을 보았던 것이다. 이러한 사유가능성은 우리에게조차 미래로 남는다. 우리가 존재의 진리를 사유하는 것을 우리의 '사상적 과제'로서 첨예하게 의식하고 있을 경우, 실로 그러한 의식에 있어서는 그리스 사상가들이 우리를 능가할 수 없다. 그러나 그러한 존재의 진리에 대한 '경험'에 있어서는 오랜 존재망각의 역사를 거친 우리가 그리스인들을 능가할 수 없다. 그리스인들에게는 존재의 진리를 사유하는 것이 사상적 과제는 아니었으나 이들은 우리보다 훨씬 강력하게 존재의 진리를 경험했으며, 이들의 말(Worte)에는 존재의 진리가 강한 흔적(Spur)을 남기고 있다. 따라서 우리는 이들의 말에 귀를 기울이는 것을 통해서 우리에게 부과된 사상적 과제에 보다 충실할 수 있는 것이다. 따라서 하이데거가 소크라테스 이전의 사상가들에게로 돌아가 사유한 것은 단순히 과거에로 되돌아가기 위한 것이 아니다. 우리 현대인들은 소크라테스 이전의 사상가들이 보았던 위대한 가능성이 실현되는 것을 막았던 것을 극복하기 위해서는 그들보다도 더 근원적으로 사유하지 않으면 안 된다. 최초의 시원에 대한 상기는 어디까지나 제2의 시원을 사유하기 위한 것이다(GA51, 92쪽).

우리는 '존재자란 무엇인가'라는 제1의 시원의 물음이 경이라는 근본기분에서 제기되었음을 보았으며, 존재의 진리에 대한 제2의 시원의 물음은 경악과 불안의 기분에서 제기되었음을 보았다. 그 경우 그러한 근본기분은 인간의 주관적인 감정이 아니고 존재의 소리(Die Stimme des Seins)가 우리에게 전해지는 방식을 의미한다. 경이의 기분에 의하여 엄습된다는 것은 경이라는 근본기분에서 우리에게 말을 걸어오는 존재의 소리에 귀를 기울인다는 것을 의미한다. 그 경우 존재의 소리는 우리에게 존재자 전체의 아름다움에 경이로워하면서 그것의 본질을 물을 것을 촉구한다. 따라서 '존재자란 무엇인가'를 물으면서 형이상학으로서 답했던 형이상학자들은 제멋대로 사변을 농한 것이 아니라, 존재의 소리에 귀를 기울이고 그것에 충실하게 응한 사상가(Denker)들인 것이다. 그리고 경악과 경외에 의해서 우리가 엄습된다는 것은 우리가 경악과 경외란 근본기분에서 우리에게 말을 걸어오는 존재의 소리에 귀를 기울인다는 것을 의미한다. 그 경우 존재의 소리는 존재자 전체를 개현하면서 자신은 은닉하는 존재 자신에 주목하고 더이상 존재 자체를 망각하지 말 것을 촉구한다. 제2의 시원에서 제기되는 존재의 소리는 존재 자체의 상기를 통해서 항상 존재자 전체를 근원적으로 경험하라는 촉구인 것이다. 이러한 존재의 촉구에 응하고 존재의 진리를 묻는 것을 하이데거는 우리 시대의 사상가의 과제로 본다. 우리 시대의 사상가는 이제 이렇게 상기된 존재의 진리로부터 서구 형이상학의 역사를 건립한 제1의 시원을 다시 경험한다. 그 경우 제1의 시원에 대한 성찰은 한갓 역사학적 호기심에 의한 것이 아니라, 이 시대에 우리에게 말을 걸어오는 존재의 소리에 보다 충실하게 응하기 위해서이다.

5. 존재사적 사유의 가능성과 필연성

서구 형이상학의 장구한 역사를 건립하는 제1의 시원에서 제기되는 물음이 '존재자란 무엇인가'인 반면에, 제2의 시원에서 제기되는 '존재의 진리'에 대한 물음은 존재자 전체를 개현하면서 자신은 은닉하는 존재를 철저하게 경험하는 것을 의미한다. 그러나 그것은 아울러 서구 형이상학의 역사를 존재자 전체를 개현하면서 자신은 은닉하는 존재의 진리의 역사로서 새롭게 경험하는 것을 의미한다. 이를 통해서 전통 형이상학자들이 드러낸 존재자 전체의 형이상학적 근거는 전통 형이상학자들이 임의로 구성해 낸 것이 아니라, 존재가 전통 형이상학의 표상의지로부터 빠져 나가면서 남겨 놓은 존재 자신의 흔적으로서 해석된다. 이렇게 서구 형이상학의 역사를 서구 형이상학자들이 의식하지 못한 존재 자체의 개현의 역사로서 사유하는 것을 하이데거는 '존재사'(Seinsgeschichte)적 사유라고 부르고 있다.

존재망각의 경험에서 존재의 진리가 존재자를 개현하면서 자신을 은닉하는 것으로서 나타남으로써 은닉의 차원을 배제하는 전통 형이상학의 역사는 종말에 이른다. 이와 더불어 존재자 전체를 개현하면서 자신을 은닉하는 존재의 진리의 경험으로부터, 서구역사의 본질, 즉 전통 형이상학의 본질이 처음으로 경험될 수 있게 되는 것이다. 바로 여기에 존재사적 사유의 가능성(Möglichkeit)이 성립한다.

이러한 존재사적 사유에서 전통 형이상학은 존재의 진리 자체로부터 일어나는 존재의 특정한 역사로서 경험된다. 이러한 경험에 바탕하여 하이데거는 역사 전체에 있어서의 전통 형이상학의 위상(Ort)과 개별 형이상학자들의 위상들을 규명하고자 한다. 이러한 '존재의 위상론'(Topologie des Seins)에서 전승은 자기 자신에게로 해방되며 형이상학의 각 시기들은 존재의 고유한 송부(送付, Schickung)로 해석된다. 그리고 전승에 대한 이러한 존재사적 장소규명(Er-örterung)을 통해 우리는 우리를 현재 규정하고 있는 것을 보다 더 명료하게 이해하게 된다(GA10, 150쪽). 바로 여기에 하이데거의 존재사적 사유의 필연성(Notwendigkeit)이 존재한다.

존재 자체는 형이상학적인 표상의지로부터 빠져 나가면서 자신을 은닉하지만 단적으로 은폐되지는 않는다. 만일 그렇다면 우리에게 존재자는 전혀 드러날 수 없을 것이다. 전통 형이상학이 존재자 전체를 그 자체로서 묻는 한, 그것은 하이데거의 존재사유와 마찬가지로 궁극적으로는 오직 일자(das Eine), 즉 존재만을 묻는다. 존재는 전통 형이상학에서 존재자 전체의 공통된 본질과 최고의 존재자로서 나타난다. 하이데거는 이러한 형이상학적 의미의 존재를 자신이 말하는 존재와 구별하기 위해서 '존재자성'

(Seiendheit)이라고 부르고 있다.

존재 자체는 존재를 망각하고 존재자에게만 향해져 있는 형이상학에 대해서 존재자의 존재자성으로서 나타나는 것이다. 존재자성은 형이상학에서 존재가 남겨 놓은 흔적(Spur)이다. 이를 통해 퓌시스의 열린 세계는 존재자 전체에 공통된 본질과 존재자 전체의 궁극적 근거로서의 최고의 존재자로 나타나는 것이다. 존재 자체의 개현(Lichtung)은 따라서 형이상학적인 빛, 즉 자연의 빛, 이성의 빛, 이성법칙을 뒤에 남긴다. 이러한 "빛은 존재의 개현을 창출하지 않으며 오히려 그것을 전제한다"(GA14, 72쪽). 따라서 이러한 빛 안에서는 사물은 그것의 충만한 존재에 있어서 드러나지는 않는다. 그러나 이러한 빛조차 존재의 개현과 마찬가지로 모든 존재자가 나타나는 궁극적이고 포괄적인 지평이다. 이에 이러한 빛, 형이상학에서의 존재도 그것이 결코 존재자가 아니고 어떠한 인식의 대상도 아니면서 오히려 인식을 가능케 하는 것인 한, 본래 '인식'될 수 없는 것이다. "존재"는 사유에 의해서 파악되는 대상이 아니라 사유의 법칙이다.[90]

"존재"는 그것은 실로 존재자에 관계하나 존재자에 앞서며(a priori) 따라서 존재자로부터 추상될 수 없는 것이다. 존재자의 인식은 "존재"에 대한 이러한 선이해를 전제한다. 그러한 한 형이상학은 인간이 임의로 고안한 것이 아니다. 만약 그렇다면 형이

---

90) 필자는 여기서 하이데거가 말하는 존재(Seyn)와 형이상학에 있어서의 존재(Sein)를 구별하기 위하여 형이상학에 있어서 존재를 "존재"로 표현할 것이다. 형이상학의 "존재"는 존재자로부터 보여진 존재로서 모든 존재자들이 존재하는 한에 있어서 그것들에 공통된 성격과 존재자 전체의 궁극적 근거로서의 최고의 존재자를 말한다.

상학은 존재자 전체를 개시할 수 없을 것이다. 이에 형이상학이 이해하고 있는 "존재"(Sein)도 서구 형이상학의 시원에서 경이의 기분을 통해서 자신을 퓌시스로서 자신을 드러내었던 존재(Seyn)가 보낸 것으로(schicken) 볼 수밖에 없는 것이다. "존재"는 존재하는 것이 아니라, '그것이 존재를 준다'(Es gibt Sein). 돌이 존재한다든가 나무가 존재한다든가 등의 예에서 보는 것처럼 오직 존재자만이 존재한다고 말할 수 있을 뿐이며, 존재자를 인식하기 위해서 미리 이해되고 있어야 하는 "존재"는 존재한다고 말할 수 없다. 그럼에도 그것은 우리에게 주어진다.

"플라톤이 존재를 이데아와 이데아의 공동체(koinonia)로, 아리스토텔레스가 에네르게이아로서, 칸트가 정립(Position)으로서, 헤겔이 절대적인 개념으로서, 니체가 권력에의 의지로서 표상할 경우, 이것들은 우연히 제기된 학설들이 아니다. 그것들은 자신을 은닉하는 송부함(Schicken)내에서 '존재가 부여되는'(Es gibt Sein) 사건내에서 비롯되는 말걸음(Zuspruch)에 대한 응답들이다. 그것들은 존재의 말들(Worte des Seins)이다"(GA14, 9쪽). 존재가 이렇게 그때그때마다 자신을 증여함으로써 각각의 획기적인 역사적 시대가 열리는 것이다. 위대한 사상가들의 근본어들(Grundworte)을 통해 사유된 것은 우리가 지각할 수 있는 대상처럼 결코 사상가 앞에 놓여 있는 게 아니다. 오히려 사상가는 이렇게 사유된 것을 통해 본질적인 변화를 겪는다. 존재의 의미의 변화는 그에 상응하여 인간의 변화를 요구하는 것이다. 이데아로서의 존재의 의미에 대해서는 그것을 정신적으로 직관하는 인간이 요구되며, 대상성으로서 존재의 의미가 개시될 때는 존재자를 대상화하는 주체로서의 인간이 요구되며, 부품적인 것으로서 존재의 의미가 개시될 때는 존재자로 하여금 필요한 에너지를 내놓도록 닦달하는 인간이 요구되는 것이다.

현대인은 주체성의 형이상학인 근대 형이상학의 지배하에 있기 때문에 존재와 진리의 본질이 본래적인 주체로서의 인간에 의해서 규정된다고 자명하게 생각하고 있다. 그러나 보다 본질적으로 사유할 경우 근대의 주체성은 '확실성'으로서의 진리의 본질과 '표상되어짐'으로서의 존재의 본질로부터 규정된다. 그 경우 인간이 주체성의 담지자로서 나타난다는 것은 인간이 주체성의 본질근거라는 것을 입증하지는 않는다(GA48, 260쪽). 인간의 본질에 대한 각 시대마다의 해석은 진리와 존재가 그때그때마다 역사적으로 개현한 결과일 뿐이다. 따라서 인간의 본질은 이제 인간에 대한 전통적인 형이상학적 규정인 '이성적 동물'이라는 규정을 통해서 충분히 근원적으로 규정될 수 없다(GA48, 260쪽). 인간은 자기 자신으로부터 존재에 관련을 맺는 것이 아니라, 인간에 대한 존재의 관련이 비로소 인간에게 그의 그때그때마다의 역사적 본질을 증여하는 것이다. 인간은 현-존재, 즉 존재의 개현이 일어나는 장으로서 규정되어야 한다. 현대인의 표상하는 의지조차 인간이 좌우할 수 없는 존재의 진리로부터 규정되며, 이러한 진리의 본질이 오히려 우리의 역사적 정체성(wer wir sind)을 규정하는 것이다.

사유된 것은 따라서 자신내에 사상가를 넘어서는 은닉된 어떤 것을 갖게 된다. 사유된 것은 사상가가 생각해 낸 것이 아니라 오히려 그를 이러한 사유로 촉구했던 것이다. 예컨대 권력에의 의지는 결코 니체가 고안해 낸 생각이 아니다. 권력에의 의지는 존재자의 본질근거로서 인류가 그것에 근거하여 존재자를 대상화시킬 수 있는 것이다. 우리와 니체 자신은 현실의 원리로서의 권력에의 의지에 의해 원해진 것이다(GA55, 107쪽 참조). 형이상학은 인간을 위해 진리를 드러내고 그것을 보호하며 이를 통해 인간을 존재자 전체에 대한 진리 안에 존재케 한다. 형이상학이 이렇게 존재자 전체의 본질과 최종적 근거를, 즉 모든 인식의 가능성의 조건을 사유하는 한, 그것이 올바른 것인지 거짓인지는 판단될 수 있는 게 아니다. 오직 특정한 존재자에 대한 사유만이 올바르거나 거짓이라고 할 수 있는 것이다. 그것은 그러한 올바름과 거짓을 구별하기 위한 지평을 형성한다. 하이데거는 이러한 지평을 올바름(Richtigkeit)과 구별하여 존재의 진리(Wahrheit)라고 부르고 있다.

형이상학의 역사는 인간의 모든 인식과 행위가 새로운 의미를 갖게 되고 새로운 방식으로 수행되게 되는 세계들의 열림과 닫힘의 역사이다. 각 시대의 형이상학을 통해서 그때그때마다의 세계가 건립되고 인간은 이 안에서 살게 되는 것이다. "'올바른 판단들'은 아마 '항상'(zeitlos) 올바를(richtig) 수 있다. 즉 추상적이고 형식적인 일정한 사실들은 모든 가능한 [역사적] 세계들내에서 반복해서 출현할 수 있다. 이에 비해서 구체적인 개현, 즉 진리(Wahrheit)는 역사인 '자신의 시간'을 갖는다."[91]

따라서 형이상학적 사유에 대한 모든 반박은 어리석은 것이다. "우리에게는 형이상학의 한 시대의 완전성을 다른 것에 대해서 평가할 수 있는 어떠한 척도도 존재하지 않는다. 이러한 방식으로 평가할 수 있는 어떠한 권리도 존재하지 않는다. 헤겔의 철학

91) 막스 뮐러, 앞의 책, 287쪽. 번역에 약간 수정을 가했다.

은 파르메니데스의 철학보다 완전하지 않다. 모든 시대의 철학은 각각의 고유한 필연성을 갖는다"(GA14, 62쪽). '존재', '전체', '세계'는 항상 고유한 형태의 세계로서 그 세계의 존재론과 신학 내에서 주어지는(geschickt) 것이며, 전체를 사유하는 형이상학의 역사에서는 시대를 불문하고 항상 타당한 궁극적 확정은 존재하지 않는 것이다.

그러나 이렇게 비역사적인 진리를 거부한다고 해서 '역사적 상대주의'(der historische Relativismus)에 떨어지는 것은 아니다. '역사적 상대주의'가 모든 진리의 시대성과 역사성에 주목하기는 하지만, 이러한 이유하에 인간을 무조건적으로 구속하는 절대적 진리의 존재를 부인하고 결국 니힐리즘에 빠진다. 그 경우 그것은 진리란 시대를 불문하고 항상 타당한 것이라는 전통 형이상학의 신념에 여전히 사로잡혀 있는 것이다. 역사적 상대주의는 역사의 밖에 서서 역사에 '대해서' 사유하고 있을 뿐, 존재의 진리가 자신을 송부하는 역사의 생기(Geschehen) 안에 자신을 투신하면서 그러한 역사'로부터' 사유하지 않는다. 그러나 역사는 역사 밖에서서 파악될 수는 없다. 역사는 역사를 파악하는 자를 이미 포괄하고 있으며, 이에 결코 대상화시켜서 파악될 수 없는 것이다. 역사 안에서 자신을 드러내는 가치와 진리는 각각의 시대에서 그 시대의 사람들을 절대적으로 구속하는 것이며, 이를 통해 하나의 세계를 구현하는 것이다. 진리가 역사적이라는 사실이 결코 인간을 절대적으로 구속하는 진리는 없다는 니힐리스틱한 상대주의로 귀결되지는 않는 것이다. 이렇게 역사적으로 자신을 드러내 보이는 존재의 진리를 파악하기 위해서는 이것을 파악하는 자 자신이 역사의 강력한 힘 안에 자신을 던짐으로써 그러한 진리가 자신을 드러내는 데 기여하지 않으면 안 된다.

따라서 형이상학이 종말에 이른 시점에서 새로운 사유의 가능성으로서 현존재에게 제기되는 존재사적 사유는 기존의 형이상학에서와 같이 존재자에 대한 이론적 고찰을 통하여 하나의 체계를 세우려 하지 않는다. 그것은 오직 존재의 역사적 요구에 응답하려고 할 뿐이다. 아울러 이러한 관점에서는 기존의 형이상학도 존재의 역사적 요구에 대한 응답으로서 나타난다.

인간은 역사 안에서 인간이 이론적으로 객관적으로 고찰할 수 있는 객체를 대면하고 있는 것이 아니다. 인간이 역사를 하나의 대상으로 고찰할 경우 이는 역사의 변전에서 벗어나 있는 주체로서의 인간을 상정하고 있다. 이에 대해서 인간은 그가 그 안에서 살고 있는 역사적인 그때그때마다의 의미연관에 의해 변혁되고, 이를 통해 이러한 의미연관을 구체적으로 실현하게 되는 것이다. 인간은 그때그때마다의 의미연관에 응하는 것을 통하여 자신을 변화시키고, 이를 통해서 그러한 의미연관이 존재자 전체에 구체적으로 실현되는 것을 가능케 하는 장인 것이다. 이에 존재의 진리와 인간의 관계는 "자유의 엄격한 유희(das strenge Spiel der Freiheit)로서, 즉 자신을 증여하는 자유로운 운명(Geschick)으로서의 역사적 요구와 이것을 거부하거나 그것에 청종하는 자유로운 응함으로서의 [인간의] 자유로운 응답 사이의 불가분리의 통일인 것이다."[92] 인간은 존재와 함께 창조하는 자이면서 이를 통해 자신을 창조하는 자이다. 근대의 형이상학에서 가장 확실한 부동의 근거인 자아와 의식조차 존재의 특정한 운명을 함께 창

---

92) Max Müller, *Erfahrung und Geschichte*, Freiburg/München, 1971, S.526.

조하는 자이다.

존재사적 사유의 과제는 존재의 상이한 현성들의 장소를 규명하는 것(Er-örterung)이다. 따라서 존재물음은 이제 더이상 '존재자란 무엇인가?'가 아니다. 그것은 형이상학의 상이한 시대들에 있어서 주도적인 역할을 했으면서도 물어지지 않은 채 전제되었던 근본어들의 역사적 의미와 이들에 구현된 존재의 의미에 대한 물음이 된다. 어떠한 존재자도 아닌 존재와 세계는 이제 더이상 세계내적이고 시간적인 존재자로부터 해석되지 않고, 오히려 존재자가 그때그때마다의 역사적 존재와 세계로부터 이해되는 것이다.

6. 현대의 존재의 운명인 작위와 그것의 극복

이러한 존재사적 경험으로부터 볼 때 현대의 기술세계조차 보통 생각되는 것처럼 인간의 소유물로서가 아니라, 하나의 존재운명으로서 드러난다. 이에 대해서 기술시대에서 인간은 자신을 기술의 소유자로서, 즉 모든 것을 대상화하고 이를 통해 지배하는 주체로서 생각한다. 기술시대에서 의지에의 의지의 지배는 무한히 확대되고 있다. 인간은 자신의 지배영역을 무한히 확대하고 있는 의지에의 의지를 자신의 의지와 동일시하며, 자신을 이러한 의지의 주체로 생각한다. 이에 사람들은 기술사회가 공해문제와 인간의 물화현상 등 많은 부작용을 낳았더라도 기술의 발달을 통하여 이 세계를 개선해 나갈 수 있다고 생각한다.

그러나 자연뿐만 아니라 인간도 의지의 지배확장을 위한 수단으로서 이용된다. 인간은 의지에의 의지에 의해 모든 존재자를 다른 것을 위한 부품으로서 드러내도록 닦달을 당하는(herausgefordert) 것이며, 이에 따라 인간은 의지의 권력의 증대를 위한 계량가능한 노동력으로 환원되는 것이다. 인간은 의지에의 의지가 존재자 전체를 남용하기(vernutzen) 위한 가장 주요한 원료가 된다(GA7, 88쪽). 여기서는 주체도 그에 대하여 있는 객체도 사라지며 인격과 그가 관계하는 사물은 각각의 실체성을 잃고, 모든 것이 다른 것으로 변환가능한 추상적인 관계성 안의 계기로 해소되고 마는 것이다. 이렇게 모든 것을 수단으로 이용하면서 자신의 지배력을 확대해 나가는 의지에의 의지의 권력 상승 과정은 "어떠한 원자력과 기계보다도 조직과 정보와 자동화보다도 더 존재하는(seiender) 것이며"(GA11, 24쪽) 이 시대의 모든 움직임을 규정하는 존재인 것이다. 인간은 의지에의 의지에 의해서 요구됨으로써 기술적 사유만이 존재자를 드러내는 유일의 절대적인 사유라고 생각하게 되고, 존재자 전체를 의지가 자신을 관철하는 수단으로 만들어 간다. 그리고 이를 통해서 인간은 의지에로 의지가 현존하는 장(die Stätte der Anwesenheit)이 된다.

따라서 근대적 기술은 그것의 본질에 있어서 인간이 자연을 지배하기 위한 수단이 아니다. 자연을 기술적으로 드러내는 데에 있어서는 인간으로 하여금 존재자를 부품으로서 드러내도록 닦달하는 하나의 강력한 힘이 작용하고 있는 것이다. 인간은 이 힘의 요구로부터 벗어날 수 없다. 하이데거는 이러한 요구를 '작위'(作爲, Ge-stell)라고 부르고 있다. 작위란 인간을 비롯한 존재자 전체가 의지의 지배의 확장을 위한 부자유한 계기들로 내모는 힘을 의미한다. 이러한 작위란 기술문명에서 전체로서의 세계가 세계로서 생기하는 하나의 방식(eine Weise des Weltens der

Welt als des Ganzen)이다. 그러나 이러한 방식에서는 퓌시스로서의 세계에서와 달리 개별자는 자신을 상실하고 그 유희 속에 매몰되고 만다.[93)]

인간이 그것에 의해서 요구됨으로써 존재자를 부품으로서 또는 대상으로서 또는 다른 방식으로 그것을 은닉으로부터 드러낼 수 있는(entbergen) 이러한 차원을 하이데거는 존재의 열려 있음(die Offenheit des Seins), 존재의 개현(Lichtung), 비은닉성(Unverborgenheit)이라고 부르는 것이다. 그 안에서 존재자가 각 시대마다 다르게 현성하는 이러한 차원을 인간은 좌지우지할 수 없다. 왜냐하면 그 자신이 이러한 차원에 이미 진입해 있음으로써 그리고 이러한 차원에 의해 요구되고 그것에 응함으로써만 그는 각 시대에 따른 자신의 본질을 발견하게 되기 때문이다.

따라서 기술시대에서는 인간이 대상적으로 규정하는 존재자와는 전적으로 다른 것이 자신을 드러낸다. 작위로서의 존재는 존재자의 개시에 선행하는 것이다. 작위는 기술세계의 지평 안에서 해명될 수 있는 현상이 아니라, 그 세계 전체를 규정하는 본질인 것이다. 기술의 본질에 대한 물음을 통하여 현존재는 인간에 의해서 규정될 수 있는 존재자의 차원을 떠나서, 존재와 존재자 사이의 차이를 주제화할 수 있게 된다. 극히 역설적인 사실이지만, 기술시대에서는 존재와 존재자의 차이가 사라지는 것 같으면서

---

93) 이에 비해 퓌시스의 세계에서는 존재자는 자신의 고유한 본질에로 해방되면서도 퓌시스로서의 세계를 모아들이는 물(物, Ding)로서 나타난다. 각각의 모든 존재자는 세계를 모아들이는 유일무이의 절대적인 장소가 되며 전체를 자신 안에서 유일무이의 형태로 형상화하는 것이다(GA7, 157-179쪽 참조).

도, 인간은 자신이 통제할 수 있는 존재자가 아닌 존재의 요구에 의해서 철저히 규정되고 있다는 사실이 나타나는 것이다.

작위는 실로 존재이나 존재 자체로서의 존재가 아니라 의지로서의 존재이다. 의지로서의 존재조차 인간을 자신이 현존하기 위한 장소로서 필요로 한다. 그러나 이는 존재가 의지로서가 아니라 존재 자체로서 인간을 필요로 하는 식으로 개시되는 제2의 시원을 위한 은폐된 시초이다. 따라서 기술의 본질에 대한 물음에서 존재망각으로서가 아니라 존재 자체인 발현으로서 존재의 진리가 현성하는 전혀 다른 제2의 시원이 열리기 시작하는 것이다. 이런 의미에서 작위는 "발현(Ereignis)이라 불리는 것의 전주곡"(GA11, 25쪽)이다.

따라서 존재 진리의 한 역사적 형태인 작위는 그것의 본질상 양의적인 것이다. 한편으로 작위는 모든 것을 부품으로서 드러나게 하고 인간을 존재자 전체의 중심으로 등장시킨다. 이를 통해 존재의 진리의 본질은 극단적으로 왜곡되며, 인간은 자신에 대한 자만을 통해 오히려 작위라는 맹목의 운명에 의해 지배당하게 된다. 다른 한편으로 작위의 이러한 본질을 통찰함으로써 인간에게 존재론적 차이가 드러나기 시작한다. 존재는 본질적인 의미에서 인간에 의해 규정가능한 존재자에게서 빠져 달아나는 것으로서 존재한다는 것이 드러난다. 여기서 존재는 형이상학에서처럼 존재자에 속하는 본질로서가 아니라, 모든 존재자와는 전적으로 다른 것으로서 나타나는 것이다.

운명으로서의 작위는 인간으로 하여금 존재자와는 전혀 다른 존재의 진리가 발현하는 방식에 주목하게 한다. 이를 통해서 그것은 인간을 제2의 시원에서 존재 자체에 의해 '필요로 되어지는' 것이 되도록 준비하게 하는 것이다. 우리가 우리 자신을 존재자 전체의 중심으로 자만하면서 오직 자신의 이성적 통찰에 의해서 존재자를 드러내는 주체로서 생각할 경우에, 존재는 작위로서 즉 우리를 몰아대는 맹목적인 운명으로서 나타나면서 우리를 철저히 예속하게 된다. 이러한 예속상태를 극복하기 위해서 우리는 존재자 전체를 개시하면서도 자신을 은닉하는 존재 자체에 대한 경외라는 근본기분 안에서 그것에 귀의하지 않으면 안 된다. 이 때 우리는 맹목적인 표상의지로부터 다시 말해 작위의 요구로부터 자유로워질 수 있다. 그리고 이를 통해 인간은 오히려 자신을 비롯한 모든 사물들의 유일무이의 고유한 본질과 만나게 될 수 있으며, 존재자 전체에 대한 경외의 기분 안에서 존재자 전체의 수호자(지배자가 아니라)가 될 수 있는 것이다.

그런데 이렇게 작위로부터 자유로워진다는 것은 기술과 과학을 폐기처분한다는 것을 의미하는가? 많은 사람들이 기술문명에 대한 하이데거의 해석을 그렇게 이해했고, 이에 따라 그의 생각이 갖는 비현실성과 유치함을 지적했다. 그러나 하이데거가 의도한 것은 기술과 과학의 폐기가 아니다. 그것은 기술적으로 표상된 자연이 보다 근원적이면서도 소박한 자연을 대체해 나가는 경향에 대해서, 이러한 근원적이고 소박한 자연의 권리를 다시 회복하는 데에 있었던 것이다. 하이데거는 기술적으로 표상된 자연을 우리가 그 안에서 태어나고 죽어 가는 근원적인 자연에 근거지우고자 했으며, 이를 통해서 우리를 과학과 기술의 예속상태에서 벗어나게 하고자 한 것이다. 그러나 이는 인간이 단순히 자연의 운행에 따라야 한다는 식의 수동적 자세와는 전혀 다른 것이다. 이러한 자연은 퓌시스로서 창조적인 자연이며 그것은 인간이 함께 창조하는 것을 요구하는 것이다.

하이데거는 본래 과학과 기술을 비판하는 것이 아니라, 그것의 수행자인 인간을 비판하는 것이다. 현대인은 세계와 사물에 대한 경외의 기분으로 전개될 수 있는 경악의 기분을 통해서 새로운 사유의 가능성이 이미 고지되고 있음에도 이러한 존재의 새로운 진리에 응하려 하지 않고 있다. 현대인은 여전히 과학과 기술만을 존재자를 드러내는 유일한 방식으로 보고 있다는 것이다. 하이데거는 우리로 하여금 끊임없이 존재자를 표상하도록 몰아대는 의지가 사실은 존재망각으로부터 비롯된 우리의 삶의 공허함에 궁극적으로 근거하고 있다는 것을 드러내고자 했다. 다시 말해 그는 이 시대가 인간의 기본적인 욕구를 충족시키는 것을 넘어서 새로운 욕구를 자극하는 사물을 끊임없이 만들어 내는 것은, 존재가 존재자로부터 떠나 버림으로써 야기된 공허함을 메우기 위한 시도라는 사실을 우리가 자각하게 하고자 했다. 그 어떠한 물질의 풍요로도 존재자의 존재가 갖는 소박한 충만함을 대신할 수는 없는 것이며, 따라서 이 기술시대란 흔히 생각하듯 풍요가 아닌 궁핍의 시대이다(GA7, 91쪽). 이러한 사실을 깨달을 때 우리는 작위라는 현대의 맹목적인 운명의 지배로부터 자유로워진다. 그리고 이를 통해서 우리는 과학과 기술의 노예가 되지 않고 그것을 오히려 여유있게 영위할 수 있게 된다. 이러한 상황을 조성하는 것이 하이데거의 기술해석이 지향하는 바였다. “우리는 기술적 대상들을 우리의 일상생활에서 사용하면서도 그것을 동시에 우리의 삶의 밖에 둔다. 즉 절대적인 것이 아니라 **보다 높은 것에 의거하는** 것으로서 존재케 한다. 나는 이렇게 기술적 세계에 대해 동시에 거부하면서 긍정하는 태도를 하나의 고어(古語)로 즉 사물들에 대한 내맡김(Gelassenheit)이라고 부르길 원한다"(Gl 23쪽).

Ⅵ. 후기 하이데거 철학의 제 문제

1. 후기 하이데거에서의 존재론적 차이

제2의 시원에서 제기되는 존재물음은 존재 자체에 대한 물음이다. 이는 존재자와는 전적으로 다른 것으로서의 존재에 대한 물음이다. 하이데거가 존재 자체는 존재자와는 절대적으로 다르다고 말할 경우, 그는 전통 형이상학에서 말하는 존재와 자신이 말하는 존재를 구별하고자 하는 것이다. 전통 형이상학에서 말하는 존재는 눈앞에 있는 사물적 존재자처럼 파악된 존재이다. 이러한 존재는 우리 눈앞의 존재자와 마찬가지로 인간의 이론적 고찰을 통해서 언제든지 고찰될 수 있다. 즉 전통 형이상학에서 존재는 존재자처럼 고찰되고 있는 것이며, 존재자와 절대적으로 다른 것으로서 경험되고 있지는 않은 것이다.

그러면 하이데거는 존재 자체에 대한 물음을 구체적으로 어떻게 전개하고 있는가? 이러한 물음을 하이데거는 존재론적 차이에 대한 물음으로서 전개하고 있다. 존재론적 차이에 대한 물음은 이중적인 방향을 갖는다. 그것은 한편으로는 존재자와의 절대적 차이로부터 경험된 존재 자체에 대한 물음이다. 즉 그것은 눈앞에 현전하는 존재자들과는 전적으로 다른 것으로서 존재 자체에 진입하고자 한다. 아울러 그것은 그렇게 새롭게 경험되는 존재 자체로부터 존재자의 본질을 새롭게 물으려는 시도이다. 하이데거가 존재 자체에 진입하려고 한다고 하여 그가 존재자에 대한 물음을 도외시하는 것은 아니다. 그는 존재에 대한 새로운 경험을 통하여 존재자를 역시 새롭게 경험하고자 하는 것이다. 이 경우 존재자는 단순히 우리 눈앞에 현전하는 표상대상이 아니라 존재 자체를 모아들이는 사물로서 나타나는 것이다.

우리는 앞에서 하이데거가 말하는 존재 자체를 전체로서의 세계라고 규정했다. 존재는 모든 개별적인 존재자들이 자체로서 개시하는 것을 가능케 하는 것이다. 그렇게 개시하는 것을 가능케 하는 아프리오리한 지평을 하이데거는 『존재와 시간』에서 세계라고 보았다. 이런 의미에서 존재와 세계는 동일한 것이다. 이에 존재론적 차이에 대한 물음은 '근원적으로 경험된 세계'와 '그러한 세계의 지평으로부터 경험된 근원적 존재자인 사물'(Ding)의 관계에 대한 물음이 된다.

『존재와 시간』에서는 인간이 일상적으로 관계하는 존재자들은 도구로서 해석되고 있으며, 그러한 도구로서의 존재자와 일상적인 환경세계 사이의 관계만이 분석되고 있다. 이에 비해서 『형이상학이란 무엇인가?』에서는 우리가 '근원적으로 경험하는 세계'와 '사물' 사이의 관계를 사유하려는 시도가 처음으로 보이고 있다. 세계와 사물에 대한 근원적인 경험은 매우 드문 순간에 주어진다. 하이데거는 그러한 경험은 무엇보다도 불안이라는 근본기분에서 주어진다고 보고 있다. 불안이라는 기분에서는 일상적인 세계와 존재자들이 그 의미를 상실하면서 그것이 은폐하고 있었던 근원적인 세계와 사물이 드러나는 것이다. 『존재와 시간』의 불안분석에서는 인간이 일상적인 세계에 대한 매몰상태에서 벗어나 자기 자신에게로 되내던져진다는 사실이 강조된다. 이에 비해서 『형이상학이란 무엇인가?』의 불안분석에서는 본래적인 세계와 인간을 비롯한 모든 존재자들이 자신의 본래적인 자태를 드러내는 사건이 특히 강조되고 있다.

불안이라는 근본기분에서는 우리가 일상적으로 관계하는 존재자 전체가 미끄러져 달아나 버리며(entgleiten), 아울러 그러한 존재자내에 빠져 있던 일상적인 우리 자신도 우리에게서 미끄러져 달아나 버린다. 그 이전 일상적인 차원에서 우리에게 의미있는 것으로 나타났던 모든 것은 불안이라는 근본기분에서 무의미한 것으로서 나타나는 것이다. 그리고 존재자 전체는 그것에게 그 동안 씌워진 일상적인 의미를 떨쳐 버리고 전적으로 낯선 것으로 우리에게 다가온다. 그 경우 존재자들은 단적으로 '존재하는' 것으로서 나타난다. 일상적인 차원에서 존재자들은 우리가 명확하게 규정할 수 있는 성질의 집합체로서 나타나나, 불안이란 근본기분에서 존재자들은 그러한 명확한 개념규정을 단적으로 거부하면서 자신들의 적나라한 실존을 드러내는 것이다. 그 경우 존재자가 '있다'는 것은 존재자들이 어떠한 구별도 없이 단순히 우리 앞에 현전한다는 것이 아니라, 우리의 어떠한 개념적 규정도 거부하는 신비한 깊이를 갖고 '있다'는 것을 의미한다. 우리는 존재자들을 그 어떤 제한된 말로 더이상 명확히 규정할 수 없기에 그것들이 단적으로 '있다'고 말할 수밖에 없는 것이다.

그런데 불안이란 기분은 우리가 임의로 조성할 수 있는 것이 아니다. 우리는 불안이란 기분에 그야말로 엄습되는 것이다. 우리의 통제를 벗어난 어떤 근본적인 힘이 불안이란 기분을 통해서 우리를 사로잡으면서, 존재자 전체가 가졌던 의미를 무의미한 것으로 전락시키고 존재자 전체를 전혀 새롭게 드러내는 것이다. 그러한 근본힘은 우리가 지각하거나 이론적으로 규명할 수 있는 존재자가 아니라는 점에서 '무'(無, Nichts)이다. 그러나 이러한 무는 존재자 전체와 분리되어서 따로 존재하지는 않는다. 이는 무가 존재자 전체와 분리되어서 따로 존재한다면 그것은 또 하나의 존재자가 될 것이기 때문이다. 무는, 불안 속에서 미끄러져 달아나면서 다시 전적으로 낯설게 우리에게 다가오는 존재자 전체와 함께(in eins mit) 그리고 그것에 즉해서 나타나는 것이다(GA9, 114쪽). 이러한 무와 무를 통해서 전적으로 달리 드러나는 존재자 사이의 관계가 바로 하이데거가 존재론적 차이로서 사유하고자 하는 것이다.

나중에 하이데거는 전기의 저작에 속하는 『형이상학이란 무엇인가?』에서 무라고 말하고 있는 것을 존재라고 해석하고 있다. 그리고 우리가 불안이란 기분에서 무를 경험한다는 사태를 후기의 하이데거는 불안이란 기분에서 존재의 소리가 우리에게 말을 건다고 표현하고 있다. 무는 존재자가 그 자체로서 자신을 개시케 하는 것을 가능케 하는 존재 이외의 것이 아니다(GA9, 114쪽, 각주 c). 무란 용어는 존재가 존재자와는 전적으로 다른 것이라는 것을 강조하기 위한 용어이다. 존재는 우리가 눈앞의 존재자를 파악하듯이 파악하려고 할 경우에는 철저하게 자신을 은닉하는 것으로서 무인 것이다.

이러한 존재를 후기 하이데거는 대지(Erde)와 하늘(Himmel), 죽을 자(Die Sterblichen)로서의 인간과 신적인 것들(Die Göttlichen) 사이의 내밀한 관계망으로서 구체적으로 사유하고자 한다. 그러한 관계망을 그는 '사방'(四方, das Geviert)이라고 부르고 있다. 그리스인들이 퓌시스라고 부른 것을 그는 사방으로서 사유하고 있는 것이다. 이러한 사방은 존재자 전체를 드러내면서도 자신은 은닉한다. 인간들은 사방의 지평으로부터만 존재자와 관계할 수 있지만, 우선 대부분의 경우 그는 존재자에만 관심을 가질 뿐 자신을 은닉하는 사방은 망각한다. 이에 대해서 하이데거는 이렇게 자신을 은닉하는 사방으로부터 존재자를 사유하고자 한다. 이 경우 존재자는 사방을 모아들이는 사물(Ding)로서 사유되고 있다. 존재자가 존재한다는 것은 사방을 모아들이는 것으로서 존재한다는 것이며, 사물은 사방이 갖는 깊이와 신비를 간직하는 것으로서 존재하는 것이다. 이러한 사고방식에서 사물에 대한 하이데거의 외경은 극단에 다다른다. 사물은 『존재와 시간』에서처럼 단순히 세계내의(innerweltlich) 사물적 존재가 아니라, 세계를 모아들이는 것으로서 사유되는 것이다. 사물은 세계를 모아들이는 것으로서 그 자체가 세계의 깊이를 간직하는 것이 된다.

『존재와 시간』에서 세계와 존재자는 현존재의 궁극목적을 지시하는 의미연관의 체계와 도구로서 사유되면서 다분히 인간중심적으로 해석된 반면에, 후기 하이데거에서 세계와 사물은 우주론적으로 해석되는 것이다. 후기 하이데거에서 세계는 사물에 모아들여지는(versammeln) 것을 통해서 현존하며, 또한 사물은 세계를 자신 안에 모아들이면서도 세계의 빛 안에 존재하는 것을 통하여 자신의 고유한 본질을 획득하게 된다. 이렇게 세계와 사물이 서로를 가능케 하는 관계를 하이데거는 세계와 사물 사이의 '차이'(Unterschied)라고 부르고 있다. 하이데거는 존재와 존재자 사이의 존재론적 차이라는 문제를 후기에 이르러 세계와 사물 사이의 차이로서 사유하고 있는 것이다.

하이데거는 「사물」(Ding)이라는 그의 유명한 강연에서 사방으로서의 세계와 사물 사이의 관계를 포도주를 담은 단지를 예로 하여 설명하고 있다. 포도주가 된 물에는 샘이 깃든다. 샘에는 암석이, 암석에는 하늘의 비와 이슬이 내린 대지의 어두운 잠이 깃든다. 샘물에는 하늘과 대지의 결혼식이 깃든다. 그러한 결혼식은 또한 포도나무의 열매에서 비롯되는 포도주에 깃든다. 포도나무의 열매에는 대지의 자양분과 하늘의 태양이 서로 내밀하게 결합되어 있다.

물과 포도주에는 각각 하늘과 대지가 깃든다. 포도주는 죽을 자들[인간]을 위한 음료이다. 포도주를 마심으로써 그들의 갈증이 해소된다. 포도주는 그들의 여가와 교제를 유쾌하게 만든다. 그러나 포도주는 가끔은 또한 성스러운 존재를 기리기 위해서 바쳐진다. 그 경우 그것은 인간의 갈증을 해소하기 위한 것이 아니다. 그것은 불사의 신들에게 바쳐지는 것이다. 그 경우 포도주에는 신적인 것들이 깃든다. 포도주에는 대지와 하늘, 신적인 것들과 죽어야 할 자들이 함께 머문다. 이 사자(四者, die Vier)는 서로 내밀하게 공속한다. 그것들은 모든 존재자에 선행하면서 하나의 유일한 세계에로 통일되어 있다(Einfalt).

포도주에는 네 가지의 통일이 깃든다. 그렇게 사물에 깃드는 것을 통하여 그 네 가지는 자신의 고유한 빛을 발하게 된다. 이렇게 각각의 고유성을 드러내면서도 그것들은 서로 내밀하게 결합되어 있다. 독일어에서 사물을 의미하는 고어인 thing은 사물이 세계를 구성하는 네 가지를 모아들이고 있다는 사태를 드러내고 있다. 포도주의 본질은 통일적인 사자를 자신 안으로 모아들이는 것이다.

1) 전통 형이상학에서의 존재론적 차이

그러나 존재 자체로서의 사방은 우선 대부분의 경우 망각되고 있다. 우선 대부분의 경우 인간은 눈앞에 현전하는 다양한 존재자에 집착하며, 그 결과 눈앞에 현전하는 존재자만이 전적으로 존재하는 것으로서 생각되고 존재 자체는 망각된다. 전통적 형이상학에서조차 존재는 망각되어 있다. 물론 전통 형이상학은 존재자가 무엇인지를 물으며 이와 더불어 이러한 존재자를 존재케 하는 궁극적인 근거를 묻는다. 그러나 존재망각의 결과 전통 형이상학에서는 존재자만이 존재하기 때문에 존재는 존재자처럼(ontisch) 파악된다. 이에 따라서 전통 형이상학에서는 사방으로서의 세계 대신에 최고의 존재자가 존재자를 존재케 하는 존재로서 나타나게 된다. 모든 존재자는 이 최고의 존재자에 의해서 산출되며, 최고의 존재자의 지배하에 있다. 그리하여 전통 형이상학에서 존재는 하나의 두드러진 존재자로서, 즉 최고의 존재자로서 사유된다. 그것은 "현전의 그때그때마다의 각인에 따라 실재하는 것을 야기하는 자(최고의 존재자로서의 창조자)로서, 대상들의 대상성을 초월론적으로 가능케 하는 것으로서, 절대정신의 운동의 변증법적인 매개로서, 역사적인 생산과정으로서, 가치를 정립하는 권력에의 의지로서 근거지우는 성격을 갖는다"(GA14, 62쪽). 이에 따라 전통 형이상학에서 존재론적 차이는 근거지우는 존재자와 근거지워진 존재자 사이의 차이로서 나타나며, 사유는 본질적으로 근거지움(Begründen)이 된다. "철학은 점차 최고의 원인들로부터 설명하는 기술이 된다. 사람들은 더이상 사유하지 않고 '철학'에 몰두한다"(GA9, 317쪽). 전통 형이상학은 '근거지우는 표상'이다(GA14, 62쪽).

이에 대해서 하이데거에서 존재와 존재자의 관계는 세계와 사물 사이의 관계로서 사유되고 있다. 이 경우 사물은 세계를 자신 안에 모아들임으로써 세계를 구체적인 형태를 갖고 현존케 하지만, 사물은 세계의 빛 안에서 하나의 사물로서 존재한다고 사유되고 있다. 그에게 있어서 세계와 사물은 서로의 현존을 가능케 하는 것이다. 전통 형이상학에서 존재와 존재자 사이의 관계는 최고의 존재자와 여타의 존재자 사이의 위계질서로서 사유되는 반면에, 하이데거에서는 존재자 전체내에서의 위계질서란 존재하지 않는다. 모든 사물은 세계를 모아들이는 것으로서 존재하고, 세계는 각 사물에게 그것에게 고유한 본질을 선사하는 것으로서 존재한다. 이러한 세계에서는 존재자들 사이의 위계란 존재하지 않으며, 사방으로서의 세계에 대해서도 사물은 세계의 구체적인 현존을 가능케 하는 것으로서 세계와 동등한 지위를 갖는 것으로서 이해되는 것이다.

하이데거가 존재자를 오히려 존재자 전체를 드러내면서 자신은 은닉하는 사방으로서의 존재로부터 사유하려고 하는 반면에, 전통 형이상학은 눈앞에 존재하는 존재자로부터 존재를 추론한다. 다시 말해 눈앞에 현전하는 존재자와는 전적으로 다른 것인 존재는 전통 형이상학에서는 눈앞에 현전하는 존재자를 실마리로 하여 사유되고 있는 것이다. 눈앞에 존재하는 존재자들은 우리의 이론적 파악노력의 대상으로서 존재한다. 그런데 우리의 눈앞에 존재하는 것들은 생성소멸하는 것이며 따라서 완전한 이론적 파악을 거부한다. 이에 대해서 존재는 존재자와는 달리 '지속적으로 눈앞에 현전하는 것'(das ständig Vorhandensein)이며, 이에 우리의 완전한 이론적 파악의 대상이 될 수 있다. 전통 형이상학에서의 존재론적 차이란 결국은 지속적으로 현전하는 것과 생성소멸하는 것 사이의 차이로서 나타난다.[94] 존재는 존재자를 근거지우는 것으로서 존재자보다 더 지속적으로 현전한다. 존재가 지속적으로 현전하는 것과 동일시됨으로써 존재는 생성소멸하는 존재자에 있는 무상한 측면과 전적으로 대립된 것으로서 파악된다. 존재는 생성과 대립되는 것으로서 파악되는 것이다.

그런데 왜 전통 형이상학은 존재를 이렇게 인간의 이론적 파악시도 앞에 지속적으로 현전하는 것으로서 파악하는가? 거기에는 존재자에 대한 지배의지가 작용하고 있다. 전통 형이상학은 인간이 언제라도 파악할 수 있도록 지속적으로 현전하는 근거에 의거하는 것을 통하여 생성소멸하는 존재자를 파악하고자 하는 것이다. 전통 형이상학은 그러한 근거로부터 존재자를 표상함으로써 존재자가 갖는 낯설음을 제거하고 이를 통해 존재자를 지배할 수 있게 된다. 전통 형이상학에서 존재자를 근거지우는 존

94) "이를 통해 실재는 형상과 질료로, 영혼과 육체로, 실체와 우유로, 개별자와 전체로, 다수와 개별자로, 존재와 존재자로, 무제약자와 피제약자로 분열된다. 이러한 이원론은 (사물이 존재한다는 것의 의미를 그것이 주체의) 눈앞에 존재한다는 것으로 보는 존재론(Ontologie der Vorhandenheit)의 결과이자 어떤 의미에서 그것의 특징이며 그러한 이원론은 근대에서는 무엇보다도 주체와 객체, 자아와 세계, 정신적 실체와 대상 사이의 분열로 나타난다." Leo Dümpelmann/Rafael Hüntelmann, *Sein und Struktur. Eine Auseinandersetzung der Phänomenologie Heideggers und Rombachs*, Pfaffenweiler, 1991, S.48.

재는 결국은 존재자를 개념적으로 파악하고 지배하는 것을 가능케 하는 원리로서 이해되는 것이다. 사물은 자체로부터 현존하는 그대로 자신을 드러내지 못하게 되고 그것을 근거지우는 원리들로부터 설명된다. 이러한 형이상학적인 설명방식은 과학기술시대로서의 현대에서 정점에 달한다.

전통 형이상학이 존재자 전체를 존재자 배후의 존재자의 일반적 근본구조들과 최고의 존재자로부터 설명하려는 반면에, 근대의 과학(자연과학이든 정신과학이든)은 존재자를 관념적으로 구성된 존재자의 근본구조와 역사에 대한 해석들로부터 이해하려 한다. 이런 의미에서 하이데거는 근대과학의 성격이 '경험적'이지 않고 '합리적'(rational)이라고 말하고 있다. 전통 형이상학이든 근대의 과학기술이든 인간이 접하고 사용하는 다양한 존재자들을 지배하기 위해서 관념적인 배후세계(ideale Hinterwelt)를 구성하는 것이며, 이를 통해 존재는 인간이 존재자를 지배하기 위한 수단이 된다.

신중심주의(Theozentrik)로서의 전통 형이상학과 인간중심주의로서의 근대 과학기술시대 사이에는 근대의 과학기술이 신중심주의의 파괴로서 나타났음에도 본질적인 연속성이 존재하는 것이다.[95] "존재자가 신에 의해서 창조된 것일 경우, 다시 말해 존재자가 신에 의해 미리 합리적으로 사유된 것일 경우, ―(근대에서) 인간의 이성이 주도적인 것이 되고 심지어 자신을 절대적인 것으로서 정립하면서 피조물의 창조자에 대한 관계가 해소되자마자―존재자의 존재는 수학적인 순수한 사유 안에서 사유될

95) R. Maurer, 앞의 책, 44쪽 참조.

수 있게 되지 않으면 안 된다. 그와 같이 계산가능하고 그리고 실제로 계산되어지는 존재는 존재자를 근대의 수학적으로 형성된 기술을 통하여 지배가능한 것으로 만든다. 그리고 이러한 기술은 이제까지의 우리에게 알려진 그 어떠한 도구사용과도 본질적으로 다른 것이다"(GA40, 202쪽).

기술시대에서는 존재자 전체에 대한 지배의지의 맹목적인 관철을 위해서 자연과 인간이 총동원되는데, 과학과 기술에 의해서 인간을 비롯한 존재자 전체는 '조작가능한 원인들과 근본구조들에로, 즉 하나의 관념적인 배후세계'에로 환원되는 것이다.[96] 전통 형이상학과 그러한 형이상학적 사고방식을 극단에 이르기까지 완성한 현대의 과학기술문명에서 인간은 사물에 대한 근원적인 '가까움'(Nähe)을 잃어버렸다.

전통 형이상학과 현대의 과학기술문명에서는 존재자 전체를 대상으로서 자신의 지배하에 두려는 권력에의 의지가 작용하고 있다. 전통 형이상학의 역사란 이러한 권력에의 의지라는 원리가 갈수록 우위를 점하는 과정이다. 이에 하이데거는, 전통 형이상학의 근저에서 작용하는 이러한 권력에의 의지를 자신의 철학적 원리로 삼으면서 극단에 이르기까지 밀고 나간 니체의 형이상학을 '형이상학의 완성'이라고 규정하는 것이다.

2) 전통 형이상학에서의 존재론적 차이와의 대비를 통해서 본 하이데거 철학에서의 존재론적 차이

하이데거의 사유에서도 존재는 어떤 의미에서 존재자에 대한

96) R. Maurer, 앞의 책, 45쪽.

근거라고 말할 수 있다. 존재는 존재자를 현존하게 하는 근거이다. 그러나 그러한 근거의 본질은 하이데거에서는 전통 형이상학에서와는 전혀 다르게 사유되고 있다. 근거에 대한 형이상학적인 파악에서 근거는 존재자 전체를 장악하기 위한 하나의 수단이었다. 그러므로 형이상학에서 근거는 항상 개념적으로 투명하게 파악될 수 있지 않으면 안 된다. 이에 비해 하이데거에서 존재자의 근거로서의 존재 자체는 인간에 의해 장악될 수 없고 개념파악될 수 없는 것이며, 오히려 우리의 무조건적인 청종을 요구하는 것이다. 근거로서의 존재는 우리가 존재자의 설명을 위하여 이용하는 수단이 아니다(GA51, 20쪽). 우리 인간에게 장악가능하게(verfügbar) 눈앞에 현전하는 존재자로부터 볼 때, 존재는 어떠한 존재자도 아니기 때문에 무로서 나타난다. 따라서 무로서의 존재는 존재자로부터 출발하면서 우리가 추적해 들어갈 수 있는 대상이 아니다. 그러므로 존재는 존재자로부터의 개념파악으로부터 단적으로 빠져 달아난다. 존재는 이런 의미에서 '심연적 근거'(Ab-grund)이다(GA51, 62쪽 이하).

무로서의 존재는 그 동안 친숙한 우리의 일상적인 세계의 자명성을 파괴한다. 이러한 파괴를 통하여 존재자가 완전히 소멸하는 것이 아니라, 오히려 그것은 우리에게 자신의 신비와 깊이를 드러내면서 전혀 낯설게 드러난다(GA9, 114쪽 이하). "무화는 현존재에게서 자명하고 낯익고 처리가능한 것으로서의 존재자를 앗아가고 그에게 존재자를 '경탄'(Staunen)을 불러 일으키는 낯선 존재에 있어서 되돌려 준다".[97]

---

97) O. Pöggeler, *Heideggers Denkweg*, S.94.

후기 하이데거의 존재사에 입각하여 볼 때, 전기의 하이데거가 『형이상학이란 무엇인가?』에서 말하고 있는 일상적인 존재자란 사실은 형이상학적인 근거지움의 의지에 의해서 파악된 존재자를 말한다. 그것들은 우리의 표상의지의 대상으로서 눈앞에 현전하는 것이다. 이에 무의 무화의 경험을 통하여 일상적인 존재자로부터 자유로워진다는 것은 궁극적으로는 형이상학적인 근거지움의 의지로부터 자유롭게 되는 것을 의미한다. 즉 그것은 존재자 전체의 근거에 대한 개념적 확보를 통해서 존재자 전체를 지배하려는 의지로부터 자유롭게 되는 것을 의미한다.[98] 그것이 우리 인간에게 촉구하는 태도는 존재자 전체에 대한 지배의지인 권력에의 의지가 아니라, 무의 무화의 사건에서 도피하지 않고 오히려 그러한 사건이 적극적으로 생기(生起)하게 하는(geschehen lassen) 것이며 이를 통해서 존재자가 자체로서 자신을 개시하는 것을 가능

98) 이와 관련 후기 셸링의 다음 구절은 언급할 가치가 있다고 생각한다. “참으로 철학하려는 자는 모든 희망과 모든 욕망과 모든 동경으로부터 벗어나지 않으면 안 된다. 그는 아무것도 원해서는 안 되고 아무 것도 알아서는 안 되고 자신을 전적으로 아무 것도 갖지 않은 가난한 자로서 느끼지 않으면 안 된다. 그는 모든 것을 얻기 위해서 모든 것을 버리지 않으면 안 된다.” “여기서는 모든 것을 버리는 것이 필요하다. 사람들이 흔히 말하듯 아내와 자식뿐만 아니라 절대적으로 존재하는 자 즉 신조차도 버리지 않으면 안 되는 것이다. 왜냐하면 신조차 이러한 입장에서는 하나의 존재자이기 때문이다. 따라서 참으로 자유로운 철학의 시원점에 서려는 자는 신조차 버려야 하는 것이다. 얻으려는 자는 잃고 포기하는 자는 발견할 것이다.” Schelling, *Über die Natur der Philosophie als Wissenschaft,* S W IX, 217쪽(Walter Schulz의 탁월한 책, *Der Gott der neuzeitlichen Metaphysik*, Pfullingen, 1974, 55쪽 이하에서 재인용).

케 하는 것이다. 이렇게 무의 무화가 생기하도록 하는 것을 후기의 하이데거는 존재의 소리에 '청종'한다고 표현하고 있다.

아울러 무의 무화 안에서 자신을 새롭게 드러내는 존재자에 대한 경험은 어떠한 형이상학적·과학적 근거로부터도 '설명될' 수 없다. 그것은 주체측으로부터의 개념파악에서 전적으로 벗어나 있는 것으로부터 단적으로 증여되는 것이다. 이 경우 존재자는 그 자체가 더이상 근거지워질 수 없는 '심-연'(Ab-grund)이다. 우리가 보았듯이 무 내지 존재 자체는 존재자와 분리되어서 존재하는 것이 아니다. 이에 인간주체의 파악시도에서 벗어나 자신을 은닉하는 존재의 성격은 사물의 본질에게도 속한다(GA54, 222쪽 이하). 이와 아울러 존재자는 우리의 지배대상이 아니라, 하나의 '선물'(Gabe)로서 감사하는 마음으로 수용되어야만 할 것으로서 드러난다. 하이데거는 이렇게 새롭게 드러난 존재자를 '사물'(Ding)이라고 부르고 있는 것이다.

사물은 '그 자체내에 존립한다'. 존재자가 자체내에 존립한다는 것은 존재자가 실로 자신을 드러내나 동시에 비밀스런 방식으로 자신을 은닉한다는 사실을 의미한다. 수수께끼 같은 은닉이 사물의 본질에는 속하는 것이다. 예컨대 하나의 돌을 우리가 들 때 우리가 묵직하게 느끼는 돌의 무게에는 "인간 편으로부터의 모든 침입을 거부한다"는 성격이 속해 있는 것이다(GA5, 33쪽). 이러한 은닉을 통하여 존재자는 그 자체내에 존립하며(in sich stehen), 우리의 이론적·실천적 공격으로부터 벗어나는 자립성과 내적인 존속(die innere Beständigkeit)을 갖는 것이다.

이 경우 존재자는 실로 우리가 일상적으로 지각하는 존재자이다. 그것은 그 어떤 형이상학적·과학적 근거에 의해서 구성된 것이 아니라 우리가 지각하는 그대로의 존재자이다. 나무의 파란 잎은 단순히 파란 잎으로서 자신을 순수하게 드러낸다. 그러나 이렇게 존재자를 있는 그대로 보는 지각이란 사실은 우리의 일상적인 지각이 아니다. 우리의 일상적인 지각이란 알게 모르게 형이상학적·과학적 구성에 의해서 침윤되어 있으며, 그러한 구성을 유발하는 권력에의 의지에 의해서 지배되고 있다. 이에 대해서 그러한 지각이란 그러한 것에 침윤되어 있지 않는 순수한 지각이다. 이에 형이상학적·과학적 근거들에로 우리가 거슬러 올라가 존재자를 정초하는 것을 포기할 때, 우리는 가장 가까운 곳, 즉 "우리가 우리에게 아무것도 꾸미지 않을 때 우리가 그곳에서 살고 죽는" 지반에 이르는 것이다(GA8, 16쪽 이하). 이러한 단순소박한 세계는 현실과 배후세계에로의, 존재와 존재자에로의, 현상과 '물자체'에로의 어떠한 분리도 갖지 않는 세계이다. 이에 "사유는 형이상학을 초월하고 지양하면서 보다 높이 올라가는 것을 통해서가 아니라, 가장 가까운 것의 가까이로 되돌아가는 것을 통하여 형이상학을 극복한다"(GA9, 352쪽).

2. 후기 하이데거의 예술론

1) 하이데거 사상에서 예술이 갖는 의미

하이데거의 존재사적 사유를 고찰하면서, 우리는 존재자 전체의 공통된 본질과 궁극적 근거를 이론적으로 따져 드는 전통적 형이상학의 사유방식이 현대의 과학기술로 이어지면서 결국은 존재자 전체의 황폐화와 인간의 고향상실을 유발시켰다는 사실을 살펴보았다. 이와 아울러 하이데거에서는 예술이 중요한 의미를 갖게 된다. 전통적 형이상학과 현대의 과학기술문명에서는 존재자 전체의 진리를 드러내는 것은 인간의 이론적 이성으로 간주되고 있는 반면에, 이제 하이데거에서는 예술이 존재자들의 진리를 드러내는 중요한 매체가 되는 것이다.

전통 형이상학과 과학은 존재자들의 근거를 이론적으로 캐들어 가는 한편, 그러한 근거로부터 존재자를 설명하고자 한다. 즉 그것들은 지각불가능한 근거로부터 지각가능한 세계를 설명하고자 하는 이론적 구성주의의 입장에 서 있다. 현대의 과학은 이러한 이론적 구성주의를 극단적으로 밀고 나간 것이라고 볼 수 있다. 즉 전통 형이상학에서 모든 존재자들은 창조주로서의 신이나 절대정신 등의 지각불가능하지만 이론적으로 파악가능한 '배후세계'(Hinterwelt)로부터 이해되었다면, 현대의 과학에서도 모든 존재자들은 자연법칙이라는 합리적인 배후세계로부터 파악된다.

이러한 의미에서 전통적인 형이상학이나 현대의 과학은 우리의 일상적인 지각에 대한 불신에 입각해 있다. 그런데 그렇게 근거를 파들어가는 이론적인 이성은 우리에게 세계와 존재자의 진리를 드러내는 것이 아니라 오히려 은폐하는 것은 아닐까? 인간은 분명히 현대과학이 파악하는 것처럼 '계산가능한 에너지'의 집합만은 아니며, 동물도, 심지어 돌도 단순히 에너지의 집합으로 환원될 수 있는 것은 아닐 것이다. 존재자들을 계산가능한 에너지의 집합으로 보는 파악방식은 모든 존재자들이 갖는 깊이와 다차원성을 추상해 버린 것이다. 내가 이 손에 끼고 있는 반지, 나의 아버지가 유물로서 물려준 반지는 단순히 '계산가능한 에너지의 집합'은 아닌 것이다.

세계와 존재자는 인간의 지적인 노력을 통해서 드러나는 것이 아니라, 경우에 따라서 '그 자체로서' 자신을 드러낼 때가 있지 않는가? 세계와 존재자가 '그 자체로서' 자신을 드러낸다면, 그것이야말로 바로 세계와 존재자의 진리가 드러나는 본래적인 방식이 아닐까? 세계와 존재자가 그 자체로서 자신을 드러낸다는 것은 우리의 '지각'에 자신을 드러내는 것이기에, 이 경우 우리는 이론적 이성을 통하여 구태여 그 배후세계로 거슬러 올라가서 세계를 파악하려 할 필요는 없다. 물론 그러한 지각은 전통 형이상학과 현대의 과학을 지배하고 있는 권력에의 의지에서 철저하게 순화된 지각이다. 하이데거는 세계와 존재자가 이렇게 우리에게 자신을 드러내는 경험의 차원이 있다고 생각했다. 그리고 그러한 경험의 차원이 바로 '예술'(Kunst)이라고 보았던 것이다.

현상학은 애초에 모든 존재자를 그것 아닌 다른 것으로 환원하여 고찰하려는 모든 종류의 환원주의를 배격하고 그 존재자를 '그 자체로서' 이해하려 한 시도였다. 후설에서 그것은 논리적인 것을 심리적인 것으로 환원하여 설명하려는 심리주의를 배격하고 논리적인 것 자체가 갖는 고유한 존재방식을 드러내려는 시도로서 시작한 것이다. 그런데 세계와 존재자가 자신의 진리를 자체로서 드러내는 장이 예술일 경우, 진정한 현상학은 예술이 될 수밖에 없다. 현상학에서 시작한 하이데거의 철학이 후기로 갈수록 예술에 대해서 지대한 관심을 갖게 되는 것은 바로 그 때문이다. 그것은 하이데거의 사유가 신비주의로 빠지게 되었기 때문이 아니라, 현상학의 원리를 철저하게 추구하다가 도달하게 된 결론인 것이다.

그러나 예술작품이 존재자 전체의 진리가 개현되는 장이라고 해서 하이데거가 모든 예술작품을 그렇게 본다는 것은 아니다.

하이데거는 특히 근대의 예술에 대해서 회의적이다. 근대의 예술은 대부분의 경우 근대의 미학적 태도에 의해서 침윤되어 있으며, 역으로 근대의 미학은 근대의 과학지상주의에 의해서 침윤되어 있다. 근대의 과학지상주의는 과학만이 자연을 있는 그대로 드러내며, 자연을 드러내는 모든 다른 방식은 허구적인 것에 지나지 않는다고 생각한다. 현대인은 과학만이 자연을 있는 그대로 객관적으로 드러낸다고 믿고 있는 반면에, 시와 회화 그리고 음악과 같은 예술은 자연에 대한 인간의 주관적인 감정을 표현한 것이라고 생각한다. 예술은 '존재자의 진리'와 아무런 관계도 없다고 생각하는 것이다. 그리고 근대의 예술은 이러한 근대미학의 입장에 의해서 침윤되어 있고 예술을 인간의 주관적인 체험의 자유로운 표현으로 보는 것이다. 근대에서는 과학만이 존재자의 진리를 파악하는 유일한 방식으로 간주됨으로써, 예술은 개인의 사적인 체험의 표현으로 간주되고 만다. 예술은 소위 천재들의 체험의 표현이라는 것이다. 이에 하나의 예술작품을 이해한다는 것도 원작자의 내적 체험의 영역을 추체험(追體驗)한다는 것으로 간주된다. 또한 예술작품은 모름지기 그것을 감상하는 자 안에서 체험을 야기시키는 것이지 않으면 안 된다(Kunstwerk als Erlebniserreger). 이러한 예술관은 딜타이에게서 대표적으로 나타나고 있다.

이러한 근대의 미학에 대해서 하이데거는 존재자의 진리는 과학을 통해서가 아니라 오히려 예술을 통해서 '진정하게' 개시된다고 본다. 이 경우 예술을 통해서 열리는 존재자 자체의 진리는 인간의 이론적 공격 앞에서 무방비 상태로 노출되는 것이 아니라, 인간이 도저히 이론적으로 해명할 수 없는 깊이와 비밀을 간직하면서 자신을 드러내는 것이다. 인간은 예술에서 존재자의 비밀을 캐기 위해서 존재자를 자신의 앞에 세우고(vor-stellen) 심문하는 것이 아니라, 오히려 인간이 존재자의 헤아릴 수 없는 진리 자체가 갖는 아름다움에 의해서 존재자 앞에 매료당한 채 세워지는(vor-gestellt) 것이다.

과학기술과 예술이 존재자의 진리를 드러내는 두 가지 상이한 방식들로서 이렇게 대극적인 입장에 있는 만큼, 현대의 기술문명이 부딪히고 있는 위기의 극복을 하이데거는 예술에서 찾았다. 현대의 위기는 예술에서 열리는 존재자 전체의 진리에 대한 외경을 망각한 채, 존재자 전체를 과학기술적으로 지배할 수 있는 대상으로 간주하면서 그것을 무분별하게 황폐화하는 데서 비롯되는 것이다. 따라서 하이데거에게 예술은 그가 다루는 여러 가지 주제들 중의 하나에 불과한 것이 아니라 그의 사상에서 결정적인 의미를 갖는다.

과학만을 존재자의 진리를 드러내는 절대적인 길로 보고 예술은 인간 개개인의 주관적인 감정을 드러내는 것으로 보는 근대 미학의 입장은 존재자를 '대상'으로서 이해하는 존재이해에서 비롯된다고 하이데거는 본다. 이에 대해서 하이데거에게 존재자는 더이상 우리가 눈앞에 놓고서 이론적으로 파악해 들어가는 대상이 아니라, 그 자체로서 현존하고 우리에게 말을 거는 것으로서 파악한다. 존재자는 사방으로서의 세계를 모아들이는 것으로서 우리에게 와 닿는 것이다. 이 경우 예술이란 존재자로 하여금 그렇게 세계를 모아들이는 것으로서 우리에게 현존하게 하고 그를 통해서 세계가 존재자 안에 도래하게 하는 것이다. 그것은 이러한 의미에서 세계와 존재자를 매개하는 것이며, 이를 통해서 세계와 존재자를 그 자체로서 현존하게 하는 '발현'(Ereignis)이 일어나는 장이다.

2) 하이데거의 예술사상

하이데거의 이러한 예술이해를 우리는 하이데거가 「언어」(Die Sprache)라는 글에서 행하고 있는 게오르크 트라클의 「어느 겨울 저녁」이라는 시 한 편에 대한 분석을 실마리로 하여 고찰해 보자. 이러한 고찰은 동시에 하이데거의 언어관에 대한 고찰이 될 것이다. 하이데거는 예술을 존재의 언어에 대한 하나의 응답으로서 이해하고 있고 그러한 응답이야말로 인간언어의 본질로서 파악하고 있기 때문이다.

창가에 눈이 내리고
만종이 은은히 울려 퍼지면
많은 사람들을 위해 식탁이 차려진다.
살림은 모자랄 것이 없다.

떠도는 나그네들은
어두운 좁은 길을 따라서 문으로 다가온다.
대지의 서늘한 수액(樹液)을 마시며
은총의 나무는 찬연(燦然)하게 피어 있다.
(Golden blüht der Baum der Gnaden
Aus der Erde kühlem Saft.)

길손은 말 없이(still) 들어선다.
문턱은 이미 고뇌의 화석이 된 지 오래다.
(Schmerz versteinerte die Schwelle.)

식탁 위에는 빵과 포도주가
지순의 광명 속에서(in reiner Helle)
빛을 발하고 있다
(GA12, 14-15쪽).

이 시의 첫번째 절과 두번째 절에서는 우선 집 안과 집 밖이 서로 대조되고 있다. 살림은 풍족하고 집 안의 많은 사람들을 위해 식탁이 마련되어 있다. 이에 대해 어두운 길에서 방랑하는 많은 사람들이 있다. 그러나 그러한 길도 가끔은 안옥한 집의 문에로 이끈다. 이 안옥한 집은 은총의 나무를 통해서 상징적으로 표현되고 있다. 세 번째 절은 방랑자가 어두운 집 밖으로부터 환한 집 안으로 들어서는 것을 묘사하고 있다. 집은 신을 모시는 사원(Gotteshaus)이 되었고 일상적인 식사는 성찬(聖餐)이 되었다(GA12, 16쪽).

우선 첫 번째 절의 두 행을 보면 이 시는 종, 창, 하늘에서 떨어지는 눈, 종소리를 불러 내고 있다(nennen). 이렇게 불러 냄으로써 불려진 것을 우리들 가까이에 오게 한다(GA12, 18쪽). 우리는 평소에 그것들과 그것들에서 빛나는 아름다움에 별 관심이 없었지만, 시인의 말(Sprache)에 의해서 그것들의 '존재'를 깨닫게 되며 그것들의 아름다움에 의해서 엄습되는 것이다. 이런 의미에서 시인의 말이란 존재자들을 '더욱 더 존재하게'(seiender) 하는 것이다. 언어는 최초로 존재자들을 명명함으로써 비로소 존재자들을 현존하게 한다.

그러나 시인은 존재자들을 우리의 가까이로 불러 내지만 불려진 사물들로부터 결코 거리(die Ferne)를 박탈하지 않는다. 즉 이렇게 불려진 것들은 현존하면서도(anwesen) 자신을 은닉한다(abwesen). 우리가 비로소 그 존재를 깨닫게 되는 존재자들은 그 아름다움으로 우리를 엄습하고 우리에게 말을 건다. 그것들은 우리에게 현존한다. 그것들은 우리에게 이렇게 가까이 오지만, 우리가 임의로 처분할 수 있는 기술적인 사물로서가 아니라 우리가 해명할 수 없는 자체의 무게와 깊이를 갖는 것으로서 우리에게 현존한다. 그런 의미에서 그것은 부재하는(abwesen) 것으로서 현성한다. 그럼에도 이렇게 시를 통해 불려짐으로써, 현존하는 것들은 한갓 우리 눈앞에 존재하면서 우리에 의해서 확인되는 것들보다 더 진정하게 현존한다. 첫번째 연의 세번째와 네번째 행은 잘 차려진 식탁과 풍족한 집을 '은닉하면서 현존(das dem Abwesen zu-gehaltene Anwesen)하는 것'으로서 불러 내고 있다(GA12, 18-19쪽).

시는 이러한 사물들을(Dinge) 불러 냄으로써 은닉 안에 간직된 현존(ins Abwesen geborgenes Anwesen)에로 도래하게 한다. 부른다 함은 초대한다는 것이고 이는 사물들이 인간에 와 닿도록(angehen) 초대한다는 것이다. 떨어지는 눈은 인간을 어두워져 가는 저녁하늘 아래로 데려 오고, 만종은 죽을 자(Das Sterbliche)로서의 인간을 신 앞으로 데려 온다. 따라서 사물들은(눈, 종소리) 불려짐으로써 하늘과 대지와 죽을 자와 신을 자신에게 모아들인다(versammeln). 이 사방은 서로 근원적으로 통일되어 있다. 사물이 사물로서 현존한다는 것(Das Dingen des Dinges)은 이 사방을 자신에게 모아들이면서 머물게 한다(das versammelnde Verweilenlassen)는 것을 의미한다. 이렇게 사물 안에 모아들여진 사방의 통일체(Einfalt)가 세계이다. 사물은 사물로서 존재하면서 자신이 그 안에서 머무는(weilen) 세계를 펼친다(ent-falten). 사물은 사물로서 존재함으로써 세계를 분만한다(austragen, gebären). 이 경우의 세계는 더이상 형이상학적인 의미를 갖지 않는다. 그것은 현존하는 것들의 전체(코스모스)가 아니며, 신에 의해서 창조된 피조물의 전체도 아니고, 기독교적 사유로부터 벗어나 근대적으로 표상된 자연과 역사의 전체도 아니다.

첫 행은 사물들이 사물들로서 현존하도록 불러 내면서 사물들이 나타나는 장인 세계에 내맡긴다. 이에 첫 행은 단순히 사물들을 불러 낼 뿐 아니라 동시에 세계도 불러 내고 있다. 그것은 또한 죽을 자로서 세계로서의 사방(Geviert)에 속하는 '많은 자들'을 부르고 있다. 이는 아울러 사물들이 세계와 더불어 죽을 자를 방문한다는 것을 의미한다(GA12, 19쪽).

두번째 행은 어두운 좁은 길에서 방랑하는 많은 자들을 부르는 것과 함께 시작되고 있다. 이들은 죽음에로의 여행을 수행할 수 있는 자들이다. 죽음 안에는 존재의 최고의 은닉이 집중되어 있다. 이렇게 방랑중에 있는 자들이 어두운 좁은 길을 통해서 방랑한 후 집과 식탁에 다다르는 것은 자신을 위해서가 아니라 집안에 머물러 있던 많은 사람들을 위해서이다. 왜냐하면 집 안에 머물러 있던 자들은 이미 자신들이 (진정하게) 거주하고 있다(Wohnen)고 착각하고 있기 때문이다(GA12, 20쪽).

금빛으로 피어나는 은총의 나무 안에는 하늘의 축복과 대지의 수액과 신적인 것과 죽을 자가 모아들여져 있다. 시는 사물들을 부름으로써 세계를 사물들에게 맡기는 것과 동시에 사물들을 세계의 광휘(光輝, Glanz) 안에 간직한다(bergen). 세계는 사물들에게 그들의 본질(Wesen)을 선사한다(gönnen). 세계는 사물들을 자신의 광휘(Unverborgenheit) 안에서 드러내고 사물들은 이러한 광휘 안에 간직되는 것으로서 현존하는 것이다(GA12, 21쪽).

첫번째 행과 두번째 행은 사물들을 세계에로 오도록 부르고 세계를 사물들에로 오게 부른다. 이러한 부름의 방식들은 양자가 나뉘어 있으나(geschieden) 분리된(getrennt) 것은 아니다. 세계와 사물은 따로 존재하는 것이 아니라 서로 관통하고 있기 때문이다. 세계와 사물의 내밀한 통일성(Innigkeit)은 서로가 하나로 용해되어 차이가 없어져 버리는 것을 의미하지 않는다. 이러한 내밀한 통일성 안에서 세계와 사물은 서로 구별되어 있다. 이렇게 서로 전혀 다르면서도 서로 내밀하게 연관되어 있는 세계와 사물 사이의 관계[통일성하에서의(Unter) 갈라짐(Schied)]를 하이데거는 (존재론적인) '차이'(Unterschied)라고 부르고 있다. 양자 사이의 이러한 내밀한 관계로부터 세계는 세계로서 분만되고 사물은 사물로서 분만된다. 그러한 내밀한 관계로서의 차이는 세계와 사물이 각자 먼저 존재한 후에 하나의 중심을 덧붙임으로써 양자를 매개하는 것이 아니다. 그것은 그것 자체가 이미 중심으로서 사물로 하여금 세계를 분만하도록 하고 세계로 하여금 사물들에게 각각의 본질을 선사하게 함으로써 각자를 고유한 본질에로 데려 간다(Der Unter-Schied für Welt und Ding ereignet Dinge in das Gebärden von Welt, ereignet Welt in das Gönnen von Dingen). 세계와 사물을 부르는 시에서 본래 불리고 있는 것은 결국은 이러한 '차이'이다(GA12, 22-23쪽).

세계와 사물의 내적인 통일을 죽을 자로서의 인간에게 다가오도록 불러 내는 것이 언어의 본질(das Wesen der Sprache)이다. 시에서는 이러한 언어가 현존한다. 시의 언어는 사물을 세계의 고요 안에 현존케 한다. 그러나 이렇게 사물을 세계의 정적 안에 현존케 한다고 하여 사물에게서 그 고유성과 독자성을 빼앗는 것은 아니다. 그것은 오히려 사물로 하여금 세계를 모아들이게 함으로써 자신의 고유한 본질에로 현존케 한다.

시의 언어에서 궁극적으로 불러 내어지는 세계와 사물 사이의 존재론적 차이는 이중적으로 정적 속에 존재케 한다(stillen). 그것은 사물들을 세계의 호의(好意) 안에 존재하게 함으로써 정적케 하는 한편, 그것은 세계를 사물 안에 모아들여지게 함으로써 정적케 한다. 상호-차이[서로-다름]의 이러한 이중적인 정적케 함 안에서 정적이 생기(生起)한다(In dem zwiefachen Stillen des Unter-Schiedes ereignet sich: die Stille). 이러한 정적이란 그러나 단순히 소리나 움직임이 없다는 것을 의미하지는 않는다. 이러한 정적은 모든 운동과 정지가 거기에 근거하는 것으로서 모든 운동보다 더 동적인 것이다(GA12, 26쪽).

세계와 사물의 내밀한 중심으로서의 차이는 '정적의 울림'(das Geläut der Stille)이다. (존재의) 언어는 정적의 울림으로서 말한다(Das Sprache spricht als das Geläut der Stille). 인간은 죽을 자로서 이러한 정적의 울림을 들을 수 있는 한에서만 말을 할 수 있다(sprechen). 이러한 죽을 자의 말함이 순수하게 말해진 것이 시이며, 시란 세계와 사물을 차이로부터 인간에게 다가오도록 부르는 것이다(GA12, 27쪽).

하이데거는 여기서 존재와 존재자의 관계를 세계와 사물 사이의 관계로 사유하고 있다. 세계는 여기서 사방으로 사유되어 있고 사물은 사자를 모아들이는 것으로서 사유되고 있다. 사물은 사방이라는 열린 장에 존재하면서 사자를 모아들이는 식으로 존재하는 것이다. 여기서는 또한 세계와 사물 사이의 관계뿐 아니라 세계와 사물 그리고 인간 사이의 관계도 문제가 되고 있다. 이러한 인간과 존재 사이의 관계는 존재가 말하고 이에 대해서 인간이 응답하는 관계로서 분석되고 있다. 여기서 언어는 인간 간의 의사소통을 위한 도구로서 사유되지 않고 존재가 인간에게 말을 건다는 측면에서 사유되고 있다. 이러한 사태를 하이데거는 "언어가 말한다"(Die Sprache spricht)라는 말을 통하여 표현하고 있다(GA12, 17쪽). 인간이 말을 하는 것이라기보다는, 오히려 인간이 언어에 응답해 나가는 한에서만 인간은 말할 수 있다.

3) '정적의 울림'으로서의 존재의 언어

하이데거는 '정적의 울림'이라는 말로 무엇을 의미하는가? 하이데거가 말하는 존재의 언어에 대해서 우리가 보다 깊이 이해하고자 할 경우, 우리는 그러한 언어의 핵심에 해당한다고 할 수 있는 '정적의 울림'을 먼저 이해하지 않으면 안 된다. 하이데거는 일단은 '정적의 울림'이란 말로 시인은 합당한 시어를 억지로 지어 내는 것이 아니라 침묵 속에서 듣고 그 정적으로부터 증여되는 것을 말한다는 사태를 가리킨다고 볼 수 있다.

하이데거는 이미 그의 『형이상학이란 무엇인가?』에서 정적에 대해서 말하고 있다. 하이데거는 거기서 "불안 속에서 모든 사물들과 우리 자신은 아무래도 좋은 것이 되고 만다"고 말하고 있다(GA9, 111쪽). 이는 달리 말해서 "존재자들은 더이상 우리에게 말을 걸지 못한다"(ansprechen)는 것을 의미한다(GA9, 111쪽, 각주 a). 하이데거는 또한 이러한 사태를 "불안이 우리에게서 말을 박탈해 간다"고 말하고 있다.[99] 불안에서는 모든 '존재-진술'(Ist-

Sagen)이 침묵 속으로 빠져 버리며 단적으로 무가 말한다.

이 경우 침묵 속으로 빠져 버리는 존재-진술은 모든 종류의 형이상학적·과학적 진술이며 그러한 진술들에 의해서 지배되고 있는 우리의 일상적인 진술이다. 무의 경험은 우리들에게서 모든 종류의 형이상학적인 말들을 박탈해 가는 불안 안에서 일어나며, 이에 무는 존재에 대한 또 하나의 형이상학적인 말이 아니다. 존재에 대한 모든 형이상학적인 말이 존재를 하나의 대상처럼 명확히 언표할 수 있다는 신념에 입각하고 있는 반면에, 무라는 말은 차라리 '존재에 대한 말의 결여를 느끼는 사상가의 경험'에 상응하는 말이다.[100]

전통 형이상학의 시대적 종말에서 언어는 철저하게 새롭게 이해되는데, 하이데거는 그것을 궁극적으로는 무와 정적의 소리로서 이해하고 있는 것이다. 이것은 존재를 위한 형이상학적인 말들이 침묵 속에 빠져드는 중에 본래의 언어가 말하기 시작한다는 것을 의미한다. 이 경우 존재의 언어를 듣는다는 것은 존재의 언어가 정적의 소리로서 울리는 것을 듣는 것을 의미한다. 은닉되어 있는 것을 드러내는 것이 현상학이라면 침묵의 소리를 듣는 것이야말로 현상학을 의미한다.[101] 인간의 언어란 이제 인간의 이성을 통해서 드러나는 현전으로서의 존재에 응하는 것이 아니라 정적의 소리로서의 존재에 응하는 것이다.

---

99) 불안과 무, 정적의 소리와 언어 사이의 관계에 대해서 필자는 로버트 베르나스코니의 『하이데거의 존재의 역사와 언어의 변형』(자작아카데미, 1995), 149-160쪽에서 많은 시사를 얻었다.

100) 베르나스코니, 위의 책, 156쪽 참조.

101) 베르나스코니, 위의 책, 171쪽 참조.

슈테판 게오르게의 시 「말」(Das Wort)에 대한 하이데거의 분석 역시 하이데거가 정적의 울림으로 무엇을 의미하는지에 대해서 많은 시사를 하고 있다.

> 아득하게 먼 곳으로부터 경이 혹은 꿈을
> 나는 내 영토의 가장자리에까지 가지고 왔다.
>
> 그리고 나는 기다렸다. 백발의 운명의 여신이
> 그녀의 샘에서(그 경이 혹은 꿈을 위한) 이름을 발견할 때까지—
>
> 그 뒤 나는 그 경이 혹은 꿈을 확실하게 붙잡을 수 있었다.
> 이제 그것은 이 땅 모든 곳에서 꽃 피우고 빛을 발한다.
>
> 언젠가 나는 훌륭한 여행 끝에
> 귀중하지만 부서지기 쉬운 보석을 갖고 그곳에 도착했다.
>
> 운명의 여신은 한참을 뒤적거리다가 날 일깨워 주었다:
> "여기 깊은 바닥 위에는 아무것도 잠들어 있지 않아"
>
> 그후 그 보석은 내 손에서 빠져 나갔고
> 나의 영토에는 그 보물이 돌아오지 않았다….
>
> 그래서 슬프게도 나는 체념을 배웠다:
> 말이 결여된 곳에는 어떤 사물도 없을 것이라는 체념을
> (GA12, 208쪽).

이 시를 하이데거는 시인이 언어의 본질을 깨닫는 과정으로서

해석하고 있다. 시인은 원래 언어를 자신이 원래 가지고 있던 훌륭한 표상을 표현하는 도구로서 생각하고 있다. 시(Dichtung)란 이러한 해석에 따르면 자신이 이미 표상하고 있는 것을 확실하게 붙잡는 것(greifen dicht und stark)이다.[102] 이렇게 확실하게 붙잡혀지는 것을 통해서 시적인 사물들은 아름답게 빛나게 된다. 이러한 해석에 의하면 시적인 사물들은 언어와는 별개의 것이며, 시적인 사물들은 언어 없이도 존재하는 것처럼 생각된다.

그러나 시인은 진정으로 소중한 것에 적당한 이름을 발견할 수 없었을 때, 그 사물도 잃어버리게 되며 이를 통해서 언어와 사물의 관계에 대해서 새로운 사실을 깨닫게 된다. 시인은 말이 없이는 사물도 존속할 수 없다는 것을 배우는 것이다. 시인은 체념을 배운다. 이러한 체념은 무엇보다도 사물에 대해서 언제든지 적합한 말들을 발견할 수 있으며 말들은 자신의 통제하에 있다는 확신에 대한 체념이다.[103]

이와 관련 하이데거는 시인이 결국 그에 대해서 적합한 말을 발견할 수 없었던 보물을 '말' 자체라고 보고 있다. 시인은 (존재의) 말을 위한 말의 결여를 깊이 느낀다. 게오르게의 시에 대한 해석에서 하이데거는 자신이 『형이상학이란 무엇인가?』에서 말하고 있는 무의 경험, 즉 '존재를 위한 말의 결여를 느끼는 경험'을 새로운 방식으로 표현하고 있다. 그러나 존재에 대한 말의 결여를 자각한다는 것은 시인이 이제 더이상 어떠한 말도 할 수 없다는 것을 의미하지는 않는다. 시인은 체념의 방식으로 말할 수 있는 것이다.

---

102) 베르나스코니, 위의 책, 140쪽 참조.
103) 베르나스코니, 위의 책, 150쪽 참조.

이 때 체념되는 것은 시인이 언어에 대해서 가지고 있던 관계이다. 이 관계에서는 사물은 말에 우선하는 것이었으며, 시인은 사물에 대한 내적인 경험에 단지 말을 부여하는 것이었다. 이 경우에 말은 사물에 대한 시인의 표상을 표현하는 도구에 지나지 않는다. 이제 시인은 말을 자신의 통제하에 있는 도구로서 생각하던 입장에서 언어에 청종하는 입장으로 나아간다. 체념되는 것은 언어에 대한 주체로서의 입장, 즉 주체로서의 인간이며, 이제 그 인간은 존재의 언어를 청종하는 현존재로 변화되는 것이다. “시인은 언어의 요구, 즉 말건넴에 자신을 내맡긴다”(GA12, 220쪽). 시인은 ‘운명의 여신의 침묵’을 이해하게 된다. 이 침묵을 하이데거는 트라클의 시에 대한 해석에서 ‘정적의 울림’이라고 말하고 있는 것이다.

본래적인 언어란 존재의 언어가 말해지는 침묵 안으로 진입하여 그러한 침묵으로부터 말한다는 것을 의미한다. 이러한 말을 하이데거는 ‘언명하는 비언명’(sagendes Nichtsagen)이라고 말하고 있다(ID 66쪽). “최고의 사상적인 언명은 언명함에 있어서 본래적으로 언명되어져야 할 것을 단순히 침묵하는(verschweigen) 데서 성립하는 것이 아니다. 오히려 그것은 비언명 속에서 명명하는 방식으로 말하는 것이다. 그것이 바로 철저하게 침묵하는 것(Erschweigen)으로서의 언명이다. 이러한 언명은 그 근원을 침묵 속에 갖는 언어의 심오한 본질에도 상응하는 것이다”(Ni-I, 471-472쪽).

하이데거는 이렇게 정적으로부터 발해지는 존재의 언어를 인간의 언어를 통해서 구체화하는 것이 예술이라고 생각하고 있다. 예술이란 사물들을 세계 안에 존재하게 함으로써 그 자체의 고유한 본질에 있어서 현존하게 하는 한편, 세계를 사물 안에 모아들이게 함으로써 세계를 그 자체로서 현존하게 한다. 그것은 단적으로 말해서 사물과 세계가 각각 자신의 고유한 본질에 있어서 현존케 하면서도 서로 내밀한 관계에 존재하게 되는 본연적 사건으로서의 발현(Ereignis)이 일어나는 장이다. 더 나아가 하이데거는 세계와 사물 그리고 인간 사이의 내밀한 관계 전체를 발현이라고 성격짓는다. 아울러 예술이 정적으로부터 발해지는 존재의 언어를 구체화하는 것인 한 예술작품은 항상 자신 속에 꿰뚫을 수 없는 깊이, 즉 하나의 신비를 간직하고 있다. 예술작품에서는 은닉과 탈은닉이 내밀하게 얽혀 있는 것이다.

3. 후기 하이데거의 언어론

1) 언어의 본질

전통적으로 인간은 이성을 갖는 동물로서 규정되어 왔다. 그 경우 이성을 의미하는 그리스어 로고스는 언어를 의미하기도 한다. 인간은 이성적 동물로서 '말할 수 있는' 동물이다. 이 때 이성이 존재자를 조건지우는 근거들을 객관적으로 파들어 가는 능력을 의미한다면, 언어란 그러한 파악을 인간들이 상호주관적으로 수행하는 것을 가능케 하는 매체로서 이해된다. 이성이 인간에게 속하는 주체적 능력으로서 이해되는 것처럼, 언어 역시 인간의 상호주관적 의사소통을 가능케 하는 주체적 능력으로서 이해되는 것이다. 존재자들의 객관적 근거를 따지는 이성의 작업이 근대의 과학에서 극단에 달했다면, 언어는 이제 존재자들을 구성하는 조건들에 대한 정보로서 이해된다. 정보언어야말로 진정한 언어로서 이해되며, 그 여타의 것들 예를 들어 예술 같은 것은 언어라기보다는 사적인 감정의 토로 정도로 이해되는 것이다. 그 타당성을 오직 객관적으로 확인해 볼 수 있는 언어만이 진정한 언어로서 간주된다.

그러나 이러한 견해는 언어의 본질에 대한 심각한 오해이다. 이러한 언어관은 세계와 사물을 불러낼(nennen) 수 있는 능력, 다시 말해서 하나의 세계를 세계로서 그리고 사물을 사물로서 현존하게 하는 환기력(Ruf)을 상실해 버린 언어를 언어 자체로 생각하고 있다. 이러한 언어관에서 언어는 대중교통수단처럼 아무런 부담 없이 우리 마음대로 사용할 수 있는 도구에 지나지 않는다. 이러한 도구적 언어관은 언어를 존재자들을 지배할 수 있는 정보로 보는 과학기술시대에서 극단에 이르고 있다.

이에 대해서 하이데거는 세계와 사물을 불러내는 환기력을 갖는 언어인 예술의 언어 특히 시의 언어야말로 인간의 본래적인 언어라고 생각한다. 인간의 언어는 원래 항상 시적인 언어이지 않으면 안 된다. 이에 대해서 시와 구별되는 일상어란 사물과 세계에 대한 부름 내지 환기력을 상실해 버렸기에 진부해져 버린 시이다. 순수하게 말해진 것, 즉 시에 반대되는 것은 산문이 아니다. 순수한 산문은 시와 대립된 의미에서 '산문'이 아닌 것이다. 그것은 시적인 것이며 시만큼이나 드문 것이다.

하이데거는 현대인들이 망각하고 있는 언어의 본래적인 본질을 상기시키고자 한다. 그 경우 인간의 말함은 정적의 울림인 (존재의) 언어에 대한 응답이다. 죽을 자가 (세계와 사물의) 차이로부터 불려지면서 말하는 방식이 '응답함'(Entsprechen)이다. 인간은 (존재의) 언어에 응답하는 한에서 말한다. 인간의 언어는 항상

'섬광처럼 밝히면서-내보이는 고요한 (존재의) 이야기의 소리 없는 울림'(das lautlose Geläut der Stille der ereignend-zeigenden Sage)에 응하는 것일 경우에만 진정한 말이 될 것이다.

존재의 로고스가 말하는 대로 말하는 것, 이것이 바로 인간언어의 본질이다. 존재의 말과 인간의 말이 조화로운 관계를 형성할 때, 일종의 화음현상, 동조(同調)현상이 나타난다. 이러한 동조현상을 하이데거는 근본기분이라고 부르고 있거니와 존재의 말과 인간이 서로 동조하는 가장 대표적인 기분이 바로 '경이'이다. 경이라는 기분은 존재자가 있는 그대로 있으며 다른 방식으로 있지 않다는 사실로부터 뒷걸음친다(Schritt zurück). 그것은 존재자를 자신의 수중에 장악하기 위해서 그것에 달려드는 것이 아니라 그것이 자신의 고유한 본질을 스스로 드러내도록 뒤로 물러선다. 경이는 이렇게 존재자 앞에서 물러나면서도 그것에 이끌리면서 동시에 그것에 의해서 사로잡힌다. 경이는 그 안에서 존재자의 존재가 열리는 존재의 소리와 인간의 응답 사이의 화음현상이라고 볼 수 있다.

아울러 우리가 하나의 시를 이해한다는 것은 단순히 그 시의 의미를 머리로 이해한다는 것이 아니라 그 언어의 의미를 실존적으로 수행하고 경험한다는 것을 의미한다. 우리가 릴케의 시나 트라클의 시를 이해한다고 할 때 우리는 그것을 단순히 문자를 따라가면서 이해하는 것이 아니라 우리의 실존이 그 시에 의해서 모종의 충격을 입고 변화를 겪는 것을 의미한다. 하이데거가 말하는 존재의 소리에 대한 청종은 바로 그러한 것을 의미한다. 그것은 단순히 귀를 기울이는 것이 아니라 자신의 모든 실존을 기울이고 그에서 발하는 존재의 힘이 갖는 변용력에 자신을 내맡기는 것을 의미한다. 우리가 어떤 것을 머리로만 이해하는 한 우리의 실존방식은 바뀌지 않으며 우리는 그 전의 우리의 실존방식에 그대로 머무르고 있을 뿐이다. 우리의 의식은 항상 어떤 실존방식을 자신의 토대로 갖고 있으며 단순히 의식의 집중을 통해서 우리의 실존방식은 변하지 않는다. 의식의 집중을 넘어서 실존의 집중을 우리가 생각할 수 있으며 이는 바로 시의 기저를 이루는 근본기분에 자신을 내맡기는 것을 의미한다.

하이데거는 근본기분을 존재의 소리가 인간에게 전해지는 통로로서 생각하며 이에 따라서 기분(Stimmung)이라는 말을 존재의 소리(die Stimme des Seins)로부터 해석하고 있다. 시란 항상 어떤 근본기분에 입각해 있으며 그러한 근본기분으로부터 발하는 것이다. 이에 시를 이해한다는 것은 그 시를 지배하는 근본기분에 진입한다는 것을 의미한다. 그러한 근본기분에 진입한다는 것은 그 시에서 발해지는 존재의 소리에 귀를 기울인다는 것을 의미한다. 훌륭한 시란 바로 어떤 근본기분으로 끌어들이는 강력한 힘을 가지며, 이를 통해서 독자에게 세계와 존재자를 전적으로 달리 보게 하는 힘을 갖는다.

하이데거에 따르면 인간은 세계-내-존재이다. 그런데 인간은 이 세계와 이론적인 이성을 통해서 비로소 관계하는 것이 아니라 근본기분을 통해서 이미 이 세계에 처해져 있다. 인간은 투명한 이성이 아니며 몸을 가졌으나 역시 몸과 이성이라는 이원적인 구조로 나뉘어질 수도 없는 구체적인 존재로서의 인간은 하이데거에 의하면 항상 어떤 기분에 의해서 지배되고 있는 존재이다. 인간은 어떤 기분을 다른 기분으로 전환하는 것을 통해서 그것에서 떠날 수 있을지는 모르되, 결코 기분 자체로부터 벗어날 수 없다. 기분이란 단순히 인간의 내면적인 상태가 아니라 인간이 세계에 처해 있는 상태이다. 기분마다 세계는 전적으로 달리 나타난다.

인간은 이성을 통해서 서로의 의사소통이 가능한 것이 아니라 동일한 기분을 통해서 비로소 의사소통이 가능해진다. 슬픔에 잠긴 사람과 대화가 가능하기 위해서는 적어도 그 슬픔에 동화되는 것이 필요하다. 흔히 기분이라는 것을 사적인 감정으로만 생각하여 기분이라는 것은 전혀 의사소통에 도움이 안 된다고 말하지만, 사실상 의사소통을 하는 사람들이 동일한 기분에 처해 있다는 것은 의사소통의 전제인 것이다.

인간의 모든 행위와 생각이 항상 어떤 기분에 입각해 있으며 결코 기분을 떠날 수 없다는 사실은 얼핏 보기에 모든 기분을 배제하는 것처럼 보이는 현대의 과학에서도 드러난다. 현대의 과학 역시 하나의 기분에 입각해 있다. 그것은 회의와 의심이라는 기분이다. 그것은 데카르트에서 드러나는 것처럼 세계를 낯설고 의심스럽게 느끼는 기분에 입각해 있는 것이다. 이에 과학을 하기 위해서 우리는 회의라는 기분에로 먼저 진입하지 않으면 안 된다. 과학은 존재자를 일단은 낯설고 무규정적인 것으로 보는데, 이는 과학이 드러낸 세계의 모습이 아니고 과학에게 회의라는 기분에서 세계가 그렇게 드러낸 것이다. 이런 의미에서 과학도 기분이 드러낸 세계의 모습에 근거한다.

하이데거가 세계와 존재자가 그 자체로서 드러내는 경험의 차원이 있다는 것은 달리 말하면 세계와 존재자가 그 자체로서 드러내는 기분이 존재한다는 것을 의미한다. 예를 들어서 그러한 기분으로서 하이데거는 경이나 경외 등의 기분을 들고 있다. 세계와 존재자를 그 자체로서 드러내는 시란 항상 이러한 경이나 경외의 기분에 입각해 있다.

하이데거가 존재를 언어로서 고찰함으로써 그는 존재를 실체나 객체처럼 인간과 분리된 존재자처럼 사유하는 사고방식을 근본적으로 극복하게 된다. 존재는 이제 인간과 분리된 실체로서 사유되는 것이 아니라 에르아이크니스(Ereignis)로서, 즉 발현으로서 사유된다. 존재는 인간에게 항상 이미 말을 걸면서 인간의 눈을 열어제껴(Er-äugen) 존재자 전체를 새롭게 드러나게 함으로써 인간과 모든 존재자들이 자신의 고유한 본질에로 진입하는 것을 가능케 하는 것이다. 이러한 모습이 곧 발현이다. 존재는 인간에게 말을 거는 것으로서만 존재한다. 그리고 인간은 존재의 이러한 말에 응답하는 것을 통해서만 인간으로서 존재한다. 존재와 인간이 먼저 있고 그 다음에 존재와 인간이 서로 외적으로 관계하는 것이 아니다. 존재와 인간은 존재의 말건넴과 그에 대한 인간의 응답의 관계 안에서 존재는 비로소 존재로서 그리고 인간은 비로소 인간으로서 존재하게 된다. 존재와 인간의 대화를 통해서 존재와 인간은 비로소 존재와 인간으로서 태어나게 되는 것이다. 하이데거는 존재를 말로서 파악함으로써 인간을 존재와의 철저한 관계성으로부터 파악한다. 아울러 인간의 말은 인간들의 상호교섭을 위해서 인간들이 고안해 낸 도구가 아니며 존재자들에게 뒤집어씌워지는 포장도 아니다. 오히려 말에서 존재자들은 비로소 자신의 존재를 드러내게 되는 것이다.

2) 인간의 언어에서 발성이 갖는 의미

그런데 하이데거는 이와 관련 우리가 하나의 육체적인 현상인 목소리에 의한 발성을 언어의 한갓 감성적인 차원으로서 과소평가해서는 안 된다고 주의하고 있다. 형이상학적인 언어파악에서는 언어에서 표현되는 정신적 의미만이 중시되고 소위 언어행위의 감성적인 차원, 즉 발음의 형태와 필체가 충분히 경험되고 있지 않다. 달리 말해서 형이상학은 발음을 단지 생리학적으로 표상된 육체에 귀속시키고 있다.

하이데거는 인간의 언어행위에 존재하는 멜로디와 리듬을 지적하면서 이를 통해서 노래와 말 사이의 친밀한 관계를 주목하게 한다. 언어가 멜로디와 리듬을 갖는다는 사실은 말해진 것이 하나의 의미를 갖는 사실과 동일한 정도로 언어에게 독특한 것이다. 하이데거는 이와 관련 지방에 따라서 상이한 말함의 방식들을 의미하는 방언이 독일어로 Mundart(입의 양식)라고 불려진다는 단순한 사태에 주목하게 한다(GA12, 194쪽).

Mundarten, 즉 방언들의 차이는—단순히 그리고 일차적으로—언어의 도구들을 서로 다른 방식으로 움직인다는 데에 근거하지 않는다. 방언에서는 각각 다르게 그 지방의 자연, 즉 대지가 말하고 있다는 것이다. 그러나 입은 단순히 유기체로서 표상된 육체에 속하는 일종의 기관이 아니다. 우리의 육체와 입은 그것이 뿌리박고 있는 대지의 흐름과 성장에 속하는 것이다. 기술시대에서 대지와 함께 우리는 물론 또한 토착적인 것도 상실해 가고 있으며, 이와 아울러 방언이 가지고 있는 고유성과 깊이도 무시되고 있다. 이와 관련 하이데거는 횔덜린의 시를 인용하고 있다. 횔덜린은 「게르마니엔」(Germanien)이란 송가의 5절에서 제우스의 독수리로 하여금 '신의 가장 조용한 딸'에게 다음과 같이 말하게 하고 있다.

네가 꿈꾸고 있었기에
나는 정오에 너를 떠나면서 너에게 우정의 징표인 입의 꽃을
은밀하게 남겨 두었다. 그리고 너는 고독하게 말했다.
그러나 너는 금빛 말들의 충만을 지복에 가득찬 자들에게도
보냈다. 강물들과 함께 금빛 말들은 끊임없이
솟아 오른다.
모든 지방들을 향해서
(GA12, 194쪽).

언어는 입의 꽃이다. 그 안에서는 대지가 하늘의 꽃을 향해서 개화(開花)한다.

3) 하이데거의 철학적 작업에서 어원분석이 갖는 의미

인간언어의 근원이 존재의 말에 있다고 생각하기에, 하이데거에게는 인간의 언어 속에 숨어 있는 존재의 근원적인 말을 발굴하는 것이 중요한 과제가 된다. 하이데거가 어떤 말의 어원을 중시하고 그것에 독자적인 해석을 가하는 것은 흔히 말장난이라고 생각되거나 아니면 하이데거가 자신의 생각을 정당화하기 위해서 과거의 말을 견강부회식으로 해석하는 것으로 이해되어 왔다. 그러나 오랜 일상어에는 우리가 망각하고 있는 깊은 경험과 의미가 깃들어 있다. 이러한 깊은 경험과 의미가 망각됨으로써 우리들의 삶은 빈약하고 천박한 삶이 되는 것이다. 예컨대 '존재'라는 말에 대한 하이데거의 어원적 분석은 존재라는 말이 처음으로 발해졌을 때의 깊은 경험을 회복하려는 것이다. 논리학자들과 언어철학자들, 실증주의자들 그리고 상식은 모든 형이상학적 물음의 근원이 '있다'라는 말을 실체화시켜 신비스런 어떤 것으

로 만든 데서 비롯된다고 보고 있다. 이들에게는 '있다'라는 말은 하나의 문법적 계사일 뿐이다. 그러나 하이데거는 오히려 이렇게 묻는다. 왜 모든 개념들 중에서 가장 중요하고 근본적이며 결정적인 개념인 존재가 한갓 주어와 술어를 잇는 계사가 되었는가? 존재자의 실존이 갖는 수수께끼 같은 성격과 비밀에 대한 모든 외경의 상실이 그 원인이 아닐까고 하이데거는 생각하는 것이다.[104)]

많은 근본적인 단어들이 존재라는 단어와 동일한 상황에 있다고 하이데거는 생각한다. 사람들은 그 단어가 말해지던 근원적 상황과 그 단어가 건립한 근원적 세계에 대한 경험에 진입하지 않고 그 단어의 피상적인 의미에 머무른다. 하이데거가 후설의 의식분석에 대해서 비판적인 거리를 취하면서 오히려 언어분석으로 나아가는 것은 우리의 의식이 보통 대부분의 경우에는 피상적인 경험의 세계에 머무르기 때문이다. 우리의 의식세계를 아무리 분석해 보았자 우리는 우리의 일상적인 경험세계에 전폭적인 변화를 일으키기보다는 오히려 그것을 유일하게 가능한 경험세계로서 확증할 따름이다. 이에 대해서 하이데거는 본래적 실존방식과 비본래적 실존방식을 구별함으로써 진정한 실재세계에 다다르기 위해서는 우리의 실존방식을 변화시켜야 된다고 본다. 그것은 우리가 본래의 언어가 담고 있는 의미의 세계에 우리를 내던지는 것이다. 어원분석이란 그 어원을 단순히 문헌학적으로 탐구하는 것이 아니라, 그 어원에 대한 이해를 통해서 우리를 그 어원이 발해지던 상황에 우리를 처하게 하여 그 말이 발해지던

104) 조르주 스타이너, 『하이데거』, 지성의 샘, 72쪽 참조.

상황을 반복하는 것을 말한다.

어원에 대한 하이데거의 탐구는 그 언어가 원래 불러 내고 있는 근원적인 세계를 다시 현존케 하려는 의도를 갖고 있다. 우리가 핵심적인 그리스어 개념들의 뿌리에 도달할 경우, 우리는 존재가 인간에게 아직 직접적으로 현존했을 경우에 존재했던 상태에 직면할 수 있을 것이다. 그러한 말이 담고 있는 심원한 의미를 이렇게 다시 상기하는 것에 의해서, 우리의 삶도 다시 새로운 깊이와 풍요로움을 회복할 수 있다. 이런 의미에서 하이데거는 언어를 '존재의 집'(Haus des Seins)이라고 말하고 있다. 존재는 언어의 밖에 하나의 대상으로 존재하고 우리의 언어는 그것을 지시하는 기호에 불과한 것이 아니다. 존재는 언어를 통해서 현존하는 것이다.

그리고 언어는 존재의 발현이기에, 언어는 우리가 그 존재를 지시하기 위해서 임의로 만들어 내거나 다른 임의의 기호를 통해서 대체할 수 있는 것이 아니고 하나의 필연성을 갖는다. 그러한 존재의 경험에는 그 언어만이 적합한 것이며 다른 어떠한 언어를 통해서도 그 존재의 경험은 제대로 표현될 수 없는 것이다. 언어는 항상 독특한 세계의 발현이다. 세계의 발현이 있고 우리는 그 세계의 발현을 이미 존재하는 언어를 통해서 표현하는 것이 아니라, 세계의 발현은 언어세계의 변화를 초래한다. 우리가 위대한 시인이라고 부르거나 철학자라고 부르는 사람은 존재를 새롭게 경험하고 그것을 현존케 하는 것을 통해서 단순히 우리의 존재경험만을 변화시키는 것이 아니라 우리의 언어도 변화시키는 것이다. 그것은 우리가 살고 있는 세계를 변화시킬 뿐 아니라 우리의 언어가 가지고 있는 의미와 뉘앙스조차 변화시킨다.

우리의 세계경험은 우리의 언어가 변화되는 것을 통해서만 변화된다. 언어란 우리의 존재경험에 따라서 항상 변화되는 것이기에 그것은 임의로 대체될 수 없는 것이다.

이러한 의미에서 하이데거는 "말하는 것은 언어 자체이지 인간이 아니다"라고 말하고 있다. 언어는 우리가 임의로 처분하고 대체할 수 있는 도구가 아니라 오히려 우리가 그 안에서 삶을 영위하고 우리의 삶을 가능케 하는 고향과 같은 것이다. 한국인이 한국말을 버리고 영어를 사용한다는 것은 한국말이 지니는 존재의 경험을 송두리째 팽개치고 자신의 고향을 버리는 것을 의미한다.

4) 현대의 위기상황에서 하이데거의 예술철학과 언어철학이 갖는 의의

하이데거는 과학지상주의적인 사고방식의 지배에도 불구하고 예술활동과 문화사업이 다른 어느 시대보다도 현대에서 활발한 이유를 과학지상주의적 사고방식의 지배 자체에서 찾고 있다. 근대과학과 근대기술이 전제하는 원인-결과의 인과론적인 세계란 어떠한 절대적인 의미도 존재할 수 없는 무의미하고 권태로운 세계이다. 과학이 존재자의 진리를 파악하는 유일한 방식으로서 간주되고 있는 세계에서 역설적이게도 예술활동과 소위 문화사업이 활발한 것은 바로 그 때문이다.

근대예술이 제공하는 도취와 열광 내지 다양한 정서의 자극을 통해 근대인은 삶의 권태를 잊는 것과 아울러 자신의 삶도 풍요로워지고 의미에 충만된 것처럼 느낄 수 있는 것이다. 과학적 사고방식이라는 가장 객관적인 사고방식의 지배하에서 현대에는 예술이 설 땅이 없는 것처럼 보이지만, 예술은 공허해지는 주관적인 영역을 메워 주는 것으로서 현대인들에게 적극적으로 요구되고 있는 것이다. 그럼에도 예술은 각 개인의 주관적인 차원으로 내몰리는 것을 통해서 현실에 대해서는 어떠한 변용력도 갖지 못하게 된다. 예술은 어떠한 객관성도 갖지 않는 각 개인의 사적인 언어가 되고 만다.

이렇게 예술이 각 개인의 사적인 차원으로 내몰리고 예술의 언어가 엄밀한 의미에서 언어가 아니라 각 개인의 감정에 지나지 않는 것으로 평가됨으로써, 과학적 사고방식은 그 어떤 제약도 받지 않고 자신의 지배를 관철할 수 있다. 이를 통해서 인간들 간의 의사소통과 인간들과 현실의 교류는 오직 정보화된 언어를 통해서만 가능한 것이 되고 말며, 그것들은 극히 삭막한 성격을 띠게 된다.

현대의 위기는 예술에서 열리는 존재의 언어와 존재자 전체의 진리에 대한 외경을 망각한 채, 존재자 전체를 과학기술적으로 지배할 수 있는 대상으로 간주하면서 그것을 무분별하게 황폐화하는 데서 비롯되는 것이다. 진정한 예술이란 인간의 주관적인 감정의 표현이 아니다. 그것은 존재자 전체에 대한 지배의지에 의해서 인간이 거듭해서 망각하는 존재자 전체의 진리, 즉 비밀에 차있으면서도 찬연하게 빛나는 진리를 드러냄으로써 존재자 전체에 대한 인간의 태도를 전적으로 변화시키는 힘을 갖는다.

하이데거의 예술관과 언어관은 서구 형이상학의 예술관과 언어관을 극단적으로 밀고 나간 근대의 예술관과 언어관에 대해서 철저하게 대극적인 입장에 서면서, 근대인이 망각해 가는 예술과 언어의 본래적인 측면을 드러내는 것을 통해서 현대가 부딪히고 있는 위기상황을 극복하고자 한다.

4. 후기 하이데거의 시간론

1) 「시간과 존재」에서의 시간

하이데거의 존재사유에서 시간은 존재와 불가분의 관계에 있는 기본주제의 하나였다. 그런데 『존재와 시간』 이후, 그토록 중요한 의미를 띠고 있었던 시간에 관한 논의가 하이데거 철학의 중심무대에서 슬그머니 비켜나게 된다. 그것은 물론 주제에 대한 그의 접근방식의 변화나 관심의 확장과도 관련이 있겠지만, 아마 『존재와 시간』 제1부 제3편 이하의 포기와도 결코 무관하지는 않을 것이다. 그러나 그의 당초의 착상들이 후기에 와서 변형된 다양한 모습으로 새롭게 꽃피어나듯이, 시간론 또한 새로운 양상의 전개를 보여 주게 된다. 그것은 무엇보다도 1962년에 강연되고 1969년에 출간된, (『존재와 시간』의 포기된 부분과 직접적인 연결은 불가능하나 결코 무관하지는 않은),[105] 「시간과 존재」에서 그 결정적인 모습을 드러낸다. 이것이 그의 후기의 시간론을 대표할 수 있다. 이하 「시간과 존재」(『사유의 사태에로』에 수록

105) 이 강연의 의의나 전후 사정 등에 관해서는 SD 46, 91쪽을 비롯하여, Joseph J. Kokelmans, “Heidegger on time and being”, 141f, in: *Martin Heidegger—Critical Assesments* I, ed. Christopher Maccann, London/New York, 1992; 渡辺二郎, 『内面性の現象學』, 勁草書房, 東京, 1978, 160쪽 이하; 渡辺二郎, 『ハイデッガ-の存在思想』, 勁草書房, 東京, 1962, [2]1985; 그리고 이수정의 학위논문 제1부 제2장 및 제5장 등을 참조해 주기 바란다.

된)를 중심으로 그의 시간론을 면밀히 살펴보고 정리해서 재구성한 뒤 음미해 보기로 한다.

우선 다음과 같은 몇 가지 기본적인 점이 충분히 주의되어야 한다.

즉 시간은, 존재가 또한 그러하듯이 하나의 '사태'(Sache, 문제거리)라는 것이다. 시간은 하나의 사태이다. 다시 말해 그것은 결정적인 의미에서 문제가 되는 것이며, 무언가 넘어갈 수 없는 것이 거기에 감추어져 있는 그러한 것이다. 바로 그러한 것으로서 시간은 사유를 촉발하는 것, 즉 사유의 사태 그 자체인 것이다. 이렇게 시간이 사유의 사태가 되는 것은 그것이 근본적으로 존재와 얽혀 있기 때문이다(SD 2, 4쪽 참조).

따라서 시간은 '사물'이 아니며 '존재자'도 아니다. 그리고 그는 시간 안에서 존재하는 것, 시간 안에 있으며 그리고 그런 형태로 시간에 의해 규정되는 것, 시간의 경과 속에서 사라져 가는 그런 무상한 것을 '시간적인 것'이라고 부르는데, 시간은 그러한 의미에서의 시간적인 것 또한 아니다.

그렇기 때문에, 시간에 관해서도 (존재의 경우와 마찬가지로) 그것이 '있다'(ist)고 간단히 말할 수 없으며, '그것이 시간을 준다; 시간이 주어져 있다'(Es gibt Zeit)고 말해야 한다는 것을 그는 지적한다. 이것도, 존재의 경우처럼, 그것이 주어지는 방식 그 자체에 주목하기 위한 것이다. (바로 이 방식이 이 강연 전체를 이끄는 결정적인 계기로서 작용하여 '발현'이라는 주제로 최종 귀결되게 된다. 이에 관해서는 뒤에서 다시 언급하기로 한다.)

그런데 「시간과 존재」에서 전개된 시간론의 특이한 점은, 위에서 잠깐 언급했듯이, 그가 시간을 '존재와의 관련에서' 생각하고 있다는 것이다.[106] 그래서 그는 시간과 존재를 함께 지칭하고 있다.

그렇다면 어떠한 점에서 시간과 존재는 연결되는가. 그에 의하면, 시간은 사라져 가는 것이지만, 그러나 끊임없이 사라져 가는 것이기 때문에, 시간으로서 머무른다. '머무른다'고 하는 것은 사라지지 않는다고 하는 것, 따라서 '현존'을 의미한다. 즉 시간의 사라져 감의 '항상성'(Ständigkeit)으로부터 '존재'가 말해지고 있다는 것이다. 그는 그것을 읽는다. 이렇게 해서 '시간'은 일종의 '존재'에 의해 규정된다. 한편 존재는, 존재를 뜻하는 '현존'에 '현재'가 말해지고 있는 한에서, '시간'에 의해 규정된다고 그는 설명한다. 따라서 결국 존재와 시간은 서로서로 상대방을 교차규정하고 있는 셈인 것이다(SD 3쪽). 「시간과 존재」의 그 '과'라고 하는 병립에는 바로 이와 같은 기본적인 의미가 감추어져 있다. 이렇게 그는 시간과 존재의 근원적인 관련성을 해명한다.[107]

이러한 그의 생각을 우리는 좀더 자세하게 살펴볼 필요가 있다. 그는 우선 관용적으로 생각된 시간의 통상적인 성격지움의 도움을 빌려서는 이미 시간의 특유한 점이 규정될 수 없으며, 따라서 그 대신 '존재에 관해서 말해진 것'에 주의함으로써 시간의 특유한 점을 해명해야 한다고 천명한다. 그렇다면 존재에 관해

---

106) 적어도 이 점에 있어서는, 『존재와 시간』과 동일한 문제성을 지닌다. 그러나 이하에서 확인되듯이 그 관련성은 다른 각도에서 찾아지고 있다.

107) 이와 유사한 생각이 1941년의 강의 『근본개념들』에서 이미 발견된다. 거기서 그는 이렇게 말한다. "왜 존재에 관한 잠언이 시간에 관해 말하는가, 이것은 존재 자체가 '현존함'(Anwesung)으로서, 그리고 현존함이 '생겨나오는 것이 상실됨으로 이행한다는 것'으로서, '경험'되어 있다는 것 안에 그 근거를 가지고 있다"(Gb 121쪽).

말해진 것은 어떤 것인가. 그것은 다음과 같은 것이다. 즉 '존재'란 '현존'(Anwesen), '현존-케 함', '현존성'이거니와(SD 2쪽 참조), 이에는 '현'이라고 하는 것, 즉 '현재'라고 하는 것이 동시에 말해지고 있으며, 따라서 존재는 '시간'에 의해서 규정되고 있다는 것이다. 단 이 현재란 현존이라는 의미에서의 현재이며, 지금이라는 의미에서의 현재, 지금이라는 것으로부터 이해된 현재와는 다른 것이라고 그는 주의한다. (따라서 여기서 느껴지는 일종의 '현재 중시'는 전기의 시간론에서 말한 통속적 시간이해의 '현재 중시'와는 분명히 구별되어야 한다.)

바로 이 현존성으로서의 현재 및 그러한 현재에 속하는 모든 것을 그는 '본래적인 시간'(eigentliche Zeit)이라 부르는데, 이것에 주목함으로써, 그리고 이것으로부터, 시간의 고유한 것을 규정하고 특징지워야 한다고 그는 말한다. 이것이 「시간과 존재」에서 '시간'을 보는 그의 기본적인 시각[108)]이다.

(따라서 다음과 같은 통상적인 시간이해는 여기에서도 배제된다. 통상적으로 시간은 현재, 과거, 미래의 통일로서, 지금이라는 것으로부터 표상된다. 즉 시간은 '지금의 연속'으로서, 계속해서 사라져 가는 것으로 이해되고 있다. 이러한 '지금의 연속에 있어서의 잇따름'으로서 알려진 시간은, 측정한다든지 계산한다든지 하는 것이다. 따라서 이 경우의 시간은 시간측정기, 시계바늘, 시계, 숫자판, 시계장치 그리고 현대의 기술적인 크로노메터 등을

108) 이 기본적인 시각은 또한 새로운 시각이라고 할 수도 있다. "강연 「시간과 존재」에 있어서는, 지금까지 사유되지 않은, 현존으로서의 존재 안에 놓여 있는 시간의 개념이 어떤 보다 근원적인 관련성 안으로 다시 저장된다"(SD 30쪽)고 하는 말이 이 점을 뒷받침해 준다.

통해 손에 잡듯이 우리 앞에 갖는 것으로서 이해된다. 그러나 하이데거는 이러한 [통속적인] 시간이해에 의해서는 시간의 고유한 것을 사유하게 되는 유인이 작아지게 된다고 해서, 이것을 배제하는 것이다.)

그러면 이 '본래적인 시간'인 '현존성으로서의 현재'란 무엇인가. 존재를 '현존', '현존토록 함' 즉 '현현'으로서 규정하는 이 현존성으로서의 현재에는 두 가지 측면이 있다.

첫째, 현존(Anwesen)의 '존'(Wesen)이란 '존속'(Währen)이라는 것이다. 단 이것은 하나의 지금으로부터 그 다음의 지금으로 이어지는 '시간과정'이라고 하는 통상적인 시간이해에 기초하는 단순한 '지속'을 의미하는 것이 아니라, '머무름', '체류'라고 하는 의미로 풀이된다.109)

둘째, 현존(Anwesen)의 '현'(An)이란 '우리들 인간에게', '관련해 온다'(와 닿는다, angehen)고 하는 것, '우리를 향하여 머무른다'(entgegenweilen)고 하는 것을 그 의미로서 포함한다. 이러한 한, 현존성은 언제나 인간에게 관련해 오는 것, 인간에게 도달하는 것, 인간에게 건네진 체류, 건네주는 도달이라고 말해지는 것이다.

여기서 하이데거는 시간과 인간과의 특별한 연관성에 주의하고 있는 것이다. 그렇다면 시간과의 관련에서 보아 인간이란 무엇인가.

인간이란 현존성에 의해 관련되어진 자이며, 그러한 관련해 옴의 안에 서면서, 선물로서 주어지는 현존을 받아들이는 자, 현존

109) "존재 자체가 머무름, 현존함이다"(Gb 121쪽)라는 말도 같은 뜻이다. 존재자가 그 '존재'에 있어서 '시간'에 응하고 있다는 것을 그는 이 뜻으로 해석한다.

케 함에 있어서 나타나는 것을 지각하는 자이다.

따라서 인간이, '그것이 현존성을 준다'고 하는 것으로부터, 그 '선물'을 항상적으로 받아들이지 않는다면, 그리고 선물에 있어서 건네진 것이 인간에게 도달하지 않는다면, 그러한 경우는 존재가 은닉되고 닫혀진 채로 있을 뿐만 아니라, 인간 그 자체가 '그것이 존재를 준다'고 하는 것의 도달범위 바깥에 내쫓겨난 채 머무르게 된다. 요컨대 그와 같은 경우는 인간은 [이미] 인간이 아닐 것이라는 것이다.

결론적으로 말해, 인간은 현존의 관련해 옴을 받아들이는 한에서만 인간일 수 있다. (이 말은 인간과 현존성의 근원적인 관련성, 원천적인 불가분리성을 지적하고 있다는 점에서 대단히 중요하다. 즉 현존 그 자체가 관련해 오지 않는 경우는 인간은 이미 존재하지 않는다는 말이다. 예컨대 '시간과 함께 사라진다'는 표현에서도 이러한 사고방식이 읽혀진다. 단 이 근원적인 관련성은 현존재[인간]의 존재인 시간성이 근원적인 시간이라고 한 전기의 시간론에서 보여지는 근원적인 관련성과는 일단 구별되어야 한다. 여기에서는 또다른 시각에서 근원적인 관련성이 제시되었다고 보아야 한다.)

그런데 하이데거는 시간의 이러한 '관련해 옴'(Angehen)에 세 가지 방식이 있다는 것을 지적한다. 그것이 곧 '기존', '도래', '현재'라고 하는 방식이다. (이 중, 기존과 도래는 일종의 '부재'(Abwesen)라고 그는 부르는데, 이 부재도 또한 언제나 우리에게 관련해 온다고 그는 말한다.) 이것들 각각의 의미를 살펴보자.

① '이미-현재적이-아닌 것'도 그 부재[라고 하는 방식]에 있어서, 직접적으로, 우리에게 관련해 오는 기존이라고 하는 방식으

로, 이미 우리가 현재라고 하는 의미에서의 현존으로서 알고 있는 것이 아닌 방식으로, 기존이라고 하는 방식에 따라, 그것 고유의 방식으로, 우리에게 관련해 온다. 즉 '현존한다'. 그러니까 이 기존은 이전의 지금이라고 하는 것으로부터 이해되는 단순히 지나가 버린 것처럼 [그런 식으로] 없어지지는 않는다. 요컨대 그러한 기존에 있어서 현존이 건네진다.

② 그리고 '아직-현재적이-아닌 것'이라고 하는 의미에서의 '부재'도 또한 우리를-향하여-도래한다고 하는 의미에서의 현존이라는 방식으로, 기존과 마찬가지로 직접적으로, 우리에게 관련해 온다.

단 이것은 '아직-현재적이-아닌 현존'이라고 하는 형태의 '부재'가, 이미 항상, 직접적으로, 그 어떤 방식으로, 우리에게 관련해 온다고 하는 것, 즉 '현존한다'는 뜻이며, 미래가 이윽고 시작된다고 하는 것과는 구별된다.

결국, 도래[라고 하는 형태]에 있어서, 우리를-향하여-도래한다고 하는 것에 있어서, 현존이 건네진다.

③ 그리고 물론 직접적 '현재'에 있어서도 그러한 '현존', 즉 '우리에게 도달하고 있는 관련해 옴'이라고 하는 것이 발견되며, 그런 한, 결국 현재[라고 하는 형태]에 있어서도, 현존이 건네진다.

바로 이상과 같은 세 가지 방식으로 현존으로서의 시간은 우리에게 관련해 온다고 하이데거는 설명하고 있는 것이다. 단 한 가지 주의해야 할 것은, 이상의 기존과 도래라고 하는 '부재'도, 분명히 일종의 현존, 관련해 옴의 방식이라고 하는 것, 직접적인 현재라고 하는 의미에서의 현존과는 결코 일치하지 않는 다른 종류의 현존이라고 하는 것이다.

즉 달리 말하자면, 모든 현존이 반드시 현재는 아니라고 하는 것, [기존과 도래라고 하는] 또다른 방식의 현존도, 직접 그러한 것으로 있어서, 우리에게 관련해 온다고 하는 것을 하이데거는 주의하고 있는 것이다. (말하자면 현존은 현재보다도 더 한층 포괄적인 것으로서, 기존, 도래, 현재 모두에 균등하게 내재하는 것이다.)

④ 그런데 하이데거는 이 세 가지 종류의 현존을 각각 '차원'이라 부르고, 이것이 세 가지 방식으로 즉 삼중으로 건네진다고 하는 그 점에 주목해서, '본래적인 '시간'은 '삼차원적'이라고 규정한다. 다시 말해 세 가지의 시간 차원이 있다고 하는 말이다.

(이 '차원'이라는 말은 오해되기 쉽다. 이것은 단순한 가능적인 측정의 범위(영역)라는 뜻이 아니라, 일관되게 미치는 것, 밝히면서 건네주는 것을 의미한다. 즉 이것은 '밝히면서 건네주는 것으로서, 도래가 기존을, 기존이 도래를 가져다 주고, 또 양자의 상호관련이, 열려진 것의 트임을 가져다 준다고 하는 것에 기초하는 것이다.)

그러면 이 세 가지 방식의, 삼중의 현재는 각각 독립된 것으로서 서로 무관계한 것인가. 혹은 세 가지 방식에 그 어떤 관련이 있는 것인가. 있다고 한다면 그 연관은 어떠한 것인가. 하이데거는 이 세 가지 방식의 현존의 '통일'을 말하고 있다.

통일은 어떠한 점에 있는가. 대답은 이렇다. 즉 그 세 가지(현재, 기존, 도래)에는 '현존의(/을) 건네줌'(Reichen)이라는 것이 공통적으로 작용하고 있다. 그렇다면 이 건네줌이란 어떤 것인가. 건네줌이란 '그것이 우리에게 도달한다'고 하는 것에 기초하는 것이 아니라, 그것이 그것 자체에 있어서(in sich) 하나의 건네줌이기 때문에 우리에게 도달하는 것으로, 이것에는 다음과 같은 점이 포함되어 있다. 즉 아직 현재가 아닌 것으로서의 도래함은 동시에, 이미 현재가 아닌 것으로서의 기존을, 건네주고 가져다 주며, 반대로 기존은 자신을 도래에게 건네준다고 하는 것, 그리고 이 양자[기존, 도래]의 상호관련은 동시에 현재를 건네주고, 가져다 준다고 하는 것, 이것이 포함되어 있다. 이 경우의 '동시에'라고 하는 점으로부터 하이데거는 '도래, 기존, 현재가 서로서로-자신을-건네준다'고 하는 성격을 읽어 내고, 이것을 도래, 기존, 현재 삼자의 고유한 '통일'이라 부른다.

(단 이 통일은, 그 세 가지가 동시에 사물적으로 존재한다고 하는 것이 아니라, 그 세 가지가 '서로서로-자신을-건네준다'고 하는 점에서 '공속'한다고 하는 것이다. 그것이 통합하는 통일의 고유한 점이라고 그는 주의한다.)

그런데 이 본래적 시간의 세 가지 차원들의 통일은 본래적 시간의 제각기 독자적인 현존의 건네줌의 서로서로 작용하는 세 가지 방식의 통일이거니와, 이러한 통일은 무엇으로부터 그 규정을 얻게 되는가.

통일은 '각각의 차원의, 각각의 차원에 대한 작용'(Zuspiel)이라고 하는 점에 있다. (따라서 각각의 차원에 작용하는 '관련함', '가져옴'이라고 하는 방식, 즉 '현존'을 시간의 세 가지 차원 중 어느 것 한 가지에만 할당해 줄 수가 없다.) 바로 이 점 때문에, 그는 작용이라고 하는 이것을, 즉 시간의 고유한 것에 있어서 작용하는 본래적인 건네줌, 모든 것을 규정하는 건네줌을, 독자적으로 생각해서, 이것을 결국 '제4의 차원'이라고 명명한다. 이렇게 해서, 본래적인 시간은 '사차원적'이라고 정정된다. [단 계산상 제

4라고 한 이 차원을 내용상으로는 제1차적 · 원초적(anfänglich)이라고 그는 주의한다.]

그런데 이상과 같은 통일로서의 건네줌에는 두 가지 특이한 성격이 있음을 하이데거는 지적한다.

① 첫째, 이 '건네줌'이라고 하는 것은 도착에 있어서, 기존에 있어서, 현재에 있어서, 그것들에게 그때그때 고유한 현존을 가져다 준다. 이 때 그것은 그것들[도래, 기존, 현재 세 가지]을 밝히면서 서로 분리해서 보존하고(구별하고 hält...auseinander) 또 그것들을 서로 관련지우면서 가까움 안에 보존하며'(hält... zueinander), 이 가까움으로부터 세 가지의 차원이 서로 근접해 있다는 것이다. 그래서 그는 건네줌의 이러한 점을, 특히 '근접케 하는 가까움'(die nähernde Nähe) 즉 '근접성'(Nahheit)이라 부른다. 바로 이 점에 본래적 시간의 통일이 기초한다.

② 그리고 둘째, 이 근접성은 도착, 기존, 현재를 서로 근접시키되, 단 그것들을 멀리하면서 서로 근접시키고 있다고 하는 점에 있다. 어떠한 점에서 멀리한다는 것인가. 두 가지 점에서 그렇다. 즉 근접성이 기존을 개방적으로 보존할 때, 그것은 기존이 현재로서 도착하는 것을 거절한다고 하는 점에서 그러하며, 그리고 이 가까움의 근접시킴이 도래로부터의 도착함을 개방적으로 보존할 때, 그것은 옴[온다고 하는 것]에 있어서 현재를 유보한다고 하는 점에서 그러하다. 즉 그 근접시키는 가까움은 거절과 유보라고 하는 성격을 갖는다는 것이다.

이렇게 해서, '그것이 시간을 준다(시간이 주어져 있다)'고 할 때의 '준다'고 하는 것이, '거절하면서-유보하고 있는 가까움'으로부터 규정되며, 그리고 '밝히면서-은폐하는 건네줌'이라고 불려지게 된다.

(이 경우, 건네줌 그 자체가 일종의 줌인 한, 본래적 시간 안에는 어떤 줌의 줌이 은폐된다고 하는 것이 주의되는데, 이것은 자신을 드러내지 않고 뒤로 빠지는 이른바 '탈현'(Enteignis)과 관련되어 간다.)

위에서 우리는 삼자의 '통일'이 '서로서로-자신을-건네준다'는 것으로부터 규정되는 것을 보았다. 그와 같이 도래, 기존, 현재가 '서로서로 자신을 건네준다'고 하는 이 '통일'과 '함께', '시간-공간[혹은 時間域]'이라고 하는 것도 밝혀진다는 것을 하이데거는 지적한다.

그러면 이 '시간-공간'(Zeit-Raum)이란 어떠한 것인가.

'시간-공간'이란 '열려진 것', 즉 도래, 기존, 현재의, 서로서로-자신을-건네줌에 있어서 밝혀지는 열려진 것이라고 설명된다.[110] 즉 본래적 시간의 '시간-공간'에 고유한 것은 도래, 기존, 현재의, 밝히면서 서로서로 자신을 건네줌에 기초하는 것으로서, 모든 시간계산에 선행하고 있으며, 그것으로부터 독립적이다.

(따라서 하이데거가 말하는 '시간-공간'이란 통상적으로 이해되고 있는 것과는 그 내용이 다르다. 즉 그것은 우리가 '기간'이라고 하는 경우에 생각하는 단순한, 계산된 시간의 두 개의 지금

---

110) 이 점으로부터도 짐작되듯이, '시간-공간'은 후기의 '진리'개념과 밀접하게 연관되어 있다. 그는 "시간-공간은…진리에 속한다"고 분명히 말한다(BP 372쪽). 이 때 진리란 '발현으로서의 존재의 현성케 함'이라는 의미로 이해되고 있다. 한편, 『철학에의 기여』에서는 이 '시간-공간'과 관련된 풍부한 사유가 제공되고 있다. 그 책 371-388쪽을 직접 참조해 주기 바란다.

이라고 하는 점 사이의 간격이 아니다. 통상적으로 이해된 '시기'(Zeitraum)란 두 시점의 측정된 간격이라는 의미의 시간계산의 결과이다. 이와 같이 지금의 연속의 계기로서 이해된 시간의 '차원성'은 삼차원적 공간이라는 표상으로부터 빌려온 것이라고 해서 그는 이것을 배제한다. 시간이란 이와 같이 공간이라는 개념으로부터는 이해될 수 없는 것이며, 오히려 위에서 언급된 '열려진 것'으로서의 '시간-공간'이 비로소 그리고 유일하게, (통상적으로 알려진) 공간에게 그 가능적인 확산을 용인한다고 즉 '준다'고 그는 지적하는 것이다. 요컨대 시간-공간, '도래, 기존, 현재의, 밝히면서 서로서로 자신을 건네줌은 공간 이전의 것(vor räumlich)이다.

그런데 이상과 같은 의미에서의 시간, 시간-공간의 '소재'는 어디인가. 즉 그것은 어디에 있는 것인가 하는 것이 문제가 될 수 있다. 그러나 하이데거는 그러한 방식으로 '어디'를, 즉 '시간의 장소'를 물어서는 안 된다고 말한다. 왜냐하면 본래적인 시간 그 자체가 '근접시키는 가까움에 의해 규정된 삼중의 건네줌이라고 하는 영역'으로서, '선공간적인 장소성'이며, 이 장소성에 의해 비로소 하나의 가능적인 '어디'라고 하는 것도 주어진다고 보기 때문이다.

물론 이 점과 관련해서, 즉 '시간은 어디에 속하는가' 하는 점과 관련해서, 철학에서는 일반적으로 다음과 같이 설명하고 있다. 즉 시간은 지금의 연속의 잇따름의 경과로서 계산된 것으로 간주되며, 그러한 것으로서 프쉬케 안에, 아니무스 안에, 영혼 안에, 의식 안에, 정신 안에, 속할 수 있으리라는 것이다. 즉 시간은 인간 없이는 없다(주어지지 않는다).

그러나 이 '…없이는…없다'고 하는 것은 충분히 주의되지 않으면 안 된다고 하이데거는 생각한다. 즉 그 말은, 인간이 시간을 '주는 자'라든지, 또 인간이 우선 인간이고, 그런 연후에 우연히, 어떤 때에 시간을 수취하고, 시간에 대한 관계를 인수한다고 하는 그러한 방식으로 '시간을 수취하는 자'라고 하는 그러한 것을 의미하는 것은 결코 아니라는 것이다. 따라서 시간이 인간에 의해 만들어진 것도 아니며, 인간이 시간에 의해 만들어진 것도 아니다. 여기에[시간과 인간 사이에] 만든다고 하는 것은 없다고 그는 말한다. 여기에는 다만 시간-공간을 밝히면서 건네줌이라는 의미의 '줌'만이 있는 셈이다.

왜냐하면 이미 살펴보았듯이 '본래적인 시간'이란 현재, 기존, 도래로 이루어지는 현존을, 그 본래적 시간에 속하는, 삼중으로 밝히면서 건네주는 것을 통일하는 가까움이며, 그러한 것으로서 시간은, 인간 자신에게 이미 다음과 같은 방식으로 도달하고 있기 때문이다. 즉 인간은 삼중의 건네줌 안에 내존(innesteht)하고, 또 그 건네줌을 규정하고 있는 거부하면서-유보하고 있는 가까움을 인내(aussteht)하면서, 비로소 인간일 수 있다고 하는 방식으로 인간에게 도달하고 있기 때문이다.

이상과 같은 방식으로 주어지는 것이, 즉 거부하면서-유보하고 있는 가까움에 의해 규정되고 있는 밝히면서 은폐하고 있는 건네줌으로서의 '줌'에 있어서 주어지는 것, '그것이 준다(주어져 있다)고 하는 것의 선물'이, 「시간과 존재」에서 하이데거가 생각하고 있는 시간이다. 그러한 주어짐의 방식이 「시간과 존재」에서의 시간이해를 위해 가장 결정적인 것이라고 해도 결코 지나침이 없다.

이제 이상의 성과에 덧붙여서, '발현'(Ereignis)[111]과 관련지어서 시간의 모습을 해명해 볼 필요가 있다.

시간은, '그것이 존재를 준다'고 할 때의 존재를 주는 주체인 '그것'은 아니지만, '존재'와 함께 '그것이 주는(주어지는)' '선물'(Gabe)이라고 하는 점이 이미 언급되었으며, 이 '그것'이 다름 아닌 '발현'(Ereignis)이라고 그는 밝히고 있기 때문이다. 시간은 발현의 선물이다.

그런데 시간을 주는 그것으로서의 발현이란 시간의 배후에 독립적으로 따로 있어서 그것을 주는 그런, 시간도 존재도 아닌 제3의 어떤 초월적인 주체를 말하는 것은 아니다. 발현은 어디까지나 그것이 시간을 준다고 할 때의 그 줌 자체의 방식(Art), 즉 '밝히면서 건네줌'이라고 하는 방식 그 자체로부터 생각되어야 하는 것이다.

즉 건네줌이라고 하는 방식 그 자체가, 존재를 주는 방식인 '보냄'과 함께, '발현함'(Ereignen)에 기초하고 있다. 이 점으로부터 그는 발현을 생각하고 있으며, 따라서 시간은 발현함에 있어서 건네지는 것이라고 말해지는 것이다.

이와 같이, 시간이 발현에 있어서 주어지는 것으로서 밝혀진 이상, 이번에는 시간과의 관련에 있어서 발현을 해명하는 것이 필요해진다. 그렇게 함으로써만, 시간의 중요한 모습이 완전히 드러날 수 있다.

이미 보았듯이 시간이 주어지는 방식은 '밝히면서 건네줌'으로서 특징지워졌다. 그런데 이 건네줌에는 '위탁함'(Zueignen), '양도

111) 이 '발현'은 후기 하이데거에서 등장하는 아마도 가장 중요한 문제로 볼 수 있다. 이에 관해서는 다음 절을 참조하기 바란다.

함'(Übereignen)이라고 하는 것이, 즉 시간을 열려진 것의 영역으로서, 그 고유함에로 위탁하고 양도한다고 하는 성격이 있음을 그는 읽어 낸다. 또 시간과 존재가(운명이 건네줌에 기인하는 한에서) 서로 공속한다고 하는 것, 그것에도 그러한 성격이 있음을 읽어 낸다. 그러한 성격 내지 사태를 그는 '발현'이라고 부르는 것이다.

그러므로 발현은 '사-태'(Sach-Verhalt), 즉 존재와 시간을 각각의 고유한 상태에로 가져다 줄 뿐 아니라, 그 공속에 있어서 보존하고, 그 안에서 유지하는 사-태이다. 따라서 그것은 존재와 시간에 대해 부착된 관계로서 부가적으로 주어지는 것이 아니라, 이것이 비로소 존재와 시간을 그것 고유의 상태에로, 즉 운명과 밝히면서 건네줌에 있어서 자신을 은폐하는 발현함에 있어서 가져다 주는 것이다.

그런데 이와 같은 발현함 내지 발현에는 두 가지의 점이 두드러진다. 첫째, '고유의 상태에로…가져다 준다', '그 고유한 바를 위탁하고 양도한다'고 하는 것, 즉 '고유케 함'(Vereignung)이라는 것과, 둘째, 그 경우 발현함에 있어서 그것이 자신의 가장 고유한 것을 무제한한 현현으로부터 퇴행시킨다고 하는 '자기퇴행'이라고 하는 것, 즉 '탈현'(Enteignis)이 그것이다. (이 점은 존재의 운명을 보냄에 있어서의 '자기 자신에게 머물러 있음'이라고 하는 점에 있어서도 나타나며, 또 시간의 세 가지 차원 중 기존과 도래의 건네줌에 있어서 작용하는 현재의 거부, 현재의 유보라고 하는 점으로부터도 이것이 지적되고 있다.)

결론적으로 말해, 이와 같은 발현에 있어서 시간은 주어진다. (즉 건네주는 자는 드러나지 않지만, 그러나 아무튼 그와 같은 고유한 것으로서 건네지고 있다고 하는 그러한 방식으로.)

여기서, 시간의 절대적이고 궁극적인, 그리고 단적인 모습이 드러나게 된다.

이상 우리는 「시간과 존재」에서 전개된 하이데거의 시간론을 개략적으로 훑어 보았다. 이 과정에서 우리는 ① 그가 '시간이 주어져 있다'고 하는 것을 실마리로 삼아 그 주어짐의 방식에 특별히 주목하고 있으며 이 방식으로부터 시간의 해명을 시도하고 있다는 것, 그리고 이 '준다'는 것이 결국 '밝히면서 건네줌'이라고 하는 것, 그리고 주는 그것이 곧 '발현'이라고 하는 것, 즉 발현이 시간을 준다고 하는 것, 다시 말해 시간이 발현에 있어서 [발현이라는 형태에 있어서] 주어진다고 하는 가장 근본적인 해명을 확인할 수가 있었다. 이와 더불어, ② 그가 시간을 존재와의 근본적인 관련에서 생각하고 있다는 것, 즉 현존으로서의 존재에 현재라고 하는 시간이 이미 함께 말해지고 있다고 하는 것, ③ 그리고 그 현재에는 존속한다는 것과 우리 인간에게 관련해 온다고 하는 두 가지 의미가 있으며 그런 한에서 시간은 우리 인간과 근원적으로 관련되어 있다고 하는 것, ④ 그리고 시간의 그 관련해 옴에 기존, 도래, 현재라고 하는 세 가지 방식이 있다고 하는 것, 이 때 이 세 가지 방식이 각각 차원인 한에서 시간이 삼중으로 주어지는 삼차원적이라고 하는 것, ⑤ 그리고 이 세 가지 방식이 동시에 서로서로-자신을-건네준다는 점에서 통일성을 지니고 있으며 통일성의 근거가 되는 본래적인 건네줌 그 자체를 제4의 차원으로 보아 시간을 사차원적인 것으로 규정한다는 것, ⑥ 그리고 이 건네줌에는 세 가지 차원 각각을 서로

서로 근접시킨다는 성격과 서로서로 멀리한다는 두 가지 성격이 동시에 있다고 하는 것, 바로 이 점으로부터 시간을 준다고 하는 그 줌이 '거절하면서-유보하는 가까움'으로 '밝히면서 은폐하는 건네줌'으로 규정된다고 하는 것, ⑦ 그리고 세 가지 차원의 통일로부터 '열려진 것'으로서의 '시간-공간'이 밝혀진다고 하는 것, ⑧ 그리고 이 시간-공간은 어디 또는 장소를 물을 수 없는 선-공간적인 장소성으로서 오히려 가능적인 '어디'의 근거가 된다고 하는 것, ⑨ 그리고 건네줌이라고 하는 그 주어짐의 방식이 다름아닌 '발현함'에 기초하고 있다는 것, 이러한 점들도 함께 드러나게 되었다.

이제 마지막으로 한 가지 것을 보충적으로 언급해 둘 필요가 있다. 그것은 후기의 하이데거가 시간을 '존재의 진리'와 동일시하고 있다는 것이다.[112] "[『존재와 시간』에서의] '시간'이라는 이름은 나중에 '존재의 진리'라 불려진 것에 대한 사전명칭(Vorname)이다"라는 말이 분명히 보이는 것이다(SD 30쪽). 이 말은 무엇을 뜻하는가. 그것은 시간해석이 우선적으로 목표삼고 있는 현존재의 시간성의 시숙이라는 성격 즉 탈자적인 것이 그 자체 안에 이미 '진리, 트임(Lichtung), 존재로서의 존재의 비은폐성'에 대한 어떤 지시를 포함하고 있다는 말이다. 이렇게 하이데거는 이미 『존재와 시간』에서부터 이러한 착상이 있었음을 강력히 시사하고 있다. "이미 『존재와 시간』에 있어서, 시간은 알레테이아와 현존에 대한 지시를 통하여 애당초부터 통상적인 이해와

---

112) 예컨대 『철학에의 기여』에서는, "'시간'은 **존재의 진리**의 '탈자적인' 활동공간으로서 경험가능하게 되어야 할 것이다"라고 말하고 있다(BP 242쪽).

구별되어져 있으며 하나의 새로운 의미를 얻고 있다", "시간은 이미 『존재와 시간』에 있어서, 알레테이아(비은닉성)에 대한 관련 속에서 그리고 그리스어 우시아(현존성)로부터 사유되어 있다"고 그는 분명히 말한다. 단 「시간과 존재」에서는 존재의 트임을 위해 인간존재의 역할이 의도적으로 절제되어 있는 데 비해, 『존재와 시간』에서는 시간의 해석이 현존재의 시간성에 제한되어 있으며 존재의 시간성격에 대한 논급이 없다는 것을 그는 시인하고 있다. 바로 이런 점 때문에 그는 『존재와 시간』에서 존재의 의미로 단언된 시간이 거기서는 아직 답이 아니며, 물음을 위한 최종적 발판이 아니라는 것을 인정하고 있다.

시간이 존재의 진리라는 이 사실은 대단히 중요하다. 따라서 시간의 완전한 이해를 위해서는 진리개념의 철저한 규명이 뒤따라야 한다.113)

2) 하이데거 시간론의 의의

하이데거의 시간론은 의미심장하다. 전기에서 그는 인간의 시간적 존재방식으로부터 시간을 해명하였고, 후기에서 그는 시간 자체의 주어지는 방식으로부터 시간을 규명하였다. 이 두 가지 해명 사이에는 분명한 차이가 존재한다. 그러나 이 두 가지 접근 방식에는 어떠한 모순도 없으며, 오히려 이 둘은 어떤 점에서 필연적 보완관계에 있다고 보아야 한다. 하이데거의 성과를 통하여 우리는 우리가 일반적으로 생각하는 시간이 얼마나 피상적인가

---

113) 이에 관해서는 앞서 든 이수정의 학위논문 제1부 제3장 제3절 제3항 '보완적 사실' 및 제2부 제2장 제4절 제4항 '진리-알레테이아-비은닉성' 부분을 참조해 주기 바란다.

하는 것을 절감하게 된다. 우리는 또한 우리 자신이 얼마나 철저하게 시간과 관련되어 있는지도 확인하게 된다. 오죽하면 그는 우리 자신이 곧 시간이며 시간이 곧 우리 자신이라고 생각하며, 시간이란 무엇인가가 아니라 시간이란 누구인가라고 물어야 된다고까지 말하고 있다(BZ 27쪽 참조). 우리는 또한 시간이 존재라는 것과 애당초 불가분리적으로 연관되어 있다는 것도 확인하게 된다. 이 점은 하이데거의 가장 근본적인 의도 중의 하나이기도 했다. 그런 것으로서 시간은 우리가 접하고 사유하는 모든 현상 중에서 가장 근본적인 한 현상으로 손꼽을 수 있다. 시간은 절대적으로 주어지고 있다. 시간이 발현에 있어서 주어지는 발현의 선물이라는 것은 이런 절대적인 성격을 드러낸다. 시간은 주어지고 있다. 어디에? 바로 여기에. 존재의 진리에. 비은닉성에. 트임에. 그리고 그런 한에서 현재에. 우리가 아직 현존하는 인간인 한 우리 자신이 시간이라는 바로 그 자격으로 우리는 이것을 알 수 있고 말할 수 있다. 지금도 그렇게 시간은 주어지고 있다.

5. 후기 하이데거의 궁극적 도달점인 '발현'

하이데거의 철학, 특히 그의 후기사유를 이해하고자 할 때 우리는 '발현'(Ereignis)이라는 주제를 각별히 주목하지 않으면 안 된다. 발현은 하이데거 후기철학의 최고 중요개념인 동시에 하이데거의 전체 사유가 도달한 궁극적 경지이기도 하다. 발현이란 도대체 무엇인가.

"발현으로서의 존재: …이 규정으로써 하이데거의 사유는 그 목표에 도달했다"[114]고 푀겔러는 말한다. 발현이 하이데거 철학에 있어서의 궁극적인 그 무엇임을 지적한 이와 같은 이해는 정당하다. 『존재와 시간』 이래 그의 철학의 확고한 중심과제였던 '존재'가 '발현에 속하는' 것으로서 '발현 안에서 사라진다'(SD 22, 46쪽)고 하는 말은 이와 같은 이해의 정당성을 뒷받침해 준다. 그리고 "'발현'은 1936년[『철학에의 기여』 집필] 이래로 내 사유의 주도어이다…"[115)]라는 하이데거 자신의 명백한 언급이 또한 이 사실을 결정적으로 말해 준다.

이렇듯 발현은 하이데거의 철학을 이루는 가장 중요한 개념의 하나이며 또한 철학 그 자체의 궁극적인 귀착점을 시사하고 있는 가장 귀중한 개념이기도 하다. 그러므로 이것을 논하지 않고서는 하이데거 연구의 종지부가 결코 찍혀질 수 없다.

하이데거는 이 개념으로써 도대체 무엇을 말하려 하고 있는 것일까. 도대체 어떠한 사태를 보여 주려 하고 있는 것일까. 그가 제시하는 언어에 귀를 기울이면서 우리는 발현 그 자체가 보여져 오는 곳까지 우리의 발걸음을 옮겨가지 않으면 안 된다.

1) 이 개념의 전개 경위

먼저 이 개념의 전개 경위, 즉 이 개념이 하이데거의 사유활동 중 어느 시기에, 또 어느 작품에, 그리고 어떤 형태로 나타나 있는지를 극히 개략적인 형태로 살펴보자.[116)]

---

114) Pöggeler, "Sein als Ereignis", in: *Zeitschrift für philosophische Forschung*, 1957, XIII, S.622.

115) 이 말은 『휴머니즘에 관하여』 단행본의 메모에서 발견된다.

116) 이 사실을 알기 위해서는 1969년 출간된 『사유의 사태에로』 중에 포함된 「시간과 존재」에 관한 '세미나 기록'(Protokoll), 특히 38쪽 이하와 46쪽 및 『언어에의 도상』 260쪽의 각주 등이 도움될 수 있다.

그 시기와 작품 중 중요한 것을 열거하면 다음과 같다.

① 『철학에의 기여』: 1936~38년 사이(1989년 출간)
② 『발현에 관하여』 I - II: 1941~42년 사이(미간)
③ 『휴머니즘에 관하여』: 1946년 가을(1949년 출간)
④ 『존재라고 하는 것에로 밝아듦(Einblick in das, was ist)』: 1949년 12월 1일(1994년 출간 『Ei』)
⑤ 「전향」: 1949년 12월 1일(1962년 출간 『TK』)
⑥ 「사물」: 1950년 6월 6일(1954년 출간 『VA』)
⑦ 「기술에의 물음」: 1953년 12월 18일(1954년 출간 『TK』)
⑧ 「동일성의 명제」: 1957년 6월 27일(1957년 출간 『ID』)
⑨ 「언어에의 길」: 1959년 1월(1959년 출간 『US』)
⑩ 「시간과 존재」: 1962년 1월 31일(1969년 출간 『SD』)

이상의 각 작품에 있어서 발현이 어떠한 모습으로 등장하고 있는지를 살펴보자.

우선 ①, 발현의 사유가 최초로 주제화되고 그 기본틀이 완성되었다는 점에서 결정적으로 중요한 것이 이 『철학에의 기여(발현에 관하여)』이다. 폰 헤르만은 이것을 하이데거의 '제2주저'로까지 평가한다. 이것은 1989년 출간되기 전까지, 에곤 피에타의 『마르틴 하이데거에 있어서의 존재문제』(1950)와 오토 푀겔러의 『마르틴 하이데거의 사유길』(1963)에서 극히 일부분이 소개되어 많은 사람들의 관심을 불러 일으켰다. 그러나 이들 인용만을 보고서 그 전모를 파악할 수는 없었다. 그러나 이 단계에 있어서 발현의 '본질구성을 이루는 관계들(Bezüge)과 연관들(Zusammenhänge)'은 이미 완성(ausgearbeitet)되어 있었다(SD 46쪽). 여기서 하이데거는 '존재의 현성'(Die Wesung des Seyns)을 '발현'(Ereignis)으로서 정식화한다.[117] "존재의 현성을 발현으로서 기투하는 것이 감행되지 않으면 안 된다", "존재 그 자체가 발-현으로서 모든 역사를 비로소 담당한다"든가 하는 말도 그 일례이다. 이것은 "존재가 발현으로서 현성한다"(BP 30쪽)는 것을 뜻한다. 존재의 현성이란 존재 자체의 근원적인 본질적 자기전개로 해석될 수 있다. 이러한 적극적·주제적인 발언에는 확실히 완성된 것으로서의 울림이 감지된다. 단, 발현이라고 하는 생각이 여기서 처음으로 즉 돌연히 등장한 것은 아니며, 그 이전부터 이미 초고 중에서 사용되고 있었다는 사실이 하이데거 자신에 의해 시사되고 있다(US 260쪽 a. 참조). '그 이전부터'라는 것은 즉 1934년 이전부터를 뜻하는데,[118] 구체적으로는 아마도 1930년경부터를 말하고 있는 것이 아닌가 생각된다. 예컨대 1930년의 『진리의 본질』에 다음과 같은 용례가 보인다. "존재케 함(Seinlassen)이 개별적인 관계태도(Verhalten)에 있어서 그것이 관계하고 드러내는 존재자를 그때그때 존재케 하는 바로 그 경우에 그 존재케 함은 전체로서의 존재자를 은폐하고 만다. 존재케 함은 그 자체에 있어서 동시에 하나의 은폐이기도 하다. 현-존재의 脫-自的 자유 안에서 전체로서의 존재자의 은폐가 발현한다(sich ereignen). 즉 은폐성이 존재한다"(WW 19쪽). 이 예문에서는 확실히 특별한 의미를 띠고서 'sich ereignen'이 사용되고 있다. 리처드슨에 따르면, 이것이 발현이 특별한 의미로 사용된 '최초의 용례'라고 지적된다.[119] 물

---

117) BP 7, 11쪽 등 도처에서 이러한 언급이 발견된다.

118) 왜냐하면 「언어에의 길」이 씌어진 1959년의 시점에서 '25년 이상이나 이전부터'라고 말하고 있기 때문이다.

론 그 이전에도 (예를 들면『존재와 시간』 284쪽) 발현이라는 단어는 사용되고 있으나 아무런 주제적인 의미도 포함되어 있지 않으며 따라서 무시되어도 좋다. 발현은 이『철학에의 기여』에서 본격적으로 주제화된다. 그것이 이후 전개되는 그의 존재사유를 주도해 간다. 여기서 그가 가장 주목하는 것은 존재의 현성(Wesung)적 성격이다. 그 상세한 실상은 별도의 집중적인 연구를 통해 밝혀져야 한다.

②는 많은 연구자들의 궁금증을 자아내고 있으면서도 현재까지 출간되지 않고 있으므로 이에 관한 구체적인 언급은 불가능하다.

③에서는 '이미 발현에 관해 말하여져 있다'고「시간과 존재」의 연습기록이 보고하고 있다. 그러나 이 단계에서는 아직 어떤 의식된 애매함에 있어서(SD 38쪽) 말해져 있다고 한다. 의식된 애매함이란 무엇을 말하는가. 그 자신에 의한 구체적인 언급이 없으므로 확정적으로 말할 수는 없으나 아마도 다음과 같은 것을 말하고 있는 것이 아닐까고 생각된다. 즉 이 서간에 있어서 그는 "…여기서 '부여하는' '그것'은 존재 그 자체입니다"(UH 22쪽)라는 말을 하고 있는데, 이는「시간과 존재」의 입장에서 보면 분명히 '발현'을 말하고 있는데도 불구하고, 존재가 존재를 부여한다고 하는 애매한 말투를 사용하고 있는 것이다.「시간과 존재」의 세미나에서 일부러 그 해명을 시도하고 있는 점에서 미루어 보더라도 애매함이란 바로 이것을 말하는 것이 아닐까고 생각할 수 있다. 단 이러한 애매함은 그 자신에게도 의식되어 있었다.

119) W.J. Richardson, *Heidegger. Through Phenomenology to Thought.* p.219.

실제로 「시간과 존재」에서는 "부여하는 바로 '그것'은 발현으로서 명언된다"(SD 20쪽)고 수정되어 있는데 이러한 수정 자체가 의식되어 있었다고 하는 사실을 뒷받침해 줄 수도 있을 것이다. 그러나 '존재 그 자체'로부터 '발현'에로의 이 이행은 어떤 별개의 것에로의 이행이 아니다. 왜냐하면 존재 그 자체 이미 발현을 이름하고 있는 것이며, 따라서 이 양자는 동일한 사태의 서로 다른 표현방식으로서, 그 사이에는 아무런 모순도 존재하지 않기 때문이다(SD 46쪽).

그러나 이 단계에서는 아직 발현 그 자체가 주제적으로 논의되지는 않는다. 다만 이 서간에 있어서 9회 정도 'ereignen'(또는 sich ereignen)이라는 표현이 사용되고 있다는 점과(Ereignis라는 표현은 전혀 발견되지 않는다) 후에 발현과 밀접하게 관련되어 오는 'es gibt'의 적극적인 해명의 시도가 이루어지고 있다는 것은 주목할 필요가 있다.

④는 네 개의 연속된 강연으로 이루어져 있다. 「사물」, 「작위」, 「위험」, 「전향」이라는 제목의 이들 강연은 1994년에야 출간되었다. 단 이들 중 셋은 일찍부터 그 내용을 접하는 것이 가능했다. 즉 첫번째 「사물」은 1950년에 확장된 형태로 재차 강연되어, 1954년에 『강연과 논문』에 포함되어 출간되었으며(앞의 ⑥), 두번째 「작위」는 1953년 11월 18일에 역시 확장된 형태로 「기술에의 물음」이라는 제목으로 재차 강연되어, 역시 『강연과 논문』에 포함되어 있기 때문이다(앞의 ⑦). 이들은 또, 1962년 출간된 『기술과 전향』에 그대로 전재되어 있기도 하다. 그리고 네번째 「전향」은 원형 그대로 1962년 「기술에의 물음」(앞의 ⑦)과 함께 출간되어 있다(앞의 ⑤). 이들 강연에서는 '보다 명확히'(SD 39쪽) 발현

이 논의된다.

먼저, 원형 그대로 출간되어 있으며 강연 전체의 마지막 부분인 네번째 「전향」부터 살펴보자. 이 강연은 발현을 이해함에 있어 결코 간과할 수 없는 중요한 것이다. 「시간과 존재」의 세미나 마지막에 즈음하여—또한 세미나 도중 계속 토론되어 온 것이 다시 한번 다른 측면으로부터 그리고 더 한층 통일적으로 다시 한번 들려오도록 하기 위해—이것이 하이데거에 의해 낭독된 사실을 보아도 그 중요성을 짐작할 수 있다(SD 58쪽 참조).

여기서는 발현이나 발현함(에르아이그넨)이라는 표현이, 간행된 것 중에서는 처음으로 그러한 형태로 등장하고 있다(참고로 말하자면 여기서는 항상 'sich ereignen'이라 하고 있으며 'ereignen'이라는 표현은 한 번도 사용되지 않는다). 그것만으로도 확실히 '보다 명확히' 말하여져 있다는 것이 인정된다. 그리고 여기서는 "발현이란 고유화하고 있는 현전화이다"(Ereignis ist das eignende Eräugnis)라는 식의 주제적인 규정이 내려지고 있다. 그뿐이 아니다. 이 강연 자체가 실은 '다른 측면에서' 본 발현론이라고 하여도 결코 과언이 아니다. 그 다른 측면이라고 하는 것이 바로 '전향'(Kehre)이며, 이 강연 전체의 제목이기도 한 '존재라고 하는 그것으로 밝아들어감'(Einblick in das was ist)인 것이다. 이것들은 도대체 무엇을 말하는 것일까. 전향이란 '존재의 망각이 존재의 현성이라는 진리에로' 전(轉)하여 향(向)하는 것이며, 또 그것에 있어서 '존재의 빛이 돌연히 자신을 밝혀 보여 주는' 그러한 것이다. 그리고 그 "돌연한 자기 개명(開明)이 번뜩임(Blitz)이다"라고 그는 말하는데 이 번뜩임이 곧 'Blicken'이라고 하고, 이 'Blick에 있어서, 또 Blick로서 현성(Wesen)은 자기 본래의 빛남(Leuchten)

안으로 들어온다'고 말해진다. 그리고 '존재의 진리의 번뜩임의 내방이 밝아듦'(向入, Einblicken)이라고 말해지는데, 이 밝아듦이 '존재 그 자체의 현성이 갖는 전향(轉向)의 정세(情勢)인 발현'이라고 설명된다. 따라서 밝아듦이란 결코 존재자를 향해 우리가 취하는 그러한 우리의 통찰(Einsicht)을 말하는 것이 아니다. 그것은 존재에 있어서의 전향인 발현, 존재의 현성의 거절이 존재의 진리의 발현함으로 전향한다고 하는 그러한 전향, 존재의 현성에 있어서의 정세, 존재 그 자체에 있어서의 발현을 말하는 것이다.

이와 같이 '전향' 내지 '번뜩임' 또는 '…밝아듦'이란 발현 그 자체를 말한다. 이러한 이상 이것으로부터 발현의 보다 자세한 해명을 얻을 수도 있다.

다음으로 첫번째 강연을 확장했다고 하는 「사물」(Ding)을 살펴보자. 여기서는 '발현'이라는 표현 자체는 보이지 않고, 물론 발현이라고 하는 사태 그 자체의 직접적인 해명도 행해지지 않는다. 단 여기서는 어떤 사태의 양상을 해명하고 있는 말로서 'ereignen'(혹은 sich ereignen, ereignend)이 사용되고 있다. 그 어떤 사태란 대지 · 하늘 · 신적인 것 · 죽을 자라는 '사자'(die Vier) 내지 그 통일체인 '사방'(das Geviert)을 말하는데 이와 관련해서 다음과 같이 말해진다. 즉 그 "사자는 체재(verweilen)하는 것인데 그 체재가 발현한다. 즉 그 사자를 그들의 고유함이라는 밝음에로 가져온다"는 식이다. 그리고 "사방의 모아들이면서 발현하고 있는 체재"라는 식으로도 말해지고 있다. 즉 사자와 사방 양쪽에 대해 함께 그것이 말해지고 있다. 또 다른 곳에서는 "사물(Ding)의 사물화/모음(Dingen)으로부터 비로소…현존하는 것의 현존이 자신을 규정한다"는 식으로 말해지고 있다. 그런데 이 사자를 그들 각각의 고유함에로 해산하고, 그들의 본질적인 상호연관(zueinander)의 통일성(Einfalt)에로 결속하는 것(binden)을 '반영'(Spiegeln)이라고 하는데, 이 반영이 발현하면서 반영하는 것이라고도 말한다. 요컨대 여기서는 발현 그 자체보다도 '발현되어지는 바의 사태'(das Ereignete)가 주제로 되어 있는 것이다. 따라서 여기서 말하는 발현의 의미를 충실히 이해하기 위해서는 이 강연에서 주제적으로 논해지고 있는 중요개념들, 즉 사자(die Vier), 사방(das Geviert), 사물(das Ding), 사물화/모음(das Dingen), 머무름(Verweilen), 반영(das Spiegeln), 반영작용(das Spiegel-spiel), 사자의 어우러짐(die Vierung), 윤무(der Reigen), 원환(das Ring), 겨룸(das Ringen), 어우름(das Gering), 세계(die Welt), 세계화(das Welten) 등과 함께 관련지워서 생각하지 않으면 안 된다.

다만 한 가지 꼭 주의해 둘 것은, 여기서 단 한 번 '탈현한다'(enteignen)는 표현이 보인다는 것이다. 그는 "탈현하면서 고유화하는 것이 사방의 반영-작용(Spiegel-spiel)이다"(VA 178쪽)라고 말하고 있다. 이 탈현은 발현에 동반되는 근본성격으로서 이윽고 「시간과 존재」에서 주제적인 의미를 띠게 된다.

이어서, 두번째의 「작위」를 확장했다고 하는 「기술에의 물음」을 살펴보자. 이 강연에서도 발현이 어떠한 사태인가 하는 직접적이고 주제적인 언명은 보이지 않고, 다만 문맥 속에서 사용되고 있을 따름이다. 예를 들면, "은닉된 것이 은닉되어 있지 않은 상태(Unverborgene)로 오는 한, 이쪽으로 가져온다는 것(hervorbringen)이 단적으로 발현(sich ereignen)한다"가, "비은닉성이 이미 발현(sich ereignen)했다"든가, "작위에 있어서 비은닉성이 발현한다"든가, "작위가 탈은폐의 운명으로서 발현한다"고 하는 것이 그 일례이다. 따라서 여기서 말하는 발현(에르아이그넨)의 의미를 제대로 이해하기 위해서는 관련되어 있는 작위(das Gestell), 기술(die Technik), 탈은폐(Entbergen), 비은닉성(Unverborgenheit) 등과 함께 고찰하여야 한다.

⑧ 「동일성의 명제」를 살펴보자. 「시간과 존재」의 연습기록에 의하면 여기에 가장 명백히 발현이 말해져 있다. 확실히 여기에서 처음으로 발현을 주제로 한 언명이 나타난다. 그런 점에서 가장 명백히 말해져 있다는 것은 사실이다. 이 강연은 본래 '동일성'을 그 주제로 하고 있다. 동일성이란 A가 B와 동등하다고 하는 '동등성'이 아니라, A가 그 자신과 같다고 하는 뜻의 '자기동일성'으로서, 결국 그 본질이 '발현의 소유'라는 맥락 속에서 논의가 진행된다. 그리고 이 강연에서는 인간과 존재를 그들의 본질적 결합 안에 고유화시키는 일로서 발현이 논해진다. 그리고 그는 작위(Ge-stell)에 지배되고 있는 고유화(Vereignen)와 사유화(Zueignen)로부터 발현의 의미를 이끌어 낸다. 여기서도 [주제적으로 논해지고 있지는 않다 하더라도] 탈현한다라는 표현이 보여진다(ID 29쪽).

다음으로 ⑨ 「언어에의 길」을 보자. 이것은 「시간과 존재」의 연습기록이 전하는 '발현으로 향하는 여러 길'에서는 웬지 언급되어 있지 않다. 다만 이 「언어에의 길」에서 말해진 모든 것이 '발현된 것'(das Ereignete)에 속하여 있다(SD 45쪽)고 하는 사실이 연습기록의 다른 부분에서 간단히 언급되고 있는데, 이는 발현을 이해함에 있어 결코 간과할 수 없는 중요한 자료라고 우리는 본다. 그 내용에 관해서는 뒤에서 재론하겠지만, 특히 주의해 두어야 할 것은 여기서 발현함의 명확한 규정이 행해지고 있다는 사실이다. 즉 발현은 "밝음의 자유스러움을 부여하며, 이 밝음 안을 향하여 현존하는 것(Anwesendes)은 존속(anwähren)하고, 이 밝음으로부터 부재(Abwesendes)는 물러나며 이 이탈 속에서 그 존속을 견지할 수가 있는 것이다"라고 해명되어 있다(US 258쪽). 그리고 여기에서 발현이라는 말에 관한 하이데거 자신의 언급이 각주의 형태로 주어져 있는 것도 주의해야 할 일이며, 또 지금까지의 사실을 재삼 확인하고 있는 것도 결코 간과할 수 없는 일이다(예를 들면, '존재에로 밝아듦'으로서 발현을 이해하는 것이 그 일례이다).

그러나 가장 결정적인 것은 역시 ⑩ 「시간과 존재」이다. 그 내용이 이하에서 중점적으로 검토될 필요가 있다. 그러므로 여기서는 우선 몇 가지 주의만 해 두기로 하겠다. 즉 「시간과 존재」에서는 발현이 주제적으로 논해지고 있다는 것, 그리고 그것에 속하여 있는 특성으로서 처음으로 '탈현'(Enteignis)이 주제화되고 있다는 것, 그리고 존재나 시간과 같은 그의 일찍부터의 주제를 바로 이 발현 안에 흡수시켜 버림으로써 그의 철학의 최종적인 경지를 보여 주고 있다는 것 등에 특히 주의를 해 두기로 하겠다.

이상 발현의 전개과정을 간략하게 살펴보았다. 그러나 이로써 발현 자체에 관한 충분한 이해가 얻어진 것은 아니다. 이제 한 걸음 더 접근해서 발현을 살펴보기로 하자.

2) 이 개념의 기본적인 의미

우선 이 개념의 기본적인 의미를 고찰해 보자. 무엇보다도 앞서 이것을 문제삼아야 하는 이유는 발현이라고 하는 이 표현 자체가 통상적인 의미와는 다른 하이데거 특유의 의미를 지님으로 해서, 이에 대한 우리의 이해를 곤란케 하고 있기 때문이다.[120]

120) 참고로, 한자권 안에서 이 말에 붙여진 번역을 보면 이러한 곤란이 실감난다. 특히, 서양철학 용어의 많은 번역어를 제공한 일본의 경우도, '本有化' '生起' '出來' '出現' '自現' '性起' '自性-性起' '나와-드러남' '만남' '생긴 일' 등 수많은 번역어가 어지러이 사용되고 있다. 또 번역의 어려움 때문에 원어 그대로 '에르아이크니스'로 부르는 경우도 많다. 하이데거 자신도 이 개념의 번역 불가능성을 토로하고 있다. "이 말[Ereignis]은…희랍어의 중요어 로고스라든지 漢語의 道와 같이 거의 번역이 불가능하다." 그리고 이 개념과 관련된 동사형 ereignen(또는 sich ereignen)의 경우나 발현에 속하여 있다고 말해지는 탈현(Enteignis)의 경우도 사정은 마찬가지이다. ereignen은 '惹起된다' '생기고 있다' '생겨난다' '생긴다' '適合시키는 일' '現起해 온다 · 現起한다' '出現이라는 점에서 말해' '생기다' '일어나다' '생기는 일' '目前에 생기다' '性起시키다' '고유한 것을 얻게 한다' '고유한 것을 소유시킨다' '自現시킨다' '本有化시킨다' '本有化한다' '에르아이그넨한다' 등으로 번역되어 있으며, 탈현은 '엔트아이크니스'를 비롯해 '그것 자신을 脫去시키는 일' '고유한 것을 退去시키는 일' '脫自現' '奪性' '收用한다' '自己를 버리고 있다' 등으로 번역되고 있다. 이러한 번역은 제각기의 고심과 사색의 결과이며, 따라서 그 어느 것이 가장 정확한 번역인지를 논하는 것은 쉽지 않다. 우리는 우리 자신의 사유를 통해 **'발현'(發現: 현을 발함)**이 그 원뜻을 비교적 잘 살릴 수 있다고 판단한다. '발'이 'Er-'를, '현'이 'eig-'를 어느 정도 대변할 수 있다면, 발현은 결국 '본래적으로 그 자신의 그러함을 가져다 줌' 또는 좀 이상한 표현이 되겠지만, '스스로 그러하고 있음'이라는 측면을 지시할 수 있기 때문이다. 또는 '本然' '本現' '本成' '自成' 등도 가능하리라 본다. 이 경우 '本'은 '알 수 없는 근저' '본래적' '본유적'이라는 의미를 나타낼 수 있으며, '然'과 '現'은 '고유한 상태' '밝혀짐' '드러나 있음' '나타나 있음' '견지됨' '그러한 모습' 등을 나타낼 수 있으며, '成'은 '그렇도록 됨'(sich ereignen) 또는 '그렇도록 함' 내지는 '성취' '성과' 등을 복합적으로 나타낼 수 있을 것이고, '自'는 '고유한 모습'과 '알 수 없는 근저'를 동시에 복합적으로 나타

따라서 이 개념이 지시하는 사태를 정확히 이해하기 위해 우선 그 말뜻을 고찰해 볼 필요가 있다.

이 말은 보통의 독일어로서는 '일어난 일'(Geschehnis) 또는 '사건'(Vorkommnis)을 의미한다.[121] 따라서 어떤 특정의 사건과 같은 것이 이 말에 의해 표현되고 있다. 예를 들면, '(아이의 출생과 같은) 기쁜 일'(freudiges Ereignis)이라든지, '즐거운 일', '슬픈 일'과 같은 표현이 가능하며, 또 '이 사건 이래 몇 달이 지났다'와 같은 말도 가능한 것이다. 따라서 이 말은 당연히 복수로서도 사용될 수가 있다. [예를 들면, Voller Ereignisse(수많은 사건들), ereignisreiche Tage(사건 많은 날)]. 그러나 하이데거 자신은 발현이라는 말을 이러한 의미로 이해하는 것을 명백히 거부한다. "발현이라는 말은, 이미 여기서는, 우리가 다른 경우에 어떤 Geschehnis라든지 Vorkommnis라고 이름하는 것을 의미하지 않는다."[122] 따라서 하이데거에 있어서는 이 말의 복수적 사용이 원칙적으로 허용되지 않는다. "이 말은 이제 단적으로 단수로서 사용된다. 그것이 의미하는 바는 오직 단수에 있어서만 목전에 생겨난다.

낼 수가 있을 것이다. 사실 우리는, 만일 '然'이라는 글자가 '그러하다'가 아닌, 동사적으로 사용되어 '그러한다' '그러하고 있다'는 표현이 가능하다면 '스스로, 그 자신의 그러한 상태이고 있다' '그러하도록 되어지고 있다'는 의미로, '自然'이라는 역어가 발현의 원뜻에 가장 가까울 수 있다고 믿어지나, 이는 이미 굳어진 자연(세계, 환경, 본성)의 뜻과 혼동될 우려도 없지 않아 부득이 보류했다.

121) Wahrig, *Deutsches Wörterbuch* 참조.

122) ID 25쪽, 그리고 같은 사실이 US 258쪽, SD 21쪽에서도 언급되어 있다.

아니 오히려 유일하게(einzig) 생겨나고 있다"(ID 25쪽).

이와 같이, 즉 유일하게, 발현이라는 이 말은 사유에 도움 주기 위한 주요어로서 사용된다. 하이데거는 이 말이 갖는 원천적인 의미를 살리려 하고 있다. 그에 따르면 발현은 '에르-아이그넨'에서 오는 말로, "Er-eignen은 …er-äugen 즉 erblicken[보다], im Blicken zu sich rufen[봄에 있어서 자기에게로 부른다], an-eignen[내 것으로 만든다]는 뜻이다"라고 설명된다.

그러나 이러한 설명은 결코 명확한 것이 되지 못하며 애매함을 남기고 있다. 즉 '보다'(er-blicken)라든지 '보는 일'(das Blicken)이라 할 경우, 그것은 사태 그 자체 쪽에 속하는 '빛나다(leuchten), 빛을 발하다(strahlen), 비추다(anstrahlen)'라는 것 내지 '빛(Glanz), 섬광(Blitz)'을 말하는 것인지,[123] 아니면 우리 인간 쪽에 속하는 순수한 본다(sehen, schauen)는 것을 말하는 것인지 분명하지 않고, 또 자신에게로 부른다고 하는 경우도 그 자신이라는 것이 무엇을 말하는 것인지 분명치 않다. 그리고 an-eignen이라는 것에 있어서도 무엇이 무엇을 제것으로 만든다는 것인지는 전혀 언급되어 있지 않기 때문이다.

단 우리는 이 설명에 있어서 그가 'er-'와 'eignen'을 나누어 그것을 하이픈으로 연결시키고 있다는 것, 그리고 'er-eignen'을 어쨌거나 Auge[눈]에 어원을 갖는 'er-äugen'과 관련지우고 있다는 점에 주의함으로써, 나름대로의 힌트를 얻을 수가 있다.

먼저 ① '-'로 연결된 'er-eignen'에서 'er-'는 무엇을 의미하며 'eignen'은 무엇을 의미하는가.

---

123) Duden, *Etymologie*, Mannheim, 1963, S.71-73 참조.

먼저 'er-'의 경우, 이것에는 건네준다든가 가져다 준다 혹은 얻게 한다, 이도록 한다, 수여한다, 이게끔 시킨다, 허용한다 등의 뉘앙스가 포함되어 있다.[124] 그리고 'Er-'는, 파악한다(erfassen), 헤아린다(ermessen), 거머쥔다(ergreifen), 창조한다(erschaffen)에 있어서처럼, '근저로부터'(vom Grund aus)라는 의미를 갖기도 한다.[125] 하이데거 자신도 "가져다 주면서 고유화하는 것을 발현함이라 한다(Das erbringende Eignen [...] heißt das Ereignen)"(US 258쪽)고 말하고 있는 것을 보면, 'er-'에는 확실히 가져온다, 가져다 준다(erbringen)는 의미가 포함되어 있다. 이러한 이해는 'Er-eignen'을 굳이 '가져다 주어진 결과'(Er-gebnis)라든지, '건네면서 주는 것'(reichendes Geben)과 결부시키고 있는 하이데거 자신의 설명에 의해 더욱 뒷받침될 수가 있다. 그의 설명은 또한 그 가져다 줌의 '근원적인 성격'을 보증하는 증언으로서 도움이 될 수도 있을 것이다.

그러나 이러한 이해만으로 충분하지는 않다. 우리는 다음과 같은 그의 말, 즉 "발현을 특징지우고 있는 '고유케 함'(Vereignung)"(SD 24쪽)이라고 하는 말에 있어서의 'Ver-(…케 한다)'를 이상의 이해에 포함시키지 않으면 안 된다고 생각한다. 그리고 「시간과 존재」에서 강조되고 있는 준다(geben), 보낸다(schicken), 건네준다(reichen), 허용한다/…이도록 한다(lassen) 및 바친다(zueignen), 양도한다(übereignen)는 것도 모두 이상의 이해와 연관시켜 생각하지 않으면 안 될 것이다. 'er-'라는 전철에는 이상의 의미들이 포함되어 있다.

---

124) 渡辺二郎, 『内面性の現象學』, 192쪽 참조.

125) Jaeger, *Heidegger und die Sprache* 참조.

다음으로 'eignen', 이것은 '현존하는 것과 부재하는 것을, 그때그때 그 고유함(das Eigene)에로 가져다 주는' 것으로 설명되고 있다(US 258쪽). 이 설명에 따르는 한, eignen 자체가 이미 '가져다준다'는 성격을 의미로서 포함하고 있는 셈이다. 발현을 '고유화'(das Eignen)로부터 이해해야 한다는 그의 설명(SD 21쪽)도 이 선상에서 생각해 볼 필요가 있다. 그렇다고 한다면, 앞서 살핀 'er-'는 강조의 의미를 띤 전철로서 이해되어도 좋을 것 같다. 그리고 이 사실과 더불어 주의되어야 할 것은, 'eignen'이라는 이 말의 핵심에는 가져다 주어지는 것으로서의 '고유함'(das Eigene)이라는 사태가 두드러지게 존재하고 있다는 것이다. "시간과 존재 양자를 그들의 고유한 상태에로(in ihr Eigenes)…규정하는(bestimmen) 것, 그것을 우리는 발현이라고 부른다"(SD 20쪽)고 한 설명에 있어서도 역시 이 'Eigenes'라는 것이 언급되어 있음을 우리는 본다. 그렇다면, 이 'Eigenes'란 구체적으로 무엇을 말함인가. 예를 들면, '시간'과 '존재', 그리고 그것들의 '공속'(Zusammengehören), '존재와 인간의 공속', '세계라고 하는 사방'(Geviert), '말함으로서의 언어를 향해 『언어에의 도상』에 있어서 거론된 것들' 등이 그 내용으로서 제시될 수 있다. 그러나 여기서는 그 구체적인 검토를 접어 두고, 우선 그 형식적인 의미, 즉 고유함, 그러함, 그러한 그 자신 본유의 상태, 본연적인 것, 본래 고유의 모습이라는 형식적인 의미의 확인에 머무르기로 하자.

② 그런데 하이데거는 'eigen'을 중심으로 한 이와 같은 이해와는 별도로 또 하나의 방향에서 발현을 생각하고 있다. 즉 그는 'Er-eignen'을 'er-äugen'으로서 생각하고 있는 것이다. 'eräugen'은 'eräugnen'과 함께 '눈'(das Auge)에 그 어원을 갖는다고 한다.[126)]

실제로 'er-eignen'은 18세기까지 'er-äugnen'이라는 철자로 '눈앞에 둔다', '나타낸다'를 의미하고 있었던 것 같다. (그리고 Trübner에 의하면, 'er-äugnen'은 눈앞에 가져온다(vor das Auge bringen), 보게 한다(sehen lassen)는 것을 의미한다고 설명된다.) 그리고 이것이 후에 '나타난다'(erscheinen), '생긴다'(sich begeben)를 의미하게 된다. 그렇다고 한다면, 'ereignen'은 확실히 '눈'이라든가 '본다'고 하는 요소와 관련이 있는 것으로 되며, 그 눈이나 본다가 당연히 우리 인간에 속하는 것이라는 점을 생각하면, 그것은 '우리 인간에게 관련해 온다'는 것을 의미할 수 있게 된다. 즉 그 '가져다 준다'는 것은 '인간에게까지 다다르며, 그리고 인간에게 그것을 보도록 한다', '와 닿는다'는 형태로 관련해 온다는 것이다. 앞서, Eignen은 '그때그때 고유함에로 가져다 주는 것이다'라고 설명되었는데, "가져다 주어진 그 고유한 것으로부터, 고유한 것은 그 자신에 즉해서 스스로를 내보이고 그 자신의 방식으로 그 자신에 머무른다"(US 258쪽)고 하이데거는 설명을 계속하고 있다. '가져다 주어진 것은 그 자신에 즉해서 스스로를 내보인다고 하는 이러한 생각도 아마 눈앞에 가져다 주는 것과 마찬가지로 그것의 '인간에 대한 관여'를 의미하고 있는 것이리라. 하이데거가 굳이 괴테의 시를 끌어들이면서까지, 'eignen'을 'sich zeigen'(스스로를 내보인다), 'bezeichnen'(표현한다)과 결부시키려 하고 있는 것(US 259쪽 참조)도 이러한 해석과 동일선상에서 이해되어야 한다. 그리고 이상과 같은 생각은, '우리 인간에게 관련해 온다'는 것을 '발현에 있어서의 또 하나의 특성'으로서 지적하고 있는

126) Duden: *Ethymologie*, S.130, 141 참조.

「시간과 존재」의 발언에 의해 보다 확실한 것으로 될 수가 있다(SD 23쪽 참조). 그렇다고 한다면, 처음에 문제되었던 '자신에게로 부른다'는 것도, '인간을 불러들인다'는 것으로서 해결이 될 수 있을지도 모르겠다.

그런데 코지마(小島)의 지적에 따르면, 'er-äugnen'으로서의 'er-eignen'과 eignen 내지 eigen과의 결부는, 어원으로 보자면, 오해에 기초하고 있다고 한다.[127] 그리고 예거도 또한 이것이 역사의 흐름 안에서 이루어져 온 두 개의 서로 다른 계통임을 보고하고 있다.[128] 그러나 그렇다고 하더라도 만일 사태 그 자체가 이 두 계통의 의미를 동시에 포함시켜 이해할 것을 요구하고 있다면, 그러한 한에서 그와 같은 혼용도 마땅히 허용될 수 있을 것이다. 확실히 하이데거는 이 두 계통의 의미를 뒤섞어서 발현을 이해하고 있다. 그와 같은 결부시킴의 단적인 예를 우리는 다음과 같은 표현에서, 즉 "발현은 고유화하면서 현전화하는 것(das eignende Eräugnis)이다"(TK, 44쪽)라고 하는 말에서 찾아 낼 수가 있다.

이제 이상의 이해들을 기초로, 우리는 다음과 같이 발현의 기본적인 의미를 정리할 수가 있다. 즉 발현이란 '…을(이 내용에 관해서는 따로 언급한다)', '그 고유한 상태(das Eigene), 그 자신 본연의 상태, 그 본래적인 모습에로', '알 수 없는 근저로부터', '허용하고, 가져오고, 부여하고, 보내 주고, 건네 주고, 그렇도록 하고, 바치고, 양도하고', '규정하고', '밝히면서 견지하고', '부재를 거기에서 떠나게 하는' 것, 그렇게 해서 '그 자신에 즉해 스

127) 小島의 日譯本『技術論』역주 (5) 참조.
128) Jaeger, *Heidegger und die Sprache* 참조.

스로를 내보이며', 그것이 '인간에까지 이르러, 인간에게 관여해 오는' 것, 이것인 것이다. 요컨대 '현'을 '발'함이 에르아이크니스인 것이다.

그러나 이로써 발현이 완전히 이해되었다고 말할 수는 없다. 지금까지는 겨우 그 형태를 살펴본 데 불과하다. 우리는 발현이라는 사태 그 자체로 접근해 들어가지 않으면 안 된다.

3) 이 현상의 몇 가지 측면

그런데, 위의 형식적 의미규정에 있어서, 발현이라는 이 사태 자체의 몇 가지 중요하고도 본질적인 측면들이 이미 암시되어 있다. 즉 '본연의 상태로 되게 하는 것'으로서 특징지워진 발현에 있어서, 되어지는 것은 무엇인가 하는 면, 되게 하는 행위를 담당하는 자는 누구인가 하는 면, 그리고 되게 하는 행위 그 자체는 애당초 어떠한 작용인가 하는 면, 이 세 가지 측면이 위의 형식적 의미규정에 있어서 이미 방향지워져 있는 것이다. 우리는 이 세 가지 측면을,

① 발현에 있어서의 '무엇을'의 문제

② 발현에 있어서의 '무엇이'의 문제

③ 발현에 있어서의 '어떻게'의 문제

로서 정리할 수 있다고 생각한다. 이 세 가지 문제를 보다 상세히 검토해 보기로 하자.

〈발현에 있어서의 '무엇을'의 문제〉

발현에 있어서 그렇게 되어지는 것, 즉 발현되는 것(das Ereignete)은 무엇인가. 이 문제에 관해서는 지금까지의 고찰이 이

미 그 기본적인 대답을 제시하고 있다. 즉 그것은 '본래 고유의 것', '고유의 상태'(das Eigene)였으며, 내용적으로도 '현존하는 것과 부재하는 것', '시간과 존재', 그리고 그것들의 '공속', '세계라고 하는 사방[또는 四者界/四者體](Geviert), '존재와 인간의 공속', '말함으로서의 언어를 향해 『언어에의 도상』에서 거론된 모든 것' 등이, 비록 주제적으로 다루어지지는 않았지만, 이미 언급되어 있었던 것이다. 이제 그것을 자세히 검토해 보기로 하자.

이 문제에 관해서는 무엇보다도 하이데거 자신의 언급이 있음을 간과할 수 없다. 「시간과 존재」의 세미나 기록(Protokoll)에 의하면, "발현되어지는 것에 관하여, 강연[「시간과 존재」] 자체에 있어서는 아무것도 이야기되지 않았지만, 그러나 다른 저작들에 있어서는 이미 몇 가지 것이 사색되었다"(SD 45쪽)고 하는 사실이 지시되어 있다. 예를 들면, 『동일성과 차이성』, 『횔덜린의 땅과 하늘』, 「사물」, 『언어에의 도상』에 있어서 이야기된 것, 즉 방금도 말한 '존재와 인간의 공속', '사방' 그리고 '말함(Sage)으로서의 언어(Sprache)를 향해…이야기된 모든 것' 등이 그것에 속한다는 것이다. 물론 이상은 하이데거 자신이 말하듯, 단순히 선구적이고 선견적으로 눈길을 보낸다고 하는 방식으로밖에 수행되지 않았다. 왜냐하면 그것들에 있어서는 우선 발현에의 전입을 준비하는 것만이 문제였기 때문이다. 그러나 그렇다고는 하더라도, 우리는 이 부분을 결코 가볍게 보아서는 안 된다. 왜냐하면 이들 부분은 발현을 주제로서 논하고 있는 것은 아니나, 발현되어지는 것 즉 발현이란 방식을 그것 자신 안에 지니고 있는 것을 직접 말하고 있음으로 해서 오히려 발현의 보다 생생한 모습을 보여주고 있기 때문이다.

바로 그와 같은 것으로서 우선 '인간과 존재의 공속'(Zusammengehören)이 『동일성과 차이』에서 이야기되고 있다.

인간과 존재의 공속, 이것은 인간과 존재와의 '본질적인 결부'(Zusammen)를 말한다. 이 사태를 하이데거는 '동일성'으로부터 이끌어 내어 결국 '발현'에로 관련지워 나간다.

먼저 그는 동일성 명제 A=A를 검토한다. 그에 의하면, 이것은 어떤 하나의 것이 다른 어떤 것과 같다고 하는 '동등성'이 아니라 오히려 A가 그 자신과 동일하다고 하는 의미로서 A의 '존재'를 말하고 있는 것이라고 설명된다. 그리고 이러한 의미로의 '동일성'을 그는 바로 인간과 존재와의 공속이라는 사태에 적용시켜 생각한다. 즉 '인간과 존재와의 공속'이라는 사태 그 자체를 그는 '동일적인 것'(das Selbe)으로 생각하는 것이다. 이러한 생각을 그는 파르메니데스의 말 'τὸ ϒὰρ αὖτὸ νοεῖν ἐστίν τε καὶ εἶναι'[129]와 연결시킨다. 그래서 그는 이 말을, "동일의 것이 곧 사고이기도 하며 또 존재이기도 하다"로 번역하고, "여기서 상이한 것인 사고와 존재가 동일적인 것으로 생각되어 있다"고 해석한다. 그는 여기서 사고(내지는 인간)이기도 하며 또 존재이기도 한 어떤 하나의 사태 즉 그야말로 다스 젤베(동일자)라 할 수 있는 그러한 하나의 사태를 생각하고 있는 것이며, 결코 사고와 존재라고 하는 두 개의 서로 다른 것을 대비시켜서 그것들이 서로 같다고 하는 동등성을 말하고 있는 것은 아니다. 그러한 대비 이전에 사고와 존재는 이미 하나의 결합된 사태를 이루고 있다. 바로 이 사태를 그는 '공속'(Zusammengehören)이라고 부르는 것이다.

---

129) 파르메니데스, B3.

그러면 이 공속이란 구체적으로 어떠한 것을 말하는가. 그에 의하면, 그것은 인간과 존재가 '서로 상호간에 속하고 있다는 것'(Zu-einander-gehören), 즉 인간이 사고하는 본질로서, 존재에 대해 개방적으로 존재의 현존에 놓이고, 존재에 관여토록 되어지고, 이렇게 해서 존재에 응답하는 것을 그 특질로 삼는다고 하는 것, 즉 인간은 본래 이 응답에 의한 관여라는 것, 그리고 존재가—'현존하는 것'이라는 원초적인 의미를 갖는 이상—인간에 관련 맺음으로써만 현성하고 또 지속한다고 하는 것, 즉 인간이 존재를 향하여 개방적으로, 존재를 현존존재로서 도래케 한다고 하는 것, 현존이 어떤 개방성을 사용하고 이 사용에 의해 인간본질에 위탁되어 있다고 하는 것, 이것을 의미한다. 이것은 결국, 인간과 존재가 상관적으로 이미 항상 그들의 본질을 서로 달성하고 있다는 것을 의미하고 있다는 말이다.

여기서 하이데거는 인간이 존재에 적응(vereignet)하고 존재가 인간 본질에 제공(zugeeignet)되어 있다는 것에 특히 주의하고, 이 진귀한 적응과 제공, 즉 인간과 존재가 서로 적합하는 바의 이 고유화를 바로 발현에 결부시키고 있는 것이다. 즉 인간과 존재가 서로 그들의 본질에 있어서 상호도달하고, 그들의 현성하고 있음을 획득하는 것은 '발현을 통해서' 그러한 것이며, 인간과 존재를 그들의 본질적인 결부 안에 '고유화시키는' 것이 바로 발현이라고 설명되는 것이다.

이 때, 존재와 인간과의 본질적인 결부 그 자체가 곧 발현이라는 사태 자체라고 오해되어서는 안 된다. 본질적인 결부 자체는 어디까지나 동일성으로서 이해되고 있으며, 이 동일성과 발현과의 '관계'가 하이데거 자신에 의해 물어져, "발현은 동일성에 대해서…아무런 관계도 없고[즉, 아무런 영향도 받지 않고], 반대로 '동일성은 발현에 대해…많은 관계가 있다"고 말해지고 있기 때문이다. 발현에 대한 동일성의 관계, 그것은 동일성의 본질이 발현에서 유래한다고 하는 관계이며, 동일성의 본질이 발현의 소유라는 관계라고 말해진다. 이것은 다시 말해, 동일성은 발현이라는 방식으로 발현되는 것이다라고 해도 지장이 없을 것이다.

하이데거는 또 이상과 같은 공속에 있어서 공속하는 것 즉 존재와 인간이 이미 단순한 존재와 인간이 아니라, '세계라고 하는 사방에 있어서의 죽게 될 자'로서 확대 해석하고 있다. 이 사방 즉 발현되는 것에 관해서는 강연 「횔덜린의 땅과 하늘」과 「사물」이 또한 서로 다른 방식으로 논하고 있다. 우선 전자를 살펴보자.

이 강연에서 그는 횔덜린의 시 「그리스」에 의거하면서, 발현되는 것으로서의 사방을 논한다. 그는 특히 '작용하면서 상호관련 전체에, 중앙과 더불어'라는 횔덜린의 시구에 주목하여, 이것을 사자, 즉 땅과 하늘의, 신과 인간의, 그 전체에 대한 표현으로 해석한다. 이렇게 해서 그는 '땅과 하늘 및 그 연계가 그 안에 귀속하는 이 더욱 풍요한 관련 전체'를 주제적으로 생각해 나간다.

그에 따르면 이 상관은 '무-한(un-endlich)한' 것이다. '무한한'이란 단순히 끝없는 것이라는 뜻이 아니라, 그 말단과 측면이, 그 상호관련의 일방들이 단절되어 일면적으로 그것 자체에 존립하고 있는 것이 아니고, 일면성과 유한성으로부터 해방되어, 그 일방들을 두루 그 중앙에서 종합하여 지탱하는 상호관련 안에서, 무한히 [자기만으로 한정됨 없이] 서로 상호귀속하는 것이라는 의미이다. 이는 즉, 사자 중 어느 하나도 일면적으로 그 자체만으로 존립해 나가는 것은 없다고 하는 것, 그 어느 것도 다른 것

없이는 [배제하고는] 존재하지 않는다고 하는 것을 말한다. 이러한 성격을 그는 (횔덜린의 시에 의거해서) '사자의 소리가 울려 퍼진다'(tönen)고 표현한다. 우선 '하늘이 울려 퍼진다'. 예를 들면 '뗴구름의 화안한 정조'가 그 '소리'이며, 그것은 '뇌우라는 최고의 영상, 번개, 천둥, 폭풍, 그리고 살 같은 빗줄기' 등을 그 자신 안에 간직하고 있다. 그리고 '땅도 또한 울려 퍼진다.' 이 땅의 울려 퍼짐은 하늘의 반향이며, 반향 안에서 땅은 하늘에게 자기 신의 발걸음을 응수(應酬)한다. 그리고 그는 '보는 것과 호소하는 것의, 가수들의 지상에서의 노래 속에서의 신묘한 합일성'에 주의하면서 호소하는 자들[인간]은 시인의 천직 안에서 노래에의 사명을 부여받음으로써 그 스스로 운명의 소리 중 하나가 된다고 한다. 이어서 그는 인간들의 '불멸에 대한 사랑' 즉 '신성에 대한 사랑'이 '어느 유일한 神의 것'임에 주의하면서, 그와 같은 사랑은 신에게 속한다고는 해도, 신이 자신을 그 속에 보내 주는 하나의 알 수 없는 것에 머무른다고 해, '신'도 '운명의 소리들 가운데 하나이다'라는 것에로 이끌어 간다. 이렇게 해서 그는 '사자의 소리가 울려 퍼진다'는 것을 확인한다. 사자는 이렇게 서로서로 얽힌다.

바로 이러한 사태에 대해 하이데거는 '발현되는 것'이라는 규정을 내리는 것이다. 그러나 강연 그 자체에서 직접 발현이 언급되어 있는 것은 아니며, 그 대신 '운명'(Geschick)이 이 사태에 지배되고 있다는 것을 말한다. 즉 그는 '운명이 사자를, 상호관련 전체를, 자신 아래에 끌어모아 견지함으로써, 사자를 서로에게로 보내 준다'고 말한다. 이러한 운명이 사자를 그 상호귀속 안으로 보내 주는 것이며, 또 이 사자의 상호귀속, 즉 [자기 자신 하나에만] 한정됨 없는 무한한 상호관련 자체가 '도래하는 것'으로서 특징지워져 있다. 그것이 곧 발현의 모습인 것이다.

그런데 이 강연에서 이야기된 내용은 실은 1950년의 강연 「사물」에서 처음으로, 그러나 어떤 의미에서는 보다 더 적극적으로, 논해져 있다.

강연 「사물」에 의하면, 사방은 땅 · 하늘 · 신 · 인간이라는 사자로 이루어진 '합일적인'(einig) 것이다. '합일적'이란 사방을 이루는 사자가 제각기 자기완결, 자기폐쇄적인 것이 아니라, 근본적으로 다른 3자와 서로 관련하고 있다는 것을 의미한다. 그것을 그는 "사자 중 어느 하나를 말할 때, 우리는 이미 다른 3자를 사자라는 통일체(Einfalt)로부터 함께 생각하고 있다"는 식으로 말한다. 이 말은, 사자가 그들 자신으로부터 서로 마주하여 합일되고, 합일된 사방이라고 하는 통일체에 기초하여 서로 상호귀속하는 것, 사자의 각각이 그 나름의 방식으로 나머지 것의 본질을 다시 반영한다는 것을 말한다. 사자의 이러한 양상을 그는 '반영'(Spiegeln)이라는 이름으로 부른다. 그리고 이 반영은 또 사자의 각각을 제각기의 고유함 속으로 해방하고, 이들의 자유에 해방될 것을 이들이 본질적으로 마주하는 통일체 안에 속박하는 것으로서 '유희'(Spiel)라 불려진다. 이러한 유희는, 고유화라는 겹있는 받침에 기초해서 사자의 각각으로 하여금 각각에 대한 굳은 신뢰를 맺는다. 이 경우 사자 모두 스스로가 분리된 특수자라고 주장하지 않고, 오히려 고유화의 내부에서 각각의 고유성을 물러나게 하고, 하나의 독자적인 것으로 되어 있다는 점이 지적되어, 이 고유성을 물러나게 하면서 고유화하는 것을 그는 또, 사방의 '반영하는 유희'(Spiegel-spiel)라 부르고 있다. 결국 이러한 반영하는 유희로부터 사자의 통일체는 굳게 맺어져 있다고 그는 지적한다.

이러한 사태의 미묘한 양상들을 그는 더욱 여러 각도에서 조명한다. 예를 들면 그것은, '세계'라는 말이나 '사자의 어우러짐'(Vierung)이라는 말로, 또는 '윤무'(Reigen)나 '어우름'(Gering) 등으로 모습을 바꾸어 말해진다. 그러나 이들 모두는 결국 사자가 본질적으로 서로 얽혀 관련하고 있는 모습을 보여 주고자 하는 것이다.

바로 이러한 사태가 '발현되는' 것이라고 그는 해명하고 있는 것이다. 물론 여기서도 발현이라는 주제를 두고서 사방을 문제삼고 있는 것이 아니라 순서는 오히려 그 반대이므로, 양자의 관계에 관한 보다 명확한 해명을 들을 수는 없으나, 아무튼 발현되는 것으로서의 '사방'이 대략 어떠한 사태인가 하는 것만은 확인된 셈이다.

다음으로 그는 '말함(Sage)으로서의 언어(Sprache)를 향해 이야기된 모든 것'도 또한 '발현되는 것'이라고 말한다. 그 '모든 것'을 여기서 다 논할 수는 없으므로, 우선 그것을 중점적으로 이야기하고 있는 강연 「언어에의 길」을 살펴보자.

이 강연에서 그는 특히 '말함'(Sage)이라는 개념을 내세운다. 결론을 앞당겨서 말하자면, '말함'을 그 지시작용 안에서 움직이고 있는바의, 가져다 주면서 고유화하는 것이 바로 발현이다.

이 '말함'이라는 말로 하이데거는 무엇을 생각하고 있는가. 그는 언어의 본질 자체를 '말함'이라고 칭한다. 따라서 이 말이 갖는 보통의 의미인 '전설' '소문' 등 소위 보증되어 있지 않고 따라서 믿을 만하지 못한 것이나 신화나 영웅전설이 화제가 될 때 생각되는 그런 본질적인 의미는 배제된다. 그는 트라클에 따라, '지시작용으로서의 사물을 말하는 일'로부터 이 말을 이해하고 있다. 즉 언어의 본질적인 점은 '지시로서의 말함'이라는 것이다.

그는 단순히 '이야기하는 것'(Sprechen)과는 다른 '말하는 것'(Sagen)으로부터 이 말의 의미를 읽어 낸다. 그에 따르면, '말한다'는 것은 '내보인다'(zeigen), '나타나게 한다'(erscheinen lassen), '듣게 한다'(hören lassen)는 것을 의미한다.

여기서 '내보인다'는 것은 '인간의 행위'를 말하는 것이 아니다. 그에 의하면 스스로를 내보이는 것은 나타나는 것으로서 모든 종류 및 단계의 현존하는 것의 현존과 부재를 특징짓는다. 그러므로 우리가 말하는 것에 의해 지시작용이 성숙되는 경우라도, 지시하는 것(hinweisen)인 이 지시작용에는 스스로를 지시하게 하는 것(das sich zeigen lassen)이 선행되어 있다는 것이다. 이러한 생각으로부터 '말함'이라는 말이 제시된다. 말함은 지시작용이다. 그것은 현존하는 것을 나타나게 하고, 부재하는 것을 소멸시키는 작용으로서, 우리에게 말거는 것, 이야기 나누어진 것이라든지, 이야기된 것으로서 우리에게 만나지는 것, 우리에게 말걸어 자신을 부여하는 것, 이야기되어지지 않은 것으로서 우리를 기다리고 있는 것, 이 모든 것들에 있어서 지배되고 있다. 따라서 말함은 결코 나타나는 것을 나중에 덧붙여서 언어로 표현하는 것이 아니라, 오히려 빛나거나 꺼지거나 하는 모든 것이 지시하는 말함에 기초하고 있다고 그는 본다.

여기서 하이데거는 말함의 이러한 지시작용이 어디서 오는지를 묻는다. 그리고 이 물음에 답하기 위해서는 지시할 때에 활동하고, 그 활동적인 것이 해결하는 것에 주의하면 족하다고 하여,

그 활동적인 것에서 발현을 찾아 낸다.

즉, 말함의 지시작용 안에서 활동하고 있는 것이 발현이며, 지시로서의 말함을 그 지시작용 안에서 움직이고 있는 '되게 하는 고유화'가 발현이며, 발현시키는 것이 발현 그 자체이며 그 이외의 아무 것도 아니라고 그는 말하는 것이다. 요컨대 언어의 본질인 말함의 지시작용이 본연적으로 그러한 것이라는 사실을 하이데거는 여기서 보여 주고자 하는 것이다.

우리는 하이데거의 지시에 따라, 우선 '존재와 사고(인간)의 공속', '사방을 이루는 사자의 근본적인 상관', '말함에서의 근원적인 지시작용'을 중심으로 발현의 모습을 확인해 보았다. 그러나 발현되는 것에 관련된 그의 사색은 이것으로 그치지 않는다. 우리는 적어도 강연 「시간과 존재」에서 이야기된 내용을 이 맥락에 포함시켜 생각하지 않으면 안 된다. 왜냐하면 이 강연에서도 그는 지금까지의 경우와 마찬가지로 어떤 사태를 제시하고, 그 사태를 그렇도록 하고 있는 것으로서 발현을 거론하고 있기 때문이다. 그 사태가 바로 '시간과 존재와의 공속'이다. 그것을 그는 이렇게 말한다. "시간과 존재 양자를, 그들의 그러한 고유성 안으로, 즉 그들의 공속 안으로 규정하는 것, 그것을 우리는 발현이라 부른다"(SD 20쪽). 또는 이렇게도 말한다. "양쪽 사항을 서로 상호귀속시키고 있는 것, 즉 그 두 가지 것을 단순히 그들의 고유함 안으로 가져다 줄 뿐 아니라 두 가지 것을 그들의 공속[상호귀속] 안으로 보유시키고, 또한 그 안에서 견지하고 있는 것, 즉 양쪽의 견지태 다시 말해 사태, 그것은 발현이다". 그리고 "이 사태야말로 존재와 시간을 그들의 상호관련으로부터 그들의 고유함 안으로 비로소 발현하며, 또한 보냄과 건네줌 안에 감추어져 있는 발현을 통하여 발현한다”는 것이다.

그러면 ‘시간과 존재의 공속’(Zusammengehören)이란 내용적으로 어떠한 것인가. 그는 이렇게 말한다. 우선 “존재는 현존성으로서, 현재로서, 시간에 의해[즉 시간과 그 어떤 방식으로 관련하는 것에 의해] 규정되어 있다.” 그리고 “시간은 잇따라 지나감에 있어서 그것으로서 머물러 있는데, 머무른다는 것은 소멸하지 않는다는 것이며, 따라서 현존한다는 것이다. 따라서 시간은 그 어떤 존재에 의해 규정되고 있다”. 즉 존재와 시간은 교차해서 서로 상호규정하고 있다는 것이다. 이렇게 해서 존재와 시간, 시간과 존재, 그들은 쌍방의 상호관련을, 즉 쌍방을 서로 상대방에 향하도록 해서 유지함과 동시에 그 상호관련을 철저히 견지하고 있는 사태를 이름한다.

이러한 의미로서의 공속, 바로 이것이 다름아닌 발현을 통한 것이라고 그는 말하는 것이다. 발현을 통한 것이라는 말을 우리는 ‘발현되는 것’으로 해석한다. 따라서 ‘존재와 시간의 공속’이라는 사태도 또한 ‘발현되는 것’으로서 이해할 수 있다.

이렇게 해서 우리는 개략적으로나마 발현에 있어서의 ‘무엇’ 즉 ‘발현되는 것’의 실태를 확인해 보았다.

〈발현에 있어서의 '무엇이'의 문제〉

그러면 도대체 무엇이, 어떠한 자가 그렇도록 해 주는 것인가. 결론부터 말하자면, 그것은 알려지지 않는다. 즉 “드러나지 않는다”(SD 23쪽). 이 사실은 그 자체가 발현의 중요한 하나의 ‘특성’이다. 이것이 ‘발현의 유한성’이라 설명되고 있으며, 이러한 성격이 다름아닌 ‘탈현’(Enteignis)이라 불려지게 된다. 그는 말한다.

"발현은 그의 가장 고유한 것[즉 '무엇이'에 해당하는 것]을 무제한한 드러남으로부터 퇴거시킨다". 이로 해서 "발현 그 자체에는 탈현(엔트아이크니스)이 속하여 있다"고 말해진다. 탈현은 발현 안에 포함되어 있는 독자적인 성격으로 규정된다. 요컨대 무엇무엇이 본연적으로 어떠어떠하게 되어질 때 그렇게 되어진 것은 드러나지만 그렇게 되게 한 자는 뒤로 물러나 드러나지 않는다는 것, '현'에서 이탈한다고 하는, 또는 '현'을 박탈한다고 하는 이러한 특성을 그는 **탈현**이라 부르는 것이다. (또는 '불현'이라 부를 수도 있다.)

하이데거는 이러한 성격을 발현 안에 있는 '시간을 건네주는 일'과 '존재를 보내주는 일'로부터 사색해 낸다. 즉 '운명으로서 보내주는 일로서의 부여하는 일'에는 '그것 자신에 머무르고 있다는 것', 즉 '그것 자체[부여하는 자]는 부여하지 않는다'는 것이 속하여 있으며, '기존과 도래를 건네주는 일' 안에는 현재에 머무르는 것을 거절한다는 것과, 현재에 오는 것을 유보한다는 것이 작용하고 있다. 이러한 것은 그것 자신을 물러나도록 한다'고 하는 것, 즉 '퇴거'(물러남, Entzug)를 나타낸다. 이러한 '퇴거'를 특징으로 하는 그 부여방식(Geben), 즉 '보내는 일'(Schicken)과 '건네주는 일'(Reichen)이 발현 안에 존재하는 있는 한, 퇴거는 발현의 독자적인 성격에 속한다.

즉 발현내에, 보내줌과 건네줌이라는 성격이 존재하며, 그 보내줌과 건네줌 안에 퇴거[물러섬]가 존재하고 있는 한, 발현 안에 퇴거가 존재한다는 말이 된다.

이렇게 그는 존재와 시간이 부여되는 방식에 내재된 퇴거로부터 발현에 내재된 탈현을 사색해 낸다. 퇴거와 탈현은 연관되어 있다.

그런데 강연 「시간과 존재」의 연습기록은 『칸트와 형이상학의 문제』에서 말해진 존재의 유한성과 발현의 유한성[즉 탈현]과는 구별된다는 것을 주의한다. 그것은, 『칸트와 형이상학의 문제』의 경우와는 달리, 「시간과 존재」에서 말하는 유한성(=발현의 유한성, 탈현)은 무한성과 관련해서 사색되어 있는 것이 아니며, 그것 자체에 있어서의 유한성으로서 사색되어 있다는 것을 말한다. 그것 자체에 있어서의 유한성이란 종말, 한계, 고유성, 고유성내에 감추어져 있는 것으로서, 유한성의 새로운 개념이라 설명된다. 단 새로운 개념이라는 말은 하이데거에 의해 처음으로 생각되었다는 뜻은 아니다. 그는 예컨대 희랍어 ἀλήθεια(진리)에서의 λήθη나 헤라클레이토스가 말한 κρύπτεσθι(그 자신을 숨기다)에서 퇴거가 말하여져 있음을 지적한다. '새로운'이란 어디까지나 무한성과의 관련을 배제한다는 뜻이다.

그러한 뜻의 유한성은 그 자신이 그 자신을 내보인다[그 스스로 드러나 있다]. 즉 그것이 바로 보일 수 있도록끔 되어 있다는 사실에 의해, 사유의 주의를 끈다. 다시 말해 주체는 드러나지 않지만 드러나지 않는다는 사실은 드러나기 때문에 사유의 대상이 된다는 말이다. 그러한 것으로서 그것은 결코 어떠한 부정적인 것을 의미하지 않으며, 오히려 적극적인 의의를 갖는다. 즉 그것은 발현 그 자체를 '퇴거에 있어서의 향래(向來)'로서 특징짓는다고 하는 의의를 갖는다. 즉 무엇이라고 하는 것은 알 수 없다. 그것은 스스로를 퇴거시키기 때문에 알려지지 않는다. 그럼에도 불구하고 발현되는 것들은 그렇도록 되어진다. 바로 이것이 발현 그 자체의 특징인 것이다.

〈발현에 있어서의 '어떻게'의 문제〉

그러면, 무엇이 그렇게 하는지는 드러나지 않고, 아무튼 그렇게 되어지는 것들은 그렇게 되어진다고 하는 것, 이것은 도대체 어떠한 것이라는 말인가.

이 문제는 발현의 가장 핵심적인 부분을 건드린다. 이 문제를 이해하기 위해서는 우선 무엇보다도 'Es gibt'(있다, 주어져 있다)라는 표현과 관련된 그의 설명에 귀기울일 필요가 있다.

강연 「시간과 존재」에서 그는 '존재가 주어져 있다'(Es gibt Sein), '시간이 주어져 있다'(Es gibt Zeit)고 할 때의 그 '준다'(geben)고 하는 것을 세밀하게 분석한다. 그 분석에 따르면, 존재가 주어져 있다(그것이 존재를 준다)고 할 때의 준다는 것은 '운명으로서 보내는 것'이며, 시간이 주어져 있다(그것이 시간을 준다)고 할 때의 준다는 것은 '4차원적 영역을 밝히면서 건네주는 것'이라 설명된다. 그리고 이러한 '보낸다'와 '건네준다' 안에 발현이 감추어져 있다고 그는 말한다. 즉 "건네준다는 것은 보내준다는 것과 함께 발현 안에 존재하고 있다"는 것이다. 이러한 보냄과 건네줌을 그는 '고유화'(Eignen)라는 말에 의탁하기도 한다. 즉 '그 고유한 상태가 되게 함'(Vereignung)이 발현에 두드러져 있다는 것이다.

그런데 이러한 '이게 한다'는 성격은 아마도 존재-현존한다의 경우에 말해지는 '~게 한다'(lassen)에 통하고 있다. 이 '~게 한다'를 그는 바로 발현으로서 생각하는 것이다. 그에 따르면, '~게 한다'란 받아들이게 한다(허용한다), 허락한다, 갖다 준다, 보낸다, 속하게 한다를 의미한다. 바로 이러한 의미에서의 '~게 한다'는 것 안에서, 또는 이러한 '~게 한다'는 것에 의해서, 현존은 그 고유한 상태로 허용되는 것이다.

이상과 같은 설명은 발현한다고 하는 것이 어떠한 성격의 것인지를 어느 정도 명확히 해 준다. 그러나 충분한 해명이라고 할 수는 없다.

우리는 앞서 살펴본 '탈현'(Enteignis), 즉 보냄과 건네줌에 있어서 보내는 자신, 건네주는 자신은 드러나지 않는다고 하는 사실, 이 사실이 발현의 중요한 특성을 이루고 있음을 결코 잊어서는 안 된다.

부여하는 자신은 결코 부여되지 않고, 부여되는 것만을 부여하는 일로서 스스로를 성격짓는 것, 발현은 그러한 것이다.

우리는 여기서 또 한 가지 사실에 주의를 기울이지 않으면 안 된다. 하이데거는 "부여한다는 것…안에는…이미 인간에의 관련이 포함되어 있다"고 해, '발현과 인간과의 관계'를 언급하고 있다.

예를 들어, 그 강에는 잉어가 있다고 할 때, 단순한 잉어의 존재가 확인되고 있는 것이 아니라, 그 이전에, 그 강은 잉어가 있는 강으로서, 즉 낚시가 가능한 강으로서 성격지워지고 있다는 것이다. 이렇게 그는 부여한다는 것 자체로부터 인간에의 관련을 읽어 내는 것이다.

그것이 주는 것(주어져 있는 것)은 그저 눈앞에 있을 뿐 아니라, 그것은 인간에 관련해 온다. 다시 말해 그것이 준다고 하는 것 안에는 인간에의 관련이 함께 울리고 있다. 이 관련은 뜻대로 할 수 있도록 한다는 것이며, 인간 쪽으로부터의 가능한 섭취동화(즉 제것으로 만드는 것)에의 관련이다. 단 이것은 인간 쪽으로부터의 어떠한 창조나 구상과도 무관하다. 발현은 어디까지나 "그 자체에 있어서 움직이고 있는 영역"(ID 26쪽)이기 때문이다.

따라서 우리는 발현한다는 것의 한쪽 극단에 우리들 인간이 가능적으로 대기하고 있다는 것을 발현 자체의 한 측면으로 함께 생각하지 않으면 안 된다.

이상 우리는 발현의 세 가지 본질적인 측면들을 살펴보았다. 이로써 우리는 하이데거가 우리에게 보여 주고자 하는 이 세계의 근원적인 현상, 본래적으로 그렇도록 되어지고 있는 절대적인 모습을 대략적으로 이해할 수 있게 되었다. 이제 마지막으로 발현을 발언하는 것의 기본적인 의미를 생각해 보자.

4) 이 현상을 발언하는 일의 기본적인 의미

발현을 발언하는 일의 기본적인 의미는 무엇인가—이것은 실은 두 가지 사실을 묻고 있다.

하나는, 발현에 적합한 발언방식이 어떠한 것이어야 하는가 하는 것이며, 또 하나는, 발현이라고 하는 사태를 발언함으로써 제시하는 일의 의의는 어디에 있는가 하는 것이다. 즉 전자는 발현을 **발언하는** 것의 의미를 묻고 있으며, 후자는 **발현을** 발언하는 것의 의미를 묻고 있다.

먼저 전자를 생각해 보자. 「시간과 존재」에 따르면, 발현에 관해서는 '존재한다'고 말하는 것도 '주어져 있다'고 말하는 것도 적당하지 않다. 왜냐하면 '존재하는' 것이 바로 발현에 있어서 보내져 오는 것이며, '준다'는 것 그 자체로부터 바로 발현이 사유되고 있는 이상, 그런 식으로 말하는 것은 마치 강의 줄기로부터 강의 원천을 이끌어 오려는 것처럼 사태의 본말을 전도하고 있기 때문이다. 따라서 발현에 관해서는 그저 "발현은 발현한다"(Das Ereignis ereignet)는 식으로밖에 말할 수가 없다. 이것은 "그 자체적인 것(das Selbe)으로부터, 그 자체적인 것을 향해, 그 자체적인 것을" 언술하는 것이며, "그것(Es)에 근거해서, 그것을 향해, 그것을 말하는 것"이다.

이것을 단순한 명제로서 듣고, 또 그 명제를 논리학에 의한 검토에 회부하는 것을 하이데거는 준엄하게 경계한다. 진술명제라고 하는 방식으로 말하는 것은 발현에는 적합하지 않으며, 장해의 하나임을 면할 수 없는 부적절한 것이다. 그러면 발현에 적절하게 말하는 것은 어떤 것일까. 그것은 아마도 위에서 하이데거 자신이 지적한 것, 즉 '그것에 기초해서, 그것을 향해, 그것을 말하는' 것이야말로 바로 그 유일한 대답이 될 수 있을 것이다.

그런데 이와 같이 말하는 것은 실은 다름아닌 '현상학적'인 것이라는 것을 여기에 추가해 두자. 즉 '그것에 기초해서'라고 하는 것이 바로 '자기를 현시하는 것'의 우위를 말하고 있으며, 그리고 '그것을 향해서'라고 하는 것이 바로 '사태(문제) 그 자체에로'라고 하는 현상학의 준칙을, 그리고 '그것을 말하는 것'이라고 하는 것이 바로 '말하는 것'으로서의 '학(로고스)'을 표명하고 있다. 무엇보다도, 발현을 논하고 있는 「시간과 존재」에서의 진행이 '현상학적'인 것으로서 표시될 수 있다고 하는 하이데거 자신의 언명이 이 사실을 뒷받침한다.

그러면 후자, 즉 '발현'이라고 하는 사태를 말하는 것의 의미는 어디에 있는 것일까. 이것에 답하기 위해서는 지금까지의 고찰에서 밝혀진 발현 그 자체의 여러 성격들을 다시금 재음미해 보지 않으면 안 된다.

우리는 먼저 세계라고 하는 사방이 발현되는 것으로서 이해되어 있음을 보았다. 이 사실은, 적어도 우리 일상인으로 하여금 잡다한 그 일상사를 떠나 궁극적인 사태, 즉 세계의 기묘한 실상과 그 거대한 수수께끼 앞에 서도록 한다고 하는 의의를 갖는 것이다.

그리고 우리는 발현이 어디까지나 그 자체 안에서 움직이고 있는 영역임을 보았다. 이 사실은, 예컨대 '~게 한다'는 것이나 타동사로서의 '발현'(ereignen)과 함께, 적어도 인간의 지위를 한정시키고 인간을 세계 앞에서 겸허하게 만든다고 하는 가능적인 의의를 갖기도 하는 것이다. 발현 앞에서 인간의 오만은 사그러든다.

그러나 우리는 또한 '인간에로 관련해 오는 것'이 발현의 독자적인 성격을 이룬다는 것도 보았다. 이 사실은 아마도 우리 인간에게 풍성한 사색의 세계를 마련해 준다고 하는 의의를 갖는다고 말할 수도 있을 것이다.

이러한 의의를 갖는 발현, 그것은 하이데거가 우리에게 보여준 궁극적인 현상인 동시에 철학 그 자체가 도달해야 할 최종적인 문제점이기도 하다.

논의를 접으며

이상에서 우리는 하이데거의 생애와 그의 철학사상을 탐구의 주제로 삼아 그것의 이모저모를 살펴보았다. 그 과정에서 만일 하나의 순수한 추체험이 동반된다면 하이데거의 철학은 '존재'라고 하는 이 거대한 신비의 왕국을 안내하는 하나의 결정적인 이정표로 남을 수 있게 될 것이다. 그것을 우리는 기대한다.

여기서 다음과 같은 몇 가지 점을 마지막으로 부언해 두기로 한다.

첫째는, "하이데거의 사유는 하나의 길로서 이해되지 않으면 안 될 것이다. …하나로서 유일한 사상에로 국한하는 길로서"라고 푀겔러도 지적하고 있듯이, 하이데거의 철학은 결국 '한 줄기의 도정'으로서 이해할 수가 있다는 것이다. 그 자신도 실제로 『내맡김』에서 "나는 하나의 긴 도정에 있어서 고향이 내가 준 모든 것에 대해 감사하고 있다"(Gl 11쪽)고 하여, 그의 전 철학적 생애를 하나의 길에 비유하고 있다. 그것뿐만이 아니다. "길과 저울/ 다리와 말/ 하나의 발길 속으로 어우러지고/ 가서 맡으라/ 과오와 물음/ 그대의 한 작은길을 따라서"(ED 75쪽)라고 하는 말,

"모든 것은 길이다"(US 198쪽)라고 하는 말, 『이정표』라고 하는 그의 책이름 등도 이 사실을 뒷받침해 준다고 할 수 있다. 그는 이 외길을 한결같이 걸어나가 그로부터 벗어나는 일이 없었던 것이다. 물론 그 자신 여러 가지 다양한 형태로 그의 주제를 전개하였으며, 이른바 '전회'도 논란되었고, 또 그 자신도 '작품이 아니라—길들', '숲길들'이라고 하여 이것을 복수의 형태로 표현하기도 한다. 그러나 그것은 어디까지나 하나의 숲 속을 가로지르는 여러 개의 오솔길들을 말하는 것이며 하나의 숲 그 자체 즉 하이데거의 유일한 주제의 틀을 벗어나는 것은 아니라고 보아야 할 것이다. 그렇다면 이 한 줄기의 외길이란 어떠한 길인가. 단적으로 말해 그것은 '존재추구의 길'이다. 여기에는 두 가지의 사실이 숨겨져 있다. 하나는 그 주제 및 내용이 '존재'라고 하는 것이고, 또 하나는 그 주제에로의 대응방식이 '현상학' 내지 존재의 말걸음(요구)에 대한 응답으로서의 '사유' 혹은 '시작'이라는 것이다. 물론 전기의 현상학과 후기의 사유는 다르지 않은가 하는 의문이 있을 수도 있다. 그러나 전기의 현상학도 역시 스스로를 내보이는 것으로서의 현상을 그 자신 쪽으로부터 보게 하는 것이었던 이상 그것이 후기의 '사유'와 근본적으로 다른 것일 수는 없다. 실제로 그 자신도 현상학적 태도가 후기에 있어서도 변함없음을 인정했었다. 그리고 그 주제가 유일하다고 한 것은 지금까지의 논구를 통해 충분히 확인될 수 있을 것이며, 또한 "하나의 별을 향해 가는 것—오직 이것뿐"(ED 76쪽)이라는 그 자신의 말이 그것을 뒷받침해 준다. 이러한 한 여러 가지로 복잡하게 보이기는 하지만 실은 하이데거의 철학만큼 단순 명쾌한 철학도 없는 것이다.

그리고 둘째는, 이러한 하이데거의 철학이 전체적으로 볼 때 세 갈래의 문제권역으로 이루어져 있다는 것이다. 그 세 갈래란 이미 본문에서 살펴본 헤벨의 비유에서 짐작될 수 있다. 거기에 나타나 있던 '태양'과 '달'과 '지구(특히 그 밤)'와 같은 것이 그의 철학의 가장 기본적인 세 계기로서 그의 철학 전체를 구성하고 있다는 것이다. 하이데거가 말하는 존재, 진리, 세계, 발현…등은 이 비유 중의 태양과 같은 것이며, 그가 말하는 현상학, 사유, 시작, 철학, 응답, 성찰…등은 이 비유 중의 달과 같은 것이며, 그리고 그가 말하는 존재망각, 존재이탈, 원자시대, 전통 형이상학, 근대학문, 현대기술…등은 이 비유 중의 지구와 같은 것이다. 물론 여기에서 태양인 존재 자체가 우위를 갖는다고 하는 것, 그리고 인간 내지 사유 없이는 태양의 빛도 의미가 없다는 점에서 그것을 결코 무시할 수 없다고 하는 것, 그리고 밤으로 상징되는 존재망각에는 존재 자체의 자기숨김도 강하게 작용한다고 하는 것, 이 세 가지 점이 각별히 유의되지 않으면 안 된다. 이러한 점들을 유의하면서 그의 철학을 세 갈래 구조로 이해할 때, 그의 철학 전체가 보다 명료하게 우리에게 그 모습을 드러낼 수 있을 것이다.

그리고 셋째는, "하이데거에게 문제가 될 수 있는 것은 물론 우리에게도 문제가 되지 않으면 안 된다"고 비멜이 말하듯이, 중요한 것은 결국 하이데거의 지시에 따라서 '그와 더불어 함께' 그것을 주시하는 일일 것이다. 왜냐하면 우리가 보는 한 하이데거가 그의 사유를 통해 보여 준 존재라고 하는 것은 그야말로 최고의 비밀이며 최고의 신비이며 최대의 문제인 바로 '이것'으로서, 하이데거에게 나타났던 그 모습 그대로 지금 여기에서 존재하고 있는 우리들 앞에도 똑같은 양상으로 전개되고 있기 때문이다.

그의 죽음으로써 이 존재에 대한 관련에 종지부를 찍기는 하였지만 이 존재 자체가 소멸되지 않는 한 하이데거는 아마 언제까지라도 진지한 목소리로 우리 인간들에게 말을 건넬 것이다.

"존재는 그 자신 인간에게 사유할 만한 것이 되기를 지금도 기다리고 있습니다"(UH 12쪽)라고.

부 록

● 2004년 현재까지 출간된 하이데거 전집 목록

* Martin Heidegger, Gesamtausgabe, Vittorio Klostermann, Frankfurt a.M.

Ⅰ. Abteilung: Veröffentlichte Schriften(1910~1976)

1. Frühe Schriften(1912~1916)
   Herausgeber: Friedrich-Wilhelm von Herrmann 1978.
2. Sein und Zeit(1927)
   Herausgeber: Friedrich-Wilhelm von Herrmann 1977.
3. Kant und das Problem der Metaphysik(1929)
   Herausgeber: Friedrich-Wilhelm von Herrmann 1991.
4. Erläuterungen zu Hölderlins Dichtung(1936~1968)
   Herausgeber: Friedrich-Wilhelm von Herrmann 1981.
5. Holzwege(1935~1946)
   Herausgeber: Friedrich-Wilhelm von Herrmann 1978.

6.1.Nietzsche I(1936~1939)

Herausgeberin: Brigitte Schillbach 1996.

6.2.Nietzsche II(1939~1946)

Herausgeberin: Brigitte Schillbach 1997.

7. Vorträge und Aufsätze (1936~1953)

Herausgeber. Friedrich-Wilhelm von Herrmann 2000.

8. Was heißt Denken?

Herausgeberin. Paola-Ludovika Coriando 2002.

9. Wegmarken(1919~1958)

Herausgeber: Friedrich-Wilhelm von Herrmann 1976.

10. Der Satz vom Grund(1955~1956)

Herausgeber: Petra Jaeger 1997

12. Unterwegs zur Sprache(1950~1959)

Herausgeber: Friedrich-Wilhelm von Herrmann 1985.

13. Aus der Erfahrung des Denkens(1910~1976)

Herausgeber: Hermann Heidegger 1983.

15. Seminare(1951~1973)

[Heraklit(Freiburg 1966/67, mit Eugen Fink)

Vier Seminare(Le Thor 1966, 1968, 1969; Zähringen 1973)

Züricher Seminar(Aussprache mit Martin Heidegger am 6. 11. 1951)]

Herausgeber: Curd Ochwadt 1986.

16. Reden und andere Zeugnisse eines Lebensweges (1910~1976)

Herausgeber. Hermann Heidegger 2000.

II. Abteilung: Vorlesungen 1919~1944

A. Marburger Vorlesungen 1923~1928

17. Einführung in die phänomenologische Forschung(Wintersemester 1923/24)

Herausgeber: Friedrich-Wilhelm von Herrmann 1994.

18. Grundbegriffe der aristotelischen Philosophie (Sommersemester 1924)
    Herausgeber. Mark Michalski 2002.
19. Platon: Sophistes(Wintersemester 1924/25)
    Herausgeberin: Ingeborg Schüßler 1992.
20. Prolegomena zur Geschichte des Zeitbegriffs(Sommersemester 1925)
    Herausgeberin: Petra Jaeger 1979, [2]1988.
21. Logik. Die Frage nach der Wahrheit(Wintersemester 1925/26)
    Herausgeber: Walter Biemel 1976.
22. Die Grundbegriffe der antiken Philosophie(Sommersemester 1926)
    Herausgeber: Franz-Karl Blust 1993.
24. Die Grundprobleme der Phänomenologie(Sommersemester 1927)
    Herausgeber: Friedrich-Wilhelm von Herrmann 1975, [2]1989.
25. Phänomenologische Interpretation von Kants Kritik der reinen Vernunft(Wintersemester 1927/28)
    Herausgeberin: Ingtraud Görland 1977, [2]1987.
26. Metaphysische Anfangsgründe der Logik im Ausgang von Leibniz (Sommersemester 1928)
    Herausgeber: Klaus Held 1978, [2]1990.
27. Einleitung in die Philosophie(Wintersemester 1928/29)
    Herausgeber: Otto Saame und Ina Saame-Speidel 1996.

B. Freiburger Vorlesungen 1928~1944

28. Der Deutsche Idealismus(Fichte, Schelling, Hegel) und die philosophische Problemlage der Gegenwart(Sommersemester 1929)

Herausgeber: Claudius Strube 1997.

29/30. Die Grundbegriffe der Metaphysik. Welt-Endlichkeit-Einsamkeit (Wintersemester 1929/30)

Herausgeber: Friedrich-Wilhelm von Herrmann 1983, [2]1992.

31. Vom Wesen der menschlichen Freiheit. Einleitung in die Philosophie(Sommersemester 1930)

Herausgeber: Hartmut Tietjen 1982.

32. Hegels Phänomenologie des Geistes (Wintersemester 1930/31)

Herausgeberin: Ingtraud Görland 1980, [2]1988.

33. Aristoteles: Metaphysik Θ 1-3 (Sommersemester 1931)

Herausgeber: Heinrich Hüni 1981, [2]1990.

34. Vom Wesen der Wahrheit, Zu Platons Höhlengleichnis und Theätet(Wintersemester 1931/32)

Herausgeber: Hermann Mörchen 1988.

36/37. Sein und Wahrheit

1. Die Grundfrage der Philosophie (Sommersemester 1933)
2. Vom Wesen der Wahrheit (Wintersemester 1933/34)

Herausgeber. Hartmut Tietjen 2002.

38. Logik als die Frage nach dem Wesen der Sprache(Sommersemester 1934)

Herausgeber: Günter Seubold 1998.

39. Hölderlins Hymnen »Germanien« und »Der Rhein« (Wintersemester 1934/35)

Herausgeberin: Susanne Ziegler 1980.

40. Einführung in die Metaphysik (Sommersemester 1935)

Herausgeberin: Petra Jaeger 1983.

41. Die Frage nach dem Ding.

-Zu Kants Lehre von den transzendentalen Grundsätzen (Wintersemester 1935/36)

Herausgeberin: Petra Jaeger 1984.

42. Schelling: Über das Wesen der menschlichen Freiheit (Sommersemester 1936)
Herausgeberin: Ingrid Schüßler 1988.

43. Nietzsche: Der Wille zur Macht als Kunst(Wintersemester 1936/37)
Herausgeber: Bernd Heimbüchel 1985.

44. Nietzsches metaphysische Grundstellung im abendländischen Denken:
Die Lehre von der ewigen Wiederkehr des Gleichen (Sommersemester 1937)
Herausgeberin: Marion Heinz 1986.

45. Grundfragen der Philosophie. Ausgewählte »Probleme« der »Logik«(Wintersemester 1937/38)
Herausgeber: Friedrich-Wilhelm von Herrmann 1984, 21992.

46. Zur Auslegung von Nietzsches II. Unzeitgemäßer Betrachtung "Vom Nutzen und Nachteil der Historie für das Leben" (Wintersemester 1938/39)
Herausgeber. Hans-Joachim Friedrich 2003.

47. Nietzsches Lehre vom Willen zur Macht als Erkenntnis (Sommersemester 1939)
Herausgeber: Eberhard Hanser 1989.

48. Nietzsche. Der europäische Nihilismus (Ⅱ. Trimester 1940)
Herausgeberin: Petra Jaeger 1986.

49. Die Metaphysik des deutschen Idealismus. Zur erneuten Auslegung von Schelling:
Philosophische Untersuchungen über das Wesen der menschlichen Freiheit und die damit zusammenhängenden Gegenstände (1809) (Ⅰ. Trimester 1941)

Herausgeber: Günter Seubold 1991.

50. 1. Nietzsches Metaphysik(für Wintersemester 1941/42 angekündigt, aber nicht vorgetragen).

2. Einleitung in die Philosophie—Denken und Dichten (Wintersemester 1944/45)

Herausgeberin: Petra Jaeger 1990.

51. Grundbegriffe(Sommersemester 1941)

Herausgeberin: Petra Jaeger 1981, ^{2}1991.

52. Hölderlins Hymne »Andenken«(Wintersemester 1941/42)

Herausgeber: Curd Ochwadt 1982, ^{2}1992.

53. Hölderlins Hymne »Der Ister«(Sommersemester 1942)

Herausgeber: Walter Biemel 1984.

54. Parmenides(Wintersemester 1942/43)

Herausgeber: Manfred S. Frings 1982.

55. Heraklit

1. Der Anfang des abendländischen Denkens(Heraklit) (Sommersemester 1943)

2. Logik. Heraklits Lehre vom Logos(Sommersemester 1944)

Herausgeber: Manfred S. Frings 1979, ^{2}1987.

C. Frühe Freiburger Vorlesungen 1919~1923

56/57. Zur Bestimmung der Philosophie.

1. Die Idee der Philosophie und das Weltanschauungsproblem (Kriegsnotsemester 1919).

2. Phänomenologie und transzendentale Wertphilosophie (Sommersemester 1919)

Herausgeber: Bernd Heimbüchel 1987.

58. Grundprobleme der Phänomenologie(Wintersemester 1919/20)

Herausgeber: Hans-Helmuth Gander 1992.

59. Phänomenologie der Anschauung und des Ausdrucks.
    -Theorie der philosophischen Begriffsbildung(Sommersemester 1920)
    Herausgeber: Claudius Strube 1993.
60. Phänomenologie des religiösen Lebens
    1. Einleitung in die Phänomenologie der Religion(Wintersemester 1920/21)
    Herausgeber: Mattias Jung und Thomas Regehly
    2. Augustinus und der Neuplatonismus(Sommersemester 1921)
    3. Die philosophischen Grundlagen der mittelalterlichen Mystik (Ausarbeitung und Einleitung zu einer nicht gehaltenen Vorlesung 1918/19)
    Herausgeber: Claudius Strube 1995.
61. Phänomenologische Interpretationen zu Aristoteles.
    -Einführung in die phänomenologische Forschung(Wintersemester 1921/22)
    Herausgeber: Walter Bröcker und Käte Bröcker-Oltmanns 1985.
63. Ontologie. Hermeneutik der Faktizität(Sommersemester 1923)
    Herausgeberin: Käte Bröcker-Oltmanns 1988.

Ⅲ. Abteilung: Unveröffentlichte Abhandlungen - Vorträge - Gedachtes

64. Der Begriff der Zeit (1924)
    I. Die Fragestellung Diltheys und Yorcks Grundtendenz
    II. Die ursprünglichen Seinscharaktere des Daseins
    III. Dasein und Zeitlichkeit
    IV. Zeitlichkeit und Geschichtlichkeit
    Herausgeber. Friedrich-Wilhelm von Herrmann 2004.

65. Beiträge zur Philosophie(Vom Ereignis)

Herausgeber: Friedrich-Wilhelm von Herrmann 1989.

66. Besinnung

Herausgeber: Friedrich-Wilhelm von Herrmann 1997.

67. Metaphysik und Nihilismus

1. Die Überwindung der Metaphysik

2. Das Wesen des Nihilismus

Herausgeber: Hans-Joachim Friedrich 1999.

68. Hegel

1. Die Negativität(1938/39)

2. Erläuterung der »Einleitung« zu Hegels »Phänomenologie des Geistes«(1942)

Herausgeberin: Ingrid Schüßler 1993.

69. Die Geschichte des Seyns

1. Die Geschichte des Seyns(1938/40)

2. Koinon. Aus der Geschichte des Seyns(1939/40)

Herausgeber: Peter Trawny 1998.

75. Zu Hölderlin - Griechenlandreisen

Herausgeber. Curd Ochwadt 2000.

77. Feldweg-Gespräche(1944/45)

Herausgeberin: Ingrid Schüßler 1995.

79. Bremer und Freiburger Vorträge

1. Einblick in das was ist(Bremer Vorträge 1949)

2. Grundsätze des Denkens(Freiburger Vorträge 1957)

Herausgeber: Petra Jaeger 1994.

IV. Abteilung: Hinweise und Aufzeichnungen

85. Seminar: Vom Wesen der Sprache
Die Metaphysik der Sprache und die Wesung des Wortes
Zu Herders Abhandlung "Über den Ursprung der Sprache"
Herausgeberin. Ingrid Schüßler 1999.
87. Nietzsche: Seminare 1937 und 1944
1. Nietzsches metaphysische Grundstellung (Sein und Schein)
2. Skizzen zu Grundbegriffe des Denkens
Herausgeber. Peter von Ruckteschell 2004.
90. Zu Ernst Jünger
Herausgeber. Peter Trawny 2004.

• 전집 이외의 주요 저작들

-Der Feldweg, Vittorio Klostermann, Frankfurt a.M. 1953.
-Vorträge und Aufsäze, Günter Neske, Pfullingen 1954 ^{6}1978.
-Der Satz vom Grund, Günter Neske, Pfullingen 1957 ^{6}1986.
-Identität und Differenz, Günter Neske, Pfullingen 1957 ^{8}1986.
-Gelassenheit, Günter Neske, Pfullingen 1959 ^{10}1992.
-Nietzsche Ⅰ/II, Günter Neske, Pfullingen 1961.
-Die Technik und die Kehre, Günter Neske, Pfullingen 1962 ^{6}1985.
-Zur Sache des Denkens, Max Niemeyer, Tübingen 1969 ^{2}1976.
-Was heißt Denken?, Max Niemeyer, Tübingen 1954.
-Die Selbstbehauptung der deutschen Universität, Vittorio Klostermann, Frankfurt a.M. 1983.
-Der Begriff der Zeit, Max Niemeyer, Tübingen 1989.

● 하이데거에 관한 참고문헌들(한국)

강태성, 「셸러의 형이상학적 인간이해의 한계와 하이데거의 존재이해」, 『철학교육연구』, 12(25) (1996).

강학순, 「하이데거에 있어서 형이상학 극복의 문제」, 『제3회 한국 철학자 연합 학술대회 대회보』(1990).

______, 「하이데거의 '자연'관」, 『철학연구』, 28(1991).

______, 「하이데거의 존재론적 정치관」, 『사회철학 대계』 3(민음사, 1993).

______, 「존재사유와 시작」, 『하이데거의 존재사유』(철학과현실사, 1995).

______, 「하이데거 후기사상의 해석학적 함의」, 『하이데거 철학의 근본문제』(철학과현실사, 1996).

______, 「하이데거 철학의 현대적 의의」, 『강남대학교 인문연구소 논문집』, 1(1996).

고형곤, 「禪에서 본 M. Heidegger의 존재 현전성」, 『禪의 세계』(태학사, 1971).

권순홍, 「존재의미, 존재이해 및 해석」, 『해석학연구』, 3(1997).

권영락, 「존재와 시간에 있어서 현존재와 역사성」(서울대학교출판부, 1985).

김규영, 「Heidegger의 시간론의 한계」, 『가톨릭대학교 논문집』, 3(1977).

김기태, 「Heidegger에 있어서 사고(思考)와 시작(詩作)의 문제」, 『경북대학교 논문집』, 7(1961).

______, 「Heidegger의 Hegel론」, 『계명대학교 철학회지』, 1(1966).

______, 「Heidegger에 있어서의 역사의 문제」, 경북대학교 박사학위논문, 『철학연구』, 21(1975).

______, 「Heidegger에 있어서의 기독교 신앙과 존재에의 물음」, 『철

학연구』, 24(1977).
______,「현대 철학에 있어서의 세계의 문제: Heidegger에 있어서의 세계의 문제(1)」,『경북대학교 논문집』, 25(1978).
______,「Heidegger에 있어서의 형이상학의 근본문제와 전회(轉回)에 대한 고찰」,『인문논총』, 7(1982).
______,「Heidegger가 말하는 진리의 본질과 자유」,『대구교육대학교 초등교육연구소 논문집』, 1(1988).
김병우,「하이데거의 존재사유의 경험」,『하이데거의 철학사상』(서광사, 1978).
______,「실존과 존재」,『철학연구』, 19(1984).
김영건,「비트겐슈타인과 하이데거에 있어서의 언어와 존재」,『서강논집』, 5(1987).
김영근,「Heidegger의 실존 철학에 있어서의 인간의 문제」,『철학연구』, 15(1980).
김영한,「Heidegger의 현상학적 사고와 신(神)의 질문」,『기독교 사상』, 291(1982).
______,『하이데거에서 리꾀르까지』(박영사, 1987).
김인석,「존재론 혹은 현사실성의 해석학」,『하이데거의 철학세계』(철학과현실사, 1997).
______,「하이데거에 있어서 형식지시적 해석학」,『해석학연구』, 3(1997).
김종욱,「하이데거의 데카르트 해석」,『철학』, 39(1993).
______,「하이데거의 존재론적 차이에 관하여」,『철학』, 49(1996).
김종호,「Heidegger에 있어서의 세계 개념」,『성균관대학교 논문집』, 23(1977).
김진석,「역사를 종말론적으로 뒤덮으려는 존재역사를 가로지르며」,『하이데거의 존재사유』(철학과현실사, 1995).
김희봉,「현존재의 실존성과 죽음의 문제」,『해석학연구』, 3(1997).

류의근, 「선(先)소크라테스적 사유의 본질: 하이데거의 경우」, 『부산여자대학교 논문집』, 27(1989).

맹주만, 「Heidegger의 『존재와 시간』에 있어서 역사성의 존재론적 정초 문제」, 『중앙대학교 철학과 논문집』, 6(1986).

______, 「Heidegger의 『존재와 시간』에 있어서 현존재 분석론과 존재론적 차이」, 『중앙대학교 철학과 논문집』, 7(1987).

박문정, 「하이데거의 Das Man에 대한 고찰」, 『목포교육대학교 논문집』, 8(1972).

______, 「'Sein und Zeit'에 대한 실존론적 고찰」, 『목포교육대학교 논문집』, 9(1973).

______, 「진리에 대한 존재론적 고찰」, 『목포교육대학교 논문집』, 13(1975).

______, 「Heidegger의 현존재 분석에 관한 고찰」, 『조선대학교 외국문화연구』(1978).

______, 「Heidegger의 진리론에 관한 고찰」, 『조선대학교 인문과학연구』(1980).

______, 「Heidegger의 존재 사유와 인간의 존재」, 전남대학교 박사학위논문(1989).

______, 이재영, 「하이데거의 존재 사유에 있어서 인간의 연구」, 『조선대학교 인문과학연구소 논문집』, 10(1988).

박선자, 「존재론적 측면에서 살펴본 시적 행위와 철학적 행위」, 『철학』, 28(1987).

박이문, 「노장과 하이데거」, 『문학과 지성』, 24(1976).

______, 「시와 사유」, 『하이데거의 존재사유』(철학과현실사, 1995).

박정옥, 「Heidegger의 진리론. 특히 그의 전기사상을 중심으로」, 『대구대학교 인문과학연구소 논문집』, 3(1985).

박정은, 「M. Heidegger에 있어서 현존재와 시간성의 문제」(중앙대학교출판부, 1988).

박종홍, 「하이데거에 있어서의 Sorge에 관하여」, 『박종홍전집』 I (민음사, 1982/증보 1998).

_____, 「하이데거에 있어서의 초월의 내재적 가능성에 관하여」, 『박종홍전집』 I (민음사, 1982/증보 1998).

_____, 「하이데거에 있어서의 지평의 문제」, 『박종홍전집』 I (민음사, 1982/증보 1998).

박찬국, 「하이데거에 있어서 니힐리즘의 극복과 존재물음」, 『철학사상』, 제3호.

_____, 「하이데거의 『존재와 시간』에 있어서 죽음개념에 대한 고찰」, 『호서대 인문논총』, 13(1994).

_____, 「인간소외의 극복에 대한 하이데거와 마르크스 사상의 비교 고찰」, 『철학연구』, 36(1995).

_____, 「현대에 있어서 고향상실의 극복과 하이데거의 존재물음」, 『하이데거의 존재사유』(철학과현실사, 1995).

_____, 「니힐리즘의 기원과 본질 그리고 극복에 대한 니체와 하이데거 사상의 비교 고찰」, 『하이데거의 철학세계』(철학과현실사, 1997).

_____, 「후기 하이데거의 예술관과 언어관」, 『하이데거의 언어사상』(철학과현실사, 1998).

_____, 「후설의 현상학과 후기 하이데거의 현상학에 대한 비교 연구」, 『철학』, 52(1997 가을).

박휘근, 「후기 하이데거의 진리문제」, 『하이데거철학의 근본문제』(철학과현실사, 1996).

_____, 「하이데거철학에 나타나는 동일성의 의미」

배학수, 「전통적 존재론의 한 해체작업으로서의 하이데거의 칸트 해석」, 서울대학교 박사학위논문(1992).

_____, 「선험적 종합판단에 관한 존재론적 해석」, 『철학논구』, 13(1985).

______, 「하이데거에서 시와 언어의 관계」, 『하이데거의 언어사상』(철학과현실사, 1998).

백종철, 「Heidegger에 있어서 '철학'의 개념」, 『계명실업전문대학교 계명연구소 논문집』, 7(1983).

서숭덕, 「Heidegger에 있어서 역사성의 문제」, 『철학연구』, 18(1974).

서해길, 「존재와 존재자의 존재론적 이해」, 『충남대학교 논문집』, 12(1973).

______, 「Heidegger에 있어서의 시간의 한계」, 『충남대학교 인문과학연구소 논문집』, 10(1976).

______, 「형이상학적 지평에서의 시간과 역사성」, 충남대학교 박사학위논문(1977).

______, 「Husserl과 Heidegger에 있어서의 시간의 문제」, 『충남대학교 논문집』, XIV-2(1987).

소광희, 「M. Heidegger의 '세계' 개념」, 『서울대학교 논문집』(인문·사회과학)(1969).

______, 「Heidegger 철학의 형성 과정, 上」, 『철학연구』, 4(1969).

______, 「'세계'의 개념」, 『서울대학교 논문집』(1969).

______, 「시간과 시간의식: Augustinus와 Husserl을 중심으로」, 서울대학교 박사학위논문(1977).

______, 「현상학적 자아론: 그 존재적 해석의 한 시도」, 『현상학이란 무엇인가?』(심설당, 1983).

______, 「현상학적 시간론과 거기에 의거한 존재론적 기초의 획득」, 『철학연구』, 20(1985).

______, 「타자의 문제: 인식론적·존재론적 고찰」, 『현상학과 개별과학』(대학출판사, 1986).

______, 「진리론의 존재론적 정초」, 『철학연구』, 25(1989).

______, 「논리의 언어와 존재의 언어」, 『하이데거의 언어사상』(철학과현실사, 1998).

신상희, 「하이데거의 존재사유에 있어서 전회의 의미」, 『하이데거의 존재사유』(철학과현실사, 1995).
______, 「말과 언어」, 『하이데거의 언어사상』(철학과+현실사, 1998).
______, 「생기-사유의 근본정기」, 『철학과 현상학 연구』, 7(1993).
______, 「생기와 탈존」, 『철학연구』, 34(1994).
______, 「마르틴 하이데거의 '사이-나눔'」, 『철학』, 43(1995).
신승환, 「형이상학-예술-탈현대주의. 마르틴 하이데거의 합리성 비판과 진리문제」, 레겐스부르크대학 박사학위논문(Roderer, 1996).
______, 「하이데거에 있어서 형이상학적 사유의 극복」, 『하이데거 철학의 근본문제』(철학과현실사, 1996).
______, 「존재의 역동적 움직임으로서의 예술의 진리」, 『하이데거의 철학세계』(철학과현실사, 1997).
______, 「하이데거의 자연과 진리개념에 대한 해석학적 연구」, 『가톨릭대학교 인문과학연구』, 2(1998).
______, 「근대성의 자연이해와 탈근대의 자연해석학」, 『하이데거와 근대성』(철학과현실사, 1999).
______, 「새로운 자연철학의 정립가능성 모색」, 『가톨릭철학』, 1 (1999).
신오현, 「Heidegger에 있어서 '行'의 개념」, 『철학연구』, 3(1968).
______, 「현상학과 실존철학: 현상학적 존재론의 자아 개념」, 『현상학이란 무엇인가?』(심설당, 1983).
______, 「실존과 실천: 실존의 현상학에서 실천의 변증법에로」, 『철학연구』, 19(1984).
심광섭, 「하이데거와 신의 현현」, 『하이데거의 존재사유』(철학과현실사, 1995).
______, 「하이데거의 신의 문제」, 『하이데거철학의 근본문제』(철학과현실사, 1996).
______, 「마르틴 하이데거의 탈형이상학적 하나님」

심상태, 「해석학사에서의 하이데거」, 『하이데거의 철학사상』(서광사, 1978).

안상진, 「M. Heidegger의 진리 문제」, 『성곡논총』, 7.

______, 「세계와 역사에 관한 소고: M. Heidegger를 중심으로」, 『서울대학교 논문집』(1972).

______, 「M. Heidegger의 기본 존재론」, 『철학논구』, 3(1975).

______, 「M. Heidegger에 있어서 형이상학」, 『철학연구』, 10(1975).

______, 「M. Heidegger의 시론(詩論)」, 『철학논구』, 6(1978).

______, 「M. Heidegger의 실존적 사유와 존재의 사유」, 서울대학교 박사학위논문(1979).

______, 「하이데거에 있어서 존재와 진리」, 『철학논구』, 7(1979).

______, 「M. Heidegger의 『존재와 시간』에 관한 연구(上-1)」, 『서울대학교 인문논총』, 10(1983).

______, 「하이데거에 있어서 Kant와 형이상학」, 『철학논구』, 11(1983).

______, 「M. Heidegger의 휴머니즘」, 『철학논구』, 13(1985)

______, 「Heidegger에 있어서의 인간회복의 문제」, 『한림대학교논문집』(인문사회과학편), 3(1985).

______, 「실존과 존재」, 『하이데거철학의 근본문제』(철학과현실사, 1996).

여종현, 「실존, 공간 그리고 시간」, 『철학』, 40(1993).

______, 『시간지평에서 세계의 이해—후설과 하이데거의 현상학을 중심으로』, 서울대학교 박사학위논문.

______, 「형이상학의 존재역사적 해석」, 『하이데거의 존재사유』(철학과현실사, 1995).

염재철, 「하이데거 사상에서 예술이 중요시되는 것은?」, 『미학』, 20(1995).

______, 「하이데거의 사상길의 변천」, 『하이데거의 철학세계』(철학과현실사, 1997).

______, 「하이데거의 존재-언어 경험」, 『하이데거의 언어사상』(철학과현실사, 1998).

윤병렬, 「하이데거의 '존재사'와 '비은폐성'으로서의 진리」, 『하이데거의 철학세계』(철학과현실사, 1997).

______, 「하이데거의 죽음-해석학과 그 한계」, 『해석학연구』, 3(1997).

이규호, 「현대 철학에 있어서의 해석학: 딜타이와 하이데거를 중심으로」, 『문과』(文科), 15(1963).

이기상, 『하이데거의 실존과 언어』(문예출판사, 1991).

______, 『하이데거의 존재와 현상』(문예출판사, 1992).

______, 「자유와 실천. 행위하는 자아의 관점에서 본 자유」, 『현상과 인식』, 12(2) (1988).

______, 「인간 자유의 본질에 대한 현상학적 고찰」, 『세계의 문학』, 51(1989).

______, 「기술의 본질과 존재에의 귀의」, 『하이데거와 실천철학』, 하이데거 탄생 100주년 기념 심포지엄(1989).

______, 「하이데거의 현사실성의 해석학」, 『현상 언어 (해석) 역사』, 현상학회 동계 세미나(1991).

______, 「하이데거의 생애와 사상, 존재의 의미와 시간」, 『씨올의 소리』, 122(1991).

______, 「시간의 존재론적 정초: R. Schaeffler의 역사 시간의 구조를 중심으로」, 『한국외국어대학교 논문집』, 24(1991).

______, 「계산의 시간. 아리스토텔레스에 있어서의 시간」, 『철학』, 35(1991).

______, 「현대 기술의 본질: 도발과 닦달」, 『과학사상』, 2(1992).

______, 「현대 기술의 극복과 전향」, 『기술과 전향』(서광사, 1993).

______, 「존재진리의 발생사건에서 본 기술과 예술」, 『하이데거철학의 근본문제』(철학과현실사, 1996).

이상대, 「하이데거와 존재의 해석학적 기초」, 『철학』, 14(1980).

이상백, 「하이데거와 현상학」, 『철학연구』(고려대학교 철학회), 7 (1982).

______, 「존재론적 세계 이해의 문제」, 『자아와 실존』(민음사, 1987).

______, 「『존재와 시간』의 목표와 방법」, 고려대학교 박사학위논문 (1988).

이선관, 「현상학이 존재 형이상학으로 탈바꿈될 수 있는가」, 『철학』, 42(1994).

이선일, 「존재와 알레테이아」, 『철학연구』, 29(1991).

______, 「기술의 극복을 위한 하이데거의 시도」, 『철학』(1992 가을).

______, 「하이데거의 기술의 문제」, 서울대학교 박사학위논문(1994).

______, 「기술의 본질과 극복」, 『하이데거의 존재사유』(철학과현실사, 1995).

______, 「과학의 본질에 대한 실존론적 해석」, 『하이데거철학의 근본문제』(철학과현실사, 1996).

______, 「하이데거와 자연의 문제 1」, 『하이데거의 철학세계』(철학과현실사, 1997).

이성환, 「Heidegger의 실존 개념」, 경북대학교 박사학위논문(1989).

이수정, 「Heidegger의 궁극적 문제—Ereignis에 관하여」, 『창원대학교 논문집』, 9(2) (1987).

______, 「『존재와 시간』에서 「시간과 존재」에로: '존재'와 '시간'의 문제를 중심으로 본 하이데거의 사유」, 『철학논총』, 5(영남철학회, 1989).

______, 「하이데거의 철학적 실천방식」, 『하이데거와 실천철학』, 하이데거탄생 100주년 기념 심포지엄(대구독일학회, 1989).

______, 「하이데거철학의 구조와 성격」, 『하이데거의 존재사유』(철학과현실사, 1995).

______, 「하이데거의 시간론」, 『하이데거철학의 근본문제』(철학과현실사, 1996).

______, 「하이데거의 현상학」, 『하이데거의 철학세계』(철학과현실사, 1997).

______, 「인간의 언어와 존재의 언어」, 『하이데거의 언어사상』(철학과현실사, 1998).

이승종, 「하이데거의 고고학적 언어철학」, 『하이데거의 언어사상』(철학과현실사, 1998).

이영근, 「Heidegger의 실존철학에 있어서 인간의 문제」, 『철학연구』, 15(1980).

이영춘, 「하이데거의 존재에 관한 연구」, 『충남대학교 논문집』, 3(1963).

______, 「M. Heidegger의 후기 존재」, 『최재희 박사 환력기념 논문집』.

______, 「Heidegger의 신의 문제」(1966).

______, 「하이데거에 있어서의 존재와 시(詩)와 신(神)」, 『철학연구』, 1(1966).

______, 「Heidegger에 있어서 자연의 문제」, 『철학연구』, 14(1979).

______, 「Heidegger의 시작적(詩作的) 사고」, 『제주대학교 논문집』, 12(1981).

이영호, 「Nichts 개념에 대한 해명. M. Heidegger의 형이상학을 중심으로」, 『개신』(開新), 12(1971).

이왕주, 「Heidegger 사상에 있어서 진리와 예술」, 『부산대학교 사대 논문집』, 12(1986).

______, 「시의 본질과 존재의 진리: 하이데거의 경우」, 『부산대학교 논문집』, 29(1986).

______, 「하이데거에 있어서 존재의 진리와 예술의 본질」, 경북대학교 박사학위논문(1988).

______, 「Heidegger가 말하는 언어와 대화」, 『대구교육대학교 초등교육연구소 논문집』, 1(1988).

이종후, 「하이데거적 사유에의 입문을 위한 초보적 시론(試論)」, 『영남대학교 논문집』(인문과학편), 6(6) (1972).

이정복, 「하이데거의 『현상학과 신학』에 있어서 근원 현상 지평에 대하여」, 『철학연구』, 21(1986).

______, 「후설의 현상에 대한 하이데거의 비판」, 제3회 한국 철학자 연합학술대회 대회보 (별쇄본) (1990).

이진우, 「기술과 방념」, 『하이데거의 존재사유』(철학과현실사, 1995).

장일조, 「하이데거 철학의 신학적 함축성」, 『기독교 사상』, 218(8) (1976).

전동진, 「존재와 시간의 관계. 하이데거의 존재론적 차이에 대해」, 『현대철학과 해석』, 1(1994).

______, 「근원적 현-존재 방식으로서의 초연한 내맡김」, 『철학연구』, 35(1994).

______, 「하이데거에 있어서 존재의 유한성과 유일성」, 『하이데거의 존재사유』(철학과현실사, 1995).

______, 「진리의 상대적 절대성」, 『철학교육연구』, 12(1996).

______, 「비은폐성의 본질」, 『하이데거철학의 근본문제』(철학과현실사, 1996).

______, 「창조적 존재와 초연한 인간」, 『해석학연구』, 3(1997).

______, 「존재의 과정적 성격」, 『대동철학』, 1(1998).

______, 「하이데거의 존재와 노자의 도」, 『해석학연구』, 5(1999).

전두하, 「Heidegger의 '존재'와 율곡의 '이기'(理氣)와의 비교」, 『철학연구』, 2(1967).

______, 「하이데거 철학 후기에 있어서의 존재의 함축」, 『국민대학교 논문집』, 12(1978).

정명오, 「진리의 본질에 대한 존재론적 구명」, 『철학연구』, 7(1972).

______, 「Heidegger시론(詩論)의 연구」, 『철학연구』, 8(1973).

______, 「무의 형이상학」, 『철학연구』, 10(1975).

______, 「하이데거의 실존철학」, 『인하대학교 논문집』, 12(1975).
______, 「Heidegger 시간론의 연구」, 『인하대학교 인문과학연구소 논문집』, 4(1978).
______, 「M. Heidegger에 있어서의 존재와 사유의 본질」, 『인하대학교 인문과학연구소 논문집』, 8(1982).
______, 「M. Heidegger에 있어서 존재의 사유와 진리의 본질」, 동국대학교 박사학위논문(1982).
정의채, 「하이데거철학에 있어서의 존재와 신문제」, 『하이데거의 철학사상』(서광사, 1978).
정은해, 「하이데거의 역사사유에 대한 고찰」, 『철학연구』, 42(1998).
______, 「하이데거의 역사사유에 대한 고찰(2)」, 『철학연구』, 43(1998).
정 진, 「칸트 『순수이성비판』의 존재론적 해석: 하이데거 해석을 중심으로」, 서울대학교 박사학위논문(1979).
조규철, 「M. Heidegger의 존재론적 진리 해명」, 『울산공업대학교 병설 공업전문대 논문집』, 5(2) (1980).
______, 「존재와 시간을 통해서 본 Heidegger의 시간론」, 『울산대학교 연구논문집』, 18(1) (1987).
______, 「하이데거의 진리론 연구」, 연세대학교 박사학위논문(1992).
진교훈, 「하이데거의 인간관」, 『하이데거의 철학사상』(서광사, 1978).
진쾌현, 「Heidegger 현존재의 교육학적 이해에 대한 가능성 시사」, 『부산교육대학교 논문집』, 16(1) (1980).
최동희, 「하이데거의 기초 존재론에 나타난 사람과 말」, 『자아와 실존』(민음사, 1987).
최상욱, 「하이데거를 통해 본 존재론의 새로운 방향과 앞으로의 과제」, 『철학』, 40(1993).
______, 「하이데거 철학에 있어서 의지와 하게 함의 역동적 상관관계에 대한 분석」, 『하이데거의 존재사유』(철학과현실사, 1995).

______, 「하이데거의 인간론」, 『하이데거철학의 근본문제』(철학과현실사, 1996).

______, 「하이데거철학에 있어 신의 의미」, 『하이데거의 철학세계』(철학과현실사, 1997).

______, 「하이데거의 언어론」, 『하이데거의 언어사상』(철학과현실사, 1998).

최양부, 「Heidegger의 형이상학론 I: 존재와 회상을 중심으로」, 『동서철학연구』, 2(1985).

______, 「Heidegger의 존재에 관한 연구. Aletheia와 logos를 중심으로」, 『철학연구』, 40(1985).

______, 「하이데거에 있어서의 존재물음의 구조 계기에 의한 정초과정에 관한 연구」, 충남대학교 박사학위논문(1987).

______, 「Heidegger에 있어서 존재사유의 길(I)」, 『청주대학교 인문과학연구소 논문집』, 7(1988).

______, 「Heidegger에 있어서 존재사유의 길(II)」, 『청주대학교 인문과학연구소 논문집』, 8(1989).

최정식, 「M. Heidegger의 존재와 퓌지스」, 『철학』, 19(1983).

한상철, 「Heidegger의 존재와 시간의 현상의 양상」, 『철학논구』, 17(1989).

______, 「하이데거에서의 시간성」, 『철학』, 38(1992).

______, 『하이데거와 리꾀르의 해석학적 사유』, 서울대학교 박사학위논문(1994).

______, 「시작과 역사성」, 『하이데거의 철학세계』(철학과현실사, 1997).

한석환, 「하이데거와 아리스토텔레스의 존재론적 차이」, 『철학연구』, 43(1998).

황애숙, 「하이데거의 논리학에 대한 연구: 칸트의 선험적 논리학과의 비교에서」, 『철학논집』, 4(1988).

• 하이데거에 관한 참고문헌들(서양)

Allemann, B., *Hölderlin und Heidegger*, Atlantis Verlag (Freiburg, 1954).

Altwegg, J., (Hrsg.), *Die Heidegger Kontroverse* (Frankfurt a.M., 1988).

Apel, K.O., *Dasein und Erkennen. Eine erkenntnistheoretische Interpretation der Philosophie Martin Heideggers* (Bonn, 1949).

______, "Das Verstehen. Eine Problemgeschichte als Begriffsgeschichte", in *Archiv für Begriffsgeschichte, Bausteine zu einem historischen Wörterbuch der Philosophie* Band Ⅰ, hrsg. v. E. Rothacker (Bonn, 1955), S.142-199.

______, "Die beiden Phasen der Phänomenologie in ihrer Auswirkung auf das philosophische Vorverständnis von Sprache und Dichtung in der Gegenwart", in *Transformation der Philosophie*, Band Ⅰ (Frankfurt a.M., 1976), S.77-105.

______, "Wittgenstein und Heidegger: Die Frage nach dem Sinn von Sein und der Sinnlosigkeitsverdacht gegen alle Metaphysik", in *Transformation der Philosophie*, Band Ⅰ (Frankfurt a.M., 1976), S.225-275.

______, "Heideggers philosophische Radikalisierung der 'Hermeneutik' und die Frage nach dem 'Sinnkriterium' der Sprache", in *Transformation der Philosophie*, Band Ⅰ (Frankfurt a.M., 1976), S.276-334.

______, "Die Entfaltung der 'sprachanalytischen' Philosophie und das Problem der Geisteswissenschaften", in *Transformation der Philosophie*, Band Ⅱ (Frankfurt a.M., 1976), S.28-95.

______, "Sinnkonstitution und Geltungsrechtfertigung", in: Forum für Philosophie (Hrsg.), *Martin Heidegger: Innen- und Außenansichten*, (Frankfurt a.M., 1989).

Azevedo, J.L. de, "Der alte und der neue Heidegger", in *Philosophisches Jahrbuch*, 60(1950), S.161-174.

Baruzzi, A., *Alternative Lebensform?* (Freiburg/München, 1985).

Bast, R.A., *Der Wissenschaftsbegriff Martin Heideggers im Zusammenhang seiner Philosophie* (Stuttgart-Bad Cannstatt, 1979).

______, und Delfosse, H.P., *Handbuch zum Textstudium von Martin Heideggers 'Sein und Zeit'*. Band 1: *Stellenindizes. Philologisch-kritischer Apparat* (Stuttgart-Bad Cannstatt, 1979).

Baumgartner, H.M., "Sein als Ereignis: Eine Notiz zu Heideggers Denkweg", in: H. Busche u.a. (Hrsg.), *Bewußtsein und Zeitlichkeit* (Würzburg, 1990).

Bernasconi, R., *The Question of Language in Heidegger's History of Being* (New Jersey, 1985).

Biemel, W., *Le Concept de Monde chez Heidegger* (Louvain/Paris, 1950).

______, "Heideggers Begriff des Daseins", in *Studia Catholica*, 24(1949), S.113-129.

______, "Heideggers Schrift 'Vom Wesen der Wahrheit'", in: *Symposion* Ⅲ (Freiburg/ München, 1952).

______, "Die entscheidenden Phasen der Entfaltung von Husserls Philosophie", in *Zeitschrift für philosophische Forschung*, XⅢ(1959), S.187-213.

______, "Husserls Encyclopaedia-Britannica-Artikel und Heideggers Anmerkungen dazu", in: *Husserl*, hrsg. v. H. Noack (Darmstadt, 1973), S.282-315.

______, *Matin Heidegger. In Selbstzeugnissen und Bilddokumenten* (Reinbeck bei Hamburg, 1976).

______, "Erinnerungsfragmente", in *Erinnerung an Martin Heidegger*, hrsg. v. G. Neske (Pfullingen, 1977), S.15-24.

______, "Heideggers Stellung zur Phänomenologie in der Marburger Zeit", in *Husserl, Scheler, Heidegger in der Sicht neuer Quellen. Phänomenologische Forschung*, 6/7(1978), S.141-223.

______, Herrmann, F.-W. v., (Hrsg.), *Kunst und Technik* (Frankfurt a.M., 1990).

Blust, F.-K., *Selbstheit und Zeitlichkeit. Heideggers neuer Ansatz zur Seinsbestimmung des Ich* (Würzburg, 1987).

Boeder, H., *Das Vernunft-Gefüge der Moderne* (Freiburg/München).

Boer, W. de, "Heideggers Mißverständnis der Metaphysik", in *Zeitschrift für philosophische Forschung*, IX (1955), S.500-545.

Brentano, F., *Über die Zukunft der Philosophie*, hrsg. v. O. Kraus (Hamburg, 1968).

Bretschneider, W., *Sein und Wahrheit. Über die Zusammengehörigkeit von Sein und Wahrheit im Denken Martin Heideggers* (Meisenheim a. G., 1965).

Bröcker, W., "Heidegger und die Logik (1953/54)", in *Heidegger. Perspektiven zur Deutung seines Werks*, hrsg. v. O. Pöggeler (Köln, 1969), S.298-304.

Buber, M., "Die Verwirklichung des Menschen. Zur Anthropologie Martin Heideggers", in *Philosophia*, 3 (Zürich/Leipzig, 1938), S.298-308.

Bubner, R., Cramer, C. und Wiehl, R., (Hrsg.), *Wirkungen Heideggers, Neue Hefte für Philosophie*, 23 (Göttingen, 1984).

Bucher, A.J., *Martin Heidegger. Metaphysikkritik als Begriffsproblematik* (Bonn, 1972).

Busche, J., "Der Denker des Jahrhunderts", in *Martin Heidegger. Fragen an sein Werk,* Reclam, (Stuttgart, 1982).

Caputo, J.D., *Heidegger and Aquinas. An Essay on Overcoming Metaphysics* (New York, 1982).

Chapelle, A., *L'ontologie phenomenologique de Heidegger. Un Commentaire de 'Sein und Zeit'* (Paris, 1962).

Cho, Kah Kyung, *Bewußtsein und Natursein. Phänomenologischer Ost-West-Diwan* (Freiburg/München, 1987).

Coreth, E., "Das fundamentalontologische Problem bei Heidegger und Hegel", in *Scholastik*, 29(1954), S.1-23.

______, "Art. 'Frage'", in *Handbuch philosophischer Grundbegriffe Studienausgabe* Band 2 (München, 1973), S.485-493.

______, "Heidegger und Kant", in *Kant und die Scholastik heute*, hrsg. v. J.B. Lotz (Pullach bei München, 1973), S.207-255.

______, *Metaphysik* (Innsburck u.a., 1980).

Del-Negro, W., "Von Brentano über Husserl zu Heidegger", in *Zeitschrift für philosophische Forschung* 7 (1953).

Dreyfus H. and Haugeland, J., "Husserl and Heidegger: Philosophy's Last

Stand", in *Heidegger and Modern Philosophy*, edited by M. Murray (New Haven/Londen, 1978), pp.222-238.

Ebeling, H., Das Ereignis des Führers, in: Forum für Philosophie (Hrsg.), *Martin Heidegger: Innen- und Außenansichten* (Frankfurt a.M., 1989).

______, *Heidegger. Geschichte einer Täuschung* (Würzburg, 1990).

______, *Martin Heidegger,* Rohwolt(Reinbek bei Hamburg, 1991).

Farias, V., *Heidegger und der Nationalsozialismus. Mit einem Vorwort von J. Habermas* (Frankfurt a.M., 1989).

Feick, H., *Index zu Heideggers 'Sein und Zeit'* (Tübingen, ²1968).

Figal, G., "Selbstverstehen in instabiler Freiheit. Die hermeneutische Position Martin Heideggers", in *Hermeneutische Positionen*, hrsg. v. H. Birus (Göttingen, 1982), S.89-119.

______, *Martin Heidegger. Phänomenologie der Freiheit* (Frankfurt a.M., 1988).

______, "Griechische Philosophie im Schatten Heideggers" in *Philosophische Rundschau* 38/3 (1991).

______, *Martin Heidegger* (Frankfurt a.M., 1991).

______, *Heidegger*, (Hamburg, 1992).

Fink, E., "Philosophie als Überwindung der 'Naivität'. Zum Begriff der 'ontologischen Differenz' bei Heidegger", in *Lexis*, I (Lahr i. Br., 1948), S.107-127.

______, *Sein, Wahrheit, Welt. Vor-Fragen zum Problem des Phänomen-Begriffs* (Den Haag, 1958).

______, "Weltbezug und Seinsverständnis", in *Phänomenologie Heute*, hrsg. v. B. Walter (Den Haag, 1972), S.94-102.

Fischer, K., Abschied. *Die Denkbewegung Martin Heideggers* (Würzburg, 1990).

Franzen, W., *Von der Existenzialontologie zur Seinsgeschichte. Eine Untersuchung über die Entwicklung der Philosophie Martin Heideggers* (Meisenheim a.G., 1975).

______, *Martin Heidegger* (Stuttgart, 1976).

______, *Die Bedeutung von 'wahr' und 'Wahrheit'. Analysen zum Wahrheitsbegriff und zu einigen neueren Wahrheitstheorien* (Freiburg/ München, 1982).

Fürstenau. P., *Heidegger. Das Gefüge seines Denkens* (Frankfurt a.M., 1958).

Gabriel, L., "Sein und Geschichte (Martin Heideggers geschichtsontologischer Denkversuch)", in *Wissenschaft und Weltbild*, 9(1956), S.25-32.

______, *Existenzphilosophie. Kierkegaard. Heidegger. Jaspers. Sartre. Dialog der Positionen*, (Wien/München, ^{2}1968).

Gadamer, H.-G., "Die phänomenologische Bewegung", in *Kleine Schriften*, Ⅲ: *Idee und Sprache* (Tübingen, 1972), S.150-189.

______, "Die Wissenschaft von der Lebenswelt", in *Kleine Schriften*, Ⅲ (Tübingen, 1972), S.190-201.

______, "Martin Heidegger", in *Kleine Schriften*, Ⅲ (Tübingen, 1972), S.202-211.

______, "Heidegger und die Sprache der Metaphysik", in *Kleine Schriften*, Ⅲ (Tübingen, 1972), S.212-220.

______, "Begriffsgeschichte als Philosophie", in *Kleine Schriften*, Ⅲ (Tübingen, 1972), S.237-250.

______, *Heideggers Wege* (Tübingen, 1983).

______, "Heideggers 'theologische' Jugendschrift" in H.-U. Lessing, (Hrsg), *Dilthey-Jahrbuch* Bd 6 (Göttingen, 1989).

______, *Wahrheit und Methode. Grundzüge einer philosophischen Hermeneutik* (Tübingen, ^{4}1975).

______, "Sein, Geist, Gott", in *Heidegger. Freiburger Universitätsvorträge zu seinem Gedanken* (Freiburg/München, 1977), S.43-62.

Gam, G., *Wahrheit als Differenz. Studien zu einer anderen Theorie der Moderne* (Frankfurt a.M., 1986).

Gethmann, C.F., *Verstehen und Auslegung. Das Methodenproblem in der Philosophie Martin Heideggers* (Bonn, 1974).

______, "Martin Heidegger", in *Klassiker des philosophischen Denkens* Band 2, hrsg. v. N. Hoerster (München, 1982), S.274-316.

______, "Heidegger", in *Klassiker des philosophischen Denkens* (München, 1988).

Gethmann-Siefert, A., *Das Verhältnis von Philosophie und Theologie im Denken Martin Heideggers* (Freiburg/München, 1974).

______, und Pöggeler, O., (Hrsg.), *Heidegger und die praktische Philosophie* (Frankfurt a.M., 1988).

Gier, N.F., *Wittgenstein and Phenomenology. A Comparative Study of the Later Wittgenstein, Husserl, Heidegger, and Merleau-Ponty* (Albany, 1981).

Glaser, G., *Das Tun ohne Bild. Zur Technikdeutung Heideggers und Rilkes* (Hof/Saale, 1983).

Grondin, J., *Einführung in die Philosophie der Hermeneutik* (Darmstadt, 1991).

Grossmann, R., *Phenomenology and Existentialism. An Introduction* (London, 1984).

Guzzoni, A., "Ontologische Differenz und Nichts", in *Martin Heidegger zum 70. Geburtstag* (Pfullingen, 1959), S.35-48.

Haeffner, G, *Heideggers Begriff der Metaphysik* (München, 1974).

______, "Neue Literatur zur Problematik von 'Sein und Zeit'", in *Theologie und Philosophie*, 52 (1977), S.408-428.

______, "Martin Heidegger (1889~1976)", in *Klassiker der Philosophie* Band Ⅱ, hrsg. v. O. Höffe (München, 1981), S.361-384.

______, "Das Fragen als Frömmigkeit des Denkens. Ein Versuch über Heidegger".

Happel, M., (Hrsg.), *Heidegger - neu gelesen* (Würzburg, 1997).

Harries, K., "Fundamental Ontology and the Search for Man's Place", in *Heidegger and Modern Philosophy*, edited by M. Murray (New Haven/ London, 1978), pp.65-79.

Hartman, W. E., "Zur Problematik von Martin Heideggers Wahrheitsbegriff", in *Philosophische Tradition im Dialog mit der Gegenwart* (Basel u.a., 1985).

Heinemann, F., (Hrsg.), *Die Philosophie im XX Jahrhundert. Eine enzyklopädische Darstellung ihrer Geschichte, Disziplinen und Aufgaben* (Darmstadt, 1975).

Heinz, M., *Zeitlichkeit und Temporalität im Frühwerk Martin Heideggers* (Würzburg/ Amsterdam, 1982).

Held, K., "Heideggers These vom Ende der Philosophie", in *Zeitschrift für philosophische Forschung* 34 (1980).

Hempel, H.-P., *Heidegger und Zen* (Frankfurt a.M., 1987).

______, *Natur und Geschichte. Der Jahrhundertdialog zwischen Heidegger und Heisenberg* (Frankfurt a.M., 1990).

Hennigfeld, H., *Die Sprachphilosophie des 20. Jahrhunderts* (Berlin/New York, 1982).

Hernandez-Pacheco, J., *Die Auflösung des Seins. Die Entwicklung einer phänomenologischen Ontologie im Denken Martin Heideggers* (Wien, 1983).

Herrmann, F.-W. von, *Die Selbstinterpretationen Martin Heideggers* (Meisenheim a.G., 1964).

______, *Subjekt und Dasein. Interpretationen zu 'Sein und Zeit'* (Frankfurt a.M., 1974).

______, *Der Begriff der Phänomenologie bei Heidegger und Husserl* (Frankfurt a.M., 1981).

______, *Hermeneutische Phänomenologie des Daseins. Eine Erläuterung von 'Sein und Zeit'.* Band 1: *Einleitung: Die Exposition der Frage nach dem Sinn von Sein* (Frankfurt a.M., 1987).

______, *Heideggers "Grundprobleme der Phänomenologie"* (Frankfurt a.M., 1991)

______, *Wege ins Ereignis*, (Frankfurt a.M., 1994).

Hirschberger, J., *Geschichte der Philosophie* Band Ⅱ: *Neuzeit und Gegenwart* (Freiburg/Basel/Wien, ^{9}1976).

Hogemann, F. und Pöggeler, O., "Martin Heidegger: Zeit und Sein", in *Grundprobleme der großen Philosophen. Philosophie der Gegenwart*, V, hrsg. v. J. Speck (Göttingen, 1982), S.48-86.

Hoppe, H., "Wandlungen in der Kant-Auffassung Heideggers", in *Durchblicke. Martin Heidegger zum 80. Geburtstag*, hrsg. v. V. Klostermann (Frankfurt a.M., 1970), S.284-317.

Huch, K.J., *Philosophiegeschichtliche Voraussetzung der Heideggerschen Ontologie* (Frankfurt, a.M., 1967).

Hufnagel, E., *Einführung in die Hermeneutik* (Stuttgart u.a., 1976).

Ignatow, A., *Heidegger und die philosophische Anthropologie. Eine Untersuchung über die anthropologische Dimension des Heideggerschen Denkens* (Meisenheim/Glan, 1979).

Ineichen, H., *Philosophische Hermeneutik* (Freiburg/München, 1991).

Jaeger, P., *Heideggers Absatz zur Verwindung der Metaphysik in der Epoche von 'Sein und Zeit'* (Frankfurt a.M., 1976).

Kanthack, K., *Das Denken Martin Heideggers. Die große Wende der Philosophie* (Berlin, 1959).

Kettering, E., *Nähe. Das Denken Martin Heideggers* (Pfullingen, 1987).

Kisiel, T., "Der Zeitbegriff beim früheren Heidegger (um 1925)", in *Zeit und Zeitlichkeit bei Husserl und Heidegger. Phänomenologische Forschungen*, 14(1983), S.192-211.

Kraft, J., *Von Husserl zu Heidegger. Kritik der phänomenologischen Philosophie* (Leipzig, 1932, Frankfurt a.M., ^{2}1957, Hamburg, ^{3}1977).

Kremer, K., "Art. 'Ontologie'", in *Historisches Wörterbuch der Philosophie* (Basel/Stuttgart, 1984), S.1189-1198.

Krings, H., (Hrsg.), *Handbuch philosophischer Grundbegriffe.* Studienausgabe 6 Bände (München, 1973).

Krüger, G., "Martin Heidegger und der Humanismus", in *studia philosophica* 9 (Basel, 1949).

Kuschbert-Tölle, H., "Heideggers Ansatz beim griechischen Seinsverständnis als Grundstruktur seines Denkens", in *Philosophisches Jahrbuch*, 70(1962/63), S.138-146.

Kuhn, H., "Phänomenologie und 'wirkliche Wirklichkeit'", in *Die Münchner Phänomenologie*, hrsg. v. H. Kuhn u.a. (Den Haag, 1975), S.1-7.

Kwan, Tze-wan, *Die hermeneutische Phänomenologie und das tautologische Denken Heideggers* (Bonn, 1982).

Lacoue-labarthe, P., *Die Fiktion des Politischen. Heidegger, die Kunst und die Politik*, übers. v. T. Schestag (Stuttgart, 1990).

Landgrebe, L., *Philosophie der Gegenwart* (Berlin, 1961).

Langenegger, D., *Gesamtdeutungen moderner Technik. Moscovici, Ropohl. Ellul, Heidegger* (Würzburg, 1990).

Lehmann, K., "Metaphysik, Transzendentalphilosophie und Phänomenologie in den ersten Schriften Martin Heideggers(1912～1916)", in *Philosophisches Jahrbuch*, 71(1963/64), S.331-357.

Levinas, E., *En decouvrant l'existence, avec Husserl et Heidegger* (Paris, 1974).

Lohmann, J., "Martin Heideggers ontologische Differenz und die Sprache (mit einem Epilog und einem Nachtrag)", in *Lexis*, Ⅰ(1948), S.49-106.

Löwith, K., "Phänomenologische Ontologie und protestantische Theologie(1930)", in *Heidegger*, hrsg. v. O. Pöggeler (Köln, 1969), S.54-77.

______, *Denker in dürftiger Zeit* (Frankfurt a.M., 1953).

______, "Die Natur des Menschen und die Welt der Natur", in *Die Frage Martin Heideggers*, hrsg. v. H.-G. Gadamer (Heidelberg, 1969), S.36-49.

Lotz, J.B., *Martin Heidegger und Thomas von Aquin. Mensch-Zeit-Sein* (Pfullingen, 1975).

______, Vom Sein zum Heiligen. Metaphysisches Denken nach Heidegger (Frankfurt a.M., 1990).

Lübbe, H., "Bibliographie der Heidegger-Literatur 1917～1955", in *Zeitschrift für philosophische Forschung*, Ⅺ(1957), S.401-452.

Maraldo, J.C., *Der hermeneutische Zirkel. Untersuchungen zu Schleiermacher, Dilthey und Heidegger* (Freiburg/München, 1974).

Marten, R., "Martin Heidegger: Den Menschen˙deuten", in *Klassiker der Hermeneutik*, hrsg. v. U. Nassen (Paderborn u.a., 1982).

______, *Heidegger Lesen*, (München, 1991)

Martin, B., (Hrsg.), *Martin Heidegger und das 'Dritte Reich'* (Darmstadt, 1989).

Marx, W., *Heidegger und die Tradition. Eine problemgeschichtliche Einführung in die Grundbestimmung des Seins* (Stuttgart, 1961).

______, "Das Denken und seine Sache", in *Heidegger*, hrsg. v. H.G. Gadamer (Freiburg/München, 1977), S.11-41.

______, "Die Ontologische Differenz in der Perspektive der regionalen Ontologie des Daseins. Ein Beitrag zur 'Unüberwindbarkeit' der Metaphysik", in *Nachdenken über Heidegger*, hrsg. v. U. Guzzoni (Hildesheim, 1980), S.176-197.

______, *Gibt es auf Erden ein Maß? Grundbestimmungen einer nichtmetaphysischen Ethik* (Hamburg, 1983).

______, *Die Phänomenologie Edmund Husserls. Eine Einführung* (München, 1987).

May, R., *Ex Oriente Lux. Heideggers Werk unter Ostasiatischem Einfluß* (Stuttgart, 1989).

Mayorga, R., *Sein und Geschichte. Zur Kritik der negativen Ontologie und Geschichtsphilosophie Martin Heideggers* (Berlin, 1971).

Melcic, D., *Heideggers Kritik der Metaphysik und das Problem der Ontologie* (Würzburg, 1986).

Merleau-Ponty, M., *Phänomenologie der Wahrnehmung*, übers. v. R. Boehm (Berlin, 1966).

Metz, J.B., "Heidegger und das Problem der Metaphysik", in *Scholastik*, 28(1953), S.1-22.

Metzger, A., *Phänomenologie und Metaphysik. Das Problem des Relativismus und seiner Überwindung* (Pfullingen, 1966).

Meulen, Jea van der, *Heidegger und Hegel oder Widerstreit und Widerspruch* (Meisenheim/Glan, 1953).

Misch, G., *Lebensphilosophie und Phänomenologie. Eine Auseinandersetzung der Diltheyschen Richtung mit Heidegger und Husserl* (Darmstadt, 1975).

Müller-Lauter, W., *Möglichkeit und Wirklichkeit bei Martin Heidegger* (Berlin, 1960).

Müller, M., "Phänomenologie, Ontologie und Scholastik (1952)", in *Heidegger*, hrsg. v. O. Pöggeler (Köln, 1969), S.78-94.

______, *Erfahrung und Geschichte. Grundzüge einer Philosophie der Freiheit als transzendentale Erfahrung* (Freiburg/München, 1971).

______, *Philosophische Anthropologie*, hrsg. v. W. Vossenkuhl (Freiburg/München, 1974).

Neske, G. und Kettering, E., (Hrsg.), *Antwort. Martin Heidegger im Gespräch* (Pfullingen, 1988).

Nietzsche, F.W., *Werke* in drei Bänden, hrsg. v. K. Schlechta (München, 1973).

Noack, H., *Allgemeine Einführung in die Philosophie, Problem ihrer gegenwärtigen*

Selbstauslegung (Darmstadt, 1976).

______, *Die Philosophie Westeuropas* (Darmstadt, 1976).

Obermeier, O.-P., "Ernst Tugendhats Kritik an Heidegger", in Wisser, R., (Hrsg.), *Martin Heidegger—unterwegs im Denken* (Freburg/München, 1987).

Oiserman, T.I., "Martin Heideggers Philosophie der Philosophie", in *Nachdenken über Heidegger*, hrsg. v. U. Guzzoni (Hildesheim, 1980), S.198-212.

Orth, E.W., "Husserls Begriff der cogitativen Typen und seine methodologische Reichweite", in *Phänomenologie heute. Grundlagen- und Methodenprobleme. Phänomenologische Forschung*, 1(1975), S.138-167.

______, "Husserl, Scheler, Heidegger. Eine Einführung in das Problem der philosophischen Komparatistik", in *Husserl, Scheler, Heidegger in der Sicht neuer Quellen. Phänomenologische Forschungen*, 6/7(1978), S.7-27.

______, (Hrsg.), *Zeit und Zeitlichkeit bei Husserl und Heidegger. Phänomenologische Forschung*, 14(1983).

Ott, Heinrich, *Denken und Sein. Der Weg Martin Heideggers und der Weg der Theologie* (Zollikon, 1959).

Ott, Hugo, *Martin Heidegger. Unterwegs zu seiner Biographie* (Frankfurt a.M./New York, 1988).

Passweg, S., *Phänomenologie und Ontologie. Husserl-Scheler-Heidegger* (Strassburg, 1939).

Patent, G.I., *Zur Kritik der Existenzphilosophie Martin Heideggers*, hrsg. v. M. Buhr (Frankfurt a.M., 1979).

Petzet, H.W., *Auf einen Stern Zugehen. Begegnung und Gespräch mit Martin Heidegger* (1929～1976) (Frankfurt a.M., 1983).

Pflaumer, R., "Sein und Mensch im Denken Heideggers", in *Philosophische Rundschau*, 13(1965), S.161-234.

Pöggeler, O., "Sein als Ereignis", in *Zeitschrift für Philosophische Forschung*, XIII (1959), S.597-632.

______, "Metaphysik und Seinstopik bei Heidegger", in *Philosophisches Jahrbuch*, 70(1962), S.118-137.

______, *Der Denkweg Martin Heideggers* (Pfullingen, 1983).

______, “Einleitung: Heidegger heute”, in *Heidegger. Perspektiven zur Deutung seines Werks*, hrsg. v. O. Pöggeler (Köln/Berlin, 1969), S.11-53.

______, “Hermeneutische und mantische Phänomenologie (1965)”, in *Heidegger*, hrsg. v. O. Pöggeler (Köln, 1969), S.321-357.

______, *Philosophie und Politik bei Heidegger* (Freiburg/München, [2]1974).

______, “Heideggers Topologie des Seins”, in *Philosophie und Politik bei Heidegger* (Freiburg/München, 1974), S.107-151.

______, “Heideggers Begegnung mit Hölderlin”, in *Man and World*, 10 (1977), S.13-61.

______, “Martin Heidegger (1889~1976)”, in *Zeitschrift für allgemeine Wissenschaftstheorie*, 8(1977), S.1-21.

______, “Heideggers Neubestimmung des Phänomenbegriffs”, in *Neuere Entwicklungen des Phänomenbegriffs. Phänomenologische Forschungen*, 9(1980), S.124-162.

______, “Zeit und Sein bei Heidegger”, in *Zeit und Zeitlichkeit bei Husserl und Heidegger. Phänomenologische Forschungen*, 14(1983), S.152-191.

______, *Heidegger und die hermeneutische Philosophie* (Freiburg/München, 1983).

______, *Die Frage nach der Kunst. Von Hegel zu Heidegger* (Freiburg/München, 1984).

______, *Philosophie und Nationalsozialismus - am Beispiel Heideggers* (Opladen, 1990).

______, “Martin Heidegger. Die Philosophie und die Problematik der Interpretation”, in *Philosophen des 20. Jahrhunderts* (Darmstadt, 1990), S.117-136.

______, (Hrsg.), *Heidegger Perspektiven zur Deutung seines Werkes*, (Weinheim, 1994).

Prauss, G., *Erkennen und Handeln in Heideggers ‘Sein und Zeit’* (Freiburg/München, 1977).

Pugliese, O., Vermittlung und Kehre. Grundzüge des Geschichtsdenkens bei Martin Heidegger (Freiburg/München, 1965).

Ralfs, G., “Kritische Bemerkungen zu Heideggers Lehre von der Wahrheit”, in *Kant-Studien,* 48(1956/57), S.525-549.

Rentsch, T., *Heidegger und Wittgenstein. Existential- und Sprachanalysen zu den Grundlagen philosophischer Anthropologie* (Stuttgart, 1985).

______, *Martin Heidegger - Das Sein und der Tod. Eine kritische Einführung* (München/Zürich, 1989).

Richardson, W.J., *Heidegger. Through Phenomenology to Thought* (The Hague, 1963).

______, "Heideggers Weg durch die Phänomenologie zum Seinsdenken", in *Philosophisches Jahrbuch*, 72(1964/65), S.385-396.

______, "Phenomenology and Psychoanalysis", in *Nachdenken über Heidegger*, hrsg. v. U. Guzzoni (Hildesheim, 1980), S.232-252.

Riedel, C., *Subjekt und Individuum. Zur Geschichte des philosophischen Ich-Begriffs* (Darmstadt, 1989).

Riedel, M., "Die Urstiftung der phänomenologischen Hermeneutik. Heideggers frühe Auseinandersetzung mit Husserl", in Jamm, C. und Pöggeler, O., (Hrsg.), *Phänomenologie im Widerstreit* (Frankfurt a.M., 1989).

Ritter, J., (Hrsg.), *Historisches Wörterbuch der Philosophie*, bis jetzt 8 Bde. (Basel/Stuttgart, 1971).

Rollin, F., *La Phenomenologie au depart. Husserl, Heidegger, Gaboriau* (Paris, 1967).

Rombach, H., *Phänomenologie des gegenwärtigen Bewußtseins* (Freiburg/München, 1980).

______, *Substanz System Struktur. Die Ontologie des Funktionalismus und der philosophische Hintergrund der modernen Wissenschaft* 2 Bände (Freiburg/München, 1981).

Rosales, A., T*ranszendenz und Differenz. Ein Beitrag zum Problem der ontologischen Differenz bei früheren Heidegger* (Den Haag, 1970).

Ryle, G., "Heidegger's Sein und Zeit", in *Heidegger and Modern Philosophy*, edited by M. Murray (New Haven/London, 1978), pp.53-64.

Sandvoss, E.R., *Philosophie. Selbstverständnis-Selbsterkenntnis-Selbstkritik* (Darmstadt, 1991).

Saß, H.-M., *Heidegger-Bibliographie* (Meisenheim a.G., 1968).

______, (Hrsg.), *Materialien zu einer Heidegger-Bibliographie* 1917~1972 (Meisenheim a.G., 1974).

______, *Martin Heidegger: Bibliography and Glossary* (Bowling Green, 1982).

Schadewaldt, W., *Martin Heidegger—Einfluß auf die Wissenschaften* (Bern, 1949).

Schaeffler, R., "Art. 'Verstehen'", in *Handbuch philosophischer Grundbegriffe.* Studienausgabe Band 6 (München, 1974), S.1628-1641.

______, *Frömmigkeit des Denkens? Martin Heidegger und die katholische Theologie* (Darmstadt, 1978).

Schirmacher, W., *Technik und Gelassenheit. Zeitkritik nach Heidegger* (Freiburg/München, 1983).

Schlüter, J., *Heidegger und Parmenides* (Bonn, 1979).

Schmidt, G., "Heideggers philosophische Politik", in Martin, B., (Hrsg.), *Martin Heidegger und das "Dritte Reich"* (Darmstadt, 1989).

______, "Heidegger und die Seinsfrage", in Baumanns, P., (Hrsg.), *Realität und Begriff* (Würzburg, 1992).

Schnädelbach, H., *Philosophie in Deutschland 1831~1933* (Frankfurt a.M., 1983).

Schneeberger, G., *Ergänzungen zu einer Heidegger-Bibliographie* (Bern, 1960).

______, *Nachlese zu Heidegger. Dokumente zu seinem Leben und Denken* (Bern, 1962).

Schuhmann, K., "Berichte und Mitteilungen. Zu Heideggers Spiegel-Gespräch über Husserl", in *Zeitschrift für philosophische Forschung,* XXXII (1978), S.591-612.

Schulz, W., "Über den philosophiegeschichtlichen Ort Martin Heideggers (1953/54)", in *Heidegger*, hrsg. v. O. Pöggeler (Köln, 1969), S.95-139.

______, *Philosophie in der veränderten Welt* (Pfullingen, 1976).

______, *Ich und Welt. Philosophie der Subjektivität* (Pfullingen, 1979).

Schwan, A., *Politische Philosophie im Denken Heideggers*, (Opladen, ²1989).

Seubold, G., *Heideggers Analyse der neuzeitlichen Technik* (Freiburg/München, 1986).

Sinn, D., "Heideggers Spätphilosophie", in *Philosophische Rundschau*, 14(1967), S.81-182.

Solomon, R.C., (Hrsg.), *Phenomenology and Existentialism* (New York, 1972).

Spaude, E., (Hrsg.), *Große Themen Martin Heideggers. Eine Einführung in sein Denken* (Freiburg i.Br., 1990).

Spiegelberg, H., *The Phenomenological Movement. A Historical Introduction,* Second Edition (The Hague, 1978).

Stassen, M., *Heideggers Philosophie der Sprache in 'Sein und Zeit' und ihre philosophischtheologischen Wurzeln* (Bonn, 1973).

Stegmüller, W., *Hauptströmungen der Gegenwartsphilosophie* Band Ⅰ(Stuttgart, 1976).

Steiner, G., *Martin Heidegger. Eine Einführung*, übers. v. M. Pfeiffer (München/Wien, 1989).

Theunissen, M., "Intentionaler Gegenstand und ontologische Differenz. Ansätze zur Fragestellung Heideggers in der Phänomenologie Husserls", in *Philosophisches Jahrbuch*, 70(1963), S.344-362.

______, "Was heute ist. Über Not und Notwendigkeit des Umgangs mit Heidegger", in *Martin Heidegger. Frage an sein Werk,* Reclam (Stuttgart, 1982).

Thomä, D., *Die Zeit des Selbst und die Zeit danach. Zur Kritik der Textgeschichte Martin Heideggers 1910～1976* (Frankfurt a.M., 1990).

Thyssen, J., "A priori Unbewußtes und Heideggers Weltbegriff", in *Archiv für Philosophie*, 3/2(1949), S.115-143.

Tugendhat, E., *Der Wahrheitsbegriff-bei Husserl und Heidegger* (Berlin, 1967).

______, "Heideggers Idee von Wahrheit", in *Heidegger*, hrsg. v. O. Pöggeler (Köln, 1969), S.286-297.

Ulmer, K., *Philosophie der modernen Lebenswelt* (Tübingen, 1972).

Vietta, E., *Die Seinsfrage bei Martin Heidegger* (Stuttgart, 1950).

Waelhens, A. de, *La Philosophie de Martin Heidegger* (Louvain, ^{3}1948).

Weier, W., *Die Grundlegung der Neuzeit. Typologie der Philosophiegeschichte* (Darmstadt, 1988).

Welte, B., "Die Lichtung des Seins. Bemerkungen zu Ontologie Martin

Heideggers", in *Wort und Wahrheit*, III(1948), S.401-412.

Wilson, T.J., *Sein als Text. Vom Textmodell als Martin Heideggers Denkmodell. Eine funktionalistische Interpretation* (Freiburg/München, 1981).

Windelband, W., *Lehrbuch der Geschichte der Philosophie. Mit einem Schlußkapitel: Die Philosophie im 20. Jahrhundert*, hrsg. v. H. Heimsoeth, (Tübingen, [16]1976).

Wiplinger, F., "Sein in der Sprache", in *Wissenschaft und Weltbild*, 12(1959), S.369-384.

______, *Wahrheit und Geschichtlichkeit. Eine Untersuchung über die Frage nach dem Wesen der Wahrheit im Denken Martin Heideggers* (Freiburg/München, 1961).

______, *Metaphysik. Grundfragen ihres Ursprungs und ihrer Vollendung*, Geleitwort von Martin Heidegger, hrsg. v. P. Kampits (Freiburg/München, 1970).

Wisser, R., (Hrsg.), *Martin Heidegger im Gespräch* (Freiburg/München, 1970).

______, *Martin Heidegger - unterwegs im Denken* (Freiburg/München, 1987).

Wuchterl, K., *Methoden der Gegenwartsphilosophie* (Bern/Stuttgart, 1977).

인명색인

ㅁ

ㅂ

ㅅ

ㅌ

ㅍ

ㅎ

감수자 및 필자 소개

· **소광희**

서울대학교 철학과 졸업
동 대학원 석사 및 철학박사
현재: 서울대 철학과 명예교수, 한국하이데거학회 명예회장
저서: 『기호논리학』(경문사), 『철학의 제문제』(공저, 지학사), 『시간과 시간의식』(서울대출판부), 『시간과 인간의 존재』(문음사), 『패러독스로 본 세상』(지학사), 『무상의 흔적들』(운주사), 『시간의 철학적 성찰』(문예출판사), 하이데거 존재와 시간 강의』(문예출판사) 등
역서: 『시와 철학』(박영사), 『역사의 인식』(공역, 경문사), 『존재와 시간』(경문사) 등

· **이수정**

건국대학교 철학과 졸업
일본 도쿄대학 석사 및 철학박사
현재: 창원대 철학과 교수, 한국하이데거학회 이사
저서: 『『存在と時間』から『時間と存在』へ—「存在」と「時間」の問題を中心に見たハイデガ-の思惟』(박사학위논문), 『달려라 플라톤 날아라 칸트』(감수 및 공저, 해냄)
역서: 『현상학의 흐름』(이문출판사), 『해석학의 흐름』(이문출판사), 『근대성의 구조』(민음사), 『일본근대철학사』(생각의나무)
논문: 「ハイデガ-におけるアプリオリズムについて」, 「ハイデガ-におけるエルアイクニスについて」, 「ハイデガ-の言語論」, 「フッサ-ルの言語論」, 「하이데거의 궁극적 문제—에르아이크니스에 관하여」, 「하이데거철학의 구조와 성격」, 「하이데거의 시간론」, 「하이데거의 현상학」, 「열암철학의 이해와 계승」, "Zeitkritik bei Heidegger" 등

· **박찬국**

서울대학교 철학과 졸업

동 대학원 석사 및 독일 뷔르츠부르크대학 철학박사

현재: 서울대 철학과 교수, 한국하이데거학회 이사

저서: *Die seinsgeschichtliche Überwindung des Nihilismus im Denken Heideggers* (박사학위논문), 『해체와 창조의 철학자 니체』(동녘), 「에리히 프롬과의 대화』(철학과현실사), 『하이데거와 나치즘』(문예출판사), 『하이데거와 윤리학』(철학과현실사)

역서: 『헤겔 철학과 현대의 위기』(서광사), 『마르크스주의와 헤겔』(인간사랑), 『실존철학과 형이상학의 위기』(서광사), 『니체와 니힐리즘』(하이데거 전집 48권, 지성의샘)

논문: 「하이데거에 있어서 니힐리즘의 극복과 존재 물음」, 「하이데거의 『존재와 시간』에 있어서 죽음 개념에 대한 고찰」, 「인간소외의 극복에 대한 하이데거와 마르크스 사상의 비교고찰」, 「현대에 있어서 고향상실의 극복과 하이데거의 존재 물음」, 「포이에르바하와 마르크스의 종교비판에 대한 비판적 고찰」, 「후설의 현상학과 후기 하이데거의 현상학에 대한 비교연구」

하이데거
그의 생애와 사상

초판 1쇄 발행 1999년 6월 25일
초판 4쇄 발행 2017년 2월 25일

지은이 이수정·박찬국
펴낸곳 서울대학교출판문화원
펴낸이 성낙인

출판등록 제15-3호

주소 (08826) 서울 관악구 관악로 1
대표전화 02-880-5252 | **팩스** 02-888-4148
출판관리팀(주문상담) 02-889-4424, 02-880-7995
이메일 snubook@snu.ac.kr
홈페이지 www.snupress.com

ISBN 978-89-521-1463-1 94160

20세기 문명연구총서

19세기 일본의 근대화 / 박영재 · 박충석 · 김용덕
공리주의 · 개혁주의 · 자유주의 / 김완진 · 송현호 · 이재율
정치경제학과 경제주의 / 정현식 · 유임수 · 김광수
유럽마르크스주의의 전개 / 이용필 · 윤용탁 · 진덕규
사회주의 운동과 노동운동 / 이용필 · 박효종 · 박기덕
근대사회와 여가문화 / 박재환 · 김문겸
19세기 자연과학과 자연관 / 윤효녕 · 최문규 · 고갑희
산업혁명과 기계문명 / 양동휴 · 송승철 · 윤혜준
근대가족의 변모와 여성문제 / 조은 · 이정옥 · 조주현
현대 대중문화의 형성 / 강현두 · 원용진 · 전규찬
20세기의 중국 / 신승하 · 임상범 · 김태승
19세기 문화의 상품화와 물신화 / 김문환 외
현대기호학의 발전 / 김치수 · 김성도 · 박인철 · 박일우
주체 개념의 비판 / 윤효녕 · 윤평중 · 윤혜준 · 정문영
하이데거 / 이수정 · 박찬국
의료서비스의 배분적 정의 / 문옥륜 외
구조주의 혁명 / 임봉길 외
성 해방과 성 정치 / 조은 · 조주현 · 김은실